EUL VERLAG

Reihe: Management mediengestützter Dienstleistungsinnovationen · Band 1

Herausgegeben von Jun.-Prof. Dr. Thomas Kilian, Koblenz, Prof. Dr. Harald F. O. von Kortzfleisch, Koblenz, und Prof. Dr. Gianfranco Walsh, Koblenz

Prof. Dr. Harald F. O. von Kortzfleisch
Prof. Dr. Rüdiger H. Jung
Prof. Dr. Markus Nüttgens
(Herausgeber)

Web 2.0 für KMU-Netzwerke

Ein gestaltungsorientierter Ansatz zur Steigerung der Innovation und Selbstorganisation von Unternehmensverbünden

Mit einem Geleitwort von Dr. Ursula Reuther, Projektträger im Deutschen Zentrum für Luft- und Raumfahrt

EUL VERLAG

Bibliografische Information der Deutschen Nationalbibliothek

Die Deutsche Nationalbibliothek verzeichnet diese Publikation in der Deutschen Nationalbibliografie; detaillierte bibliografische Daten sind im Internet über <http://dnb.d-nb.de> abrufbar.

ISBN 978-3-8441-0060-0
1. Auflage Juli 2011

Umschlaglayout: Marius Rackwitz

JOSEF EUL VERLAG GmbH
Brandsberg 6
53797 Lohmar
Tel.: 0 22 05 / 90 10 6-6
Fax: 0 22 05 / 90 10 6-88
E-Mail: info@eul-verlag.de
http://www.eul-verlag.de

Bei der Herstellung unserer Bücher möchten wir die Umwelt schonen. Dieses Buch ist daher auf säurefreiem, 100% chlorfrei gebleichtem, alterungsbeständigem Papier nach DIN 6738 gedruckt.

Geleitwort

Die Fähigkeit, Innovationen denken, konzipieren und umsetzen zu können, wird als Voraussetzung für die Entwicklung moderner Volkswirtschaften in all ihren Bereichen immer wichtiger. Das vom Bundesministerium für Bildung und Forschung (BMBF) aufgelegte und mit Mitteln des Europäischen Sozialfonds (ESF) kofinanzierte Programm „Arbeiten – Lernen – Kompetenzen entwickeln. Innovationsfähigkeit in einer modernen Arbeitswelt“, das vom Projektträger im Deutschen Zentrum für Luft- und Raumfahrt e. V. (DLR) durchgeführt wird, ist Teil der Hightech-Strategie der Bundesregierung zur Stärkung der Innovationspotenziale in Deutschland.

Das Programm unterstützt insbesondere mit dem Förderschwerpunkt „Innovationsstrategien jenseits traditionellen Managements“ Forschungs- und Entwicklungsvorhaben, die für die Innovations- und Wettbewerbsfähigkeit von Unternehmen, Netzwerken, Branchen und Beschäftigten bedeutsam sind. Angesichts der wirtschaftlichen Dynamik mit vielfältigen Veränderungen von Unternehmensstrukturen, Organisationsformen und Kooperationsbeziehungen sowie der demografischen und technologischen Entwicklungen und der erschließbaren Ressourcen fördert das Programm auf der Basis eines ganzheitlichen Innovationsansatzes Strategien, Modelle, konkrete Lösungsansätze und Kompetenzen, die die Innovationsfähigkeit stärken und Innovationsprozesse ermöglichen und unterstützen.

Das Verbundprojekt „Selbstorganisation für KMU-Netzwerke zur innovativen Lösung aktueller Probleme der modernen Arbeitswelt“ (KMU 2.0) ist ein wichtiges in diesem Kontext gefördertes Forschungs- und Gestaltungsvorhaben. Partner aus zwei Universitäten, einer Fachhochschule und einem Verbund von ca. 115 regional vernetzten kleinen und mittleren Unternehmen mit insgesamt 10 000 Beschäftigten haben sich zusammengeschlossen, um interdisziplinär und kooperativ weitreichende theoretische und praxisrelevante Fragen zu untersuchen und in konkreten unternehmensbezogenen Entwicklungsvorhaben umzusetzen. In diesem Kontext untersucht und erprobt das praxisorientierte Forschungsprojekt KMU 2.0 neue Wege und Szenarien für das Management der unternehmensübergreifenden Zusammenarbeit in einem Netzwerk zur innovativen Bewältigung der Veränderungen in der Arbeitswelt. Dabei analysiert das Projekt insbesondere den Einsatz von Web 2.0-Technologien als Instrument zur kooperativen Generierung von innovativen Lösungen in einem Netzwerk kleiner und mittlerer Unternehmen. Die zentrale Fragestellung hierbei lautet, inwieweit der Einsatz von Web 2.0-Technologien in einem solchen Netzwerk den unternehmensübergreifenden Austausch von innovativen Ideen durch Integration des kreativen Potenzials der Beschäftigten und damit die Kompetenz und Wettbewerbsfähigkeit der Unternehmen fördert. Vor dem Hintergrund der begrenzten Ressourcen kleiner und mittlerer Unternehmen erlangt das Projekt entsprechende wirtschaftliche Bedeutung.

Profil, Struktur und Arbeitsweise des Verbundprojekts widerspiegeln das gemeinsame Interesse von Wissenschaft und Wirtschaft, sich kreativ, kooperativ und ergebnisorientiert den Möglichkeiten der Nutzung moderner Technologien zur Lösung moderner Arbeitsprobleme zuzuwenden. Das Projekt repräsentiert damit exemplarisch die grundsätzlichen (Arbeits-)Strukturen bei der Realisierung des Programms. Zugleich wird nachvollziehbar, dass innovative Prozesse, deren Wirkungszusammenhänge noch nicht hinreichend erforscht sind, und die Entwicklung zukunftsfähiger, wirtschaftlich verwertbarer Lösungen auch soziale Innovationen erfordern, Interessen und Potenziale unterschiedlicher Partner auszuloten und neu zu verknüpfen, Schnittstellen zwischen Branchen und Regionen zu nutzen sowie system- und disziplinübergreifend in neuen interaktiven Kooperationsformen zu arbeiten.

In diesen Konstellationen ist die vorliegende Publikation entstanden. Sie dokumentiert das inkrementelle Vorgehen sowie wesentliche Ergebnisse und Erkenntnisse bei der wissenschaftlich begleiteten Implementierung von Web 2.0-Anwendungen und Funktionalitäten in einem KMU-Netzwerk im Zeitraum von 2008 bis 2011. Die Beiträge reflektieren den im Verbund und in Kommunikation mit anderen Partnern erreichten Diskussions- und Erkenntnisstand zur Nutzung der Potenziale innovativer Technologien zur kreativen Gestaltung unternehmensübergreifender Arbeitsbeziehungen und -prozesse in einem Unternehmensnetzwerk und die dafür erforderlichen Rahmenbedingungen. Diese lassen auch Rückschlusse auf die mit Web 2.0-Technologien verbundenen Chancen und Risiken zu.

Es ist zu wünschen, dass die vorliegende Ergebnispublikation den Dialog und die Kooperation zwischen Wissenschaft und Unternehmenspraxis inspiriert und fortführt und weitere wettbewerbsbedeutsame unternehmens- und netzwerkrelevante Lösungen unter Einbeziehung innovativer Technologien fördert.

Berlin, im Sommer 2011 *Ursula Reuther*

Vorwort

Der vorliegende Sammelband enthält die wesentlichen wissenschaftlichen und praxisorientierten Ergebnisse unseres Forschungs- und Entwicklungsprojektes „Selbstorganisation für KMU-Netzwerke zur innovativen Lösung aktueller Probleme der modernen Arbeitswelt" (**KMU 2.0**). Gefördert wurde das Projekt aus Mitteln des Bundesministeriums für Bildung und Forschung (BMBF) und aus dem Europäischen Sozialfonds (ESF) der Europäischen Union unter dem Förderkennzeichen 01FM08029-32 im Programm „Arbeiten Lernen Kompetenzen entwickeln – Innovationsfähigkeit in einer modernen Arbeitswelt". Den thematischen Schwerpunkt der BMBF-Bekanntmachung bildeten „Innovationsstrategien jenseits traditionellen Managements" zum Themengebiet „Innovationsstrategien in unternehmensübergreifenden Kooperationen und Allianzen". Dem BMBF gilt an dieser Stelle unser nochmaliger und ausdrücklicher Dank für die Förderung und Unterstützung bei der Erarbeitung und Umsetzung unserer für KMU-Netzwerke sehr bedeutsamen Forschungs- und Entwicklungsergebnisse.

Gleicher Maßen gilt unser ausdrücklicher und herzlicher Dank Frau Dr. Ursula Reuther vom Projektträger im Deutschen Zentrum für Luft und Raumfahrt (PT-DLR), die für uns alle stets eine sehr konstruktive und sehr hilfreiche Ansprechpartnerin und Unterstützerin war. Weitere Unterstützung erfuhr das Projekt vor allem auch durch die Fokusgruppe „Technologie und Netzwerkmanagement" unter der Leitung von Prof. Dr. Jörg Sydow, Freie Universität Berlin, sowie das Metaprojekt „mantra – Innovationsfähigkeit als Managementaufgabe" unter der Leitung von Burkhard Schallock. Auch Ihnen sei an dieser Stelle ausdrücklich und sehr herzlich für die sehr konstruktive Zusammenarbeit gedankt.

Der Projektzugang von KMU 2.0 erforderte einen ausgesprochen interdisziplinären Forschungsansatz. Die Teilprojektpartner deckten entsprechend die Bereiche der Betriebswirtschaftslehre, der Wirtschaftsinformatik, der Verhaltenswissenschaften und des Informationsmanagements ab. Das Forscherteam bildete dabei selbst ein kleines Netzwerk, bestehend aus der Universität Koblenz-Landau (Projektleitung), der Fachhochschule Koblenz, RheinAhrCampus Remagen, und der Universität

Hamburg sowie dem WirtschaftsForum Neuwied e.V. Durch den partnerschaftlichen Einbezug des Praxispartners WirtschaftsForum Neuwied e.V. mit seinen gut 115 Mitgliedsunternehmen und über 10.000 Beschäftigten war es insbesondere möglich, die im Verbundvorhaben entwickelten Konzepte, Modelle und Methoden schrittweise in der Praxis zu erproben und dort prototypenhaft umzusetzen sowie zu evaluieren.

Im Mittelpunkt der inhaltlichen Arbeiten von KMU 2.0 stand die Beantwortung der Frage, wie durch den Einsatz von Web 2.0-Anwendungen in Netzwerken kleiner und mittelgroßer Unternehmen (KMU) Probleme der modernen Arbeitswelt durch Prozesse der Selbstorganisation innovativ im Verbund von den Beschäftigten der Unternehmen gelöst werden können. Die vorliegenden Ergebnisse belegen, dass KMU 2.0 einen wichtigen Beitrag zum besseren Verständnis und Management der Chancen und Risiken bei der Entwicklung und dem Einsatz von Web 2.0-Konzepten in KMU-Netzwerken geleistet hat.

Der vorliegende Sammelband umfasst insgesamt 15 Einzelbeiträge, die in der Gesamtschau die wesentlichen Ergebnisse aus dem Verbundvorhaben KMU 2.0 darstellen. Den thematischen Bogen spannt hierfür der einleitende Beitrag von von Kortzfleisch, Jung und Nüttgens mit dem Titel *„KMU 2.0 - Innovation durch Kooperation: Web 2.0 im Einsatz von KMU-Netzwerken zur kollaborativen, innovativen Lösung aktueller Probleme der modernen Arbeitswelt“*. Er präsentiert die Ausgangsfragen des Vorhabens und führt in die für die Beantwortung der Forschungsfragen relevanten Themengebiete grundsätzlich und überblicksartig ein.

Die Ergebnisse des Sammelbandes sind zwar jeweils aus der partnerschaftlichen Verbundarbeit heraus entstanden, gleichwohl hatten die vier Partner unterschiedliche Arbeitsschwerpunkte und Verantwortlichkeiten, die sich mit Blick auf die weiteren Beiträge wie folgt gemäß den Zielen der Teilprojektpartner zuordnen lassen.

Ziel des Teilvorhabens der Universität Koblenz-Landau war die Analyse und Evaluation organisatorischer Auswirkungen von Web 2.0-gestützten Netzwerkprozessen sowie die Entwicklung damit einhergehender offener Managementstrategien für innovative Problemlösungen der modernen Arbeitswelt unter besonderer Berücksichtigung des dafür notwendigen Kompetenzfeldes der Kreativität und Diffusion.

Hierzu wird anhand des Beitrags von Lindermann, Scherrer und von Kortzfleisch mit dem Titel *„Anwendungsszenario regionale KMU-Netzwerke: Das Forschungsfeld WirtschaftsForum Neuwied e.V.“* das Untersuchungsfeld des Forschungsvorhabens – regionale KMU-Netzwerke – skizziert. Neben den Chancen und Herausforderungen regionaler Netzwerkarbeit, wird das Profil des Praxispartners WirtschaftsForum Neuwied e.V. vorgestellt. Hierüber werden die grundlegenden Anforderungen regionaler KMU-Netzwerke aus unterschiedlichen Dimensionen heraus abgeleitet.

Der darauffolgende Beitrag *„Regionale KMU-Netzwerke, Web 2.0-Anwendungen und kollaborative Innovationen – Arbeitshypothesen eines Forschungsprojektes“* von von Kortzfleisch, Valcárcel und Lindermann umreißt das Themenfeld des Forschungsvorhabens mit den Teilthemen Web 2.0, regionale KMU-Netzwerke und kollaborative Innovationen und deren Wechselbeziehungen zueinander. Daraus werden erste Arbeitshypothesen abgeleitet, welche die Grundlage der Forschungsaktivitäten abbilden.

Nach dieser thematischen Einführung der Grundlagen aus Teilsicht der Universität Koblenz-Landau skizzieren Lindermann, von Kortzfleisch und Valcárcel in ihrem Beitrag *„Aktionsforschung und Design Science: Ein partizipatives Forschungsdesign zur Initiierung kollaborativer Innovationsprozesse in regionalen KMU-Netzwerken“* das methodische Vorgehen des Projektes. Hierzu wird mit der Aktionsforschung und Design Science eine duale Forschungsstrategie vorgestellt, anhand derer eine Forschungslandkarte entwickelt wird.

Basierend auf dieser Forschungsstrategie betrachten Lindermann, Valcárcel und von Kortzfleisch in dem Beitrag *„Von der Kooperation zur Innovation: Anforderungen und Vorgehen in Richtung Web 2.0-gestützter kollaborativer Innovationen in regionalen*

KMU-Netzwerken", anhand des Praxisbeispiels WirtschaftsForum Neuwied e.V., wie eine technologische Web 2.0-basierte Infrastruktur im Sinne der Forschungsfrage aufzubauen und in einem regionalen Netzwerk einzuführen ist. Hierzu werden zunächst die Anforderungen zur Entwicklung der Infrastruktur aus unterschiedlichen Sichtweisen heraus betrachtet. Es folgt eine Darstellung der prototypischen Umsetzung sowie der phasenweisen Einführung des entwickelten Prototypen in das betrachtete Netzwerk.

Der anschließende Beitrag *„Im Feld entwickelt, implementiert und analysiert: Entwicklung und Nutzung eines Web 2.0-basierten Prototypen in einem regionalen KMU-Netzwerk - eine Evaluation"* von Lindermann und von Kortzfleisch stellt das Vorgehen und die Ergebnisse der Evaluation des entwickelten Web 2.0-Prototypen vor. Zunächst wird dabei das Design der Evaluation im Kontext des gesamten Forschungsvorhabens grundlegend skizziert. Darauf aufbauend folgt die Entwicklung eines Bezugsrahmens, anhand dessen die Bewertung des Prototypen aus organisatorischer Sicht erfolgen kann.

Aus den in dem Teilvorhaben erzielten Ergebnissen werden anschließend Implikationen für das Management und die Organisation regionaler KMU-Netzwerke im Sinne der Forschungsfrage abgeleitet. In dem Beitrag *„Neue Anforderungen an das Management von Kreativität und Diffusion - offene Strategiemodelle für regionale KMU-Netzwerke"* stellt von Kortzfleisch ein Modell zur Balancierung zwischen offenen und geschlossenen Managementmodellen vor.

Ziel des Teilvorhabens der Fachhochschule Koblenz, RheinAhrCampus Remagen, war die Analyse von Motiven für eine vertrauensvolle Partizipation an selbstorganisatorischen Netzwerkprozessen sowie die Erarbeitung entsprechender Kompetenzfelder, um darauf aufbauend offene Managementstrategien entwickeln zu können.

Der erste Beitrag *„Führung und Selbstorganisation in KMU-Netzwerken unter dem Aspekt einer innovationsorientierten Mitarbeiterpartizipation"* von Jung, Abram und Reifferscheid thematisiert das Spannungsverhältnis von unternehmerzentrierter Führung und innovationsförderlicher selbstorganisierter Mitarbeiterpartizipation in KMU-

Netzwerken. Letztere impliziert die Teilhabe der Mitarbeiter an organisationalen Veränderungsprozessen und soll zu einer kontinuierlichen Verbesserung des Unternehmens führen. Auf dieser Grundlage wird weitergehend das Verhältnis von Fremdorganisation und Selbstorganisation behandelt und gleichzeitig die Herausforderung deren Ausbalancierung im Unternehmensalltag thematisiert.

Der folgende Beitrag *„Anforderungen an die Gestaltung einer Web 2.0-gestützten Mitarbeiterpartizipation in KMU-Netzwerken"* von Abram, Jung und Reifferscheid stellt die organisationalen und personengebundenen Einflussfaktoren Web 2.0-gestützter Mitarbeiterpartizipation sowie deren Wirkungszusammenhänge im Kontext selbstorganisatorischer Netzwerkprozesse dar. Diese werden in einem verhaltensorientierten Partizipationsmodell systematisiert. Ferner werden Handlungsempfehlungen für die Einführung und Nutzung einer Web 2.0-Anwendung in KMU-Netzwerk-Mitgliedsunternehmen abgeleitet. Am Beispiel eines regionalen KMU-Netzwerkes (WirtschaftsForum Neuwied e.V.) werden somit konkrete Anforderungen sowohl an die Gestaltung einer Web 2.0-basierten Kommunikationsplattform als auch an deren Implementierung in den Unternehmensalltag aufgezeigt.

Im letzten Beitrag *„Selbstorganisatorische Partizipation von Mitarbeitern an innovationsorientierter Netzwerkkommunikation: Bezugsrahmen und Handlungsempfehlungen für das Management"* entwickeln Abram, Reifferscheid, Jung ein Managementmodell, das aufbauend aus den vorhergehenden Erkenntnissen das Zusammenwirken der Aspekte Fremd- und Selbstorganisation, die individuellen und organisationalen Einflussfaktoren innovationsorientierter Netzwerkkommunikation sowie die zugrundeliegenden Kompetenzfelder in einen Gesamtzusammenhang stellt. Das Modell zeigt Handlungsfelder für das Management der Organisationen und des Netzwerkes auf und dient zur Ableitung praxisorientierter Handlungsempfehlungen.

Ziel des Teilvorhabens der Universität Hamburg war die ingenieurmäßige, das heißt methodische und werkzeuggestützte Konzeption, Entwicklung, prototypische Umsetzung und Erprobung von Web 2.0-orientierten virtuellen Dienstleistungen für KMU-Netzwerke.

Der Beitrag *„Eigenschaften und Anwendungen von Web 2.0 in der Unternehmenspraxis - Stand der Forschung“* von Blinn, Peris, Nüttgens und Wolf betrachtet den Einsatz von Internettechnologien in der Unternehmenspraxis. Ausgehend von einer Darstellung der Vielfalt an Technologien und Anwendungen wird im Rahmen des State-of-the-Art der Begriff Enterprise 2.0 behandelt, hinter dem sich die Beschreibung verbirgt, wie die Potentiale von Web 2.0 für Unternehmen nutzbar gemacht werden können, um effizientere Arbeitsweisen und verbesserte Unternehmensbeziehungen zu schaffen.

Dass aus den Besonderheiten von Web 2.0-gestützten regionalen Unternehmensnetzwerken spezielle Anforderungen an die Softwareentwicklung resultieren, verdeutlicht der Beitrag *„Engineering virtueller Dienstleistungen - Entwicklung von Web 2.0-Applikationen für KMU-Netzwerke unter Berücksichtigung mehrdimensionaler Anforderungen“* von Peris, Blinn, Nüttgens und Wolf. Er zeigt zudem ein partizipatives Vorgehensmodell unter Berücksichtigung dieser mehrdimensionalen Anforderungen, um einer ingenieurmäßigen, methodischen Vorgehensweise bei der Entwicklung von Dienstleistungen unter Zuhilfenahme von IKT-gestützten Werkzeugen gerecht zu werden.

Der folgende Beitrag *„Werkzeuge zur IT-gestützten kollaborativen offenen Innovation im WirtschaftsForum Neuwied e.V.“* von Peris, Blinn, Nüttgens und Ludwig stellt die im Rahmen des Forschungsprojektes entwickelte prototypische Entwicklung und Implementierung sowohl aus der Perspektive der Anwender als auch aus technischer Sicht vor. Im Rahmen des Beitrages wird verdeutlicht, wie ausgewählte Web 2.0-Werzeuge zur innovativen Lösung aktueller Probleme der modernen Arbeitswelt beitragen können.

Peris, Blinn und Nüttgens zeigen in dem Beitrag *„Evaluation der im WirtschaftsForum Neuwied implementierten prototypischen Web 2.0-Plattform aus Sicht der Technologieakzeptanz“* das Vorgehen und die Ergebnisse der Evaluation des im Rahmen des Forschungsprojektes entwickelten Web 2.0-Bereiches des WirtschaftsForum Neuwied e.V. aus der technologischen Perspektive. Als theoretische Basis dient die

Unified Theory of Acceptance and Use of Technology (UTAUT), ein Modell zur Bestimmung der individuellen Technologieakzeptanz.

Ziel des Teilvorhabens des WirtschaftsForum Neuwied e. V. war die Umsetzung von Maßnahmen zur erfolgreichen Durchführung von Wissenstransferprozessen innerhalb des Web 2.0-gestützten KMU-Netzwerkes. Die Transferprozesse sind bi-direktional in dem Sinne, dass sie aus dem Netzwerk in Richtung Wissenschaft führen wie auch umgekehrt – und dann gestaltungsorientiert – aus der Wissenschaft in den vernetzten KMU-Verbund hinein verlaufen.

Der bereits genannte Beitrag von Lindermann, Scherrer und von Kortzfleisch *„Anwendungsszenario regionale KMU-Netzwerke: Das Forschungsfeld WirtschaftsForum Neuwied e.V.“* stellt in diesem Zusammenhang das WirtschaftsForum Neuwied e.V. vor. Wie in diesem Kontext die Durchführung des Wissenstransferprozesses erreicht werden konnte, ist dann insbesondere dem Beitrag von Lindermann, von Kortzfleisch und Valcárcel *„Aktionsforschung und Design Science: Ein partizipatives Forschungsdesign zur Initiierung kollaborativer Innovationsprozesse in regionalen KMU-Netzwerken“* zu entnehmen.

Der vorliegende Sammelband schließt mit einer Bilanz, die von von Kortzfleisch, Nüttgens und Jung in ihrem Beitrag *„Web 2.0-gestütze kollaborative Innovationen für regionale KMU-Netzwerke – KMU 2.0: Ein Forschungsprojekt zieht Bilanz“* im Rückblick auf drei Jahre Forschungsprojekt ziehen. Er stellt den Bezug des Forschungsvorhabens sowohl zu den förderpolitischen Zielen als auch anderen Forschungsinitiativen dar und gibt darüber hinaus einen Überblick über die weitere Verwertung der im Rahmen des Projektes erzielten Ergebnisse.

Wir sind davon überzeugt, dass die vorliegenden Forschungs- und Entwicklungsergebnisse zum KMU 2.0-Verbundprojekt sowohl für die Wissenschaft als auch für die Praxis der KMU-Vernetzung wesentliche Impulse setzen werden. Dass wir im Hinblick auf die Veröffentlichung selbst einen „offenen“ Weg beschritten haben, indem wir diesen Sammelband unter der Philosophie des Open Access in der Wissenschaft online zur freien Lektüre und zum kostenlosen Herunterladen zur Verfügung stellen, versteht sich bei den behandelten Themen fast von selbst.

Koblenz, im Sommer 2011

Harald F.O. von Kortzfleisch
Rüdiger H. Jung
Markus Nüttgens
Brigitte Ursula Scherrer

Inhaltsübersicht

Autorenangaben

Dipl.-Päd. Isabelle Abram

Wissenschaftliche Mitarbeiterin am RheinAhrCampus der FH Koblenz in Remagen; Arbeits- und Forschungsschwerpunkte: Kommunikation, Teamprozesse, Personalführung, Selbstorganisation – Fremdorganisation, Mitarbeiter-Partizipation.

Dipl.-Wirt.-Inf. Nadine Blinn

Wissenschaftliche Mitarbeiterin an der Universität Hamburg, Professur für Wirtschaftsinformatik, Prof. Dr. Markus Nüttgens; Arbeits- und Forschungsschwerpunkte: Wirtschaftsinformatik allgemein, Geschäftsprozessmanagement, Hybride Wertschöpfung, Web 2.0/Social Media, Standardisierung, Outsourcing.

Prof. Dr. Rüdiger H. Jung

Professur für Allgemeine Betriebswirtschaftslehre, insbesondere Management/ Führung und Organisationsentwicklung am RheinAhrCampus der FH Koblenz in Remagen; Arbeits- und Forschungsschwerpunkte: Unternehmens- und Personalführung, Führungskräfteentwicklung/ Coaching, Veränderungsmanagement/ Organisationsentwicklung, Selbstorganisation, Netzwerke und Lernende Organisationen.

Prof. Dr. Harald F.O. von Kortzfleisch

Inhaber des Lehrstuhls für Informations- und Innovationsmanagement, Entrepreneurship und Organisatorische Gestaltung im Institut für Management des Fachbereichs Informatik der Universität Koblenz-Landau in Koblenz. Arbeits- und Forschungsschwerpunkte: Entrepreneurship, Technologie- und Innovationsmanagement, Wissens- und Kooperationsmanagement, Hybride Wertschöpfungsprozesse, Service Science, Open (Service) Innovation, Design Thinking.

M.Sc. Informationsmanagement Nadine Lindermann

Wissenschaftliche Mitarbeiterin am Lehrstuhl für Informations- und Innovationsmanagement, Entrepreneurship und Organisatorische Gestaltung im Institut für Management des Fachbereichs Informatik der Universität Koblenz-Landau in Koblenz. Arbeits- und Forschungsschwerpunkte: Kooperations- und Netzwerkmanagement, Aktionsforschung - Design Science, Web 2.0, Open Innovation.

Dipl.-Inform. Kai Ludwig

Geschäftsführer der Grothe Resolute GmbH; Arbeits- und Interessensschwerpunkte: Webbasierte Anwendungen, Web 2.0, Mobile Applications.

Prof. Dr. Markus Nüttgens

Professur für Wirtschaftsinformatik mit dem Schwerpunkt Betriebswirtschaftliche Standardsoftware und Informationsmanagement an der Universität Hamburg; Arbeits- und Forschungsschwerpunkte: Allgemeine Wirtschaftsinformatik und Wissenschaftstheorie, Informations- und Geschäftsprozessmanagement, Betriebswirtschaftliche Standardsoftware, Informationssysteme in Industrie, Dienstleistung und Verwaltung, Open Source/ Open Access, IT-Governance/ Compliance/ Outsourcing / Entrepreneurship.

Dipl.-Wirt.-Inf. Martina Peris

Wissenschaftliche Mitarbeiterin an der Universität Hamburg, Professur für Wirtschaftsinformatik, Prof. Dr. Markus Nüttgens; Arbeits- und Forschungsschwerpunkte: Wirtschaftsinformatik allgemein, Web 2.0, E-Learning.

Dipl.-Betriebsw. (FH) Georg Reifferscheid

Wissenschaftlicher Mitarbeiter am RheinAhrCampus der FH Koblenz in Remagen; Arbeits- und Forschungsschwerpunkte: Unternehmens- und Personalführung, Institutionelle Grundlagen des Managements, Verantwortung von Führungskräften und werteorientierte Führung.

Brigitte Ursula Scherrer

Inhaberin einer Agentur für Organisation – Marketing – Vermarktung, Vorsitzende des Vereins WirtschaftsForum Neuwied e.V., einem Netzwerk von mehr als 115 Mitgliedsbetrieben im Raum Neuwied.

Dr. Sylvia Valcárcel

Wissenschaftliche Mitarbeiterin und Projektleiterin am Lehrstuhl für Informations- und Innovationsmanagement, Entrepreneurship und Organisatorische Gestaltung im Institut für Management des Fachbereichs Informatik der Universität Koblenz-Landau in Koblenz. Arbeits- und Forschungsschwerpunkte: Organizational Economics, Corporate Governance, Kooperations- und Netzwerkmanagement, Aktionsforschung, Design Science, Motivation.

Dipl.-Wirt.-Inf. Torben Wolf

IT-Projektleiter bei der MPC Münchmeyer Petersen IT Services GmbH & Co. KG; Arbeits- und Interessensschwerpunkte: Web 2.0, Business Intelligence, SAP.

KMU 2.0 – Innovation durch Kooperation: Web 2.0 im Einsatz von KMU-Netzwerken zur kollaborativen, innovativen Lösung aktueller Probleme der modernen Arbeitswelt

Harald F.O. von Kortzfleisch, Rüdiger H. Jung und Markus Nüttgens

Inhaltsverzeichnis

1. Aktuelle Probleme der modernen Arbeitswelt

Neue Anforderungen an kleine und mittlere Unternehmen (KMU) in Deutschland drücken sich in der zunehmenden Komplexität und Dynamik von Problemen aus, welche die moderne Arbeitswelt betreffen.

1.1 Motivation und Zielsetzung des Beitrags

Aus der Vielzahl möglicher Themen für aktuelle Probleme aus der modernen Arbeitswelt sollen hier nur einige, von den Autoren dieses Beitrags als besonders relevant erkannte **Beispiele** genannt werden:

- die familiengerechte (Stichwort „Work-life Balance") und Aspekte des „Gender Mainstreaming" berücksichtigende Gestaltung von Arbeitsplätzen,
- die Planung und Umsetzung von Maßnahmen des Arbeitsschutzes und der Gesundheitsprävention,
- die bedarfs- und anforderungsgerechte Akquisition sowie Aus- und Weiterbildung von Fachkräften, z. B. unter besonderer Berücksichtigung des demografischen Wandels oder
- die umweltschonende, vor allem z. B. die energieeffiziente Herstellung von Produkten oder Dienstleistungen.

Die beispielhaft genannten Problemfelder stellen spezielle Herausforderungen für KMU dar, die sich quer durch alle Wertschöpfungsaktivitäten der Unternehmen ziehen. Daraus resultieren ihre hohe Brisanz und umso mehr die Notwendigkeit, sie innovativen Lösungen zuzuführen, insbesondere durch Vernetzung und den unterstützenden Einsatz moderner Informations- und Kommunikationstechnologien (IKT). So ist es das **Ziel** dieses Sammelbandes zu zeigen, dass durch den Einsatz von Web 2.0-Applikationen in Netzwerken kleiner und mittlerer Unternehmen (KMU-Netzwerke) selbstorganisatorische und gestaltungsoffene Prozesse vermittelt werden können, die im Ergebnis zu innovativen Lösungen für die beteiligten Unternehmen hinsichtlich ihrer aktuellen Probleme der modernen Arbeitswelt führen mögen.

Um dieses Ziel zu erreichen, werden im Folgenden zunächst Innovationsimpulse für und Managementanforderungen an das Lösen der aufgeführten Problembereiche genannt. Das zweite Kapitel geht anschließend auf das Phänomen der Vernetzung und der damit verbundenen Vorteile sowie auf die Unterstützung der Vernetzung durch IKT wie Web 2.0 ein. Im abschließenden dritten Kapitel wird auf offene Managementstrategien, Selbstorganisation und dynamische Kompetenzentwicklung als Basis für Innovation durch Kooperation eingegangen.

1.2 Innovationsimpulse und Managementanforderungen

Mit innovativen Lösungen zu Problemen der modernen Arbeitswelt gehen sowohl **indirekte als auch direkte Impulse** für die Innovations- und Wettbewerbsfähigkeit der beteiligten Unternehmen in KMU-Netzwerken einher.

Direkte Impulse resultieren aus innovativen Lösungen, die unmittelbar aus dem Netzwerk heraus in den KMU umgesetzt werden können. Darüber hinaus ist es vor allem aber auch denkbar, dass Problemlösungen, die von den Mitarbeitenden aus den verschiedenen Unternehmen des KMU-Netzwerkes angeregt werden, einen indirekten Sogeffekt nach neuen Produkten oder Dienstleistungen nach sich ziehen, weil die erkannten Problemlösungen in dieser Form am Markt noch nicht verfügbar sind. Entweder kann die Nachfrage nach diesen Produkten oder Dienstleistungen aus dem Netzwerk bedient werden oder das Netzwerk wird sich für neue Partner öffnen, welche die Nachfrage dann bedienen. Insgesamt handelt es sich für die KMU um Win-win-Konstellationen als Ergebnisse ihrer kompetenzorientierten Vernetzungen.[1]

Für innovative Lösungen in den genannten Problemfeldern einer modernen Arbeitswelt greifen traditionelle, geschlossene **Managementsichtweisen** wie die der

[1] Siehe *Elsholz et al.* 2006; *Borkenhagen et al.* 2004.

„machine bureaucracy" von Mintzberg[2] zu kurz. Aus dieser traditionell-geschlossenen Sicht werden innovative Lösungen als vorhersagbar und vollständig planbar betrachtet. Es wird davon ausgegangen, dass die dahinter liegenden Probleme kontextunabhängig beschrieben werden können. Sie werden als beherrschbar mit einem gewissen „Restrisiko" angesehen und lösbar aufgrund der Kenntnisse über die eindeutigen Wirkungen von Einflussmaßnahmen. Die mit dieser Sichtweise einhergehenden traditionellen Managementstrategien sind „geschlossen" in dem Sinne, dass sie – erkenntnistheoretisch argumentiert – die zuvor beschriebene Wirklichkeit der Probleme ausschließlich innerhalb ihrer eigenen Unternehmen als objektiv gegeben und wahr anerkennen.

Diese traditionelle Sichtweise greift nun offensichtlich deshalb zu kurz, weil Dynamik und Komplexität aktueller Probleme aus der modernen Arbeitswelt sich nur dann erschließen lassen, wenn sie gerade nicht als vorhersehbar betrachtet werden. Sie sind kontextabhängig und können nicht beherrscht, sondern allenfalls handhabbar gemacht werden. Benötigt werden **„offene" Managementstrategien**, die – wiederum erkenntnistheoretisch formuliert – die Wirklichkeit der Probleme einer modernen Arbeitswelt im Sinne subjektiver Konstruktionen zulassen, die über Sozialisationsprozesse dann als relativ stabil erlebt werden können. Diese offenen Strategien jenseits traditionellen Managements, tendenziell der „adhocracy" von Mintzberg entsprechend,[3] müssen den aufgezeigten Kern des traditionellen Managementansatzes überwinden und sich verstärkt der systemischen Betrachtungsweise mit dem daraus resultierenden Bewusstsein für selbstorganisierte und offene soziale Vernetzung und IKT-Unterstützung zuwenden.

2. Vernetzung und IKT

Eine wesentliche treibende wie auch ermöglichende Kraft für Unternehmensnetzwerke sind **IKT**.[4] Nicht zuletzt deshalb wird das Umfeld solcher Netzwerkunter-

[2] Siehe *Mintzberg* 1979.
[3] Siehe ebenda 1979.
[4] Siehe für viele nur *Fleisch* 2001; *Malone* 1999; *Sydow/Winand* 1998, *Sieber* 1998; *Klein* 1996.

nehmen als „Network Economy"[5] bezeichnet. **Netzwerkunternehmen** sind solche Unternehmen, „die ihre Rolle als Knoten in unterschiedlichen Unternehmensnetzwerken aktiv gestalten".[6] Vernetzung als eine zentrale Metapher für wirtschaftliches Handeln führt dazu, dass „(c)ompanies need fundamentally new strategies for the new economy. Networking is enabling new structures and new strategies".[7] Netzwerke basieren wesentlich auf Vertrauen und haben im Vergleich zu rein hierarchischen oder marktlichen Lösungen das Potenzial, Transaktionskosten nachhaltig zu senken.

2.1 KMU-Netzwerke und Ziele von Vernetzung

Auch kleine und mittlere Unternehmungen (KMU) fangen an, diese Entwicklungen in ihrem strategischen Vorgehen zu berücksichtigen. Sie bilden **KMU-Netzwerke**[8], um den verschärften Wettbewerbsbedingungen in aktiver Form zu begegnen. Gerade bei innovativen Lösungen für komplexe und dynamische Probleme wird die Vernetzungsnotwendigkeit aufgrund der beschränkten Ressourcenausstattungen von KMU sehr deutlich.

Wesentliches **Ziel von Vernetzung** ist es, die Flexibilität beziehungsweise „Agilität"[9] von Wertschöpfungsaktivitäten zu erhöhen. Die strategischen Potenziale im Sinne der geforderten „Agilität" zeigen sich aus Sicht der jeweiligen Netzwerkunternehmen im Kern in folgenden Effekten:[10]

- In Engpassbereichen der internen Wertschöpfungskette ermöglicht Vernetzung ein flexibles Outsourcing und somit kurze Durchlaufzeiten dadurch, dass Kapazitäten der Partner genutzt werden können.

[5] *Shapiro/Varian* 1999.
[6] *Fleisch* 2001, S. 1.
[7] *Tabscott* 1995, S. 12.
[8] Vgl. *Sieber* 1998, S.18 f.; *Kocian et al.* 1995.
[9] *Goldman et al.* 1996.
[10] Zum potenziellen „collaborative advantage" siehe auch *Ebers* 1997; *Kanter* 1994.

- Durch Insourcing können bei vorhandenen Leerkapazitäten zusätzliche Deckungsbeiträge erzielt sowie durch die tatsächliche Ausnutzung vorhandener Volumina ermöglichte Lernkurven-Effekte realisiert werden.

- Outsourcing und Insourcing erlauben die konsequente Konzentration auf die eigenen Kernkompetenzen.

- Durch den Zugriff auf die Kapazitäten der Kooperationspartner können in bestehenden Märkten sowohl zusätzliche Kapazitäten angeboten als auch indirekt neue Märkte über innovative Produkte erschlossen werden.

- Durch die – notwendig mit Kooperationen verbundene – ständige Auseinandersetzung mit neuen Situationen können Lernpotenziale sowohl auf institutioneller Ebene als auch auf der Ebene der Mitarbeiter aufgebaut werden.

- Durch ein langsames Herantasten an die synergetische Erschließung von Lernpotenzialen können Fehleinschätzungen hinsichtlich solcher Potenziale vermieden werden.

Netzwerke zwischen KMU bieten die Möglichkeit, die Schnelligkeit und Flexibilität von kleinen und mittleren Unternehmen mit der „Schlagkraft" großer Unternehmen zu verbinden.[11]

2.2 Theoretische Strömungen im Überblick

Wissenschaftliche Impulse zur Auseinandersetzung mit Unternehmensnetzwerken geben verschiedene **theoretische Strömungen**, die zumeist an der Schnittstelle zwischen Organisationstheorie (im weiten Sinne) und Wirtschaftsinformatik liegen.[12]

[11] Vgl. *Klein* 1998, S.4.
[12] Siehe *von Kortzfleisch* 2004; *Fleisch* 2001.

Zu nennen sind hier z. B. Beiträge

- zur strategischen Evolution und Organisation von Netzwerken,[13]
- zu neuen Geschäftsmodellen in einer „Network Economy",[14]
- zu den Potenzialen von Virtuellen Unternehmen,[15]
- zum interorganisatorischen Business Process (Re-)Engineering,[16]
- zur überbetrieblichen Koordination von Supply-Chain-Prozessen,[17]
- zum Koordinationsphänomen als eigenständigem und übergreifendem Erklärungsansatz der Vernetzung,[18]
- zur Bedeutung von Wissen als strategischer Ressource in Netzwerken[19] sowie
- zur Rolle von Transaktionskosten in Netzwerken im Spannungsfeld zwischen hierarchisch und marktlich organisierten ökonomischen Austauschbeziehungen.[20]

Besonders hervorzuheben sind theoretische Beiträge, welche die Bedeutung von Lernen und Kompetenzentwicklung in Netzwerken herausstellen.[21] Denn Lernen und Kompetenzentwicklung spielen eine zentrale Rolle für die gemeinsame Generierung innovativer Lösungsansätze für alltägliche Probleme aus der modernen Arbeitswelt.

2.3 Web 2.0, soziale Vernetzung und Service Engineering

Der Begriff „Web 2.0" wurde vom Verleger Tim O'Reilly geprägt[22]. Er suggeriert zunächst durch die Vergabe einer Versionsnummer einen fundamentalen technologischen Sprung. „Das ist insofern irreführend, als er vielmehr zur Charakterisierung einer neuen Nutzungsart der Internettechnologien verwendet wird".[23]

---

[13] Siehe *Klein* 1996; Sydow 1992.
[14] Siehe *Shapiro/Varian* 1999; *Kelly* 1998; *Tabscott* 1995.
[15] Siehe *von Kortzfleisch*, 1999; *Sieber* 1998; *Szyperski/Klein* 1993; *Davidow/Malone* 1992,
[16] Siehe *Davenport/Short* 1990.
[17] Siehe *Klaus/Krieger* 1998.
[18] Siehe *Malone/Crowston* 1994.
[19] „Network as Knowledge"; *Kogut* 2000.
[20] Siehe *Williamson* 1975.
[21] Siehe *Elsholz et al.* 2006; *Borkenhagen et al.* 2004; *Sydow et al.* 2003.
[22] Siehe *O'Reilly* 2005.
[23] *Bohl/Manouchehri/Winand* 2007, S. 27.

2.3.1 Web 2.0 und soziale Vernetzung

Zur Kennzeichnung von **Web 2.0** lassen sich paradigmatisch die von O'Reilly aufgestellten sieben Charakteristika heranziehen:[24] „The Web as platform", „Harnessing Collective Intelligence", Data is the Next ‚Intel Inside'", „End of Software Release Cycle", „Leightweight Programming Models", „Software Above the Level of a Single Device" und „Rich User Experience". Ohne an dieser Stelle auf spezielle technische Details von Web 2.0 einzugehen, lässt sich mit Blick auf diese sieben Paradigmen zusammenfassend festhalten, dass bei Web 2.0 eine auf bestimmten Internettechnologien basierende „**soziale Vernetzung**" im Vordergrund steht.[25] Web 2.0 ist damit überwiegend ein soziales und weniger ein technisches Phänomen.

Die „soziale Seite" von Web 2.0 drückt sich im Tatbestand der Gemeinschaft („community") aus. Um diese zusammen zu halten, bietet Web 2.0 eine Menge unterschiedlicher Applikationen. Zu den heute bekanntesten gehören etwa Blogs, Wikis, Tagging, Instant Messaging und Social Networking.

Die Auseinandersetzung mit dem Thema Web 2.0 im unternehmensbezogenen Kontext findet unter dem von Andrew McAfee geprägten Begriff Enterprise 2.0 statt.[26] Web 2.0 ist ein überwiegend soziales Phänomen, welches von der großen Gemeinschaft der Internetnutzer getrieben und bestimmt wird. Es ist insofern basisdemokratisch und partizipationsintensiv. Diese Eigenschaften werden als vorteilhaft auch im unternehmerischen Kontext sowie im Kontext der Vernetzung von KMU gesehen.

Begriffe wie „Collective Intelligence"[27], „Crowd Sourcing"[28] oder „Wisdom of Crowds"[29], die im Umfeld von Web 2.0 geschöpft wurden, deuten schließlich auf einen fließenden Übergang zu den betrieblich wichtigen Dienstleistungsbereichen der Unternehmenskommunikation und des Wissensmanagements hin.[30]

---

[24] Siehe *O'Reilly* 2005.
[25] Vgl. ähnlich *Beck* 2007, S. 6 ff.; siehe zudem *Bächle* 2006.
[26] Siehe *McAfee* 2006; *McAfee* 2009.
[27] *O'Reilly* 2005.
[28] *Howe* 2006.
[29] *Surowiecki* 2005.
[30] Siehe *Spanbauer* 2007.

2.3.2 Service Engineering

Die systematische Entwicklung von Dienstleistungen, u. a. auch für KMU-Netzwerke, wird seit Mitte der 90er Jahre im deutschsprachigen Raum unter dem Begriff „**Service Engineering**“ facettenreich diskutiert.[31] Interdisziplinär ausgerichtet macht sich Service Engineering das aus dem Bereich der klassischen Ingenieurwissenschaften stammende Know-how der Produktentwicklung für die Entwicklung von Dienstleistungen nutzbar. Neben Vorgehensmodellen stehen IKT-gestützte Werkzeuge für die Entwicklungen zur Verfügung.[32]

Denkbare Beispiele für virtuelle Dienstleistungsangebote im Kontext von Web 2.0 sind spezielle Suchfunktionalitäten über die miteinander vernetzten Akteure, Entscheidungshilfen bei der virtuellen Medienwahl (Mail, Diskussionsforen, Blogs etc.) oder Indikatorensysteme für die Beurteilung der Qualität von Beiträgen in Communities mit Blick auf deren Innovationspotenzial. Als Anwendungsszenarien werden insbesondere Fragestellungen fokussiert, welche auf traditionellen Kommunikationswegen und aufgrund räumlicher oder zeitlicher Beschränkung nicht, nur unzureichend bzw. unwirtschaftlich zu initiieren sind. Aufgrund der offenen Struktur derartiger Systeme können auch insbesondere Ad-hoc- und unstrukturierte Anwendungskontexte adressiert werden. Ein weiterer Aspekt ist die Anwendung verschiedener Forschungsparadigmen und deren vernetze Anwendung (Design Science, Action Research, behavioristische Ansätze etc.). Diese Beispiele sind zu bemühen und informations- und kommunikationstechnisch umzusetzen, um das Potenzial zur innovativen Lösung von aktuellen Problemen aus der modernen Arbeitswelt in KMU-Netzwerken zu aktivieren.

[31] Siehe *Bullinger/Scheer* 2002; *Nüttgens/Heckmann/Luzius* 1998; *Bullinger* 1995.
[32] Siehe *DIN* 1998.

3. Offene Manangementstrategien, Selbstorganisation und dynamische Kompetenzentwicklung als Basis für Innovation durch Kooperation

Ein kooperativer Zusammenschluss von kleinen und mittlere Unternehmen zu **KMU-Netzwerken** erfolgt – bei aller Unterschiedlichkeit in den jeweiligen Ausprägungsformen solcher Netzwerke (z. B.: real oder virtuell, regional oder global, vertikal-integrierend oder horizontal-integrierend) – in der Regel unter betriebswirtschaftlichen Zielsetzungen. Garant für den wirtschaftlichen Erfolg von KMU-Netzwerken sind bis heute überwiegend klassische beziehungsweise geschlossene Managementstrategien. Das bedeutet, dass die Beiträge, die ein Unternehmen zum Netzwerk leistet, durch dessen Leitung und auch die Netzwerke selber in der Regel durch zentrale Instanzen geplant, gesteuert, koordiniert und kontrolliert werden. Zudem wird auf Beständigkeit größerer Wert gelegt als auf Veränderung. Für die Innovationsorientierung in Netzwerken ist das eher hemmend als förderlich.

3.1 Offene Managementstrategien und Selbstorganisation

Wie bereits weiter vorne angeführt, erfordern die zunehmende Komplexität und Dynamik der Arbeitswelt jedoch eine Abkehr von solchen geschlossenen Managementstrategien für KMU-Netzwerke hin zu „**offenen Managementstrategien**“. Auslöser hierfür im Bereich der Arbeitswelt sind zum Beispiel die bereits genannten zunehmenden Notwendigkeiten zur familiengerechten und „*Gender Mainstreaming*“ berücksichtigenden Gestaltung von Arbeitsplätzen, zur Planung und Umsetzung von Maßnahmen der Gesundheitsprävention und des Arbeitsschutzes, zur bedarfs- und anforderungsgerechten Akquise sowie Aus- und Weiterbildung von Fachkräften, z. B. unter besonderer Berücksichtigung des *demografischen Wandels*, oder zur umweltschonenden, beispielsweise energieeffizienten Herstellung von Produkten oder Dienstleistungen.

Erst eine größere strategische „Offenheit“ für aktuelle Probleme der Arbeitswelt und ihres Lösungspotenzials durch Vernetzung ermöglicht aufgrund dynamischer und vor allem selbstgesteuerter Anpassungsprozesse innovative Lösungen, die entsprechend von den Betroffenen selber mit gefunden und umgesetzt werden müssen.

Mit **selbstorganisatorischen Netzwerkprozessen** ist eine konsequente Umorientierung und Öffnung hinsichtlich strategischer und insbesondere organisatorischer Regelungen in Unternehmensnetzwerken verbunden. Strukturen – Ordnung – werden nicht mehr als das alleinige Ergebnis vorgegebener Regelungen durch die jeweiligen Unternehmensführungen oder zentrale Netzwerkinstanzen gesehen (Fremd-Organisation). Vielmehr sind sie das Ergebnis verteilter und permanenter Ordnungsleistungen, die emergent und dynamisch aus den Handlungsprozessen aller vernetzten Akteure resultieren.[33]

Voraussetzung für ein solches Bemühen um vernetzte Selbstorganisation ist, dass die miteinander verbundenen Unternehmen über Kompetenzen auf den relevanten Feldern der Incentivierung, vertrauensvollen Partizipation sowie Kreativität und Diffusion verfügen. Diese drei Kompetenzfelder zielen auf die Motivation der Mitarbeitenden, sich in dynamischen selbstorganisatorischen Netzwerkprozessen zu engagieren, schaffen die Voraussetzungen für eine vertrauensbasierte Beteiligung an sich und fördern die Kreativität für neue und in die Arbeitswelt zu diffundierende, innovative Lösungsprozesse und Lösungsergebnisse.

3.2 Dynamische Kompetenzentwicklung

Mit Blick auf die Komplexität von Unternehmensnetzwerken werden Selbstorganisationsprozessen sowie einem angemessenen Verhältnis von Fremd- und Selbstorganisation für die Bildung effizienter Arbeitsstrukturen sowie der nachhaltigen Entwicklung von Unternehmensnetzwerken eine besondere Bedeutung beigemessen. **Dynamische Kompetenzen**[34] bilden hierfür eine Perspektive, die einen gemeinsamen Zugang zu beiden Phänomenen erlaubt: Netzwerke verstetigen sich dann, wenn

[33] Vgl. *Jung* 2010, S. 1366 ff.
[34] Siehe *Schreyögg/Kliesch* 2005.

ihnen eine gemeinsame Kompetenzentwicklung möglich wird,[35] und Selbstorganisation lässt sich aus Sicht flexibler Kompetenzkonstellationen modellieren.[36]

3.2.1 Organisationales Lernen und Metakompetenzen

Als „Globalkonstrukt"[37] wird bei der Auseinandersetzung mit Kompetenzkonstellationen auf **Organisationales Lernen** zurück gegriffen. Vom Vorhandensein Organisationalen Lernens sind sowohl die Voraussetzungen für Kompetenzfelder wie auch die Kompetenzleistung abhängig.[38] Der Zugriff auf Organisationales Lernen wird über das Lernebenenmodell von Argyris und Schön[39] erschlossen, die zwischen „single loop learning", „double loop learning" und „deutero learning" unterscheiden. „Single loop learning" ist inkrementelles Anpassungslernen hinsichtlich prozessbasierter Verknüpfungen von Ressourcen und deren Ergebnisse. „Double loop learning" bezeichnet eine grundsätzlichere Auseinandersetzung mit handlungsleitenden Prinzipien und den verfolgten Zielen. „Deutero learning" stellt den Lernprozess selbst als Objekt des Lernens in den Mittelpunkt im Sinne einer kontinuierlichen Selbstbeobachtung („Lernen über Lernen"). Alle genannten Lernebenen finden sich auch bei KMU-Netzwerken.

In Analogie zu „Lernen über Lernen" oder zum Begriff der Metakognition („Wissen über Wissen") lässt sich von **Metakompetenzen** im Sinne von Ausgangsdispositionen sprechen, „welche die Herausbildung von grundlegenden und abgeleiteten Selbstorganisationsdispositionen, den Kompetenzen, erst fundieren und ermöglichen"[40]. Dieses Konzept geht aufgrund seiner Generik über bekannte Unterscheidungen wie z. B. in Sach-, Methoden- und Sozialkompetenzen oder Medien- und Humankompetenzen hinaus und bietet Anschlüsse an das Konzept der Selbstorganisation wie auch zur Kompetenzentwicklung in Netzwerken.[41]

---

[35] Siehe *Elsholz et al.* 2006.
[36] Siehe *Erpenbeck/Scharnhorst* 2006.
[37] *Schreyögg/Kliesch* 2003, S. 56.
[38] Ebenda.
[39] Siehe *Argyris/Schön* 1978.
[40] *Erpenbeck* 2006, S. 8.
[41] Siehe *Sydow et al.* 2003.

3.2.2 Kompetenzfelder

Aus Sicht der Kompetenzentwicklung in Web 2.0-gestützten Netzwerken mit Innovationsorientierung stellen sich relevante **Kompetenzfelder**, die in einem wechselseitig aufeinander bezogenen Wirkungsverhältnis stehen, wie folgt dar:

- *Incentivierung*, welches Aufschlüsse darüber geben soll, ob überhaupt und, wenn ja, welche Anreize Mitarbeitenden in Unternehmen gegeben werden sollen, damit sie sich an einer Vernetzung über Web 2.0 beteiligen,

- *Vertrauensvolle Partizipation*, welches Zugänge eröffnen soll zur Beantwortung der Frage, unter welchen organisatorisch-technologischen Bedingungen genügend Vertrauen aufgebaut ist und beibehalten wird, damit eine mögliche Beteiligung an einer Vernetzung über Web 2.0 nicht am Misstrauen der Mitarbeitenden scheitert,

- *Kreativität und Diffusion*, welches Einblicke gewähren soll, wie sich Kreativität in Web 2.0-gestützten Netzwerken entwickelt und welche Maßnahmen notwendig sind, um kreative Ideen in den Markt hinein zu diffundieren und damit aus der Invention zu einer Innovation zu kommen.

Unter *Incentivierung* beziehungsweise Anreizsystem sind alle in ihrem Zusammenwirken bewusst gestalteten und aufeinander abgestimmten Maßnahmen zu verstehen, die einerseits bestimmte erwünschte Verhaltensweisen der Mitarbeiter auslösen oder verstärken und die andererseits die Wahrscheinlichkeit des Auftretens unerwünschter Verhaltensweisen mindern. Insgesamt ist das vorrangige Ziel die Erhöhung der Mitarbeiter-Motivation. Anreizsysteme können nur dann adäquat wirken, wenn sie auf die Motivation von Mitarbeitern ausgerichtet sind.[42] Idealtypisch wird zwischen extrinsischer Motivation, die im Wesentlichen durch materielle Anreize zu steuern ist und intrinsischer Motivation, für die immaterielle Anreize bedeutsamer sind, unterschieden.

[42] Siehe *Comelli/von Rosenstiel* 2001.

Im Kontext von Web 2.0 weisen erste Studien darauf hin, dass sowohl extrinsische als auch – und das im überwiegenden Maße – intrinsische Motivation für eine aktive Teilnahme an der „sozialen Vernetzung“ verantwortlich sind.[43] Für Web 2.0-gestützte KMU-Netzwerke liegen bisher keine Studien vor; dieser Sammelband wird jedoch auf Basis der zugrunde liegenden Fallstudie hierzu erste Erkenntnisse vorlegen.

Vertrauen kann als eine wesentliche Voraussetzung für *Partizipation* gesehen werden. Vertrauen bezieht sich auf die „willingness of a party to be vulnerable to the actions of another party based on the expectations that the other will perform a particular action important to the trustor, irrespective of the ability to monitor or control that other party"[44]. Vertrauen ist insofern kein Verhalten an sich oder eine Wahlentscheidung, sondern eine darunter liegende psychologische Bedingung.[45] Vertrauen wird beeinflusst von der Bereitschaft der Akteure, vertrauensvoll zu handeln, von den normativen Erwartungen an die Akteure, denen man vertrauen soll sowie von den situativen Rahmenbedingungen, die sich beispielsweise in der (ungleichen) Verteilung von Macht ausdrücken können. Die beiden notwendigen Bedingungen für Vertrauen sind Risiko (als die wahrgenommene Wahrscheinlichkeit des Verlusts[46]) und gegenseitige Abhängigkeit voneinander bei der Zielerreichung[47]. Gemäß Luhmann[48] reduziert Vertrauen Ungewissheit und ermöglicht dadurch Handeln.

Vertrauensvolle Partizipation ist im Kontext des Einsatzes von IKT zur Unterstützung überbetrieblicher Unternehmensprozesse zwar schon ansatzweise unter Bezugnahme auf Geschäftsbeziehungen zwischen Unternehmen[49] und Virtuellen Unternehmen[50] untersucht worden. Allerdings fehlen entsprechende Studien im Kontext von Web 2.0 und KMU-Netzwerken.

[43] Siehe etwa *Bitzer/Schrettl/Schröder* 2007; *Dewett* 2007; *Nieto/Santamaria* 2007; *Shah* 2006; *Lakhani/Wolf* 2005; *Harhoff/Henkel/von Hippel* 2003; *Ryan/Deci* 2000.
[44] *Meyer/Davis/Schoorman* 1995, S. 712.
[45] Siehe *Rousseau et al.* 1998.
[46] Siehe *Coleman* 1990.
[47] Siehe *Sheppard/Sherman* 1998.
[48] Siehe *Luhmann* 1998.
[49] Siehe *Licharz* 2002.
[50] Siehe *Zimmermann* 2003.

Kreativität und *Diffusion* kreativer Ideen zwecks Etablierung im Markt (Innovationen) sind zentrale und umfassend untersuchte Konzepte im Innovations- und Technologiemanagement.[51] Im Vordergrund unserer Betrachtungen steht zunächst die Dynamik der kreativen Prozesse, die schon sehr früh von Wallas[52] mit den Phasen der „Preparation“, „Incubation“, „Illumination“ und „Verification“ beschrieben wurde. Tassoul und Buijs[53] weisen ferner darauf hin, dass innerhalb jeder Phase zwischen divergenten, viele Möglichkeiten zulassenden und konvergenten, sich auf das Wesentliche beschränkenden Verhaltensweisen zu unterscheiden ist. Rogers[54] verdeutlich in der fünften Auflage seines bereits 1962 erschienen Buches „Diffusion of Innovations“ die Situativität der Adoption von Innovationen sowie die psychosozialen Mechanismen im Diffusionsprozess auf individueller Ebene.

Das Potential von Web 2.0 für die genannten Prozesse ist bisher noch nicht untersucht worden. Allerdings lässt sich – aufbauend auf den Erfahrungen von May[55] bei Toyota – die Hypothese aufstellen, dass „creativity depends largely on how an employee personally connects with her or his work and that ideas must be converted into profitable applications through sharing with colleagues, then following the ideas as a group until they become profitable innovations. In this manner, a company can reinvest profits in the form of incentives for knowledge sharing, based on Web 2.0 applications that may lead to more new ideas“.[56] Einen Beleg für die mögliche Gültigkeit dieser Hypothese bieten die vorliegenden Beiträge dieses Sammelbandes.

---

[51] Siehe *Schröder* 2007; *Pfeiffer* 1971.
[52] Siehe *Wallas* 1926.
[53] Siehe *Tassoul/Buijs* 2007.
[54] Siehe *Rogers* 2003.
[55] Siehe *May* 2007.
[56] *von Kortzfleisch et al.* 2007, o.S.

Literaturverzeichnis

ALVES, J./MARQUES, M. J./SAUR, I./MARQUES, P. (2007):
Creativity and Innovation through Multidisciplinary and Multisectioral Cooperation. In: Creativity and Innovation Management, Vol. 16, No. 1, S.27-34.

BÄCHLE, M. (2006):
Social Software. In: Informatik Spektrum. Vol. 29, No.2, p.121-124.

BECK, A. (2007):
Web 2.0: Konzepte, Technologie, Anwendungen. In: Beck, A./Mörike, M./ Sauerburger, H. (Hrsg.): Web 2.0, HMD Heft 255, Juni 2007, S. 5-16.

BITZER, J./SCHRETTL, W./SCHRÖDER, P.J.H. (2007):
Intrinsic Motivation in Open Source Software Development. In: Journal of Comparative Economics, 35. Jg., S.160-169.

BOHL, O./MANOUCHEHRI, SH./WINAND, U. (2007):
Web 2.0. In: Beck, A./Mörike, M./Sauerburger, H. (Hrsg.): Web 2.0, HMD Heft 255, Juni 2007, S. 27-36.

BORKENHAGEN, P/JÄKEL, L./KUMMER, A./MEGERLE, A./VOLLMER, L. (2004):
Netzwerkmanagement. Handlungsanleitung für die Praxis 8, Berlin.

BULLINGER, H.-J. (1995) (Hrsg.):
Dienstleistung der Zukunft: Märkte, Unternehmen und Infrastrukturen im Wandel, Wiesbaden.

BULLINGER, H.-J./SCHEER, A.-W. (2002) (Hrsg.):
Service Engineering: Entwicklung und Gestaltung Innovativer Dienstleistungen. Berlin.

COLEMAN, J.S. (1990):
Foundations of Social Theory. Cambridge, Massachusetts.

COMELLI, G./VON ROSENSTIEL, L. (2001):
Führung durch Motivation: Mitarbeiter für Organisationsziele gewinnen. 2. Auflage, München.

CUMMINGS, T.G./HUSE, E.F. (1989):
Organizational Development and Change. 4. Aufl., West St. Paul et al.

DAVENPORT, T. H./SHORT, J. E. (1990):
The New Industrial Engineering: Information Technology and Business Process Redesign. In: Sloan Management Review, 31. Jg., Nr. 1, S.11-27.

DAVIDOW, W.H./MALONE, M. S. (1992):
The Virtual Corporation: Structuring and Revitalizing the Corporation for the 21st Century. New York.

DEWETT, T. (2007):
Linking intrinsic motivation, risk taking, and employee creativity in an R&D environment. In: R&D Management, 37. Jg., Nr. 3, S. 197-208.

DIN (1998) (Hrsg.):
DIN-Fachbericht 75, Service Engineering, Entwicklungsbegleitende Normung für Dienstleistungen, Beuth-Verlag, Berlin et al.

EBELING, W. (1994):
Selbstorganisation und Entropie in ökologischen und ökonomischen Prozessen. In: Beckenbach, F./Diefenbacher, H. (Hrsg.): Zwischen Entropie und Selbstorganisation, Marburg, S. 29-45.

EBERS, M. (1997):
Explaining Inter-Organizational Network Formation. In: Ebers, M. (Hrsg.): The Formation of Inter-Organizational Networks. Oxford, S. 3-40.

EBERSBACH, A./GLASER, M. (2005):
Wiki. In: Informatik-Spektrum, Bd. 28, Nr. 2, S. 131-135.

ELSHOLZ, U./JÄKEL, L./MEGERLE, A./VOLLMER, L. (2006):
Verstetigung von Netzwerken. Handlungsanleitung für die Praxis 12, Berlin.

ERPENBECK, J. (2006):
Metakompetenzen und Selbstorganisation. In: J. Erpenbeck et. al. (Hrsg.): Metakompetenzen und Kompetenzentwicklung. QUEM-Report 95/Teil 1, S. 5-14.

ERPENBECK, J./SCHARNHORST, A. (2006):
Modellierung von Kompetenzen im Lichte der Selbstorganisation. In: Meynhardt, T./ Brunner, E.J (Hrsg.). Selbstorgani-sation managen. Beiträge zur Synergetik der Organisation, Münster, S. 83-103.

FLEISCH, E. (2001):
Das Netzwerkunternehmen: Strategien und Prozesse zur Steigerung der Wettbewerbsfähigkeit in der „Networked Economy". Berlin.

GRAY, B. (1990):
Building Interorganizational Alliances: Planned Change in a Global Environment. In: Pasmore, W.A./Woodman, R.W. (Hrsg.): Research in Organizational Change and Development. Vol. 4, Greenwich, CN, S. 101-140.

HARHOFF, D./HENKEL, J./VON HIPPEL, E. (2003):
Profiting from Voluntary Information Spillovers: How Users Benefit by Freely Revealing their Innovations. In: Research Policy, 32. Jg., S. 1753-1769.

HECKMANN, M./RAETHER, C./NÜTTGENS, M. (1998):
Werkzeugunterstützung im Service Engineering. In: Information Management & Consulting (IM), 13. Jg., Sonderausgabe „Service Engineering“, S. 31-36.

HOWE, J. (2006):
The Rise of Crowdsourcing. In: Wired, Issue 14.06, Internet-Dokument, http://www.wired.com/wired/archive/14.06/crowds.html, letzter Zugriff am 28.09.07.

JUNG, R.H. (2010):
Self-organization. In: International Encyclopedia of Civil Society, (Hrsg.): Anheier, H.K./Toepler, S./List, R., New York 2010, S. 1364-1370.

KANTER, R.M. (1994):
Collaborative Advantage: The Art of Alliances. In: Harvard Business Review, 71. Jg., Nr. 4, S. 96-108.

KELLY, K. (1998):
New Rules for the New Economy. New York.

KIRSCH, W./ZU KNYPHAUSEN, D. (1991):
Unternehmungen als „autopoietische“ Systeme? In: Staehle, W.H./Sydow, J. (Hrsg.): Managementforschung 1. Berlin, New York, S. 75-101.

KLAUS, P./KRIEGER, W. (1998) (Hrsg.):
Gabler-Lexikon Logistik: Management logistischer Netzwerke und Flüsse. Wiesbaden.

KLEIN, S. (1996):
Interorganisationssysteme und Unternehmensnetzwerke. Wiesbaden.

KOCIAN, C./MILIUS, F./NÜTTGENS, M./SANDER, J./SCHEER, A. W. (1995):
Kooperationsmodelle für vernetzte KMU-Strukturen. In: Scheer, A.-W. (Hrsg.): Veröffentlichungen des Instituts für Wirtschaftsinformatik, Heft 120, Saarbrücken.

KOGUT, B. (2000):
The Network as Knowledge: Generative Rules and the Emergence of Structure. In: Strategic Management Journal, 31. Jg., Nr. 3, S. 405-425.

KOMUS, A. (2006):
Social Software als organisatorisches Phänomen: Einsatzmöglichkeiten in Unternehmen. In: HMD – Praxis der Wirtschaftsinformatik, Heft 252, S. 36-44.

KROHN, W. et al. (1991):
Selbstorganisation: Zur Genese und Entwicklung einer wissenschaftlichen Revolution. In: Schmidt, S. J. (Hrsg.): Der Diskurs des Radikalen Konstruktivismus. Frankfurt am Main, S. 441-465.

LAKHANI, K.R./WOLF, R.G. (2005):
Why Hackers Do What They Do: Understanding Motivation and Effort in Free/Open Source Software. In: Feller, Joseph et al. (Hrsg.) Perspectives on Free and Open Source Software. MIT Press, Cambridge, MA, S. 3-21.

LEUF, B./CUNNINGHAM, W. (2001):
The Wiki Way: Quick Collaboration on the Web. Boston.

LICHARZ, E. (2002):
Vertrauen in B2C. Lohmar, Köln.

LUHMANN, N. (1998):
Vertrauen: Ein Mechanismus der Reduktion sozialer Komplexität. Stuttgart.

MALONE, T.W. (1999):
The Dawn of the E-Lance Economy. In: Scheer, A.-W./Nüttgens, M. (Hrsg.): Electronic Business Engineering. 4. Internationale Tagung Wirtschaftsinformatik, Heidelberg S. 13-24.

MALONE, TH. W./CROWSTON, K. (1994):
The Interdisziplinary Study of Coordination. In: Association for Computing Machinery (ACM) Computing Surveys, 26. Jg., Nr. 1, S. 87-119.

MAY, M.E. (2007):
The Elegant Solution: Toyota's Formula for Mastering Innovation. London, New York.

MAYER, R.C./DAVIS, J.H./SCHOORMAN, D. (1995):
An Integrated Model of Organizational Trust. In: Academy of Management Review, 23. Jg., Nr. 3, S. 709-734.

MCAFEE, A. (2006):
The Dawn of Emergent Collaboration. In MIT Sloan Management Review, 2006, 47, S. 20-28.

MCAFEE, A. (2009):
Enterprise 2.0: new collaborative tools for your organization's toughest challenges, Harvard Business School Publishing Boston, 2009.

MINTZBERG, H. (1979):
The Structuring of Organizations. Englewood Cliffs, NJ.

NIETO M.J./SANTAMARIA L. (2007):
The importance of diverse collaboration networks for the novelty of product innovation. In: Technovation, 27. Jg., S. 367-377.

NÜTTGENS, M./HECKMANN, M./LUZIUS, J.M. (1998):
Service Engineering Rahmenkonzept. In: Information Management & Consulting (IM), 13 Jg., Sonderausgabe „Service Engineering", S. 14-19.

O'REILLY, T. (2005):
What is Web 2.0: Design Patterns and Business Model for the Next Generation of Software. Internet-Dokument: http://www.oreilly.com/pub/a/oreilly/tim/news/2005/09/30/what-is-web-20.html, letzter Zugriff am 13.05.2011

PFEIFFER, W. (1971):
Theorie der technischen Entwicklung als Grundlage einer Planung und Prognose technischen Fortschritts, Göttingen.

ROGERS, E.M. (2003):
Diffusion of Innovations, 5. Aufl. (1. Aufl. 1962), New York.

ROUSSEAU, D.M. et al. (1998):
Not so Different At All: A Cross-Disciplin View of Trust. In: Academy of Management Review, 23. Jg., Nr. 3, S. 393-405.

RYAN, R.M./DECI E.L. (2000):
Intrinsic and Extrinsic Motivations: Classic definitions and new directions. In: Contemporary Educational Psychology, 25. Jg., S. 54-67.

SCHREYÖGG, G./KLIESCH, M. (2003):
Rahmenbedingungen für die Entwicklung Organisationaler Kompetenzen. QUEM-Materialien 48.

SCHREYÖGG, G./KLIESCH, M. (2005):
Organisationale Kompetenzen und die Möglichkeiten ihrer Dynamisierung: Eine strategische Perspektive. In: QUEM-report 94, Berlin, 3-49.

SCHRÖDER, H.-H. (2007):
Technologie- und Innovationsmanagement. Vorlesungsunterlagen, Aachen.

SIEBER, P. (1998):
Virtuelle Unternehmen in der IT-Branche: Die Wechselwirkung zwischen Internet Nutzung, Strategie und Organisation. Bern, Stuttgart, Wien.

SHAH, S.K. (2006):
Motivation, Governance, and the Viability of Hybrid Forms in Open Source Software Development. In: Management Science, 52 Jg., Nr. 7, S. 1000-1014.

SHAPIRO, C./VARIAN, H.R. (1999):
Information Rules: A Strategic Guide to the Network Economy, New York.

SHEPPARD, B.H./SHERMAN, D.M. (1998):
The Grammers of Trust: A Model and General Implications. In: Academy of Management Review, 23. Jg., Nr. 3, S. 422-437.

SPANBAUER, S. (2007):
Knowledge Management 2.0: New, Focused, Lightweight Applications Rewrite the Knowledge Management Rules – The Best Part? People Will Actually Use them. In: CIO India, Internet-Dokument: http://www.cio.in/esntech/viewArticles/ARTICLEID=2608/page=0, letzter Zugriff am 28.09.07.

SUROWIECKI, J. (2005):
The Wisdom of Crowds: Why the Many are Smarter Than the Few and How Collective Wisdom Shapes Business, Economies, Societies, and Nations. New York.

SYDOW, J. (2002):
Strategische Netzwerke. Evolution und Organisation. 5. Nachdruck, Wiesbaden.

SYDOW, J./DUSCHEK, S./MÖLLERING, G./ROMETSCH, M. (2003):
Kompetenzentwicklung in Netzwerken. Eine typologische Studie. Wiesbaden.

SYDOW, J./WINAND, U. (1998):
Unternehmungsvernetzung und –virtualisierung: Die Zukunft unternehmerischer Partnerschaften. In: Winand, U./Nathusius, K. (Hrsg.): Unternehmungsnetzwerke und virtuelle Organisationen, Stuttgart, S. 11-31.

SZYPERSKI, N./KLEIN, S (1993):
Informationslogistik und virtuelle Organisationen. In: Die Betriebswirtschaft, 53. Jg:, Nr: 2, S: 187-208.

TABSCOTT, D.: (1995):
The Digital Economy. New York.

TASSOUL, M./BUIJS, J. (2007):
Clustering: An Essential Step from Diverging to Converging. In: Creativity and Innovation Management, 16. Jg., S. 16-26.

VAN DER AALST, W.M.P./REIJERS, H.A./SONG, M. (2005):
Discovering Social Networks from Event Logs. In: Computer Supported Cooperative Work, 14. Jg., Nr. 6, S. 549-593.

VAN DER AALST, W.M.P./WEIJTERS, A.J.M.M./MARUSTER, L. (2004):
Workflow Mining: Discovering Process Models from Event Logs. In: IEEE Transactions on Knowledge and Data Engineering, 16. Jg., Nr. 9, S. 1128-1142.

VON HIPPEL, E. (1986):
Lead Users. A Source of Novel Product Concepts. In: Management Science, 32. Jg., S. 791-805.

VON KORTZFLEISCH, H.F.O./MERGEL, I./MANOUCHEHRI, S./SCHAARSCHMIDT, M. (2007):
Corporate Web 2.0 Applications: Motives, Organizational Embeddedness, and Creativity. In: Walsh, G./Hass, B.: Web 2.0. Springer, Berlin, S. 345-365.

VON KORTZFLEISCH, H. F.O. (2004):
Organisatorische Balancierung von Informations- und Kommunikationstechnologien. Lohmar, Köln.

WAGNER, D./DEBO, S./BÜLTEL, N. (2005):
Individuelle und organisationale Kompetenzen: Schritte zu einem integrierten Modell. In: QUEM-report 94, Berlin, 50-148.

WALLAS, G. (1926):
The Art of Thought. Harcourt Brace, New York.

WILLIAMSON, O. E. (1975):
Markets and Hierarchies: Analysis and Antitrust Implications. New York.

ZIMMERMANN, F. (2003):
Vertrauen in Virtuelle Unternehmen. Lohmar, Köln.

Eigenschaften und Anwendungen von Web 2.0 in der Unternehmenspraxis – Stand der Forschung

Nadine Blinn, Martina Peris, Markus Nüttgens und Torben Wolf

Inhaltsverzeichnis

1. Einleitung ... 27
2. Eigenschaften und Anwendungen von Web 2.0 in der Unternehmenspraxis ... 27
2.1 Web 2.0 ... 27
2.1.1 Paradigmen ... 29
2.1.2 Technologien ... 30
2.2 Social Software ... 33
2.2.1 Klassifikation ... 35
2.2.2 Anwendungen ... 37
3. Enterprise 2.0: Web 2.0 im unternehmensbezogenen Kontext ... 42

1. Einleitung

Der Einsatz von Internettechnologien hat sich in der Unternehmenspraxis weitestgehend durchgesetzt. Web 2.0-basierte Technologien und Anwendungen hingegen finden in äußerst unterschiedlichem Maße Einzug in betriebswirtschaftliche Organisationen. Hierbei bedingen vielerlei Faktoren, wie die Unternehmensgröße und -struktur, aber auch die Einschätzung des wirtschaftlichen Potenzials der Nutzung ihren tatsächlichen Einsatz. Hinzu kommt die Vielfalt an Technologien und Anwendungen. Ziel dieses Beitrages ist es zunächst einen Überblick darzustellen, der den aktuellen Stand von Web 2.0 aus technischer Sicht reflektiert. Grundlegende Technologien und Anwendungen bilden den Kern dieser Darstellung. Vervollständigt wird der State-of-the-Art anhand von Anwendungsszenarien und aktuellen Studien über den Einsatz von Web 2.0 in der Unternehmenspraxis. Im Zuge dessen wird der Begriff Enterprise 2.0 beschrieben, um darzustellen, wie die Potenziale von Web 2.0 für Unternehmen zur Schaffung effizienterer Arbeitsweisen und verbesserter Unternehmensbeziehungen nutzbar gemacht werden können.

2. Eigenschaften und Anwendungen von Web 2.0 in der Unternehmenspraxis

2.1 Web 2.0

Ein einheitliches Verständnis des Begriffes Web 2.0 ist bis dato nicht vorhanden. Dies liegt insbesondere daran, dass es keine eindeutige Definition gibt. Das Wort Web 2.0 steht nicht für eine bestimmte Technologie oder ein bestimmtes Produkt, sondern vielmehr für ein neues Verständnis bezüglich des Umgangs mit dem Internet. Der Begriff Web 2.0 wird gegenüber der Öffentlichkeit erstmals in einem Artikel von Eric *Knorr* verwendet, der Ende 2003 in der US-Zeitschrift *CIO-Magazin*, einem Fachmagazin für IT-Manager, veröffentlicht wird.[1] In diesem Artikel fasst Knorr das

[1] Vgl. *Knorr* 2004, S. 90.

Web 2.0 als *„universal, standards-based integration platform“* auf und grenzt es gegenüber dem Web 1.0 ab, welches für ihn lediglich *„the core of enterprise infrastructure“* darstellt. Er sieht das Web 2.0 folglich als Integrationsplattform für Webservices, wobei das Web 1.0 die dafür nötigen Technologien bereitstellt. Große, auch internationale Beachtung erhält der Begriff Web 2.0 nach der Veröffentlichung des Artikels *„What is Web 2.0?“* von Tim O'Reilly, Gründer des gleichnamigen Fachbuchverlages, im Jahr 2005.[2] Mit seinem Artikel versucht O'Reilly Klarheit in diesem Bereich zu schaffen, versäumt es aber den Begriff eindeutig zu definieren. Stattdessen formuliert er sieben Paradigmen, die das Web 2.0 und seine Anwendungen charakterisieren (siehe Abschnitt 2.1.1).

Die fehlende Definition des Web 2.0-Begriffs in seinem Artikel *„What is Web 2.0?”* - holt O'Reilly in einem Artikel aus dem Jahr 2006 schließlich nach: *„Web 2.0 is the business revolution in the computer industry caused by the move to the internet as platform, and an attempt to understand the rules for success on that new platform. Chief among those rules is this: Build applications that harness network effects to get better the more people use them”*.[3] Eine weitere Definition findet sich im Lexikon der Wirtschaftsinformatik: *„Das Web 2.0 fokussiert auf die Beteiligung der Nutzer bei der Erstellung von Internetinhalten und somit auf die Erschließung der kollektiven Intelligenz der Masse. Das Web mutiert dabei zu einer Plattform, bei der statt Software die Datenbestände im Vordergrund stehen“*.[4] Die Definition von Knorr charakterisiert das Web 2.0 überwiegend aus technischer Sicht, nämlich als Integrationsplattform.[5] Auch O'Reilly greift diesen Aspekt in seiner Definition auf, erweitert diese technische Sicht jedoch um das von ihm formulierte Paradigma *„Harnessing Collective Intelligence“* und bezieht die Internet-Nutzer und die von ihnen generierten Inhalte mit ein. Das Einbeziehen der Nutzer, die nicht mehr nur Konsumenten, sondern auch Produzenten von Inhalten sind, ist ein wesentlicher Aspekt des Web 2.0 und so stehen die Nutzer und deren kollektive Intelligenz auch in der Definition des Lexikons der Wirtschaftsinformatik im Fokus.

---

[2] Vgl. *O'Reilly* 2005.
[3] *O'Reilly* 2006.
[4] *Lackes/Siepermann* 2008 und *Lackes/Siepermann* 2010.
[5] Vgl. *Knorr* 2004, S. 90.

2.1.1 Paradigmen

Im Jahr 2005 formuliert O'Reilly sieben Paradigmen, die das Web 2.0 und seine Anwendungen charakterisieren[6]:

- *The Web As Platform*: Das Internet wird betrachtet als offene Plattform, zusammengehalten durch Protokolle und offene Standards, um Webservices zu integrieren.

- *Harnessing Collective Intelligence*: Die kollektive Intelligenz, die durch Blogs, Wikis und vom Benutzer generierte Inhalte entsteht, soll genutzt werden.

- *Data is the Next Intel Inside*: Daten sind das eigentliche Kapital im Web 2.0. In Zeiten, in denen Software und Schnittstellen zunehmend offen sind, können Firmen Wettbewerbsvorteile nur durch ihre Datenbestände erreichen.

- *End of the Software Release Cycle*: Software wird nicht mehr als ein Produkt angesehen, sondern als ein Service. Die Software entwickelt sich permanent weiter, so dass ein klassischer Lebenszyklus praktisch nicht vorhanden ist.

- *Lightweight Programming Models*: Einfache, lose gekoppelte Schnittstellen über Webservices ermöglichen eine schnelle Datenverbreitung und die einfache Möglichkeit, bestehende Dienste weiterzuentwickeln.

- *Software above the Level of a Single Device*: Dienste werden über Systemgrenzen hinweg genutzt, so z.B. auf dem Computer und dem Mobiltelefon.

- *Rich User Experience*: Moderne Techniken wie Ajax ermöglichen es, Web-Applikationen zu entwickeln, die sich von der Benutzbarkeit wie Desktop-

[6] Vgl. *O'Reilly* 2005.

Applikationen verhalten. Klassische Desktop-Anwendungen lassen sich dadurch auch in Form von Web-Applikationen bereitstellen.

Diese Paradigmen verdeutlichen das Verständnis von Web 2.0 als Phänomen, welches sowohl technologische, soziokulturelle und ökonomische Einflüsse als wesentliche Pole beinhaltet.[7]

2.1.2 Technologien

Das Web 2.0 ist für sich genommen keine Technologie. Stattdessen werden mit Web 2.0 bestimmte Technologien assoziiert, die zur Realisierung der charakteristischen Eigenschaften einer Web 2.0-Anwendung unabdingbar sind. In diesem Abschnitt werden die in diesem Zusammenhang zu nennenden Techniken Ajax, RSS und Atom sowie Webservices und Mashups erläutert.

AJAX

Eng verbunden mit dem Begriff des Web 2.0 ist die Technik Ajax. Ajax ermöglicht es, unbemerkt vom Benutzer und ohne eine neue Internetseite laden zu müssen, Anfragen an den Server zu stellen und Inhalte auf der aktuellen Internetseite zu verändern. Ajax ist somit die Voraussetzung, um Internetanwendungen zu realisieren, deren Benutzbarkeit Desktop-Applikationen ähnelt.

Ajax steht für Asynchronous JavaScript and XML (Extended Markup Language) und beschreibt ein Verfahren, bei dem ein Client (Browser) mittels JavaScript asynchron mit einem Server kommuniziert. Die Kommunikation läuft in der Regel über XML-Nachrichten ab, wobei auch andere Datenformate wie JSON verwendet werden.[8] Weitere im Zusammenhang mit Ajax genutzte Technologien sind z.B. das Document Object Model (DOM), HTML, REST, SOAP und XSLT. Da alle zuvor genannten Technologien nicht neu sind, ist Ajax folglich keine neue oder gar eigenständige Technologie, sondern nur ein Verfahren, das verschiedene Technologien miteinan-

[7] Vgl. *Bohl/Manouchehri/Winand* 2007.
[8] Vgl. *Jäger* 2008.

der auf neuartige Weise verknüpft.[9] Der Begriff Ajax wurde im Jahr 2005 durch Jesse James Garret eingeführt[10], der diese Technik aber nicht entwickelt hat, sondern ihr lediglich einen Namen gab.

RSS und Atom

Bei RSS handelt es sich um ein XML-basiertes Dateiformat, das es in verschiedenen Spezifikationen und Versionen gibt, wobei die Version 2.0 der aktuelle Standard ist. Die Bedeutung der Abkürzung ist in den Spezifikationen jeweils unterschiedlich definiert[11]:

- Version 0.9x: Rich Site Summary
- Version 0.9 und 1.0: RDF Site Summary
- Version 2.0: Really Simple Syndication

Die einzelnen Versionen stammen von unterschiedlichen Entwicklergruppen und wurden zum Teil unabhängig voneinander entwickelt. Aus diesem Grund sind die verschiedenen Versionen nicht immer zueinander kompatibel.[12] Die Bereitstellung von Daten mittels RSS wird als RSS-Feed bezeichnet. Eine RSS-Datei enthält in der Regel Überschriften und einen kurzen Anriss der zugehörigen Artikel sowie einen Link zum vollständigen Artikel. Der RSS-Feed kann mit Hilfe spezieller Software (RSS-Reader) oder mit einem gewöhnlichen Browser abonniert und gelesen werden. Neben RSS hat sich eine Konkurrenztechnologie namens Atom bzw. Atom Syndication Format (ASF) etabliert. ASF wurde aufgrund der verschiedenen RSS-Versionen und den daraus resultierenden Problemen entwickelt. Das Format basiert wie RSS auf XML und versucht die Vorteile der verschiedenen RSS-Versionen zu vereinen und um bestimmte Eigenschaften zu ergänzen.[13] Im Juli 2005 wurde Atom 1.0 als Standard akzeptiert und im Dezember im RFC 4287 spezifiziert und veröffentlicht.[14] Zu den Hauptunterschieden gegenüber RSS zählt die Möglichkeit,

[9] Vgl. *Alby* 2008.
[10] Vgl. *Garrett* 2005.
[11] Vgl. *Holdener* 2008.
[12] Vgl. *Alby* 2008.
[13] Vgl. *Holdener* 2008.
[14] Vgl. *Nottingham/Sayre* 2005.

das Format von Inhalten zu definieren. Die Beschreibung eines Eintrages kann z.B. durch HTML-Elemente angereichert und das verwendete Format (in diesem Fall HTML) als Attribut angegeben werden. Bei RSS ist diese Formatangabe nicht möglich, so dass der RSS-Reader nicht weiß, um welches Format es sich handelt. Da sich bisher kein Format durchgesetzt hat, werden häufig beide Formate parallel angeboten.

Webservices und Mashups

Gemäß der vorgestellten Web 2.0-Definitionen ist die Entwicklung des Internets zum Web als Plattform ein entscheidendes Merkmal des Web 2.0. In diesem Zusammenhang spielen Webservices und die aus ihnen zusammengesetzten Mashups eine wesentliche Rolle.

Das World Wide Web Konsortium (W3C) definiert einen Webservice als „*a software application identified by a URI, whose interfaces and bindings are capable of being defined, described, and discovered as XML artifacts. A Web service supports direct interactions with other software agents using XML-based messages exchanged via Internet-based protocols*"[15]. Die Definition fasst die wesentlichen Eigenschaften von Webservices zusammen: Webservices basieren ausschließlich auf offenen Standardtechnologien des Internets. Der Zugriff erfolgt zumeist über das Protokoll HTTP, die Auszeichnungssprache XML wird zur Beschreibung der Daten verwendet. Die Kommunikation erfolgt in der Regel ebenfalls XML-basiert über das Simple Object Access Protocol (SOAP) oder den Representational State Transfer (REST). Die Webservice Description Language (WSDL) wird zur Beschreibung der Services genutzt. Über den Verzeichnisdienst UDDI (Universal Description, Discovery and Integration) werden verfügbare Services gelistet.[16]

Unter Mashups versteht man Dienste, die durch die Kombination mindestens zweier bestehender Internetdienste einen Mehrwert schaffen. In diesem Zusammenhang wird diese Kombination auch Orchestrierung genannt. Der Großteil des Mehrwertes

[15] Vgl. *W3C* 2002.
[16] Vgl. *Alonso* 2004.

wird hierbei von den benutzten Services geliefert, die entweder um gar keine oder nur um wenige eigene Daten angereichert werden. Die Mashups nutzen hierzu die von den Web-Anwendungen bereitgestellten offenen APIs (Application programming Interface), die über Webservices bereitgestellt werden und einen Zugriff auf die Daten und Funktionen der jeweiligen Applikation erlauben.[17] In Koch werden verschiedene Ausprägungen des Begriffs „Mashup" abgegrenzt, die häufig nicht klar unterschieden werden[18]:

- *Endbenutzer-Mashups*: Integration verschiedener Anwendungen auf einem Portal, also nur in Form der Benutzungsschnittstelle.
- *Daten-Mashups*: Kombination und Filterung von Datenquellen zu neuen Diensten.
- *Mashups in Betriebsprozessen*: Orchestrierung von Webservices in einem Workflow mittels einer Prozessbeschreibungssprache wie z.B. BPEL.

Im Kontext von Web 2.0 sind in der Regel Daten-Mashups gemeint.

2.2 Social Software

Als Social Software werden Entwicklungen und Anwendungen bezeichnet, die dem Web 2.0 zugeordnet sind.[19] Es handelt sich dabei nicht um ein Synonym von Web 2.0, sondern vielmehr um eine Untermenge. Social Software ist der Überbegriff einer Reihe von Anwendungen, die besonders auf die Unterstützung menschlicher Kommunikation, Interaktion und Zusammenarbeit in Netzwerken abzielen. Coates beschreibt Social Software als *„Software that supports, extends, or derives added value from human social behavior"*[20]. Social Software-Anwendungen haben die Aufgabe, den Aufbau virtueller Gemeinschaften, die Pflege von sozialen Kontakten und die Verbreitung von Wissen zu unterstützen. Dies funktioniert weitestgehend ohne feste Regeln mit Hilfe von Selbstorganisation. Charakteristisch für die Selbstorgani-

[17] Vgl. *Koch/Richter* 2007.
[18] Vgl. *Koch* 2009.
[19] Vgl. *Szugat/Gewehr/Lochmann* 2006, S. 17.
[20] *Coates* 2005.

sation ist ihre prozessuale Sichtweise. Die Strukturen befinden sich permanent im Umbruch. Die Prozesse stehen im Vordergrund und die Nutzer bestimmen selbst, wie sie die anfallenden Aufgaben erledigen. Lediglich eine geringe Anzahl an Konventionen regelt das gemeinsame Handeln auf den Plattformen.[21] Für eine effiziente Wissens- und Informationsteilung ist der Aspekt Sichtbarkeit von hoher Relevanz. Anwendungen wie Weblogs, Wikis, Social Tagging oder Social Networking haben gemeinsam, dass sie Beziehungen, Personen und Informationen sichtbar machen.[22] Social Software zeichnet sich weiter dadurch aus, dass durch einfache und spontane Partizipation Ergebnisse erzielt werden. Kommunikationsstrukturen werden nicht vorgegeben, sondern entwickeln sich mit der Nutzung.[23] Für den Einsatz von Social Software im Unternehmenskontext sind besonders folgende Funktionen relevant:[24]

- *Information*: Anwendungen, die das Bereitstellen und den Austausch sowie das Verschlagworten bestehender Informationen ermöglichen.
- *Kommunikation*: Sämtliche Software-Anwendungen, welche die Unternehmenskommunikation unterstützen.
- *Beziehungen*: Social Networking-Anwendungen, die den Aufbau und die Pflege von Kontakten ermöglichen.

Hippner[25] nimmt eine beispielhafte Einordnung nach diesen drei Funktionen vor (Abbildung 1).

[21] Vgl. *Bächle* 2006 und *Hippner/Wilde* 2005 und *Koch/Richter* 2007.
[22] Vgl. *Burg/Pircher* 2006.
[23] Vgl. *Kappert/Weingärtner* 2007.
[24] Vgl. *Hippner* 2006.
[25] Vgl. *Hippner* 2006.

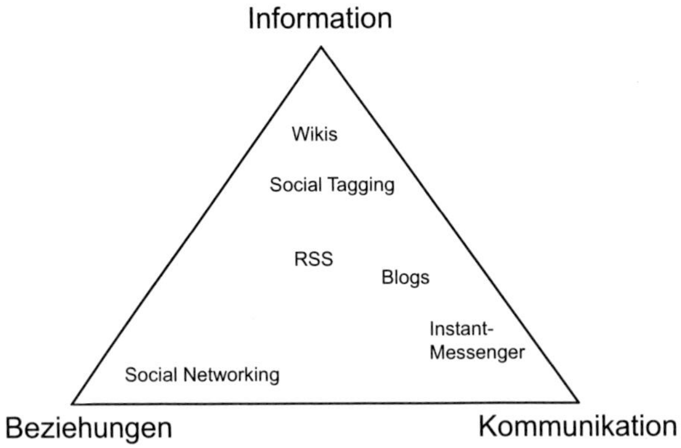

Abbildung 1: Funktionale Zuordnung von Social Software Anwendungen[26]

2.2.1 Klassifikation

Da eine feingranulare dedizierte Social Software Klassifikation nicht existiert, wird im Folgenden auf generische Web 2.0-Klassifikationen Bezug genommen, um Social Software zu strukturieren. Klassifikationen von Web 2.0 nehmen einerseits Duschinski[27] und Kolo, Eichner[28] sowie andererseits Ganesh, Padmanabhuni[29] vor. Während Duschinski[30] und Kolo, Eichner[31] auf die Zuordnung von Funktionen zu Technologien abzielen und derart eine Klassifikation vornehmen, fokussieren Ganesh, Padmanabhuni[32] in ihrem konzeptuellen Rahmenkonzept auf die Zuordnung von technologischen Charakteristika zu so genannten Parametern. Da das konzeptuelle Rahmenkonzept von Ganesh, Padmanabhuni[33] umfassender und zudem detaillierter als die Klassifikation von Duschinski[34] und Kolo, Eichner[35] ist, wird dieses im Folgenden dargestellt.

[26] In Anlehnung an *Hippner* 2006.
[27] Vgl. *Duschinski* 2007.
[28] Vgl. *Kolo/Eichner* 2006.
[29] Vgl. *Ganesh/Padmanabhuni* 2007.
[30] Vgl. *Duschinski* 2007.
[31] Vgl. *Kolo/Eichner* 2006.
[32] Vgl. *Ganesh/Padmanabhuni* 2007.
[33] Vgl. *Ganesh/Padmanabhuni* 2007.
[34] Vgl. *Duschinski* 2007.
[35] Vgl. *Kolo/Eichner* 2006.

Unter Parametern verstehen Ganesh, Padmanabhuni[36] die Klassen *Content*, *Collaboration*, *Commerce*, *Computing as a Service* und *Technology*. Diesen werden adäquate technologische Charakteristika zugewiesen (vgl. Abbildung 2). Auf Basis dieser technologischen Charakteristika ist die konkrete technische Instanziierung durch Web 2.0-/Social-Software Anwendungen möglich.

Parameter	**Charakteristika**	**Beispiele**
Content	Data Feed: RSS/Atom feed creation, aggregation etc. Online notes Podcasts and videocasts: storing, tagging, sharing, audio and video Mapping services Mashups Personalised, customizable start pages Content aggregation Content visualization	Feedburner, Newsgator, ReminderFeed Stikipad Youtube, Meebo, Clip-Shack, Loomia, Odeo, Podomatic Google Maps, Wayfaring, Frappr Housingmaps, Mappr Netvibes, Pageflakes Google aggregator Marumushi
Collaboration	Blogging: Including audio and video blogging Bookmarking: Saving, sharing, tagging, searching bookmarks Reviews: Ranking, reviews of music, movies, books, products etc Wiki: Group information creation, editing, consuming Social networking News sharing, aggregation Instant Messaging Multimedia sharing: Saving, sharing, searching, tagging photos, videos, music Social Search: User ranked search, Blog/Podcast/video search, individual search etc.	Blogger, Blogniscient, del.icio.us, Blummy, Furl Mouthshut Wikipaedia, Socialtext, eBayWiki, Wetpaint, Jotspot MySpace, Last.fm, az Places, Tagworld, Xanga, Facebook Shoutwire, Newsvine, Bloglines, Digg, Gabbr Campfire, Meebo Flickr, Shozu, Tabblog, Photobucket, Shutterfly, Buzznet, DailyMotion, Metacafe Technorati, Podzinger, Aftervote, Rollyo, Truveo
Commerce	End user product customizations Comparison shopping (across enterprises) Customer to Customer (C2C) commerce	Etzy, Zazzle Amazon Zazzle

[36] Vgl. *Ganesh/Padmanabhuni* 2007.

Parameter	Charakteristika	Beispiele
Computing as a service	Office suite applications Online file storage and sharing Online Web 2.0 platforms Online task lists, to do lists, online calendars, reminders Project Management	Google Docs and Spreadsheets, iRows, gOffice Pando, Dropsend, Amazon Yahoo Pipes, QED Wiki Zimbra, Eventful, Spongecell, Skobee, Voo2do, Kiko 37Signals, Airset
Technology	Rich User Experiences Open APIs Modularity	Panic.com/goods, Google Maps Amazon, Google Maps, Craigslist, Flickr Netvibes

Abbildung 2: Zuordnung Charakteristika zu Parametern mit Beispielen[37]

2.2.2 Anwendungen

Im nachfolgenden Abschnitt werden ausgewählte Anwendungen aus obigem Rahmenkonzept vorgestellt.

Weblog

Der Begriff Weblog setzt sich aus den Begriffen Webseite und Logbuch zusammen[38] und ist ein öffentliches Online-Tagebuch. Gebräuchlicher ist die Kurzform Blog. Nachdem diese anfänglich vordergründig mit nicht-kommerziellen Absichten von Privatpersonen betrieben wurden, werden Blogs zwischenzeitlich vermehrt von Unternehmen als Marketing-Instrument genutzt.[39]

Die Autoren von Blogs werden Blogger genannt und veröffentlichen primär subjektive Meinungen zu oftmals speziellen Themen. Die Texte werden häufig um Bilder, Verlinkungen auf Webseiten, Verlinkungen auf andere Blogs und weitere Quellen ergänzt. Die Blogleser haben die Möglichkeit, die chronologisch erscheinenden Posts

[37] Vgl. *Ganesh/Padmanabhuni* 2007.
[38] Vgl. *Alby* 2008, S. 21 und *Wolf* 2007, S.5.
[39] Vgl. z.B. *Wright/Allgeier* 2006.

(Beiträge) des Bloggers zu kommentieren, was das Blog zu einer Diskussionsplattform machen kann. Technologisch bestehen Blogs wie Webseiten aus Texten und Hyperlinks, multimediale Blog-Formate werden vielfach unterstützt. Blogs können durch bestimmte Blog-Software betrieben werden. Durch den Einsatz von WYSIWYG-Editoren („What you see is what you get") ist das Verfassen von Blogbeiträgen nicht schwieriger als das Schreiben einer E-Mail.[40]

Wiki

Der Begriff Wiki stammt aus dem hawaiianischen und bedeutet „schnell". Wikis sind offene und leicht zu bedienende webbasierte Software-Systeme, die der Veröffentlichung von Inhalten auf Webseiten dienen und von einer großen Nutzerzahl bearbeitet werden können.[41] Dahinter steht die Idee, die Inhalte durch das Kollektiv-wissen (kollektive Intelligenz) bestmöglich zu erfassen. Durch die bewusste Offenheit kann jeder Nutzer Artikel verfassen, bearbeiten, ergänzen oder löschen. Bereits 1995 wurde von Ward Cunningham unter dem Namen WikiWikiWeb das erste Wiki entwickelt.[42] Der weltweite Durchbruch gelang jedoch erst im Jahr 2001 mit dem Start der heute bekanntesten freien Online-Enzyklopädie Wikipedia.

Nach Ebersbach, Glaser[43] werden Wikis durch drei essentielle Funktionen charakterisiert:

- *Bearbeitungsmodus*: Auf jeder Seite befindet sich eine „Edit"-Schaltfläche, die in den Bearbeitungsmodus des aktiven Dokuments führt.

- *Interne Verlinkung*: In jeder Seite kann auf die Titel anderer Seiten des Wikis verwiesen werden. Existiert die verlinkte Seite noch nicht, so kann diese mit einem Klick auf den Link neu erstellt werden.

- *Speicherung von Versionen*: Eine Historie dokumentiert alle Änderungen, die an einer Seite vorgenommen wurden. Dadurch ist es z.B. möglich, im Falle

[40] Vgl. *Richter/Koch* 2007.
[41] Vgl. *Ebersbach/Glaser* 2005 und *Szugat/Gewehr/Lochmann* 2006.
[42] Vgl. *Leuf/Cunningham* 2008.
[43] Vgl. *Ebersbach/Glaser* 2005.

einer Manipulation oder eines Fehlers eine alte Version der Seite wiederherzustellen.

Wiki-Software ist mit verschiedenem Funktionsumfang ausgestattet. Es wird zwischen nicht-kommerziellen Open-Source Anbietern und kommerziellen Anbietern unterschieden. Analog zu Blog-Software, wird bei Wiki-Software das WYSiWYG Prinzip unterstützt.

Social Tagging

Unter Social Tagging wird die Indexierung von Inhalten durch Nutzer verstanden. Hierbei werden beliebigen Inhalten (Texten, Bildern, Videos etc.) Schlagwörter (Tags) zugeordnet, ohne dass hierfür genaue Regeln existieren.[44] In Anlehnung an die klassische Kategorisierung von Inhalten anhand von festgelegten Klassifikationsschemata (Taxonomien) werden Inhalte zugeordnet.[45] In Anlehnung an diesen Begriff bezeichnet man die beim Social Tagging entstehenden Schlagwortsammlungen als Folksonomy (aus engl. Folks = Leute und Taxonomy).[46] Zur Visualisierung der Folksonomien werden die vergebenen Tags zumeist in einer sogenannten Tag Cloud dargestellt. Ein Vorteil von Social Tagging ist die Möglichkeit, ein Objekt mit vielen verschiedenen Tags zu beschreiben und es durch diese Kennzeichnung besser auffindbar zu machen. Die gemeinschaftliche Verschlagwortung durch viele Nutzer beschleunigt zudem die Indexierung großer Datenbestände und erlaubt es, durch die Zuordnung von Tags zu Benutzern auf andere Inhalte aufmerksam zu werden.[47] Als Nachteil kann angeführt werden, dass das nicht an Regeln gebundene Tagging zu zahlreichen Versionen einer Klassifikation führen kann, was wiederum die Auffindbarkeit erschweren kann.

Social Bookmarking

Social Bookmarking ist eine spezielle Form des Social Taggings, welches sich auf das Annotieren von Hyperlinks beschränkt. Verschiedene Online-Dienste bieten

[44] Vgl. *Lackes/Siepermann* 2008.
[45] Vgl. *Alby* 2008.
[46] Vgl. *Alby* 2008.
[47] Vgl. *Richter/Koch* 2007.

ihren Mitgliedern die Möglichkeit, Lesezeichen online zu verwalten und zu archivieren. Die Lesezeichen können mit Tags versehen und anschließend durchsucht werden. Die Bookmarks wiederum können von Nutzern bewertet und kommentiert werden.[48] Die durch das Tagging hinterlegten Zusatzinformationen werden von den Diensten herangezogen, um Suchergebnisse zu optimieren und basierend auf einem Lesezeichen thematisch verwandte Objekte zu empfehlen. Die Dienste durchsuchen also die von den Nutzern hinterlegten Daten und nicht die Webseiten selbst. Social Bookmarking-Dienste stellen somit eine interessante Ergänzung zu klassischen Suchmaschinen bei der Informationsrecherche dar.[49]

Podcasts

Podcasts sind Audio- und Videodateien, die - oftmals als Serien - aus dem Internet geladen und auf dem Computer oder auch mobilen Endgeräten angehört bzw. angesehen werden können. Der Begriff setzt sich aus dem erfolgreichen MP3-Player iPod von Apple und dem Wort broadcast zusammen.[50] Podcasts können über Audioprogramme (z.B iTunes) abonniert werden. Die aktuelle Folge eines abonnierten Podcasts wird automatisch geladen, sobald diese verfügbar ist. In Unternehmen sind Podcasts zur internen Kommunikation und zur Weiterbildung einsetzbar. Zur externen Kommunikation sowie zu Marketingzwecken können über Podcasts Produktinformationen und Werbefilme bereitgestellt werden.

Foren und Chat

Foren und Chats sind verschiedene Softwaretypen zur asynchronen (Forum) bzw. synchronen (Chat) virtuellen Kommunikation zwischen mehreren Beteiligten. Hierbei können die Nutzer sowohl untereinander als auch mit Experten agieren. In Foren sind die Beiträge thematisch nach Threads sortiert. Die Beiträge sind längerfristig in einem Forum vorhanden.[51] In einem Chat findet ad-hoc Kommunikation in einem oftmals zeitlich begrenzten Intervall statt. Die Kommunikation eines Chats kann über Protokolle archiviert werden. Der Einsatz von Chats und Foren bietet sich an, um

[48] Vgl. *Lackes/Siepermann* 2008.
[49] Vgl. *Maaß/Gräfe/Heß* 2007.
[50] Vgl. *Alby* 2008.
[51] Vgl. *Büttgen/Grimm/Haberkorn* 2009.

geographisch verteilten Nutzergruppen Zugang zu Expertenwissen und Erfahrungsaustausch zu ermöglichen.

RSS-Feeds

RSS (Really Simple Syndication) ist der Oberbegriff für eine Gruppe von Formaten für die einfache und strukturierte Veröffentlichung von Änderungen auf Websites (z.B. News-Seiten, Blogs, etc.) in einem standardisierten Format. Die Bereitstellung von Daten im RSS-Format wird als RSS-Feed bezeichnet.[52] Ein RSS-Feed kann verschiedenartig gestaltet sein und beispielsweise Überschriften, Verlinkungen zu Beiträgen auf Webseiten oder gesamte Webseiten (dann jedoch losgelöst vom Layout der Webseite) beinhalten. Anhand von speziellen RSS-Readern ist das Format lesbar. Abonniert ein Benutzer ein RSS-Feed, so wird er automatisch über Updates und Neuigkeiten informiert. RSS-Feeds können somit eingesetzt werden, um Neuigkeiten zeitnah an die Benutzer zu übermitteln.

Social Networks

Facebook und Xing sind beispielhafte Vertreter von Social Networks. Social Networks sind soziale Strukturen, die durch die Interaktion zwischen Menschen entstehen.[53] Mit Hilfe von Web 2.0-Plattformen werden Social Networks virtuell abgebildet. Entsprechende Dienste bieten ihren Nutzern Funktionalitäten zur Darstellung der eigenen Person in Form von Profilen an. Darüber hinaus ermöglichen die Dienste die Vernetzung mit anderen Nutzern sowie die Kontaktpflege. Weitere Funktionen sind z.B. Diskussionsforen und Gruppen, in denen Fachthemen diskutiert werden können. Zudem können Nutzer sich die Kontakte der eigenen Kontakte anzeigen lassen und so das eigene Netzwerk erweitern.[54] Neben den öffentlichen und für jedermann zugänglichen Netzwerken werden auch Social Networks mit geschlossenem Benutzerkreis innerhalb von Unternehmen eingesetzt, um die Vernetzung der Mitarbeiter zu fördern und den Austausch untereinander anzuregen. Die Unternehmen versprechen sich hiervon Kosteneinsparungen, indem z.B. die Mitarbeiter leicht Kontakt zu Kollegen herstellen können, die sich mit ähnlichen Pro-

[52] Vgl. *Hammersley* 2003.
[53] Vgl. *Schmiemann* 2008.
[54] Vgl. *Richter/Koch* 2007.

blemen befassen, so dass eine gegenseitige Unterstützung ermöglicht wird. Hierdurch wird redundante Arbeit verringert und der Wissenstransfer im Unternehmen verbessert.[55]

Microblogging

Twitter ist eine Anwendung zum Microblogging. Microblogging bedeutet, dass dem Anwender lediglich eine limitierte Anzahl an Zeichen zum Verfassen seiner Nachrichten zur Verfügung steht. Bei Twitter sind die als „Tweets“ bezeichneten Nachrichten auf 140 Zeichen begrenzt. Diese Textnachrichten werden allen Benutzern angezeigt, die diesem Benutzer folgen („Follower“). Die Tweets werden in Echtzeit veröffentlicht. Twitter wird auch als soziales Netzwerk oder ein meist öffentlich einsehbares Tagebuch im Internet definiert. Unternehmen können Twitter insbesondere als Plattform zur Verbreitung von Nachrichten nutzen.[56]

3. Enterprise 2.0: Web 2.0 im unternehmensbezogenen Kontext

Die Auseinandersetzung mit dem Thema Web 2.0 im unternehmensbezogenen Kontext findet unter dem Begriff Enterprise 2.0 statt. Der Begriff wurde 2006 von Andrew McAfee geprägt, der in seinem Artikel „*Enterprise 2.0: The Dawn of Emergent Collaboration*" beschreibt, wie Social Software in Unternehmen eingesetzt werden kann, um die Zusammenarbeit der Mitarbeiter zu unterstützen, Wissen der Mitarbeiter zu sammeln und Arbeitsabläufe zu dokumentieren.[57] Er definiert Enterprise 2.0 als „*the use of emergent social software platforms within companies, or between companies and their partners or customers.*“[58], um den Einsatz von Web 2.0 im intra- und extraorganisationalen Kontext zu beschreiben. Komponenten und Merkmale des Enterprise 2.0 können durch das Akronym SLATES (search, links,

[55] Vgl. *Koch/Richter/Schlosser* 2007.
[56] Vgl. *O'Reilly/Milstein* 2009.
[57] Vgl. *McAfee* 2006.
[58] *McAfee* 2009.

authoring, tags, extensions, signals) zusammengefasst werden. Diese bedeuten im Einzelnen[59]:

- *Search*: Finden von Informationen im Intranet.
- *Links*: Links als Indikator für wichtige Informationen. Benutzer sollen Inhalte veröffentlichen und verlinken.
- *Authoring*: Benutzer veröffentlichen Wissen, Erfahrungen und andere Inhalte mit Autoren-Werkzeugen wie Wikis oder Blogs.
- *Tags*: Benutzer versehen Inhalte mit Schlagwörtern und kategorisieren bzw. strukturieren so Informationen.
- *Extensions*: Empfehlen bzw. Vorschlagen verwandter Artikel bzw. Beiträge, die für den Benutzer relevant sind.
- *Signals*: Automatisches Informieren der Benutzer über neue Inhalte mit Hilfe von Syndizierungsverfahren.

Enterprise 2.0 hat zum Ziel, die Potentiale von Web 2.0 für Unternehmen zu nutzen, um effizientere Arbeitsweisen und verbesserte Unternehmensbeziehungen zu schaffen. Umfassende Integration der verwendeten Web 2.0-Technologien in die bisherigen Arbeitsprozesse und ausreichende Nutzerpartizipation sind für den Erfolg von Enterprise 2.0 ausschlaggebend.[60] Durch die Partizipation vieler Benutzer entstehen zudem Netzwerkeffekte, die in Unternehmen Zusammenarbeit, Kommunikation und Wissensmanagement verbessern können.[61]

Dies scheint insbesondere kleinen und mittleren Unternehmen entgegen zu kommen, die sich mit dem Ziel der Überwindung begrenzter Ressourcen und eingeschränkter Kapazitäten in Netzwerken arrangieren. Die Fragestellung, ob und wie Web 2.0-Anwendungen KMU und KMU-Netzwerke unterstützen können, ist erst seit kurzem Gegenstand von wissenschaftlichen Forschungsarbeiten. Aus diesem Grund gibt es bisher nur wenige Ergebnisse, auf die zurückgegriffen werden kann. Bisher verfüg-

[59] Vgl. *McAfee* 2006.
[60] Vgl. *Pfeiffer* 2010.
[61] Vgl. *McAfee* 2009.

bare Ergebnisse von De Saulles[62] zeigen, dass Web 2.0-Technologien das Leistungsniveau von KMU in verschiedenen Bereichen erhöhen können. Zu diesen Bereichen zählen die interne Kommunikation im Unternehmen, aber auch die externe Kommunikation mit Kunden, Lieferanten oder Partnerunternehmen sowie das Verbreiten und Teilen von Wissen und Informationen innerhalb des Unternehmens. Gruber[63] stellt fest, dass der Einsatz von Web 2.0-Anwendungen wie Wikis, Blogs und Social Networks in KMU zu Produktivitätssteigerungen führen kann. Jedoch haben viele Unternehmen nach wie vor Sicherheitsbedenken und Angst vor dem Bekanntwerden von vertraulichen Informationen. In Bezug auf die Einführung von Web 2.0-Anwendungen in KMU wird in Fuchs-Kittowski, Hüttemann[64] darauf hingewiesen, dass derartige Konzepte bislang fehlen. Dabei sind die Herausforderungen bei der Einführung und Nutzung von Web 2.0-Anwendungen bzw. Social Software zu 80% organisatorischen und kulturellen und nur zu 20% technischen Ursprungs.[65]

Aktuelle Studien zum Thema Enterprise 2.0 lassen Trends und Tendenzen im Zusammenhang mit dem Einsatz und der Nutzung von Web 2.0-Technologien in Unternehmen erkennen. Da die Studien jeweils unterschiedliche Aspekte des Themengebietes Enterprise 2.0 untersuchen, gestaltet sich ein Vergleich der Arbeiten jedoch schwierig. McKinsey[66] analysiert die Nutzung und Relevanz verschiedener Web 2.0-Applikationen im Unternehmenskontext sowie die Zufriedenheit der Nutzer. Andere Arbeiten evaluieren die Fragestellung, inwieweit Web 2.0-Anwendungen das Wissens- und Informationsmanagement in Unternehmen unterstützen können, um die kollektive Intelligenz der Belegschaft zu nutzen.[67]

Der Bundesverband der Informationswirtschaft, Telekommunikation und neue Medien BITKOM[68] untersucht den grundsätzlichen Einfluss von Web 2.0 auf Unternehmen, mit dem Ergebnis, dass bereits 33% der befragten Unternehmen Web 2.0-Anwendungen wie Blogs und Wikis einsetzen. Weitere 32% planen dies in den nächs-

[62] Vgl. *De Saulles* 2008.
[63] Vgl. *Gruber* 2009.
[64] Vgl. *Fuchs-Kittowski/Hüttemann* 2009.
[65] Vgl. *Ritscher/Bächle* 2008.
[66] Vgl. *McKinsey* 2008.
[67] Vgl. *Richter/Koch* 2007 und *Komus* 2006.
[68] Vgl. *The Economist Intelligence Unit* 2007.

ten zwei Jahren zu tun. Eine Studie des BITKOM zum Thema Enterprise 2.0 kommt zu dem Ergebnis, dass 87,4% der Befragten glauben, dass Web 2.0-Technologien in ihrem Unternehmen an Bedeutung gewinnen werden. Wikis und Instant-Messaging sind demnach bereits heute in den Unternehmen weit verbreitet, wobei Blogs und Tagging in Zukunft deutlich zulegen werden. Der größte Nutzen von Enterprise 2.0 wird in der effizienteren Nutzung von explizitem und implizitem Wissen gesehen, wobei auch erwartet wird, dass der Aufwand zur Informationsbeschaffung sinkt und sich die interne Kommunikation verbessert.[69] Auch in Peters, Stock[70] wird auf die positiven Effekte von Web 2.0-Anwendungen in Bezug auf das unternehmensinterne Wissensmanagement hingewiesen. Jedoch werden auch Risiken wie die rasche Verbreitung von Falschinformationen und Ängste der Mitarbeiter im Umgang mit dem Web 2.0 erwähnt. Zu Letzteren zählen demnach beispielsweise die Scheu, Inhalte in einem Wiki zu verändern oder aufgrund von vermeintlich mangelndem Wissen oder schlechter Rechtschreibung Inhalte beizutragen.[71]

Literaturverzeichnis

ALBY, T. (2008):
Web 2.0 – Konzepte, Anwendungen, Technologien. Hanser, München.

ALONSO, G. (2004):
et. al.: Web services. Concepts, architectures and applications. Springer, Berlin.

BÄCHLE, M. (2006):
Social Software. In Informatik-Spektrum, 29, S. 121-124.

BITKOM - BUNDESVERBAND INFORMATIONSWIRTSCHAFT, TELEKOMMUNIKATION UND NEUE MEDIEN E. V. (2008):
Enterprise 2.0 – Analyse zu Stand und Perspektiven in der deutschen Wirtschaft. http://www.bitkom.org/files/documents/BITKOM-Studie_Enterprise_2Punkt0(1).pdf, letzter Zugriff am 28.12.2010.

BÜTTGEN, M./GRIMM, K./HABERKORN, S. (2009):
Web 2.0: Grundlegende Technologien und Anwendungsformen. In: Web 2.0 - Anwendungen zur Informationsgewinnung von Unternehmen. Logos Verlag, Berlin.

---

[69] Vgl. *Bitkom* 2008.
[70] Vgl. *Peters/Stock* 2007.
[71] Vgl. *Peters/Stock* 2007.

BOHL, O./MANOUCHEHRI, S./WINAND, U. (2007):
Unternehmerische Wertschöpfung im Web 2.0. In HMD Praxis der Wirtschaftsinformatik, 255, S. 27-36.

BURG, T. N./PIRCHER, R. (2006):
Social Software in Unternehmen. In: Wissensmanagement 03/06, S. 26-28.

COATES, T. (2005):
An addendum to a definition of Social Software. http://www.plasticbag.org/archives/2005/01/an_addendum_to_a_definition_of_social_software/, letzter Zugriff am 08.10.2009.

DE SAULLES, M. (2008):
SMEs and the Web – Executive Summary. University of Brighton.

DUSCHINSKI, H. (2007):
Web 2.0 – Chancen und Risiken für die Unternehmenskommunikation. Diplomica, Hamburg.

EBERSBACH, A./GLASER, M. (2005):
Wiki. In Informatik-Spektrum, 28, S. 131-135.

FUCHS-KITTOWSKI, F./HÜTTEMANN, D. (2009):
Towards an Integrated Collaboration and Knowledge Environment for SME based on Web 2.0 Technologies – Quality assurance in enterprise wikis. In 5th Conference on Professional Knowledge Management. GI-Edition - Lecture Notes in Informatics (LNI), 2009, P-145, S. 532-543.

GARRETT, J. J. (2005):
Ajax: A New Approach to Web Applications. http://adaptivepath.com/ideas/essays/archives/000385.php, letzter Zugriff am 28.12.2010.

GANESH, J./PADMANABHUNI, S. (2007):
Web 2.0: Conceptual Framework and Research Directions. In AMCIS 2007 Proceedings, Paper 332.

GRUBER, P. (2009):
Studie zum Unternehmenseinsatz: Web 2.0-Technik hilft aus der Krise. http://www.computerwoche.de/mittelstand/1898597/index.html, letzter Zugriff am 13.12.2009.

HAMMERSLEY, B. (2003):
Content syndication with RSS. O'Reilly & Asscociates, Sebastopol.

HIPPNER, H. (2006):
Bedeutung, Anwendung und Einsatzpotenziale von Social Software. In: HMD Praxis der Wirtschaftsinformatik, 252, S. 6-16.

HIPPNER, H./WILDE, T. (2005):
Social Software. In Wirtschaftsinformatik, 47, S. 441-444.

HOLDENER, A. T. (2008):
Ajax. The definitive guide. O'Reilly, Beijing.

JÄGER, K. (2008):
Ajax in der Praxis. Grundlagen, Konzepte, Lösungen. Springer, Berlin, Heidelberg.

KAPPERT, C./WEINGÄRTNER, K. (2007):
Enterprise 2.0: Chancen und Risiken. In OBJEKTspektrum 2007, S. 34-39, 2007.

KNORR, E. (2004):
The Year of Web Services. In CIO-Magazin, 2003, 17.

KOCH, M. (2009):
Mashups - Enzyklopädie der Wirtschaftsinformatik. http://www.enzyklopaedie-der-wirtschaftsinformatik.de/wi-enzyklopaedie/lexikon/daten-wissen/Informationsmanagement/IT-Infrastruktur/Informations--und-Kommunikationstechnologien/computer-supported-cooperative-work-cscw/mashups/index.html/?searchterm=mashups, letzter Zugriff am 28.12.2010.

KOCH, M./RICHTER, A. (2007):
Enterprise 2.0. Planung, Einführung und erfolgreicher Einsatz von Social Software in Unternehmen. Oldenbourg, München.

KOCH, M./RICHTER, A./SCHLOSSER, A. (2007):
Produkte zum IT-gestützten Social Networking in Unternehmen. In: Wirtschaftsinformatik 49, S. 448–455.

KOLO, C./EICHNER, D. (2006):
Web 2.0 und der neue Internet-Boom – Was ist es, was treibt es und was bedeutet es für Unternehmen.
http://www.robertundhorst.de/v2/img/%20downloads/Web_2.0.pdf?PHPSESSID=3b45d404f7fec55a20ce077e2b7c6ab2, letzter Zugriff am 02.01.2009.

KOMUS, A. (2006):
Social Software als organisatorisches Phänomen – Einsatzmöglichkeiten in Unternehmen. In HMD Praxis der Wirtschaftsinformatik, 252, S. 36-44.

LEUF, B./CUNNINGHAM, W. (2008):
The Wiki way. Quick collaboration on the web. Addison-Wesley, Boston.

LACKES, R./SIEPERMANN, M. (2008):
Web 2.0 – Enzyklopädie der Wirtschaftsinformatik. http://www.enzyklopaedie-der-wirtschaftsinformatik.de/wi-enzyklopaedie/lexikon/technologien-methoden/Rechnernetz/Internet/Web-2-0/index.html/?searchterm=web 2.0, letzter Zugriff am 05.09.2009.

LACKES, R./SIEPERMANN, M. (2010):
Gabler Wirtschaftslexikon. Stichwort: Web 2.0. http://wirtschaftslexikon.gabler.de/Archiv/80667/web-2-0-v7.html, letzter Zugriff am 28.12.2010.

MAAß, C./GRÄFE, G./HEß, A. (2007):
Alternative Searching Services: Seven Theses on the Importance of Social Bookmarking. SABRE Conference, Leipzig.

MCAFEE, A. (2006):
The Dawn of Emergent Collaboration. In MIT Sloan Management Review, 47, S. 20-28.

MCAFEE, A. (2009):
Enterprise 2.0: new collaborative tools for your organization's toughest challenges, Harvard Business School Publishing Boston.

MCKINSEY (2008):
Building Web 2.0 Enterprise: McKinsey Global Survey Results. http://www.mckinseyquarterly.com/Telecommunications/Building_the_Web_20_Enterprise_McKinsey_Global_Survey_2174, letzter Zugriff am 28.12.2010.

NOTTINGHAM, M./SAYRE, R. (2005):
The Atom Syndication Format. http://www.atomenabled.org/developers/syndication/atom-format-spec.php, letzter Zugriff am 28.12.2010.

O'REILLY, T. (2005):
What Is Web 2.0. http://oreilly.com/web2/archive/what-is-web-20.html, letzter Zugriff am 17.12.2010.

O'REILLY, T. (2006):
Web 2.0 Compact Definition: Trying Again. http://radar.oreilly.com/archives/2006/12/web-20-compact.html, letzter Zugriff am 05.09.2009.

O'REILLY, T./MILSTEIN, S. (2009):
Das Twitter Buch. O'Reilly Verlag, Köln.

PETERS, I./STOCK, W. G. (2007):
Web 2.0 im Unternehmen. http://www.phil-fak.uni-duesseldorf.de/fileadmin/Redaktion/Institute/Informationswissenschaft/forschung/wissensmanagement/1187177486web_2_0_im.pdf, letzter Zugriff am 28.12.2010.

PFEIFFER, S. (2010):
Enterprise 2.0 – Chance oder Risiko? Warum Enterprise 2.0 gerade für KMU eine strategische Chance ist. In Eberspächer, J./Holtel, S. (Hrsg.): Enterprise 2.0: Unternehmen zwischen Hierarchie und Selbstorganisation. Springer, Heidelberg et al., S. 75-84.

RICHTER , A./KOCH, M. (2007):
Social Software – Status quo und Zukunft. Technischer Bericht Nr. 2007-01, Fakultät für Informatik, Universität der Bundeswehr München, Neubiberg.

RITSCHER, J./BÄCHLE, M. (2008):
Enterprise 2.0 – Social Software im unternehmensinternen Einsatz. Empirische Untersuchung und Einsatzempfehlungen.

SCHMIEMANN, M. (2008):
Industrie, Handel und Dienstleistungen. http://epp.eurostat.ec.europa.eu/cache/ITY_OFFPUB/KS-SF-08-031/DE/KS-SF-08-031-DE.PDF, letzter Zugriff am 10.12.2009.

SZUGAT, M./GEWEHR, J.E./LOCHMANN, C. (2006):
Social Software – Blogs, Wikis & Co. entwickler.press, Frankfurt am Main.

THE ECONOMIST INTELLIGENCE UNIT (2007):
Serious business – Web 2.0 goes corporate. A report from the Economist Intelligence Unit Sponsored by FAST.

WRIGHT, J./ALLGEIER, H. (2006):
Blog Marketing als neuer Weg zum Kunden. Mit Weblogs die Kunden erreichen, die Marke stärken und den Absatz fördern. Redline Wirtschaft, Heidelberg.

W3C (WORLD WIDE WEB CONSORTIUM) (2002):
Web Services Architecture Requirements. http://www.w3.org/TR/2002/WD-wsa-reqs-20021011#IDAGWEBD, letzter Zugriff am 28.12.2010.

WOLFF, P. (2007):
Die Macht der Blogs. dpunkt Verlag, Heidelberg.

Führung und Selbstorganisation in KMU-Netzwerken unter dem Aspekt einer innovationsorientierten Mitarbeiterpartizipation

Rüdiger H. Jung, Isabelle Abram und Georg Reifferscheid

Inhaltsverzeichnis

1. Einleitung ... 53
2. Zur Bedeutung von Partizipation und strukturellen Rahmenbedingungen für betriebliche Innovationen ... 55
2.1 Direkte (unmittelbare) Partizipation als Innovationsdeterminante ... 55
2.2 Zum Zusammenhang von innovationsorientierter Partizipation und organisatorischen Strukturen ... 57
3. Die Innovationsorientierung in KMU-Netzwerken im Spannungsfeld von unternehmerzentrierter Führung und Selbstorganisation ... 59
3.1 Selbstorganisations-Prinzip und Netzwerk-Verständnis ... 59
3.2 Führung und Selbstorganisation in KMU-Netzwerken ... 61
3.3 Überlegungen zu einem innovationsförderlichen Verhältnis von Führung und (Selbst-) Organisation in KMU-Netzwerken ... 63
3.3.1 Übertragung der KMU-Führungskultur auf das KMU-Netzwerk als Innovationshemmnis ... 63
3.3.2 Selbstorganisation als Ordnungsprinzip für eine innovationsorientierte Partizipation in KMU-Netzwerken ... 64
3.3.3 Phasendifferenzierte Freiheitsgrade und Promotoreneinsatz als innovationsorientierte Führungsleistungen in KMU-Netzwerken ... 65
4. Innovation und die Idee vom Netzwerk als Lernende (Inter-)Organisation ... 68
5. Fazit ... 70

1. Einleitung

Kleine und mittlere Unternehmen (KMU) verfügen häufig nicht über ein systematisches Innovationsmanagement. Sie sichern ihren langfristigen Unternehmenserfolg vor allem durch „emergente Innovierung“ aus dem Unternehmensgeschehen heraus. Deshalb müssen Partizipation und Eigenverantwortlichkeit der Mitarbeiter als Schlüsselfaktoren gesehen werden, da sie Freiräume für Kreativität, Initiative und eine positive Haltung gegenüber Neuerungen schaffen und so eine Innovationskultur innerhalb des Unternehmens befördern. Eine Innovationskultur vergrößert und bereitet das Feld, auf dem sich Neues entwickeln kann. Sie entkoppelt die Frage nach der Innovativität eines Unternehmens von der Frage: Wie innovativ ist der Unternehmer?

In seiner Untersuchung zum Innovationsmanagement in KMU zählt Blessin zu den „Merkmalen einer innovationsförderlichen Unternehmenskultur ...

- eine Führung, die sich offen gegenüber neuen Entwicklungen zeigt und die auch die Mitarbeiter in diesen Wandlungs- und Anpassungsprozess einbezieht;

- Mitarbeiter, die den Wandel und die Anpassung als Herausforderung und Chance betrachten, Innovation also als eigenen Wert akzeptieren, und sich als Unternehmer im Unternehmen (Intrapreneure) verstehen;

- eine Informations- und Kommunikationskultur, die intern die Verbindung zwischen Führung und Mitarbeitern sowie zwischen den einzelnen Funktionsbereichen herstellt und die extern den Kontakt zu und den Austausch mit innovationsrelevanten Quellen sowie den Anspruchsgruppen (Stakeholder) fördert.“[1]

[1] *Blessin* 1998, S. 167.

Sind KMU eingebunden in eine netzwerkartige Kooperation mit anderen KMU, zeigen sich Innovationspotenziale der weiter gefassten, über das einzelne Unternehmen hinausgehenden kommunikativen Verknüpfung; es kommt eine besondere Unternehmensumwelt hinzu, die besondere Anknüpfungspunkte bietet. Gelingt es, über die Grenzen des einzelnen Unternehmens hinweg auf der Netzwerkebene Freiräume für Initiative und Kreativität, für eine innovationsorientierte Partizipation der Mitarbeiter an den Netzwerkaktivitäten zu realisieren, kann sich eine ausgedehnte Innovationskultur auf Netzwerkebene mit einem entsprechenden Rückfluss von innovativen Ideen in die Netzwerk-Mitgliedsunternehmen etablieren. Die Entwicklung einer solchen Innovationskultur auf Netzwerkebene ist allerdings alles andere als ein „Selbstläufer". KMU sind in ihren Kommunikationswegen häufig unternehmerzentriert; „Netzwerken" als Kommunikation über die Unternehmensgrenzen hinweg ist dann erst recht „Unternehmeraufgabe". Mitarbeiter wissen häufig nur wenig über die Einbindung ihres Unternehmens in Netzwerke, sofern sie nicht als Funktionsträger mit einer bestimmten Aufgabe darin eingebunden sind. Lebt die unternehmerzentrierte Steuerungslogik des einzelnen Unternehmens im Kontext eines Unternehmensnetzwerks fort, d.h. fehlt der Freiraum für selbstorganisierten Ideenaustausch unter den Mitarbeitern der Netzwerk-Mitgliedsunternehmen, dann muss von einer großen Lücke zwischen dem Innovationspotenzial und dem Maß an realisierten Innovationen im Netzwerkzusammenhang ausgegangen werden. Der Blick auf diese Lücke impliziert eine kritische Anfrage an die Führung und Selbstorganisation in KMU-Netzwerken. Damit ist eine Frage aufgeworfen, die interessanterweise in der wissenschaftlichen Auseinandersetzung mit Unternehmensnetzwerken eher selten gestellt wird. Möglicherweise ist die Tatsache, dass Netzwerke häufig per definitionem als Selbstorganisationsphänomene gesehen werden – wir kommen darauf weiter unten zurück – hinderlich im wissenschaftlichen Erkenntnisprozess.

2. Zur Bedeutung von Partizipation und strukturellen Rahmenbedingungen für betriebliche Innovationen

2.1 Direkte (unmittelbare) Partizipation als Innovationsdeterminante

Im Kontext einzelner Unternehmen wird Partizipation üblicherweise als „Beteiligung von Organisationsmitgliedern an Entscheidungsprozessen des Managements“[2], als „Teilnahme der Betroffenen an den Prozessen der Willensbildung und Entscheidung übergeordneter Hierarchieebenen“[3] verstanden. Für die hier vorgetragenen Überlegungen wird auf eine „direkte“ – im Gegensatz zur „indirekten“ (z.B. über Repräsentanten wie Arbeitnehmervertreter) – Beteiligung abgehoben. Da im Kontext von Unternehmen oder Unternehmensverbünden auch die direkte Beteiligung eines Mindestmaßes an formeller Regelung durch die Entscheidungsbefugten bedarf, kann Partizipation auch als „direkte, formell geregelte Beteiligung von Mitarbeitern an Entscheidungen“[4] definiert werden. Alle diese Begriffsverständnisse inkludieren das Vorliegen eines Entscheidungsobjektes. In der prozessualen Betrachtung werden indes auch Vorgänge von Beteiligung erkennbar, aus denen heraus erst ein Entscheidungsobjekt entsteht – etwa, weil Mitarbeiter sich über eine Verbesserung im betrieblichen Ablauf Gedanken machen und einem Entscheidungsbefugten diese Gedanken vortragen. Insofern steht Partizipation im Kern und ganz allgemein immer für einen Vorgang der Teilhabe („inclusion“[5]) an einem Geschehen, für das der oder die Teilhabende eine Betroffenheit reklamiert.[6]

Partizipation als Teilhabe der betroffenen Mitarbeiter wird vielfältig begründet – von sozial-politisch motivierten Argumenten zur Demokratisierung der Wirtschaft (Humanisierung der Arbeit, Mitbestimmung am Arbeitsplatz) über ökonomische Flexibilitäts-

[2] *Staehle* 1999, S. 535.
[3] *Schulte-Zurhausen* 2010, S. 218.
[4] *von Rosenstiel* 1987, S. 3.
[5] Siehe die Darlegung von „Participation as Inclusion“ in *Mohanty/Tandon* 2010, S. 1129 f.
[6] Für eine grundsätzliche Betrachtung von Partizipation im organisationalen Kontext siehe Kappler 1987.

und Effizienzargumente (neue Formen der Arbeitsorganisation wie z.B. teil-autonome Arbeitsgruppen oder Qualitätszirkel, partizipative Zielvereinbarungen, Erfolgsbeteiligung) bis hin zu betriebspädagogischen Ansprüchen (Persönlichkeitsentwicklung).[7] Der Schwerpunkt dieses Beitrages liegt auf dem Innovationspotenzial einer Beteiligung der Mitarbeiter. Innovationen können sich sowohl auf die Neuentwicklung und Überarbeitung (Verbesserung) von bestehenden Produkten (Produktinnovationen) als auch auf Neuerungen und Verbesserungen in den organisatorischen Prozessen und Strukturen (Verfahrensinnovation) beziehen. Eine Betrachtung der innovationsorientierten Mitarbeiterbeteiligung lenkt den Blick zwangsläufig auch auf das innovationsorientierte Verhalten der Unternehmensführung. Das Verhalten der Führungskräfte hat „einen entscheidenden Einfluss auf die Innovationskultur."[8] Partizipation setzt Rahmenbedingungen und Anreize zur Überwindung von „Fähigkeits-, Wollens- und Risikobarrieren"[9] auf Seiten der Partizipanten voraus.

Auch wenn Partizipation als Determinante betrieblicher Innovationen „lediglich in Ansätzen erforscht"[10] ist, gibt es doch einige, die Zusammenhangsvermutung deutlich stützende Forschungsergebnisse. Blessin verweist in seiner, analytisch und empirisch angelegten Untersuchung zum Innovationsmanagement in KMU auf die Entscheidungsbeteiligung der Mitarbeiter und ihre Einbindung in die unternehmerische Verantwortung als wichtige Merkmale einer „Innovationskultur"[11]. Anhand der Datenbasis von 529 gewerblichen Unternehmen (Industrie, Handwerk, Dienstleistung) in Nordhessen belegen Blume/Gerstlberger[12] einen signifikanten Zusammenhang zwischen partizipativer Arbeitsgestaltung einerseits und Produkt- wie Prozessinnovationen andererseits. Auch ein beteiligungsorientiertes Wissensmanagement einschließlich des Einsatzes von Informations- und Kommunikationstechnologien für den Austausch mit unternehmensexternen Personen – erwies sich als Innovationsdeterminante. „Das Zusammenspiel von partizipativer Arbeitsgestaltung und

[7] Vgl. *Staehle* 1999, S. 535 und die dort genannte Literatur.
[8] *Vahs/Schmitt* 2010, S. 8.
[9] *Thom* 2010, S. 35.
[10] *Blessin* 1998, S. 224f; zum Stand der empirischen Forschung ebenda, S. 227f.
[11] *Blessin* 1998, S. 174.
[12] Vgl. *Blume/Gertslberger* 2007: Für die Partizipation i.S. der repräsentativen Mitbestimmung konnte kein signifikanter Zusammenhang mit Innovationen nachgewiesen werden.

beteiligungsorientiertem Wissensmanagement hat einen positiven Effekt auf die Intensität von Produkt- und Prozessinnovationen. Dies ist ein plausibles Indiz für eine Wirkungskette im Sinne der Aussage 'partizipative Arbeitsgestaltung schafft notwendige Voraussetzungen für beteiligungsorientiertes Wissensmanagement' ".[13] Indirekt kann auch der empirische Nachweis, dass die Anzahl der in die Ideenfindung einbezogenen Bereiche ein wichtiger Innovationsförderer ist[14], als Indikator für die Bedeutung der Partizipation gesehen werden.

Produkt- und unmittelbar Verfahrensinnovationen induzieren Veränderungen der bestehenden Strukturen und Prozesse. Mit Blick darauf ist die Erfahrung von Bedeutung, dass betriebliche Veränderungsprozesse eher Erfolg versprechen, wenn Vertreter aller Ebenen einbezogen werden. Neben den fachlich-beruflichen Qualifikationen erhalten Kooperations- und Lernfähigkeiten einen zunehmend höheren Stellenwert. Die Eröffnung von Entscheidungsspielräumen und konsequente Übertragung von Verantwortung für die Ergebnisse der eigenen Tätigkeit nehmen zu. Aufgaben sollten im Sinne klassischer Humanisierungskriterien Entscheidungs-, Kontroll-, Kontakt- und Tätigkeitsspielraum bieten, um dafür geeignet zu sein, neues Wissen zu erwerben[15].

2.2 Zum Zusammenhang von innovationsorientierter Partizipation und organisatorischen Strukturen

Partizipative Entscheidungsprozesse werden mit bestimmten Ausprägungsformen von Organisationsstrukturen in Zusammenhang gebracht:

- humane Organisationsstrukturen (z.B. teilautonome, selbststeuernde Arbeitsgruppen)
- mehrdimensionale Organisationsstrukturen (z.B. Matrix-Organisationen)
- inexakte Organisationsstrukturen (z.B. organisierte Anarchien)

[13] *Blume/Gertslberger* 2007, S. 241.
[14] Vgl. *Vahs/Schmitt* 2010, S. 8.
[15] Vgl. *von Rosenstiel* 2003, S. 154 ff.

- organische Organisationsstrukturen (z.B. lose Verkoppelung von kleinen, überschaubaren Subsystemen)[16].

Solche Organisationsstrukturen implizieren ein höheres Maß an Lern- und Innovationsorientierung, denn innovieren bedeutet „to break away from established patterns. Thus the innovative organization cannot rely on any form of standardization for coordination… Above all, it must remain flexible.“[17]

Die Überlegungen zur Partizipation im organisationalen Kontext gelten grundsätzlich auch für Beteiligungsprozesse über betriebliche Grenzen hinweg, wie sie für Unternehmensnetzwerke vorstellbar sind. Auch Unternehmensnetzwerke bilden – auf der Netzwerkebene – einen (inter-)organisationalen Kontext. Aus der organisationalen Sicht des einzelnen Netzwerk-Unternehmens könnte auch von inter-organisationalen Partizipationsprozessen gesprochen werden. Grundsätzlich bieten Unternehmensnetzwerke einen besonderen Raum für intensiven, innovationsorientierten Wissensaustausch unter den Mitarbeitern der am Netzwerk beteiligten Unternehmen. Hierin gerade für KMU eine besondere Chance zu sehen, ist nicht vermessen; indes von einem „Selbstläufer“ auszugehen, wäre blauäugig. Innovationsorientierter Ideenaustausch in Netzwerken gründet wesentlich auf dem Prinzip der Selbstorganisation, während die Kommunikation in Netzwerken von KMU nicht selten geprägt ist von einem traditionellen Führungsverständnis der „Gründerunternehmer“ des Netzwerks.

---

[16] Vgl. *Staehle* 1999, S. 535.
[17] *Mintzberg* 1989, S. 199.

3. Die Innovationsorientierung in KMU-Netzwerken im Spannungsfeld von unternehmerzentrierter Führung und Selbstorganisation

3.1 Selbstorganisations-Prinzip und Netzwerk-Verständnis

Der Begriff „Organisation" wird sowohl für den Prozess der Ordnungsbildung als auch für das Ergebnis dieser Aktivität, den wahrgenommenen Zustand der Ordnung, verwendet. Die Verwendung des Organisationsbegriffes ist häufig mit einem bestimmten Anspruch verbunden: Organisation ist bewusst und planvoll hergestellte Ordnung. In sozialen Systemen, in denen Selbstorganisation aus der Interaktion menschlicher Systemelemente heraus entsteht, kann zwischen zwei Formen der Selbstorganisation unterschieden werden: Ordnungsleistungen, die aus dem interaktiven Geschehen ohne absichtsvolles, auf Ordnung gerichtetes Handeln als emergente Leistungen kommen sowie Ordnungsleistungen als Ergebnis absichtsvollen, auf Ordnung des eigenen Handelns gerichteten Handelns der Systemmitglieder.[18]

Aus systemtheoretischer Sicht kann bereits die Bildung von Netzwerken als selbstorganisatorischer Prozess gelten. Netzwerke entstehen durch die Koppelung von an sich autonomen (individuellen oder sozialen) Systemen. Primäres Ziel jedes Systems ist die Aufrechterhaltung, realisiert wird dieses durch die Anpassung an die Systemumwelt. Der Prozess der Anpassung geschieht innerhalb einer selbstbezüglichen Dynamik (selbstreferentiell), die Systemumwelt bietet hierfür zwar die Quelle, hat jedoch keinen instruierenden Einfluss auf die Veränderungen innerhalb eines Systems. Im Rahmen der systemspezifischen strukturellen Möglichkeiten modifizieren sich die Strukturen, ohne dass die Organisation des Systems aufgehoben wird.[19]

---

[18] Vgl. *Jung* 2010, S. 1364.

[19] Vgl. *Maturana/Varela* 1990, S. 111.

Reichen nun die Restrukturierungsmaßnahmen des Systems nicht aus, um den Störungen („Perturbationen") aus der Umwelt gerecht zu werden, findet eine derartige Umordnung statt, dass sich neue Ordnungsmuster bilden, die ein höheres Potenzial an Umweltkomplexitätsreduktion und höhere Redundanz von Reaktionspotenzialen[20] vorweisen. Anders ausgedrückt: soziale Systeme schließen sich zu Netzwerken zusammen. Vor diesem Hintergrund erscheinen Netzwerke als (Umwelt-) Komplexitätsreduktionsgemeinschaften.[21]

Selbstorganisation bezeichnet demnach einen aus systeminterner Triebkraft angeregten Prozess, der zu komplexeren Ordnungsfunktionen führt.[22] Nach Göbel kann zwischen autogenen und autonomen Prozessen von Selbstorganisation unterschieden werden. Autogene Prozesse beziehen sich insbesondere auf naturwissenschaftliche Systeme, die sich ständig aus eigener Kraft selbst erzeugen, d.h. „mit Hilfe der Elemente aus denen sie bestehen"[23]. Autonome Selbstorganisation beschreibt hingegen die selbstbestimmte, selbstgesetzliche Mitwirkung von Mitgliedern sozialer Systeme an der Gestaltung der sie betreffenden Ordnung.

Die für betriebliche Systeme wie Unternehmen und Unternehmensnetzwerke übliche Unterscheidung von Selbst- und (von „außen" gestalteter) Fremdorganisation ergibt sich aus der Berücksichtigung des Hierarchie- oder Machtfaktors: Vom Standpunkt eines Referenzsystems (z.B. Abteilung in einem Unternehmen, Unternehmen in einem Netzwerk) sind die vorfindbaren Ordnungen immer auch Ergebnis der Gestaltungseinflüsse „übergeordneter Instanzen" (z.B. Geschäftsführung in einem Unternehmen, Netzwerkmanagement in einem Netzwerk). So gesehen entstehen und entwickeln sich Ordnungen in Unternehmen und in Unternehmensnetzwerken als soziale Systeme im Zusammenspiel von unbewusster und bewusster, von Selbst- und Fremdorganisation.[24]

---

[20] *Ashby* 1961 hat mit seinem „law of requisite variety" (S. 206 ff.) eine frühe theoretische Arbeit dazu geliefert.

[21] Vgl. *Jung* 2010, S. 1366 f., in Anlehnung an *Schreyögg* 2008, S. 322 f.

[22] Vgl. *Fuchs* 2001, S. 10.

[23] *Göbel* 2004, S. 1313.

[24] Vgl. für soziale Systeme allgemein *Jung* 2010, S. 1367; für betriebliche Systeme *Jung* 1985, passim, insbes. S. 46 ff., 62 ff.

3.2 Führung und Selbstorganisation in KMU-Netzwerken

Soziale Netzwerke im Allgemeinen, Unternehmensnetzwerke im Besonderen auf das „Prinzip Selbstorganisation" zu reduzieren, erscheint in Anbetracht der bisherigen Überlegungen verkürzend und erkenntnishemmend.[25]

Gleichwohl ist in Netzwerken mit ihrer polyzentrischen Verteilung von Kompetenzen und Einflussmacht Selbstorganisation ein tragendes Entstehungs- wie Entwicklungsprinzip. Wenn Unternehmer ihr Unternehmen freiwillig mit anderen Unternehmen zum Zwecke der Umwelt-Komplexitätsreduktion vernetzen, ist das entstehende Unternehmensnetzwerk das Ergebnis eines selbstorganisatorischen Prozesses. Auch nach der Gründung hängt die Realisierung der besonderen Leistungspotenziale von Netzwerken davon ab, dass dem „Prinzip Selbstorganisation" genügend Raum gegeben wird.

Das erweist sich gerade in Netzwerken von KMU, also in Verbünden von mehr oder weniger ausgeprägt hierarchisch gesteuerten Unternehmen, als besondere Herausforderung. Im Gegensatz zu Großunternehmen ist in KMU die Unternehmensführung häufig allein in Unternehmerhand. Das Risiko für das wirtschaftliche Ergebnis ist oft ein persönliches (Eigentümerunternehmer); Führung und Verantwortung werden als unteilbar erlebt. Folglich äußert sich die zentrale Stellung des Unternehmers[26] nicht selten in einem patriarchalisch-autoritären Führungsstil. Die Teilhabe der Mitarbeiter an Entscheidungsprozessen ist eher gering und/oder stark hierarchisch reglementiert. Diese Führungskultur kann auch bestimmend für die Arbeitsweise im KMU-Netzwerk sein.

Lebt in diesem Sinne die Steuerungslogik des Einzelunternehmens im Kooperationsverbund eines Netzwerkes fort, können Netzwerke möglicherweise aufgrund von Art-

[25] Dieses Zwischenfazit bedürfte mit Blick auf theoretische Konzepte in den Sozial- und Organisationswissenschaften einer differenzierteren Begründung, die hier nicht leistbar ist. Geboten wäre eine Auseinandersetzung zumindest mit den Konzepten von *Luhman* und *Hejl* sowie – hierfür grundlegend - *Maturana*. Für einen prägnanten, Unterschiede herausarbeitenden Überblick der drei Konzepte siehe *Bruns-Vietor* 2004, S. 194 ff.

[26] Vgl. *Süss* 2001, S. 21.

und Mengeneffekten (Komplementarität und Kapazität der Leistungsmöglichkeiten) bestimmte Vorteile für die beteiligten Partner realisieren. Die aus der Dynamik von Selbstorganisationsprozessen resultierenden Kreativ- und Innovationsimpulse im Innern und die besonderen Anpassungsleistungen in den Kopplungsbeziehungen zu komplexen Umwelten kommen damit aber kaum zustande. Bei wachsender Umweltkomplexität geraten Ordnungen, die den mehr oder weniger intelligenten Plänen von Wenigen entstammen, an die Grenzen ihrer Funktionsfähigkeit. Die verknüpfte Selbstorganisationskompetenz der Vielen – das dynamische Aushandeln von Ideen und Interessen, Chancen und Risiken, auch Führung und Gefolgschaft – nimmt in ihrer Bedeutung zu. Eine Aktivierung der Selbstorganisationskompetenz der Vielen in Unternehmensnetzwerken erzeugt Partizipation im weiter oben beschriebenen Sinne, bedeutet breit gestreute Teilhabe an den Kommunikations- und Entscheidungsprozessen in Netzwerken. Somit sind Partizipation, Selbstorganisation und Innovation eng miteinander verknüpft.

Werden der Blick auf die in KMU vorherrschende Führungskultur und der Blick auf das für Netzwerke wesentliche Prinzip der Selbstorganisation zu einem Bild zusammengeführt, zeigt sich ein Spannungsfeld von Führung und (Selbst-) Organisation, das eine Hypothese von der grundsätzlichen Innovativität von KMU-Netzwerken fraglich erscheinen lässt. Größere Realitätsnähe darf die Hypothese von einer mehr oder weniger großen Lücke zwischen dem Innovationspotenzial und dem Maß an realisierten Innovationen im Netzwerkzusammenhang beanspruchen. Wir nehmen dies zum Anlass für einige kursorische Überlegungen zur Verringerung dieser Lücke.

3.3 Überlegungen zu einem innovationsförderlichen Verhältnis von Führung und (Selbst-) Organisation in KMU-Netzwerken

3.3.1 Übertragung der KMU-Führungskultur auf das KMU-Netzwerk als Innovationshemmnis

Die Überlegungen in diesem Abschnitt beziehen sich auf KMU-Netzwerke, die nicht primär auf die Realisierung von Innovationen ausgerichtet sind.[27] Die Gründe für KMU, sich mit anderen KMU zu vernetzen, sind vielfältig – vom Interesse des Unternehmers (Gesellschafters, Geschäftsführers) zum Austausch mit Gleichgesinnten über die Formierung von Initiativen zu lokalen oder branchenbezogenen Themen bis zur Bündelung von Ressourcen auf den verschiedenen relevanten Beschaffungs- und Absatzmärkten der Netzwerkpartner. Wann immer es um die Verfolgung eines im Netzwerk gemeinsam verabredeten Ziels geht, ist davon auszugehen, dass die gewohnte, in den Mitgliedsunternehmen vorherrschende Steuerungslogik auch zur Steuerungslogik des Netzwerks wird. Es werden Zuständigkeiten von Personen sowie Berichts- und Weisungswege mehr oder weniger explizit vereinbart. Nicht selten werden für die Aktionen im Netzwerkzusammenhang eigene Betriebsformen (z. B. Verein, GmbH)[28] zum Zwecke des Netzwerkmanagements etabliert. Dass Unternehmer die im eigenen Unternehmen gewohnte Führungskultur in dem Netzwerk, an dem sie beteiligt sind, wiederfinden oder fortleben können, ist zunächst einmal durchaus hilfreich, erleichtert Orientierung und Akzeptanz, vermeidet betriebskulturelle Irritation – zugespitzt könnte man auch sagen: verhindert Lernen. Netzwerkarbeit wird zur Sache der am Netzwerk beteiligten KMU-„Chefs“ oder von ihnen bestimmter Personen. Ist im einzelnen Unternehmen die unternehmerzentrierte, nicht selten patriarchalisch-autoritäre Führung geprägt durch Vertrauen, Offenheit, Kommunikation, Konsens- und Kompromissfähigkeit, aber eben auch geringe Partizipation der Mitarbeiter[29], so multipliziert sich im erweiterten Raum des

[27] Zur Besonderheit von sogen. „Innovationsnetzwerken“ siehe z.B. Hauschildt 2004, S. 81 f. und die dort zitierte Literatur.

[28] Solche Organisationsformen halten *Boos/Exner/Heitger* für eine „relativ sichere Form“ die Entwicklung eines funktionierenden Netzwerkes zu behindern, siehe *Boos/Exner/Heitger* 2008, S. 75.

[29] Vgl. *Wunderer* 1990, S. 274.

Netzwerks das Missverhältnis zwischen dem verfügbaren Ideenpotenzial der im Netzwerk (genauer: in den Netzwerk-Mitgliedsunternehmen) Beschäftigten und dem über Teilhabe am Netzwerkgeschehen konkret verfügbar werdenden Ideen. Wir glauben, deshalb von einer Multiplizierung des Missverhältnisses sprechen zu dürfen, weil wir Ideenproduktion als Ergebnis des Wissensaustauschs unter den Beschäftigten sehen. In Kooperationsverbünden multiplizieren statt addieren sich die möglichen Austauschbeziehungen der Kooperationspartner.

3.3.2 Selbstorganisation als Ordnungsprinzip für eine innovationsorientierte Partizipation in KMU-Netzwerken

Auf den Zusammenhang von Partizipation, Selbstorganisation und Innovation wurde weiter oben (siehe insbesondere Kapitel 3.2) bereits hingewiesen. Bezogen auf den Kontext eines Netzwerks von KMU sei folgendes Szenario unterstellt: Die Beschäftigten der Netzwerk-Mitgliedsunternehmen können in freiem Wissensaustausch – auch über die Grenzen des eigenen Unternehmens hinweg – miteinander in Beziehung treten, Gemeinsamkeiten und Komplementaritäten in ihren Ideen erkennen, sich zu Gruppen („communities") formieren und Ideen weiterentwickeln, Ideen zu Produkt-, Prozess- oder Strukturinnovationen ausformulieren, umsetzen oder anderen Personen zur Umsetzung vorschlagen. In diesem hier sehr ausschnittartig und ergebnisorientiert skizzierten Netzwerkgeschehen herrscht in toto ein ziemlich chaotisches Durcheinander, ein Kommen und Gehen, Personen schließen sich interessenbezogen „communities" an und verlassen sie wieder, viele sind gleichzeitig Mitglied in mehreren „communities", ganze „communities" lösen sich auf oder schließen sich mit anderen zusammen usw. usf.[30]

Holbrook beschreibt das Selbstorganisationsprinzip als zentralen Wirkmechanismus komplexer, adaptiver Systeme („CAS)", die wie ein „unchoreographed, spontaneous dance" zwischen kurzfristigen Gleichgewichts- und Ungleichgewichts- oder Chaos-Zuständen hin- und herpendeln – mit einer Tendenz zum letzteren („at the edge of

[30] Siehe auch die Beschreibung von Netzwerken als „organisierte Anarchien" bei *Hass* 2010, S. 33 ff.

chaos").[31] „Self-organization at the edge of chaos tends to engender a stream of innovative, but also potentially viable, products, services and solutions".[32]

Mit Blick auf KMU-Netzwerke, deren Existenz zunächst und überwiegend auf andere Zielsetzungen ausgerichtet ist und die vermutlich in mehr oder weniger geplant geordneten Zuständen agieren (manchmal auch erstarren), sind die vorangehenden Ausführungen die Skizze einer möglichen „Nebenwelt". Diese mögliche Welt mit Leben im Sinne einer innovationsorientierten, auf dem Prinzip der Selbstorganisation beruhenden Partizipation zu füllen, erfordert gewisse „Setzungen" seitens der Führungspersonen in den einzelnen Unternehmen und im Netzwerk. Mitarbeiter fangen nicht deshalb an, über betriebliche Grenzen hinweg Ideen auszutauschen und Innovationen zu verfolgen, weil ihr Unternehmen Mitglied eines Netzwerkes ist. Wenn sie überhaupt von dieser Netzwerk-Mitgliedschaft wissen, so sind sie zunächst einmal „gefangen" in der Kommunikations- und Führungskultur des Unternehmens, das sie beschäftigt. Das Einlassen auf den selbst-organisierten Wissens- und Ideenaustausch mit anderen im Netzwerkkontext Beschäftigten bedarf einer ausreichenden Motivation der Mitarbeiter und einem vertrauensvollen Zulassen seitens ihrer Vorgesetzten.[33]

3.3.3 Phasendifferenzierte Freiheitsgrade und Promotoreneinsatz als innovationsorientierte Führungsleistungen in KMU-Netzwerken

Die Ausführungen zum Ende des vorhergehenden Kapitels deuten an, dass bei aller Betonung des Selbstorganisationsprinzips für eine innovationsorientierte Partizipation in KMU-Netzwerken auch die Führung und damit Elemente hierarchischer Steuerung in den Blick zu nehmen sind. Zwar gilt in einem strengen Sinne die Warnung von Dyer/Ericksen: „If any agents or groups of agents (executives, say, or human resource managers) presume to provide blueprints to guide self-organization, then it

[31] Vgl. *Holbrook* 2003, S. 15 ff.

[32] *Dyer/Ericksen* 2008, S. 10.

[33] Für eine weitergehende Beschäftigung mit Einflussfaktoren der Partizipation im Netzwerk siehe den Beitrag „Anforderungen an die Gestaltung Web 2.0-gestützter Mitarbeiterpartizipation" von *Abram/Jung/Reifferscheid* in diesem Buch.

is not self-organizing. And if they attempt to dictate what should emerge, then it is not emergence".[34] Aber wir erörtern ein auf dem Selbstorganisationsprinzip basierendes innovationsorientiertes Geschehen, bei dem die Akteure Beschäftigte von Unternehmen mit definierten Aufgaben in diesen Unternehmen sind. Ihr zusätzliches Engagement im Wissens- und Ideenaustausch mit anderen Beschäftigten im Netzwerk ist gebunden an die Erwartung der jeweiligen Unternehmensführung, dass dieses Engagement nicht zu Lasten ihrer „eigentlichen" Aufgaben geht und dass es Vorteile für das eigene Unternehmen bringt. Mit anderen Worten: Die jeweilige Führung der das Netzwerk bildenden KMU ist sowohl auf der Aufwandsseite (Ressourcen für den Wissens- und Ideenaustausch) wie auf der Ertragsseite (neues Problemlösungswissen, Produkt- oder Verfahrensinnovationen) – sozusagen als Stakeholder – „im Spiel". Sie steht vor der Herausforderung, mit Bezug auf das hier betrachtete Feld des (netzwerkweiten) Wissens- und Ideenaustauschs ein Innovationsmanagement zu betreiben, das z.B. Nutzenziele oder verfügbare Arbeitszeiten definiert, ohne dem selbstorganisierten Engagement der Mitarbeiter die für Innovationen erforderliche Freiheiten im Ideenaustausch zu nehmen.

Damit ist ein Spannungsfeld angesprochen, dass hier in aller Kürze mit Bezug auf zwei wichtige Erkenntnisse der betriebswirtschaftlichen Innovationsforschung konkretisiert werden soll: die Differenzierung von Innovationsprozessen in Phasen mit unterschiedlichen Gestaltungsanforderungen (Phasenmodell) und die Bedeutung des Zusammenwirkens verschiedener Fördererrollen für die erfolgreiche Generierung und Implementierung von Neuerungen (Promotorenmodell).

Folgt man Thoms Modellierung des Innovationsprozesses in die Hauptphasen der Ideengenerierung, -akzeptierung und –realisierung sowie den damit verbundenen Überlegungen zu den Freiheitsgraden des Prozessgeschehens,[35] dann ist daraus die Bedeutung eines angemessenen, in den einzelnen Prozessphasen unterschiedlichen Verhältnisses von Führungsleistungen und Selbstorganisationsleistungen ableitbar. Grob betrachtet profitiert die Ideengenerierung in hohem Maße von der Spontaneität

[34] *Dyer/Ericksen* 2008 unter Verweis auf *Stacey/Griffin/Shaw* 2000.
[35] Vgl. *Thom* 1980, S. 53 ff.

und Kreativität der auf dem Prinzip der Selbstorganisation beruhenden Mitarbeiterpartizipation, während die Entscheidung für und Umsetzung einer Neuerung Führungsleistungen seitens der jeweiligen Entscheidungsträger benötigt. Bei genauerer Betrachtung zeigt sich weiterer Differenzierungsbedarf. So ist beispielsweise vorstellbar, dass auch die Freiheitsgrade der Ideengenerierung über eine strategisch begründete Zielrichtung oder Suchfeldbestimmung eingeschränkt werden, um die Chance auf Ideenakzeptierung und -realisierung zu erhöhen.[36] Innovationsmanagement im Netzwerkkontext ist ohne Zweifel in ganz besonderer Weise auf die Fähigkeit zu „balancierenden Kompromissen“[37] im Verhältnis von Führung und Selbstorganisation angewiesen.[38]

Mit dem auf Arbeiten von Witte[39] und Hauschildt[40] zurückgehenden Promotorenmodell werden Innovationsförderer beschrieben, deren Hauptaufgabe es ist, Barrieren im Zusammenhang mit Innovationsprozessen in Unternehmen zu überwinden. Sie unterstützen den Innovationsprozess durch legitimierte Macht (Machtpromotor), fachliche Expertise (Fachpromotor) oder ein erforderliches Prozess-Know-how (Prozesspromotor). Neben diesen klassischen Rollen werden in der Literatur weitere wandlungsspezifische Promotorenrollen beschrieben.[41] Zu diesen zählt u.a. der sogenannte Beziehungs- oder Sozialpromotor, der über ein weit verzweigtes Netzwerk von persönlichen Kontakten verfügt und über die Hierarchieebenen hinweg akzeptiert und respektiert wird. Bei Übertragung des Promotorenmodells auf Unternehmensnetzwerke ergibt sich konsequenterweise die Vorstellung eines über die betrieblichen Grenzen hinweg zusammenarbeitenden Promotorennetzwerks als „innovation community“.[42]

---

[36] Zur Unterstützung der Ideengenerierung durch eine strategische Zielausrichtung siehe *Hartmann/ Madukanya* 2007, S. 5.

[37] *von Kortzfleisch* 2004, passim.

[38] Zum Verhältnis von Fremd- und Selbstorganisation, zur „guidance“ als Element geplant-evolutionärer, selbstorganisatorischer Prozesse siehe auch *Sydow* 2005, S. 246 ff., und die dort genannte Literatur.

[39] Vgl. *Witte* 1973, S. 17 ff.

[40] Vgl. *Hauschildt* 2004, S. 199 ff.

[41] Vgl. hierzu z.B. *Steinle/Krummaker/Glaschak* 2003, S. 413 f.

[42] *Fichter/Beucker* 2008, S. 5 ff.

Im Lichte der Anforderung von phasendifferenziert unterschiedlichen Freiheitsgraden und gezieltem Einsatz von Promotoren im Innovationsprozess erweist sich das Verhältnis von Führung und Selbstorganisation als komplexes Spannungs- und Gestaltungsfeld. Führung muss einen Beitrag zur Grundeinstellung aller Beteiligten gegenüber Veränderungen, strategischen Ausrichtung des Suchverhaltens und Überwindung von Barrieren im Innovationsprozess leisten,[43] ohne die Dynamik eines auf Selbstorganisationsprozessen basierenden Innovationsgeschehens zu unterbinden oder gar nicht erst zustande kommen zu lassen. In Unternehmensnetzwerken dürfte diese Herausforderung eher noch größer sein als in einzelnen Unternehmen.

4. Innovation und die Idee vom Netzwerk als Lernende (Inter-)Organisation

(Unternehmens-)Netzwerke als soziale, selbstorganisierende Systeme zu definieren, führt zu der Konsequenz, die Interaktionen der am Netzwerk beteiligten Akteure näher zu betrachten. Indem sich die beteiligten Unternehmen sowohl als gegenseitiger Umweltbezug dienen als auch in wechselseitiger Verbindung stehen, bergen Unternehmensnetzwerke als (Inter-)Organisation ein erhöhtes Lernpotenzial der Reflexion.[44] Nur unter Rückbezug auf das eigene System ist eine Interaktion mit der Systemumwelt möglich. Dieses Verhältnis sorgt dafür, dass das System zur Reflexion (Selbstreferenz) angehalten und zudem ein Austausch über die Fremdbeobachtung möglich wird. Vernetzen sich also einzelne Unternehmen zu Verbünden, erhalten die Beteiligten Einblick in die Funktionen, Strukturen, Arbeitsweisen und Produkte anderer Unternehmen. Darin liegt die Chance, eine Metaebene zum eigenen Unternehmen einzunehmen, um daraufhin die eigenen Strukturen, Prozesse und Ergebnisse zu überdenken. Das Unternehmensnetzwerk wird dann zum Reflexionssystem der beteiligten Unternehmen.

---

[43] Siehe auch die Ausführungen von *Gebert* 2002 in seinem „Modell innovationsförderlicher Führung".

[44] Zur systemtheoretischen Begründung der nachfolgenden Überlegungen siehe *Abram/Brötz/Jung* 2010, S. 354 ff.

Wird weiter auf Netzwerkebene eine gemeinsame Sinnbasis geschaffen, auf der Interaktion stattfindet und Kommunikationszusammenhänge wachsen, entsteht ein neues (soziales) System, womit zugleich der Zuwachs eines neuen Entscheidungskontexts der einzelnen Unternehmen einhergeht. Der Handlungs-, Kommunikations- und Entscheidungsraum der beteiligten Unternehmen wird um den Kontext des Netzwerkes erweitert. Die einzelnen Unternehmen können damit auf die Anforderungen der Umwelt mit einer erhöhten Komplexität, d.h. einem breiteren Spektrum an Handlungskompetenzen reagieren – woraus beispielsweise eine Innovation im Sinne einer gemeinsam erbrachten Dienstleistung auf den Weg gebracht wird.

Aus Netzwerken können die Beteiligten also mindestens aufgrund der beiden hier skizzierten Merkmale, des reflexivem Moments jeder Interaktion und der erhöhten Komplexität über den erweiterten Handlungsraum, Anstöße für Lernen generieren. Diese zunächst individuellen Anstöße und Potenziale des Lernens auch tatsächlich in die organisatorischen Strukturen im Sinne einer veränderten Erwartungsstruktur oder Handlungsroutine einzubringen, stellt eine Herausforderung für die Führungskräfte und die Mitarbeiter dar. Zwänge des operativen Tagesgeschäfts und strikte Rollenerwartungen können die beteiligten Mitarbeiter nämlich so stark binden, dass wenig Raum für einen Austausch über die Arbeit im und mit dem Netzwerk bleibt.[45] Auch ist der Zusammenhang zwischen der Organisationskultur und dem Entscheidungsraum der Mitarbeiter von Bedeutung; wird beispielsweise nicht erwartungskonformes Verhalten – in welcher Form auch immer – geahndet, fehlt es den Mitarbeitern an „Mut“, sich entgegen den Erwartungen zu verhalten.

Das Netzwerk als lernende Inter-Organisation zu gestalten bedeutet – aus dieser Perspektive – die Kommunikation zu gestalten, d.h. eine gemeinsame Sinnebene zu schaffen, die als Basis für Interaktionen verschiedener Akteure dient und den Austausch von Erfahrung, Wissen, Ideen usw. fördert. Dazu werden Kommunikationsrahmen benötigt, die Freiräume ermöglichen und neue (Entscheidungs-)Wege begünstigen (Vgl. auch die Ausführungen im Kapitel 2.2)

[45] Siehe die Ergebnisse der empirischen Exploration in *Abram/Brötz/Jung* 2010, S. 360 ff.

5. Fazit

Eine offene, auf Mitarbeiterpartizipation ausgerichtete Informations- und Kommunikationskultur kann als Schlüssel zu einer ausgeprägten Innovationsorientierung gesehen werden. KMU sind indes häufig durch eine unternehmerzentrierte Kommunikationskultur gekennzeichnet. Kooperieren KMU in Netzwerken, so bewirkt ein Fortleben dieser unternehmerzentrierten Kommunikation eine mehr oder weniger große Lücke zwischen dem theoretischen Innovationspotenzial eines Netzwerks und dem praktischen Innovationsgeschehen. Im Netzwerkzusammenhang mit einem Geflecht von Kooperationsbeziehungen über die Grenzen des einzelnen Unternehmens hinweg erfordert die Realisierung einer innovationsorientierten Mitarbeiterbeteiligung ein hohes Maß an Selbstorganisationsleistungen (freier Wissens- und Ideenaustausch; Bildung von „communities", in denen Neuerungen verhandelt und vorangetrieben werden u.a.m.). Führung sollte hierfür Rahmenbedingungen schaffen, das Vorantreiben von innovativen Ideen fördern und deren Umsetzung innerhalb der vorhandenen Machtstrukturen ermöglichen. Das Spannungsverhältnis von unternehmerzentrierter Führung und innovationsförderlicher selbstorganisierter Mitarbeiterbeteiligung in KMU-Netzwerken so auszubalancieren, dass daraus unternehmergestütztes Innovationsverhalten möglichst Vieler im Netzwerk wird, ist die Herausforderung an ein netzwerkbezogenes Innovationsmanagement. KMU-Netzwerke können Lernfelder für eine Entwicklung von Innovationskulturen sein, mit Rückkopplungen in die Informations- und Kommunikationskulturen der einzelnen Mitgliedsunternehmen.

Literaturverzeichnis

ABRAM, I./BRÖTZ, S./ JUNG, R.H. (2010):
Vernetzung von NPO-Netzwerken. Stakeholder-Bezüge und die daraus wachsenden organisationalen Lernprozesse. In (Theuvsen, L./Schauer, R./Gmür, M., Hrsg.): Stakeholder-Management in Nonprofit-Organisationen – Theoretische Grundlagen, empirische Ergebnisse und praktische Ausgestaltung. Beiträge zum 9. Internationalen NPO-Forschungskolloquium am 18. und 19. März 2010 in Göttingen. Trauner Verlag, Göttingen, S. 353-366.

ASHBY, W.R. (1961):
An introduction to cybernetics. Champann and Hall, London.

BLESSIN, B. (1998):
Innovations- und Umweltmanagement in kleinen und mittleren Unternehmen. Eine theoretische und empirische Analyse. Lang, Frankfurt am Main (u.a.).

BLUME, L./GERSTLBERGER, W. (2007):
Determinanten betrieblicher Innovation: Partizipation von Beschäftigten als vernachlässigter Einflussfaktor. In: Industrielle Beziehungen, 14 (2007) 3, S. 223-243.

BOOS, F./EXNER, A./HEITGER, B. (2008):
Soziale Netzwerke sind anders, In (Trebesch, K., Hrsg.): Organisationsentwicklung – Konzepte, Strategien, Fallstudien. Klett-Cotta, Stuttgart.

BRUNS-VIETOR, S. (2004):
Logistik, Organisation und Netzwerke. Eine radikal konstruktivistische Diskussion des Fließsystemansatzes. Lang, Frankfurt am Main.

DYER, L./ERICKSEN, J. (2008):
Complexity-Based Agile Enterprises: Putting Self-Organizing Emergence to Work. In: Center for Advanced Human Resource Studies (CAHRS) Working Paper Series, Cornell University, Working Paper 08-01. Ithaca, New York.

FICHTER, K./BEUCKER, S. (2008):
Innovation Communities – Promotorennetzwerke als Erfolgsfaktor bei radikalen Innovationen. Fraunhofer IRB, Stuttgart.

FUCHS, C. (2001):
Soziale Selbstorganisation im informationsgesellschaftlichen Kapitalismus - Gesellschaftliche Verhältnisse heute und Möglichkeiten zukünftiger Transformationen. Selbstverlag, Norderstedt.

GEBERT, D. (2002):
Führung und Innovation. Kohlhammer, Stuttgart.

GÖBEL, E. (2004):
Selbstorganisation. In (Schreyögg, G./von Werder, A., Hrsg.): Handwörterbuch Unternehmensführung und Organisation. 4. Auflage. Schäffer-Poeschel, Stuttgart, S.1312-1318.

HARTMANN, V./MADUKANYA, V. (2007):
Führung in Innovationsprozessen. In (Bungard, W. Hrsg.): Mannheimer Beiträge zur Wirtschafts- und Organisationspsychologie, Heft 1/2007. Universität Mannheim, S. 3-8.

HASS, B.H. (2010):
Theoretische Perspektiven des Managements von regionalen Netzwerken. In (Hass, B.H./Jung, R.H./Simon, C., Hrsg.) Management in regionalen Netzwerken. Grundlagen, Anwendungen, Perspektiven. Shaker, Aachen, S. 23-37.

HAUSCHILDT, J. (2004):
Innovationsmanagement. 3. Auflage. Vahlen, München.

HOLBROOK, M. (2003):
Adventures in Complexity: An Essay on Dynamic Open Complex Adaptive Systems, Butterfly Effects, Self-organizing Order, Coevolution, the Ecological Perpective, Fitness Landscapes, Market Spaces, Emergent Beauty at the Edge of Chaos, and All that Jazz. In: Academy of Marketing Science Review 6, S. 1-181.

JUNG, R.H. (1985):
Mikroorganisation. Eine Untersuchung der Selbstorganisationsleistungen in betrieblichen Führungssegmenten. Haupt, Bern und Stuttgart.

JUNG, R.H. (2010):
Self-organization. In (Anheier, H.K./Toepler, S., Hrsg.): International Encyclopedia of Civil Society. Springer, New York, S. 1364-1370.

KAPPLER, E. (1987):
Partizipation und Führung. In (Kieser, A./Reber, G./Wunderer, R., Hrsg.): Handwörterbuch der Führung. Schäffer-Poeschel, Stuttgart, S. 1631-1647.

MATURANA, H. R./VARELA, F.J. (1990):
Baum der Erkenntnis – Die biologischen Wurzeln menschlichen Erkennens. Deutsche Übersetzung von Kurt Ludewig. Scherz-Verlag, München.

MINTZBERG, H. (1989):
Mintzberg on Management. The Free Press, New York.

MOHANTY, R./TANDON, R. (2010):
Participation. In (Anheier, H.K./Toepler, S., Hrsg.): International Encyclopedia of Civil Society. Springer, New York, S. 1127-1133.

SCHREYÖGG, G. (2008):
Organisation. Grundlagen moderner Organisationsgestaltung. 5. Auflage. Gabler, Wiesbaden.

SCHULTE-ZURHAUSEN, M. (2010):
Organisation. 5. Auflage. Vahlen, München.

STACEY, R./GRIFFIN, D./SHAW. P. (2000):
Complexity and Management: Fad or Radical Challenge to Systems Thinking? Routledge, London.

STAEHLE, W.H. (1999):
Management. 8. Auflage. Vahlen, München.

STEINLE, C./KRUMMAKER, S./GLASCHAK, S. (2003):
Dynamische Promotorenkonstellationen in Veränderungsprozessen. In: Die Unternehmung, 57., H. 5, S. 407-430.

SÜSS, C. (2001):
Führung in mittelständischen Konzernen – Eine kontingenztheoretische Analyse der Führungsstrukturen großer und mittelständischer Industriekonzerne. Lohmar, Köln.

SYDOW, J. (2005):
Strategische Netzwerke. Evolution und Organisation. 6. Nachdruck (1992). Gabler, Wiesbaden.

THOM, N (1980):
Grundlagen des betrieblichen Innovationsmanagements. 2., völlig neu bearb. Auflage. Hanstein, Königstein/Ts.

THOM, N. (2010):
Ideenmanagement ist Chefsache. In: Zeitschrift Führung und Organisation, 79, S. 35-37.

VAHS, D./SCHMITT, J. (2010):
Innovationspotenziale ausschöpfen. Organisation und Innovationskultur als Schlüssel zum Innovationserfolg. In: Zeitschrift Führung und Organisation, 79, S. 4-11.

VON KORTZFLEISCH, H. F.O. (2004):
Organisatorische Balancierung von Informations- und Kommunikations-technologien. Lohmar, Köln.

VON ROSENSTIEL, L. (1987):
Partizipation und Veränderung im Unternehmen. In (von Rosenstiel, L./Ensiedler, H.E./Streich, R.K./Rau, S.): Motivation und Mitwirkung. USW-Schriften für Führungskräfte. Band 15. Schäffer Verlag, Stuttgart, S.1-11.

VON ROSENSTIEL, L. (2003):
Grundlagen der Organisationspsychologie. Basiswissen und Anwendungshinweise. 5. Auflage. Schäffer-Poeschel, Stuttgart.

WITTE, E. (1973):
Organisation für Innovationsentscheidungen – Das Promotoren-Modell. Schwartz, Göttingen.

WUNDERER, R. (1990):
Mitarbeiterführung und Wertewandel. In (Bleicher, K./Gomez, O., Hrsg.): Zukunftsperspektiven der Organisation. Stämpfli, Bern.

Anwendungsszenario regionale KMU-Netzwerke: Das Forschungsfeld WirtschaftsForum Neuwied e.V.

Nadine Lindermann, Brigitte Ursula Scherrer und Harald F.O. von Kortzfleisch

Inhaltsverzeichnis

1. Einleitung ... 77
2. Regionale KMU-Netzwerke: Ansprüche an die Zusammenarbeit ... 78
2.1 Die Besonderheit, ein KMU zu sein ... 78
2.2 KMU in regionalen Netzwerken ... 79
3. Fallbeispiel WirtschaftsForum Neuwied e.V. ... 81
3.1 Das WirtschaftsForum Neuwied e.V. im Profil ... 81
3.2 Organisationsstruktur des WirtschaftsForum Neuwied e.V. ... 83
3.3 Herausforderungen der Zusammenarbeit aus Sicht des Netzwerkes ... 85
3.4 Das WirtschaftsForum aus Sicht seiner Mitglieder ... 88
4. Anforderungen an das Forschungsfeld regionale KMU-Netzwerke ... 89
4.1 Ein angemessenes Verhältnis zwischen Fremd- und Selbstorganisation ... 90
4.2 Regionale Netzwerke, zentral oder lateral geführt? ... 92
4.3 Die Entwicklung einer gemeinsamen Kultur ... 93
4.4 Herausforderungen einer technischen Unterstützung ... 94
5. Fazit ... 94

1. Einleitung

Kleine und mittlere Unternehmen (KMU) sind im europäischen Raum von großer wirtschaftlicher Bedeutung, da sie hier rund 99% aller Unternehmen ausmachen.[1] Aufgrund ihrer begrenzten Ressourcen wird es für KMU jedoch immer schwieriger, den komplexen und dynamischen Anforderungen der Märkte gerecht zu werden. Aus diesem Grund hat das Thema der Vernetzung für KMU in den vergangenen Jahren einen hohen Stellenwert erlangt. Hierbei birgt die Zusammenarbeit nicht nur im wettbewerbskritischen Bereich Potentiale, auch im nicht-wettbewerbskritischen Bereich sind Kooperationen hochgradig Nutzen bringend: Gerade in regionalen Netzwerken, die u.a. gekennzeichnet sind durch die regionale Nähe und Heterogenität ihrer Mitglieder, schließen sich Unternehmen mit dem Ziel des Wissens- und Erfahrungsaustauschs und der Standortsicherung zusammen: Die Potentiale werden allerdings nicht immer unmittelbar erkannt, sind KMU tendenziell an kurzfristiger Gewinnorientierung ausgerichtet und weniger an nicht-wettbewerbskritischen Aspekten, wie beispielsweise Work Life Balance orientiert.

Dieser Beitrag stellt basierend auf den Eigenschaften von KMU die Chancen, aber auch Herausforderungen an eine Kooperation in einem regionalen Netzwerk heraus, die aus dem Spannungsfeld zwischen dem Wesen eines KMU auf der einen und dem Netzwerkgedanken auf der anderen Seite entstehen. In diesem Kontext wird das Profil eines regionalen KMU-Netzwerkes, dem WirtschaftsForum Neuwied e.V. vorgestellt, um einen umfassenden Einblick über grundsätzliche Problemfelder sowie die Potentiale regionaler Netzwerkarbeit zu geben. Daraus werden Anforderungen an das Forschungsfeld regionale KMU-Netzwerke abgeleitet, die ganzheitlich anhand der Dimensionen Organisation, Führung, Kultur und Technik betrachtet werden.

[1] Vgl. *European Commision* 2003.

2. Regionale KMU-Netzwerke: Ansprüche an die Zusammenarbeit

Rein faktisch gesehen sind nach Maßgabe der Europäischen Kommission unter der Kategorie „KMU“ solche Unternehmen zu verstehen, die weniger als 250 Mitarbeiter beschäftigen und einen maximalen Umsatz von jährlich 50 Millionen Euro erwirtschaften.[2] Die Besonderheiten eines KMU lassen sich jedoch nicht durch die bloße Betrachtung von Zahlen beschreiben. Vielmehr weisen sie eher qualitative Eigenschaften auf, die den Charakter eines KMU erst ausmachen.

2.1 Die Besonderheit, ein KMU zu sein

„Essentially the real small firm can be described as having ‘two arms, two legs and a giant ego’“[3]. Mit diesem Zitat beschreibt Burns in nur wenigen Worten das zentrale Wesen vor allem kleiner, aber auch mittlerer Betriebe: Typischerweise sind sie von ihren Inhabern selbst geführte Unternehmen, die stark von der Persönlichkeit der Eigentümer und deren Art zur Tätigung von Geschäften geprägt sind.[4]

In diesem Sinne und angesichts der Tatsache, dass sie als Kapitalgeber das Firmenrisiko selbst tragen, stehen nicht nur die Unternehmensziele, sondern auch die persönlichen, subjektiven Interessen der Inhaber im Kern der Unternehmung.[5] Demnach werden Aufgaben und Entscheidungen nicht nur unzureichend delegiert, die mit der geringen Arbeitsteilung verbundenen flachen Organisationsstrukturen weisen zudem einen geringen Formalisierungs- und Standardisierungsgrad auf.[6] Dies resultiert zwar einerseits in dem Umstand, dass Entscheidungen tendenziell fallweise getroffen werden: KMU sind daher oftmals in Richtung einer Überlebensstrategie ausgerichtet, woraus sich ein vielfach reaktives Verhalten der Unternehmen ergibt.[7] Jedoch weisen sie andererseits gerade wegen ihrer kurzen Entscheidungs-

[2] Vgl. *European Commision* 2003.
[3] *Burns* 2001, S. 14.
[4] Vgl. *Hamer* 1996, S. 76 und *Bellmann/Gerster* 2006, S. 54.
[5] Vgl. *Thomas* 1994, S. 134f.
[6] Vgl. *Thielemann* 1996, S. 25f.
[7] Vgl. *Levy/Powell* 2005, S. 23ff.

wege eine hohe Flexibilität auf. Die Nähe zu den Kunden und Märkten erlaubt es zudem, schnell und innovativ auf die entstehenden Bedürfnisse einzugehen.

Hierbei sei allerdings angemerkt, dass sich vor dem Hintergrund der begrenzten Ressourcen die Unternehmen lediglich auf explizite Kernbereiche beschränken können. Die angespannte Ressourcensituation resultiert außerdem in einer starken Fokussierung auf diesen Kernbereich. Weitere Möglichkeiten, die sich etwa auch im nicht-wettbewerbskritischen Bereich ergeben, werden oftmals nicht wahrgenommen.[8]

2.2 KMU in regionalen Netzwerken

Der Zusammenschluss von KMU in Unternehmensnetzwerken ermöglicht es den Unternehmen auf eine erweiterte Ressourcenbasis zuzugreifen, anhand derer sie agieren können. Grundsätzlich ist über das Zusammenlegen und Abstimmen von Ressourcen eine Steigerung der Unternehmensleistung zu erreichen mit dem Ziel gegenüber dem „Einzelgänger" einen Wettbewerbsvorteil zu erlangen. Bezweckt wird somit ein gegenseitiger Nutzen für alle beteiligten Partner.[9]

Regionale Netzwerke zeichnen sich durch ihre regionale Abgegrenztheit und die räumliche Nähe der Kooperationspartner aus. Die Netzwerke sind dabei langfristig angelegt und verfügen in der Regel über keine strategische Führung oder formale Struktur.[10] Über das Merkmal der räumlichen Agglomeration entsteht in der Regel eine heterogene Basis beteiligter Unternehmen, die in unterschiedlichen Branchen und auf verschiedenen Märkten agieren. Somit konzentrieren sich die Aktivitäten des Netzwerkes vor allem auf branchenübergreifende, nicht wettbewerbsorientierte Bereiche,[11] die sich etwa auf einen gemeinsamen Erfahrungs- und Wissensaustausch zu unterschiedlichen Themen beziehen. Gleichwohl können Branchen auch

---

[8] Vgl. *Levy/Powell* 2005, S. 22 und *Thielemann* 1996, S. 24ff.
[9] Siehe hierzu auch *Picot/Reichwald/Wigand* 2003, S. 304 ff oder *Corsten* 2001.
[10] Vgl. *Sydow* 2001, S. 301f.
[11] Vgl. *Bellmann/Gerster* 2006, S. 61f.

regional konzentriert angesiedelt sein.[12] In diesem Falle basiert die Kooperation durchaus auf einer wettbewerbsorientierten Zusammenarbeit.

Die Steigerung der eigenen Wettbewerbsfähigkeit ist für KMU der Hauptgrund einem Unternehmensnetzwerk beizutreten. Hierbei muss die Zusammenarbeit für jeden Kooperationspartner erkennbare Vorteile bringen. Angesichts der Tatsache, dass KMU stark auf ihren Kernbereich fokussiert sind, die regionale Netzwerkarbeit sich aber gerade auf den nicht-wettbewerbskritischen Bereich bezieht, sind die Potentiale eines solchen Zusammenschlusses für die Unternehmen nicht immer klar ersichtlich.[13] Vielmehr greift der Umstand, dass die Unternehmen auch dann ihren eigentlichen Unternehmenszweck erfüllen können, wenn sie nicht auf die Unterstützung des Netzwerkes zurückgreifen. Vor diesem Hintergrund sind die Unternehmen nicht unbedingt auf eine Mitgliedschaft in einem regionalen Netzwerk angewiesen, treten diesem aber bei, um eine sich ergebene Möglichkeit nicht zu verpassen.[14]

Der in Abschnitt 2.1 beschriebene Charakter kleiner und mittlerer Unternehmen spiegelt sich zudem in dem Wesen regionaler Netzwerke wieder: So sind die Aktivitäten auch hier stark von der Person der Eigentümer geprägt, welche die alleinige Entscheidung über den Beitritt und die Mitarbeit am Netzwerk treffen. Mitarbeiter sind nicht oder nur teilweise in die Netzwerkarbeit integriert, auch hier mangelt es an einer Delegation von Aufgaben und Zuständigkeiten an die unteren Ebenen. Die Eigentümer der KMU werden hierdurch zu einem Falschenhals der Zusammenarbeit. Darüber hinaus ist die Mitarbeit neben dem eigentlichen Tagesgeschäft zu leisten, mit der Folge, dass das erforderliche Maß zur aktiven Pflege und Teilnahme an der Kooperation nicht erbracht werden kann.[15]

Im Folgenden Kapitel werden die hier skizzierten Eigenschaften regionaler Netzwerkarbeit an einem konkreten Fallbeispiel, dem WirtschaftsForum Neuwied e.V.

[12] Vgl. hierzu *Storper* 1995.
[13] Vgl. *Bellmann/Gerster* 2006, S. 61f.
[14] Siehe hierzu auch *Hass* 2010, S. 30f.
[15] Vgl. *Thielemann* 1996, S. 30ff.

verdeutlicht. Hierüber werden grundsätzliche Anforderungen an das Forschungsfeld der regionalen Netzwerke abgeleitet.

3. Fallbeispiel WirtschaftsForum Neuwied e.V.

Mit dem WirtschaftsForum Neuwied e.V. stand dem Forschungsprojekt ein Praxispartner zur Seite. Dies führte zur gemeinsamen Entwicklung und Erprobung wissenschaftlicher Konzepte, Modelle und Methoden und erlaubte zugleich die Erarbeitung von Lösungskonzepten identifizierter Problemstellungen. Das WirtschaftsForum Neuwied e.V. wird daher im Folgenden vorgestellt.

3.1 Das WirtschaftsForum Neuwied e.V. im Profil

Das WirtschaftsForum Neuwied e.V. ist ein Ende 2002 gegründetes KMU-Netzwerk im nördlichen Rheinland-Pfalz, in dem sich kleine und mittlere Betriebe vor allem aus Industrie und Gewerbe zusammengeschlossen haben. Aktuell zählt das Netzwerk rund 115 Mitglieder, die insgesamt etwa 10.000 Mitarbeiter beschäftigen. Die Mitgliederstruktur ist dabei sehr heterogen, bestehend aus Unternehmen unterschiedlicher Branchen und Größen, mit einem differenten Produkt- und Dienstleistungsangebot.

Über das Identitätsmerkmal des gemeinsamen Standortes hat es sich das Netzwerk zur Aufgabe gemacht, die Zusammenarbeit und den Erfahrungs- und Wissensaustausch zwischen den Unternehmen aus der Region zu fördern. Unter dem gemeinsamen Dach des WirtschaftsForums sollen auf diese Weise nach innen Ressourcen gebündelt und stärker genutzt und nach außen der Standort erfolgreich positioniert werden, um so einen wichtigen Beitrag zur nachhaltigen Standortsicherung zu leisten.

In diesem Sinne stehen der persönliche Kontakt und der Austausch der Mitglieder im WirtschaftsForum an oberster Stelle, die seit Gründung des Netzwerkes in Veranstaltungen wie „Mitglieder schulen Mitglieder“ oder „Champions im WirtschaftsForum“ forciert werden. Im Grunde geht es hierbei um das „gegenseitige Kennenlernen“ und das „voneinander Lernen“, sei es durch die Vorstellung von Erfolgsgeschichten der Mitgliedsunternehmen oder aber durch den Austausch zu allgemeinen Themen mit Experten aus den eigenen Mitgliederreihen (wie EDV-Sicherheit). Der „gemeinsame Einkauf“ ist darüber hinaus nur ein Ansatzpunkt zur Stärkung der eigenen Unternehmensposition im Verbund, werden hierüber vergünstigte Konditionen etwa bei Stromlieferung oder Telekommunikation ausgehandelt.

Mit Blick auf die sich stetig wandelnden Bedingungen und Herausforderungen ist das WirtschaftsForum danach bestrebt, seine Arbeit kontinuierlich weiterzuentwickeln und seinen Mitgliedern neue Perspektiven zu eröffnen. Vor diesem Hintergrund integriert das WirtschaftsForum immer mehr Fachexperten aus den eigenen Mitgliederreihen in die Aktivitäten des Netzwerkes in Form themenbezogener Arbeitskreise oder eines Beratergremiums, die nun institutioneller Bestandteil des Netzwerkes sind.[16] Zu nennen sind darüber hinaus der Ausbildungsverbund sowie zahlreiche Initiativen, etwa zum Thema Energie oder Gesundheitsmanagement, in denen für die Mitgliedsunternehmen aktuelle Problemstellungen von den Mitgliedern erarbeitet werden.

Die kontinuierliche Weiterentwicklung des Netzwerkes wird bereits seit Jahren von der Forschung wissenschaftlich begleitet. Die Kooperation zwischen Wissenschaft und Praxis basiert wiederum auf dem Leitgedanken des „voneinander Lernens“: das WirtschaftsForum von der Wissenschaft und die Wissenschaft von dem Wirtschafts-Forum. Angelehnt an diesen Leitgedanken ist das Netzwerk in den Jahren 2008-2011 Praxispartner des Forschungsprojektes KMU 2.0. Hierbei bietet das WirtschaftsForum eine Basis, auf der Möglichkeiten für den Einsatz neuer Technologien in Form von Web 2.0 zur Unterstützung der Kooperationsaktivitäten in einem regionalen KMU-Netzwerk erforscht werden.

[16] Siehe hierzu weiter Abschnitt 3.2.

Grundsätzlich verbindet das WirtschaftsForum Neuwied mit dem Begriff Web 2.0 eine neue Generation des World Wide Web (www), in der das Medium Internet aktiv für den Bezug, die Verbreitung und den Austausch von Informationen und Wissen genutzt wird.[17] Hierüber kann eine neue Qualität im Dialog mit Partnern und Kunden erreicht werden.[18] Für das WirtschaftsForum bedeutet Web 2.0 somit eine weitere innovative Möglichkeit, den Dialog mit und zwischen seinen Mitgliedern voranzutreiben – und zwar mit dem Ziel, die Zusammenarbeit und den Erfahrungs- und Wissensaustausch weiter auszubauen.

Um dies zu ermöglichen, wurden mit Hilfe der Wissenschaft die Strukturen des WirtschafsForums analysiert. Ziel dabei war es, die Herausforderungen aber auch Potentiale für die regionale Zusammenarbeit mit Hilfe von Web 2.0 zu identifizieren und darüber die Entwicklung der Technologie voranzutreiben. Die folgenden Abschnitte skizzieren diese Faktoren sowohl aus Sicht des WirtschaftsForums selbst als auch aus Sicht seiner Mitglieder.

3.2 Organisationsstruktur des WirtschaftsForum Neuwied e.V.

In seiner Rechtsform ist das WirtschaftsForum Neuwied ein eingetragener Verein, der laut BGB §§ 21ff seine Rechtsfähigkeit durch Eintragung in das Vereinsregister des zuständigen Amtsgerichtes erlangt und in seinem Wesen keine materiellen und wirtschaftlichen Interessen verfolgt.

Grundsätzlich ist ein Verein ein freiwilliger und dauerhafter Zusammenschluss von Personen mit gemeinsamen Bedürfnissen und Anliegen, dessen Ressourcen durch Mitgliedsbeiträge und ggf. öffentliche Zuschüsse sowie durch die ehrenamtliche, d.h. unentgeltliche Mitarbeit seiner Mitglieder aufgebracht werden. Der Verein ist nicht auf einen wirtschaftlichen Geschäftsbetrieb ausgerichtet. Vielmehr befriedigt er etwa gemeinschaftsfördernde, politische oder kulturelle Interessen in einem lokal oder

[17] Vgl. *O´Reilly* 2005.
[18] Vgl. *McAfee* 2006, S. 23.

regional begrenzten Bereich. Hierdurch lebt der Verein von der gegenseitigen Bekanntschaft und dem persönlichen Kontakt seiner Mitglieder untereinander.[19]

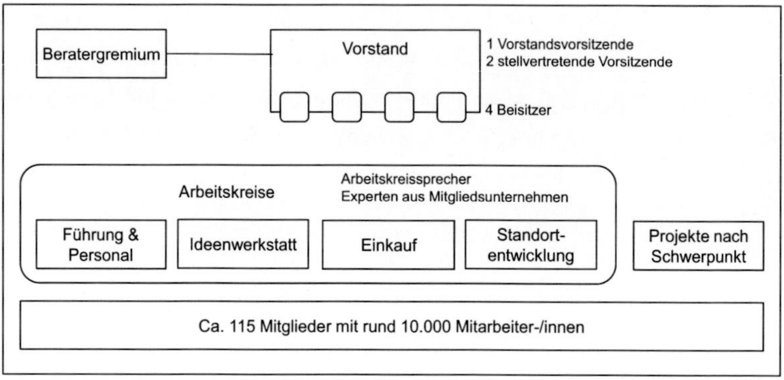

Abbildung 1: Organisatorische Struktur des WirtschaftsForum Neuwied e.V.

Der Vorstand vertritt den Verein nach außen und wird alle zwei Jahre von den Mitgliedern gewählt. Wie in Abbildung 1 veranschaulicht, besteht der Vorstand im WirtschaftsForum Neuwied e.V. aus dem Vorstandsvorsitzenden, zuständig für Presse, Akquise und Organisation, zwei stellvertretenden Vorsitzenden mit Zuständigkeiten für den Bereich Finanzen, vier Beisitzern sowie dem Sekretariat.

Die Beisitzer fungieren als Bindeglied zwischen dem Vorstand und den Arbeitskreisen einerseits sowie den unterschiedlichen Initiativen, die im WirtschaftsForum durchgeführt werden andererseits. Innerhalb der Arbeitskreise erarbeiten Interessierte und Fachexperten der Mitgliedsunternehmen in einem festen Team aktuelle Themen und Problemstellungen aus den Bereichen (1) Personal und Führung, (2) Ideenwerkstatt, (3) Einkauf und (4) Standortentwicklung (siehe Abbildung 2). Das Team steht unter der Leitung des Arbeitskreissprechers, der wiederum von den Teilnehmern des Arbeitskreises ernannt wird. Für die inhaltliche Arbeit werden Ziele und grundlegende „Leitplanken“ vom Vorstand vorgegeben und über die Beisitzer innerhalb der Arbeitskreise umgesetzt. Daneben bestehen im WirtschaftsForum unterschiedliche Initiativen zu verschiedenen Schwerpunktthemen,

[19] Vgl. *Müller-Jentsch* 2008, S. 479f.

die wiederum von einem Fachexperten aus den Reihen der Mitglieder unter Einbindung des Vorstandes betreut werden. Das mit Experten zu den Themen Wissenschaft, Finanzen, Märkte sowie Strategie- und Entwicklungsberatung besetzte Beratergremium nimmt die Funktion eines Beirates wahr. Dieses steht sowohl dem Vorstand als auch den Mitgliedsunternehmen als beratende Einheit zur Verfügung.

Arbeitskreis	**Gegenstand**
Personal & Führung	• Unterstützung und Bereitstellung von Wissen und Dienstleistungen zum Thema Personal und Führung
Ideenwerkstatt	• Erkennen und Aufarbeiten von Ideen und Trends für eine positive Entwicklung des WirtschaftsForum Neuwied • Organisation von Veranstaltungen für einen wirkungsvollen öffentlichen Auftritt
Einkauf	• Unterstützung und Bereitstellung von Wissen und Erfahrungen zum Thema Einkauf • Organisation des gemeinsamen Einkaufs
Standortentwicklung	• Sicherung und Förderung des Standortes, z.B. über den Kontakt zu Behörden, Verbänden oder Firmen, die eine Ansiedlung planen

Abbildung 2: Arbeitskreise und deren Aufgaben im WirtschaftsForum Neuwied e.V.

3.3 Herausforderungen der Zusammenarbeit aus Sicht des Netzwerkes

Die Organisation des WirtschaftsForum Neuwied e.V. lässt auf eine zentrale Führungsstruktur durch den Vorstand schließen. Dieser setzt Ziele und konkrete Vorgaben für die Arbeit im WirtschaftsForum fest, und zwar per Beschluss aller Vorstandsmitglieder über die monatliche Postbesprechung sowie über die alle zwei Monate stattfindende erweiterte Vorstandssitzung unter Teilnahme der Arbeitskreissprecher. Die erweiterte Vorstandssitzung dient der Berichterstattung über die Aktivitäten in den Arbeitskreisen. Hierüber sind Entscheidungen bezüglich der Organisation und Durchführung unterschiedlicher Aktionen zu treffen, die über die Zentrale des Vorstandes angestoßen und koordiniert und von den Arbeitskreisen konzipiert und umgesetzt werden.

Spezifische Schwerpunktthemen werden über engagierte Mitglieder an den Vorstand herangetragen, der wiederum über die Umsetzung entscheidet. Zur Bearbeitung der

Themen zieht der Vorstand gezielt Fachexperten innerhalb und außerhalb des Netzwerkes hinzu, die im Rahmen von Impulsvorträgen und gemeinsamen Gesprächen themenbezogene Tätigkeitsbereiche für das WirtschaftsForum identifizieren. Der Vorstand ist auch hier Entscheidungs- und Koordinationsinstanz für das weitere Vorgehen, das Thema selbst wird in Form von Projekten bearbeitet.

Auf den ersten Blick entspricht dies einer Führungsstruktur mit hohem Kontrollanspruch, indem Themen „Top Down" in das Netzwerk hineingetragen und vorgegeben und stringent durch konkrete Zielsetzungen und Rahmenbedingungen umgesetzt werden. Hierdurch hat es den Anschein, dass Ideen nicht zugelassen und Aktivitäten von den Vorstandsmitgliedern ausgebremst werden. Tatsächlich ist das WirtschaftsForum jedoch mit folgender Problemstellung konfrontiert:

Wie in Abschnitt 2.2 verdeutlicht, ist es ein typisches Problem regionaler Netzwerke, einzelne Mitgliedsunternehmen zur Kooperation zu aktivieren. So variiert die Mitarbeit am Netzwerk häufig von der aktiven Teilnahme weniger bis hin zur passiven Haltung vieler Unternehmen. Das WirtschaftsForum befindet sich in der glücklichen Situation, dass sich eine Reihe von Mitgliedern etwa in Arbeitskreisen, dem Beratergremium oder dem Vorstand engagieren. Da dieses Engagement jedoch lediglich eine Nebentätigkeit zum eigentlichen Geschäft darstellt und darüber hinaus aufgrund des Vereinswesens auf Ehrenamtlichkeit beruht, entsteht an dieser Stelle ein Kapazitätsengpass des Netzwerkes, basierend auf den nur begrenzt verfügbaren Ressourcen, welche die Mitglieder zur Mitarbeit aufbringen können. Diese Tatsache führt zur unmittelbaren Anforderung, Aktivitäten gezielt für einen breiten Mitgliederkreis wirksam im Rahmen der begrenzten Möglichkeiten durchzuführen. Vor diesem Hintergrund können sich die Kooperationsaktivitäten lediglich auf ausgewählte Themen für einen festgelegten Kreis interessierter und engagierter Mitglieder beziehen. Um in diesem Zusammenhang das in Müller-Jentsch skizzierte Wesen eines Vereins nochmals aufzugreifen „Er handelt nicht *für* seine Mitglieder, sondern regt deren Aktivitäten an [...]"[20], gilt es über die erzielten Erfolge ausgewählter Aktionen weitere Unternehmen für eine aktive Mitarbeit im WirtschaftsForum zu

---

[20] *Müller-Jentsch* 2008, S. 480.

motivieren[21] und Nutzenpotentiale für die einzelnen Mitgliedsunternehmen gezielt zu erschließen. Darüber hinaus ist aufgrund des Kapazitätsengpasses ein unkoordiniertes und damit unübersichtliches Anwachsen der Aktivitäten (zunächst) zu vermeiden, da dieses vom Netzwerk ggf. nicht mehr leistbar ist.

Ein weiteres Problem gestaltet sich für das WirtschaftsForum in der Tatsache, dass die Zusammenarbeit der Unternehmen fast ausschließlich über die Ebene der Geschäftsführer erfolgt.[22] Mitarbeiter sind nicht oder nur teilweise in die Netzwerkarbeit integriert, zudem mangelt es an einer Weitergabe von Informationen über die Aktivitäten des Vereins an die operativen Einheiten. Demzufolge ist auch hier ein Kapazitätsengpass der Zusammenarbeit festzustellen, und zwar auf Unternehmensebene in Person der Geschäftsführer. Ziel sollte es jedoch sein, gerade die Mitarbeiter in einen offenen Dialog zu führen, da nur hierüber die tatsächlichen Kooperationspotentiale des WirtschaftsForums voll ausgeschöpft werden können. Neben dem Problem, auf die Ebene der Mitarbeiter vordringen zu können, stellt die Mitarbeiterintegration an sich das WirtschaftsForum vor eine neue Herausforderung: Inhalte werden auf diese Weise vermehrt „Bottom Up“ über die Reihen der Mitarbeiter in das Netzwerk hineingetragen, mit dem Ergebnis, dass die Aktivitäten zunehmend eigeninitiativ von den Mitgliedern angestoßen und selbstorganisatorisch umgesetzt werden. Damit ist die bislang sehr zentrale Führungsstruktur des WirtschaftsForums auf eine verstärkt selbstorganisatorische Arbeitsweise des Netzwerkes auszurichten.

Mit Hilfe der technologischen Infrastruktur in Form von Web 2.0 und Unterstützung der Wissenschaft galt es diesen Prozess im WirtschaftsForum Neuwied e.V. im Rahmen von KMU 2.0 anzustoßen. Hierzu war in einem weiteren Schritt das WirtschaftsForum aus Sicht seiner Mitglieder zu analysieren.

---

[21] Siehe hierzu auch *Hass* 2010, S. 32.

[22] Siehe hierzu Abschnitt 2.2.

3.4 Das WirtschaftsForum aus Sicht seiner Mitglieder

Die Mitgliederstruktur des WirtschaftsForums gestaltet sich nicht nur wegen der hier vertretenen Größen und Branchen sowie den angebotenen Produkt- und Dienstleistungen der Mitglieder als sehr heterogen. Die Unternehmen sind einem hohen Wettbewerbsdruck ausgesetzt, bei unterschiedlichsten Marktbedingungen, dem sie durch sehr stark fokussierte Kundenorientierung entgegentreten. Größte Herausforderung ist es, die Zukunftsfähigkeit der Unternehmen in einer sehr dynamischen Umgebung zu sichern.

In diesem Sinne ist der wirtschaftliche Nutzen der Hauptgrund der Unternehmen, dem WirtschaftsForum beizutreten. Ökonomische Vorteile werden hier etwa in der Akquirierung neuer Kunden oder der Erweiterung des eigenen Angebots in Richtung Komplettangebot gesehen[23]. Nur sekundär birgt der im Netzwerk angestrebte Erfahrungs- und Wissensaustausch für die Unternehmen Potentiale. Die Generierung eines tatsächlichen Nutzens ist dabei an dreierlei Bedingungen geknüpft: Der Austausch

- steht in unmittelbaren Zusammenhang mit der Geschäftstätigkeit des Mitglieds und den hier auftretenden Problemen,
- lebt vom gegenseitigen „Geben und Nehmen". Dadurch besteht die Gefahr, dass zunächst die anderen Mitglieder in eine Art Vorleistung treten müssen,
- muss in Verbindung mit einer unmittelbaren Zeit- und Kostenersparnis gebracht werden.

Demzufolge bietet das WirtschaftsForum mit seinen 115 Mitgliedsunternehmen und seiner heterogenen Ressourcenbasis zwar zahlreiche Möglichkeiten für eine Nutzen bringende Zusammenarbeit, jedoch werden gerade aufgrund der Heterogenität und Größe des Netzwerkes Kooperationsfelder nur bedingt wahrgenommen. Die Teilnahme an den Netzwerkaktivitäten ist zudem an gewisse Bedingungen geknüpft.

[23] z.B. durch Kooperation von Architekt, Heizung und Sanitär und Türen- und Fensterbauer.

Hieraus entsteht das Motiv der Unternehmen, dem WirtschaftsForum Neuwied e.V. präventiv beizutreten, um potentielle regionale Initiativen und Möglichkeiten nicht zu verpassen. Ein großes Interesse an dem Netzwerk selbst oder seinen Aktivitäten besteht dabei zunächst nicht.[24] Ziel sollte es daher für das WirtschaftsForum sein, einen Nutzen für einen möglichst breiten Mitgliederkreis zu generieren, damit das Engagement für das Netzwerk steigt. Dies kann über einen gemeinsamen Nenner aller Beteiligten erreicht werden, der Kooperationsfelder erkennen lässt. Aufgrund der zum Projektbeginn mangelnden Information über die Mitgliederstruktur des WirtschaftsForums, war im Forschungsprojekt hier ein erster Schritt in Richtung eines allgemeinen Überblicks über die im Netzwerk vertretenen Branchen, angebotenen Dienstleistungen und verfügbaren Ansprechpartner herzustellen.[25]

4. Anforderungen an das Forschungsfeld regionale KMU-Netzwerke

Das Praxisbeispiel WirtschaftsForum Neuwied verdeutlicht einmal mehr die in Abschnitt 2 skizzierten Problemstellungen regionaler Netzwerkarbeit: Aufgrund der präventiven Mitgliedschaft vieler KMU ist die Teilnahme der Unternehmen über pointierte Maßnahmen zu aktivieren. Über die hier erzielten Erfolge gilt es zunächst die Ebene der Geschäftsführer und im Weiteren die Ebene der Mitarbeiter zu erreichen. Dies setzt zweierlei voraus: (1) Eine zentrale Führungsstruktur des Netzwerkes, über die verschiedene Maßnahmen innerhalb eines vorgegebenen Rahmens kontinuierlich angestoßen werden mit dem Ziel, einem breiten Mitgliederkreis Nutzen bringende Kooperationsfelder zu erschließen. (2) Eine (Führungs-) Struktur des Netzwerkes, die auf eine zunehmend selbstorganisierte Mitarbeit seiner Mitglieder setzt. Ziel sollte es sein, einen direkten Austausch zwischen Mitarbeitern gleicher Fachgebiete und Hierarchieebenen zu erreichen, und zwar über direkte Kommunikationswege, losgelöst von der bestehenden hierarchischen Struktur des eigenen Unternehmens.

---

[24] Siehe hierzu auch Abschnitt 2.2.

[25] Siehe hierzu ausführlich den Beitrag „Von der Kooperation zur Innovation: Anforderungen und Vorgehen in Richtung Web 2.0-gestützter kollaborativer Innovationen in regionalen KMU-Netzwerken“ von *Lindermann/Valcárcel/von Kortzfleisch* in diesem Buch.

Diese Anforderungen regionaler Netzwerkarbeit, die sich in einem Raum zwischen zentralen Führungsstrukturen einerseits und dem Gewähren selbstorganisierter Aktivitäten andererseits bewegen, erfordern einen Wandel, der nicht nur in dem KMU-Netzwerk selbst systematisch zu vollziehen ist. Angesichts der Tatsache, dass KMU tendenziell besonders von der Person des Eigentümers geprägt und die Mitarbeiter stark in das operative Tagesgeschäft eingebunden sind, bedeutet das Prinzip der selbstorganisierten, unternehmensübergreifenden Zusammenarbeit auch für die beteiligten KMU eine maßgebliche Veränderung. Demnach ist der Wandel sowohl auf Ebene des Netzwerkes als auch auf Ebene der KMU schrittweise durchzuführen. Hierbei ist der Blick auf vier Dimensionen zu richten, die eine ganzheitliche Betrachtung des Wandels ermöglichen, die Dimension der Organisation, Führung, Kultur und Technik.

4.1 Ein angemessenes Verhältnis zwischen Fremd- und Selbstorganisation

Ohne an dieser Stelle eine grundlegende Diskussion zum Organisationsbegriff und den damit verbundenen Theorien zu führen, sind Organisationen als ein soziales Gebilde oder System zu verstehen, in denen die Aktivitäten der dazugehörigen Mitglieder mit Hilfe formaler Regelungen auf ein gemeinsames Ziel ausgerichtet werden.[26] Eine wesentliche Aufgabe wird in der Steigerung der Gesamtleistung der Beteiligten auf ein Niveau gesehen, das über die bloße Addition individueller Einzelleistungen hinausgeht.[27] Organisationen implizieren somit Handlungssteuerung und Ordnung, die im Rahmen der Organisationsstruktur durch generelle Regelungen, etwa zur Arbeitsverteilung oder Koordination, herzustellen sind.[28]

Im Kontext der in diesem Beitrag geführten Diskussionen um KMU und regionale Netzwerke weisen beide Organisationsformen eher traditionell geprägte Konzepte vor. Diesen Konzepten zufolge existieren in Organisationen bestimmte Macht- und

[26] Vgl. *Kieser/Kubicek* 1992, S.1.
[27] Vgl. *Luhmann* 1987, S. 20.
[28] Vgl. *Schreyögg* 2008, S 10.

Kontrollmechanismen, die eine hohe Stabilität und Regelhaftigkeit aufweisen.[29] Organisationen sind nach diesem Verständnis geprägt durch Anweisung und Kontrolle, der arbeitende Mensch wird auf die Ausführung seiner operativen Tätigkeiten reduziert.[30] In diesem Sinne wird auch von einem „mechanistischen Menschenbild" gesprochen,[31] dessen Verhalten durch fest vorgegebene Regelungen gesteuert wird.

Der angestrebte Ansatz der Selbstorganisation hingegen zählt zu den neueren Organisationskonzepten, in denen der Mensch einem autonom und selbstverantwortlich handelnden Subjekt entspricht.[32] Der ursprünglich der Biologie entliehene Ansatz betrachtet originär die Fragestellung, wie es der Natur gelingen kann, geordnete Strukturen hervorzubringen und sich immer wieder in angepasster Form zu reproduzieren. Beobachtungen aus der Natur zeigen dabei, dass natürliche Systeme Tendenzen zu einer selbstregulierenden Organisation aufweisen und ihre Entwicklung aus dem System heraus entsteht.[33] Der Theorie folgend entsteht Selbstorganisation somit spontan, resultierend in einer vom System selbst generierten Ordnung, die mehr leistet als jede geplante Ordnung.[34] Übertragen auf den gegebenen Kontext von KMU und regionaler Netzwerke besteht die Kernaussage von Selbstorganisation darin, „dass sich eine Dezentralisation von Entscheidungsbefugnissen sowie eine Erhöhung der Eigenverantwortung nachgelagerter Unternehmenseinheiten ökonomisch vorteilhaft auswirken"[35]. Selbstorganisation ist dabei jedoch nicht als Selbstläufer zu verstehen. Vielmehr sind strukturelle Voraussetzungen zu schaffen, die das spontane, chaotische Agieren mit den strategischen Zielsetzungen der Organisation vereinen. Insofern stehen Aspekte der Steuerung und Kontrolle (Fremdorganisation) sowie der Selbstorganisation in einem wechselseitigen Verhältnis zueinander.[36] Selbstorganisation ist ohne ein gewisses Maß an Fremdorganisation somit nicht möglich, im Grunde geht es hier um das Erreichen

---

[29] Vgl. *Lang/Alt* 2003. S. 308.
[30] Vgl. *Hill/Fehlbaum/Ulrich* 1992, S. 410 und *Taylor* 1995, S. 38ff.
[31] Vgl. *Liesegang/Pischon* 1999, S. 57ff.
[32] Vgl. *Krystek/Zumbrock* 1993, S.32.
[33] Vgl. *Macharzina/Wolf* 2008 S. 86.
[34] Vgl. *Schreyögg* 2008, S. 14.
[35] *Macharzina/Wolf* 2008, S.85.
[36] Vgl. *Winkler 2004*, S. 206.

eines angemessenen Verhältnisses der beiden.[37] Demnach sind in einer Organisation Entscheidungen darüber zu treffen

- ob und in welchem Maße das organisatorische System von außen gesteuert und kontrolliert werden muss,[38]
- inwiefern das Verhalten der Organisationsmitglieder beeinflusst werden kann,
- welcher (technischen) Unterstützung das organisatorische System bedarf.

Diese drei Aspekte sind im Kontext der weiterführenden Dimensionen „Führung", „Kultur" und „Technik" zu betrachten und werden im Folgenden kurz diskutiert.

4.2 Regionale Netzwerke, zentral oder lateral geführt?

Die Dimension der Führung knüpft an die Aufgaben der Steuerung an, die bei der Leistungserstellung und –sicherung in Organisationen zu erbringen sind.[39] Führung kann demnach grundsätzlich als eine Tätigkeit definiert werden, die die Lenkung und Gestaltung des Handelns anderer Personen zum Gegenstand hat[40] – und zwar im gegebenen Kontext zunächst auf Ebene des Netzwerkes und weiterführend auf Ebene der einzelnen Unternehmen.

Im Zuge der hier geführten Diskussion um den Ansatz der Selbstorganisation ist es zentrale Aufgabe der Führung, die autonom und selbstverantwortlich agierenden Organisationsmitglieder in ihren Tätigkeiten zu unterstützen, ohne sie dabei durch ein zu hohes Maß an auferlegter Kontrolle oder Steuerung zu behindern.[41] In diesem Sinne gilt es die selbstorganisatorischen Prozesse eines Systems anzustoßen, um hierüber eine Weiterentwicklung des Systems zu erreichen.[42] Hierzu wählt Wilke mit dem Begriff der „Intervention" eine Terminologie, die das direkte Eingreifen von

[37] Siehe hierzu ausführlich den Beitrag „Führung und Selbstorganisation in KMU-Netzwerken unter dem Aspekt einer innovationsorientierten Mitarbeiterpartizipation" von *Jung/Abram/Reifferscheid in* diesem Buch.
[38] Vgl. *Macharzina/Wolf* 2008, S. 85f.
[39] Angelehnt an den funktionalen Managementbegriff nach *Schreyögg/Steinmann* 2005, S. 5f.
[40] Vgl. *Jung/Bruck/Quarg* 2011, S. 188.
[41] Vgl. *Bitkom* 2008, S.9.
[42] Vgl. *Schmiedel-Blumenthal* 2001, S. 45f.

Führungskräften in soziale Systeme charakterisiert.[43] Im Idealfall werden die Interventionen der Führung von dem sozialen System angenommen und weiterentwickelt. Im ungünstigsten Fall stört das Eingreifen der Führung die selbstorganisatorischen Prozesse innerhalb des Systems. Demnach ist es entscheidend in welcher Form die Interventionen vorgenommen werden und ob sie zu den gewünschten Ergebnissen führen.[44] Angelehnt an die Eigenschaft der Führungsstruktur von KMU und regionaler Netzwerke ist angesichts dessen ein angemessenes Verhältnis zwischen zentraler und lateraler Führung anzustreben, welches die Mitarbeiter in ihren selbstorganisatorischen Fähigkeiten unterstützt und nicht beherrscht.

4.3 Die Entwicklung einer gemeinsamen Kultur

Die Dimension der Kultur bezeichnet die „Gesamtheit der im Laufe der Zeit in einer Organisation entstandenen und zu einem bestimmten Zeitpunkt wirksamen Wertvorstellungen, Verhaltensvorschriften (Normen), Überzeugungen und Einstellungen“[45]. Es geht um von den einzelnen Mitgliedern einer Organisation eingenommene und geteilte Normen und Werthaltungen, die das Verhalten der Individuen maßgeblich prägen und beeinflussen.[46]

Neben der Herausforderung, einen Wandel der Kultur in Richtung des hier diskutierten Ansatzes des Selbstorganisation zu vollziehen, ist im Kontext regionaler KMU-Netzwerke insbesondere die Existenz voneinander unabhängiger Subkulturen innerhalb dieses Zusammenschlusses zu berücksichtigen:[47] So haben die Mitglieder des Netzwerkes eigene Werte und Normen entwickelt, die sich nicht zwingend in eine übergeordnete Kultur einordnen lassen. Veränderungen werden nur insofern gestattet, wie diese im Einklang mit dem eigenen verankerten Wertesystem stehen.[48]

[43] Vgl. *Willke* 1996, S. 1ff.
[44] Vgl. *Schmiedel-Blumenthal* 2001, S. 46.
[45] *Vahs* 2007, S. 25.
[46] Vgl. *Stafflage* 2005, S. 12f.
[47] Vgl. *Schmiedel-Blumenthal* 2001, S. 181.
[48] Vgl. *Weinert* 2004, S. 180.

4.4 Herausforderungen einer technischen Unterstützung

Als technische Dimension übernehmen Informations- und Kommunikationstechnologien (IuKT) die Aufgabe, die Organisation in der Erfüllung ihrer Tätigkeiten zur Sicherung ihres Erfolges zu unterstützen. Im Kontext regionaler KMU-Netzwerke ist die technische Unterstützung auf eine selbstorganisatorische Zusammenarbeit auszurichten, die dem Anspruch eines angemessenen Verhältnisses zwischen Selbst- und Fremdorganisation genügt. Der im Projektkontext angestrebte Einsatz von Web 2.0 trägt diesem Umstand Rechnung: Web 2.0 selbst funktioniert ausschließlich über das Prinzip der Selbstorganisation, in dem aus eigenem Antrieb heraus (Wissen) ausgetauscht, bewertet, agiert und organisiert wird.[49]

Hierbei ist allerdings im KMU-Kontext zu beachten, dass sich generell der Einsatz von IuKT hauptsächlich auf die Unterstützung des Tagesgeschäftes und damit auf die Kernaktivitäten des Unternehmens beschränkt. KMU besitzen in der Regel keine eigene IuKT-Abteilung, so dass der Einsatz von IuKT von den Erfahrungen und Kompetenzen des Eigentümers abhängt.[50] Darüber hinaus bleibt die Anwendung neuerer Technologien in Form von Web 2.0 im KMU-Kontext die Ausnahme: Zwar ist eine klare Tendenz zur Nutzung internetbasierter Anwendungen zu erkennen, diese stützt sich tendenziell jedoch auf die Kommunikation per Email sowie die Informationsrecherche.[51] Somit ist auch hier ein Wandel zu vollziehen.

5. Fazit

Um die Potentiale regionaler Netzwerkarbeit ausschöpfen zu können, bedarf es eines Rahmens, der sich in dem Raum zwischen Fremd- und Selbstorganisation bewegt: Fremdorganisation, um gezielte Impulse mit Hilfe verschiedener Maßnahmen in der Region zu setzen und Selbstorganisation, um den Akteuren des Netzwerkes die Möglichkeit zu geben, sich auf direktem Wege zu den Problem-

[49] Vgl. *Stramer* 2008, S. 44.
[50] Siehe hierzu auch *Levy/Powell* 2005, Kapitel 3.
[51] Vgl. *E-Commerce Center Handel* 2008.

stellungen aus dem Arbeitsalltag auszutauschen. Hierzu bedarf es der Identifikation der Anforderungen, die sich aus unterschiedlichen Sichtweisen heraus ergeben. Im Rahmen dieses Beitrags wurden diese anhand der Dimensionen Organisation, Führung, Kultur und Technik herausgestellt. Nur so kann ein nachhaltiger Wandel regionaler Netzwerkarbeit herbeigeführt werden.

Im Rahmen des Forschungsprojektes KMU 2.0 wurde dieser Wandel in einem interdisziplinären Team an dem konkreten Fallbeispiel WirtschaftsForum Neuwied e.V. begleitet. So wurde ein Vorgehen in drei Stufen gewählt, das regionale Netzwerke die hier identifizierten Anforderungen schrittweise überwinden lässt[52] und zwar unter Berücksichtigung aller vier identifizierten Dimensionen. Ergebnis war nicht nur die Entwicklung eines Web 2.0-Prototypen, der das Netzwerk technisch unterstützen sollte,[53] sondern auch die Initiierung zahlreicher Aktivitäten, die nun mit mehr Systematik und mehr Selbstverantwortung der Mitglieder innerhalb des Netzwerkes durchgeführt werden konnten. Zwar bedeuten diese Erfolge nur einen ersten Schritt in Richtung eines umfassenden und langwierigen Wandels, jedoch besagen sie auch, dass dieser Wandel Erfolg versprechend und nicht unmöglich ist.

Literaturverzeichnis

BELLMANN, K./GERSTER, B. (2006):
Netzwerkmanagement kleiner und mittlerer Unternehmen: Eine theoretische und empirische Untersuchung. In (Bellmann, K./Becker, T., Hrsg.): Wertschöpfungsnetzwerke, Erich Schmidt Verlag, Berlin, S. 53-68.

BITKOM E.V. (2008):
Enterprise 2.0 – auf der Suche nach dem CEO 2.0 http://www.bitkom.org/de/themen/36444_60078.aspx, letzter Zugriff am 31.01.2011.

BURNS, P. (2001):
Entrepreneurship and Small Business. Palgrave, Hampshire, UK.

[52] Siehe hierzu ausführlich den Beitrag „Von der Kooperation zur Innovation: Anforderungen und Vorgehen in Richtung Web 2.0-gestützter kollaborativer Innovationen in regionalen KMU-Netzwerken" von *Lindermann/Valcárcel/von Kortzfleisch* in diesem Buch.

[53] Siehe hierzu ausführlich den Beitrag „Werkzeuge zur IT-gestützten kollaborativen offenen Innovation im WirtschaftsForum Neuwied e.V." von *Peris/Blinn/Nüttgens/Ludwig* in diesem Buch.

CORSTEN, H. (2001):
Grundlagen der Koordination in Unternehmensnetzwerken. In (Corsten, H., Hrsg.): Unternehmensnetzwerke, Oldenbourg, München, S. 1–57.

E-COMMERCE CENTER HANDEL (2008):
Elektronischer Geschäftsverkehr in Mittelstand und Handwerk – Ihre Erfahrungen und Wünsche 2008. Ergebnisse einer Untersuchung im Auftrag des Bundesministeriums für Wirtschaft und Technologie. Berichtsband der NEG-Untersuchung. E-Commerce Center am Institut für Handelsforschung, Köln.

EUROPEAN COMMISSION (2003):
The new SME Definition – User guide and model declaration. Enterprise and Industry Publication.

HAMER, E. (1996):
Mittelstand und Sozialpolitik; Roderer Verlag, Regensburg.

HASS, B.H. (2010):
Theoretische Perspektiven des Managements von regionalen Netzwerken. In (Hass, B.H./Jung, R.H./Simon, C., Hrsg): Management in regionalen Netzwerken. Shaker Verlag, Aachen, S. 23-37.

HILL, W./FEHLBAUM, R./ULRICH, P. (1992):
Organisationslehre Bd.2. – Theoretische Ansätze und praktische Methoden der Organisation sozialer Systeme. UTB Taschenbuch, 4. Auflage, Bern/Stuttgart.

JUNG, R.H../BRUCK, J./QUARG, S. (2011):
Allgemeine Managementlehre – Lehrbuch für die angewandte Unternehmens- und Personalführung. Erich Schmidt Verlag, 4. Auflage, Berlin.

KIESER, A./KUBICEK, H. (1992):
Organisation. Schäffer-Pöschel Verlag, 4. Auflage, Berlin.

KRYSTEK, U./ZUMBROCK, S. (1993):
Planung und Vertrauen – Die Bedeutung von Vertrauen und Mißtrauen für die Planung von Planungs- und Kontrollsystemen, Stuttgart.

LANG, R./ALT, R. (2003):
Organisationale Kontrolle. In (Weik, E./Lang, R., Hrsg): Moderne Organisationstheorien 2 – Strukturorientierte Ansätze. Gabler, Wiesbaden.

LEVY, M./POWELL, P. (2005):
Strategies for Growth in SMEs – The Role of Information and Information Systems. In: Information Systems Series (ISS), Elsevier, Oxford.

LIESEGANG, D.G./PISCHON, A. (1999):
Integrierte Managementsysteme für Qualität, Umweltschutz und Arbeitssicherheit. Springer, Berlin Heidelberg.

LUHMANN, N. (1987):
Soziale Systeme – Grundriß einer allgemeinen Theorie. suhrkamp taschenbuch wissenschaft, Frankfurt/ Main.

MACHARZINA, K./WOLF, J. (2008):
Unternehmensführung – Das internationale Managementwissen, Konzepte – Methoden – Praxis. Gabler, Wiesbaden.

MCAFEE, A.P. (2006):
Enterprise 2.0: The Drawn of Emergent Collaboration. In: Sloan Management Review, Vol. 47, Nr. 3, S. 21-28.

MÜLLER-JENTSCH, W. (2008):
Der Verein – ein blinder Fleck in der Organisationssoziologie. In: Berliner Journal für Soziologie, Vol. 18, Nr. 3, S. 476-502.

O'REILLY, T. (2005):
What Is Web 2.0? Design Patterns and Business Models for the Next Generation of Software. http://www.oreilly.de/artikel/web20.html, letzter Zugriff am 31.01.2010.

PICOT, A./REICHWALD, R./WIGAND, R.T. (2003):
Die grenzenlose Unternehmung - Information, Organisation und Management. Gabler, 5. Auflage, Wiesbaden.

SCHMIEDEL-BLUMENTHAL, P. (2001):
Entwicklung eines ganzheitlichen Wissensmanagements zur erfolgreichen Umsetzung von industriellen Innovationen – Eine systemisch-evolutorische Perspektive. Lohmar, Köln.

SCHREYÖGG, G./STEINMANN, H. (2005):
Management – Grundlagen der Unternehmensführung: Konzepte – Methoden – Fallstudien. Gabler, 6. Auflage, Wiesbaden.

SCHREYÖGG, G. (2008):
Organisation – Grundlagen moderner Organisationsgestaltung. Gabler, 5. Auflage, Wiesbaden.

STAFFLAGE, E. (2005):
Unternehmenskultur als erfolgsentscheidender Faktor: Modell zur Zusammenführung bei grenzüberschreitenden Mergers & Acquisitions. DUV Verlag, Wiesbaden.

STORPER, M. (1995):
The Resurgence of Regional Economies, Ten Years Later. The Region as a Nexus of Untraded Interdependencies. In: European Urban and Regional Studies, Nr. 2, S. 191-221.

STRAMER, S. (2008):
Wie Unternehmen an einer neuen Generation wachsen können. In: GDI-Impuls: Wissensmagazin für Wirtschaft, Gesellschaft, Handel. Gottlieb-Duttweiler-Institut für Wirtschaft und Gesellschaft, Band 3, 2008, S. 42-47.

SYDOW, J. (2001):
Management von Netzwerkorganisationen – Zum Stand der Forschung. In (Sydow, J., Hrsg): Management von Netzwerkorganisationen – Beiträge aus der Managementforschung, Gabler, Wiesbaden, S- 293-339.

TAYLOR, F.W. (1995):
Die Grundsätze der wissenschaftlichen Betriebsführung. Reprint der autorisierten Ausgabe Oldenburg, München von 1913, Belz Psychologie VerlagsUnion, Weinheim.

THIELEMANN F. (1996):
Die Gestaltung von Kooperationen kleiner und mittlerer Unternehmen, In: Innovation: Forschung und Management. Nr. 7, IAI Institut für angewandte Innovationsforschung, Bochum.

THOMAS, K.G. (1994):
Die mittelständische Unternehmung im Entwicklungsprozess – Organisationskonzepte und Beratungsbedarf. Ludwigsburg.

VAHS, D. (2007):
Organisation – Einführung in die Organisationstheorie und Praxis. Schäffer-Poeschel Verlag, 6. Überarbeitete Auflage, Berlin.

WEINERT, A.B. (2004):
Organisations- und Personalpsychologie, Beltz Psychologie VerlagsUnion, Weinheim.

WILLKE, H. (1996):
Systemtheorie II: Interventionstheorie – Grundzüge einer Theorie der Intervention in komplexe Systeme. UTB, 2. Auflage, Stuttgart.

WINKLER, I. (2004):
Personale Führung in Netzwerken kleiner und mittlerer Unternehmen – Theoretische und empirische Betrachtung zur Entstehung, Reproduktion und Veränderung von Führungsbeziehungen bei überbetrieblicher netzwerkartiger Kooperation. Hampp, München.

Regionale KMU-Netzwerke, Web 2.0-Anwendungen und kollaborative Innovationen – Arbeitshypothesen eines Forschungsprojektes

Harald F. O. von Kortzfleisch, Sylvia Valcárcel und Nadine Lindermann

Inhaltsverzeichnis

1. Notwendigkeit der Herleitung von Arbeitshypothesen 101
2. Die relevanten Forschungsfelder 102
2.1 KMU-Vernetzung 102
2.2 Offene Innovation 103
2.3 Web 2.0 104
3. Wechselwirkungen und Arbeitshypothesen 105
3.1 KMU-Vernetzung und offene Innovationen 105
3.2 Offene Innovationen und Web 2.0 107
3.3 Web 2.0 und KMU-Vernetzung 108
4. Ein Fazit zu den Arbeitshypothesen 110

1. Notwendigkeit der Herleitung von Arbeitshypothesen

Das Forschungsprojekt KMU 2.0 befasst sich mit der Frage, wie der Prozess des Austausches kreativer Ideen in einem regionalen Netzwerk kleiner und mittlerer Unternehmen (KMU) gefördert und in Richtung der Entstehung so genannter kollaborativer offener Innovationen vorangetrieben werden kann. Als Instrument hierfür wird der Einsatz von Web 2.0-Anwendungen untersucht. Das Web 2.0 fungiert als Medium der offenen Kommunikation und des gegenseitigen selbstorganisierten Austausches. Es richtet sich in diesem Fall insbesondere an die Mitarbeitenden der Netzwerkunternehmen, um deren Potenzial für die Lösung von Problemen der alltäglichen Arbeitswelt zu mobilisieren und zu nutzen. Denn vor allem sie sind es, die von den für das Forschungsvorhaben KMU 2.0 relevanten Themen wie Gesundheit am Arbeitsplatz, Work-Life-Balance, energieeffiziente Verbesserung von Arbeitsprozessen oder Qualifizierung im Sinne des lebenslangen Lernens betroffen sind. Mit Blick auf die gemeinsame Generierung von Innovationen für die genannten Themen besteht demnach geradezu die Notwendigkeit, den Innovationsprozess konsequent auf die Mitarbeiterebene herunter zu brechen, um auf diese Weise die im Netzwerk vorhandene heterogene und breite Wissensbasis systematisch zu erschließen.

Die Forschungen zum genannten Themenfeld mit seinen Wirkungsbeziehungen zwischen den Teilthemen stehen erst am Anfang. Jedoch können Ergebnisse zu den einzelnen Teilthemen herangezogen werden, um einen ersten Zugang zum gesamten Forschungsfeld zu erlangen. Ziel dieses Beitrags ist es deshalb, das Forschungsfeld zum KMU 2.0-Projekt über erste Arbeitshypothesen – im Sinne von vorläufigen Annahmen – aufzuschließen, gleichsam als Grundlage für die mannigfachen Forschungsaktivitäten, die im Rahmen des Projektes durchgeführt und in diesem Sammelband dokumentiert sind. Hierfür ist es zunächst erforderlich, die relevanten drei Themenfelder – KMU-Netzwerke, Web 2.0 sowie offene Innovation – in ihren Wechselwirkungen zueinander näher zu betrachten. Darauf aufbauend lassen sich anschließend die Arbeitshypothesen herleiten.

2. Die relevanten Forschungsfelder

Das KMU 2.0-Projekt setzt drei Forschungsbereiche miteinander in Beziehung: Zum ersten die Vernetzung zwischen kleinen und mittleren Unternehmen,[1] hier konkret am Beispiel des regionalen KMU-Netzwerkes WirtschaftsForum Neuwied e.V.; zum zweiten die Tendenz zur Öffnung von Innovationsprozessen ("open innovation"[2]); und zum dritten das Themengebiet Web 2.0[3].

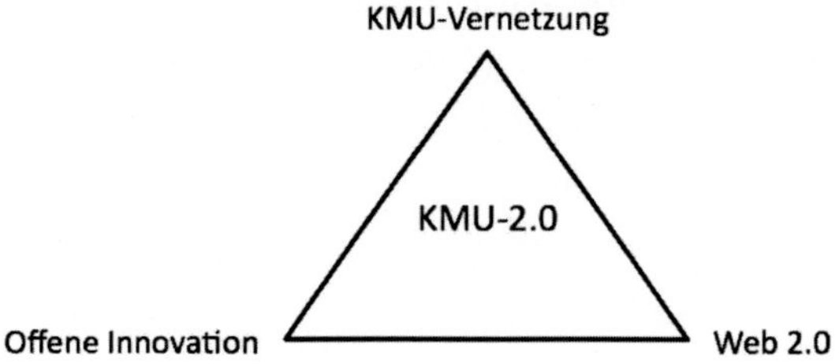

Abbildung 1: Relevante Forschungsfelder

2.1 KMU-Vernetzung

Die Tendenz zur Vernetzung von KMU, in Form einer eher losen zwischenbetrieblichen Kooperation,[4] lässt sich aufgrund einer Vielzahl aktueller wettbewerbsrelevanter Herausforderungen nachvollziehen.[5] Hierzu zählen:

- die zunehmende Globalisierung und Deregulierung
- eine wachsende Geschäfts- und Wissenskomplexität
- der beschleunigte technische Fortschritt
- ansteigende Hürden zur Fremdfinanzierung

[1] Siehe *Schütze* 2009.
[2] Siehe *Reichwald/Piller* 2009.
[3] Siehe *Walsh/Hass/Kilian* 2010.
[4] Vgl. *Rautenstrauch/Generotzky/Bigalke* 2003, S. 22.
[5] Vgl. hierzu und zum Folgenden ausführlich *Knop* 2007, S. 18 ff.

- politisch-wirtschaftliche Lasten durch Regeln, Normen und Gesetze, die sich am Wirtschaften großer Unternehmen ausrichten und überwiegend KMU benachteiligen
- die EU-Osterweiterung mit der geografischen Zusammenführung relevanter zusätzlicher Wettbewerber.

Diese Herausforderungen legen jeweils für sich sowie in der Summe nahe, Neuausrichtungen von Marktpositionen einzelner KMU über die zwischenbetriebliche Kooperation mit anderen KMU zu suchen. Denn insbesondere darüber besteht die Möglichkeit, die potenziellen Schwächen von KMU auszugleichen; hierzu zählen[6]: Strukturbedingte Schwächen wie geringe Marktmacht, begrenzte Ressourcen und das Fehlen von Kostendegressionen sowie verhaltensbedingte Schwächen wie die Abhängigkeit des Misserfolgs von der Qualifikation des Unternehmers und weniger Manager, unterentwickelte Planungs- und Abwicklungssysteme, eine zu geringe Informationsbasis für Entscheidungen und schließlich Organisations- und Führungsdefizite. Die möglichen Synergieeffekte, die Netzwerke zwischen KMU dann erlauben, können helfen, die genannten Schwächen zu reduzieren oder ganz auszugleichen.

2.2 Offene Innovation

Seit einigen Jahren lässt sich eine Öffnung der Unternehmensgrenzen für externe Quellen wie Kunden, Zulieferer, Forschungsinstitutionen oder teilweise auch Wettbewerber erkennen. Diese Thematik wird innerhalb der betriebswirtschaftlichen Forschung unter dem Begriff „open innovation" diskutiert.[7] Das Paradigma eines innerbetrieblichen, geschlossenen Forschungs- und Entwicklungsbetriebs wird darin zugunsten eines gemeinsamen, kollaborativen Prozesses zwischen Unternehmen und den oben erwähnten verschiedenen Partnern aufgelöst. Das traditionelle System eines produkt- und unternehmenszentrierten Denkens und Handelns wird laut

[6] Vgl. im Überblick *Kropfberger* 1986, S. 37.

[7] Siehe *Chesbrough* 2003. Für eine tiefer gehende Betrachtung so genannter grenzenloser Unternehmungen siehe *Picot/Reichwald/Wigand* 2003; vgl. hierzu und zum Folgenden insgesamt und überwiegend auch wörtlich übernommen aus *Kahle/Schaarschmidt/von Kortzfleisch* 2009, S. 3 i.V.m. S. 9 ff.

Prahalad und Ramaswamy durch einen ko-kreativen Prozess der Wertschöpfung abgelöst.[8] Dieser beinhaltet die aktive Einbeziehung des Kunden, welcher wohl informiert und vernetzt in Kooperation mit dem Unternehmen wirkt.[9] Von Hippel sieht darin den Trend zur Demokratisierung der Innovationsfunktion.[10] Durch die Beobachtung von entstehenden Anwenderinnovationen kommt von Hippel zu dem Schluss, dass Kunden bzw. Anwender grundsätzlich in der Lage sind, eigenständig Produktlösungen zu entwickeln.[11] Diese treten umso häufiger auf, desto eher so genannte Lead-User-Eigenschaften kundenseitig ausgeprägt sind. Reichwald und Piller sprechen in diesem Zusammenhang von „interaktiver Wertschöpfung“, welche damit einhergeht.[12]

Diese Öffnung des unternehmensinternen Innovationsprozesses erforscht die Wissenschaft insbesondere in Bezug auf die frühen Phasen[13] der Produktentwicklung mit der Fragestellung, inwieweit kollaborative Prozesse den Ideenreichtum und dadurch die Innovationskraft eines Unternehmens erhöhen können.

2.3 Web 2.0

Aktuelle Entwicklungen im Bereich neuer Medien, hier allen voran das Internet, die gegenwärtig unter dem Begriff „Web 2.0“[14] diskutiert werden, stehen für die charakterisierenden Merkmale der Offenheit und Selbstorganisation und spiegeln diese in mediatisierter Form wider. Im Web 2.0 generieren die Nutzer des Internets ihre eigenen Inhalte, selbstorganisiert und ohne fremde Steuerung von außen, z. B. in so genannten „Wikis“ (im Web vorhandene und miteinander strukturell verbundene Inhaltssammlungen) oder „Blogs“ (elektronische Tagebücher) und kommentieren oder verändern die Inhalte von anderen Nutzern. Über „Social Networks“ wie beispielsweise Xing (www.xing.de) stellen Nutzer Kontaktdaten von sich zur Verfügung und sind

[8] Vgl. *Prahalad/Ramaswamy* 2004a, S. 121 ff.; *Prahalad/Ramaswamy* 2004b, S. 7 ff.
[9] Vgl. *Bartl* 2005, S. 1.
[10] Siehe *von Hippel* 2005.
[11] Vgl. *von Hippel* 2005, S. 4.
[12] Vgl. *Reichwald/Piller* 2009, S. 44.
[13] Dem sogenannten „fuzzy front end“, siehe für viele nur *Herstatt/Verworn* 2007.
[14] Siehe *O'Reilly* 2005.

bereit, die eigenen sozialen Kontakte prinzipiell auch anderen Nutzern zur Verfügung zu stellen. Diese „soziale Vernetzung“[15] steht im Vordergrund des Einsatzes von Web 2.0. In jüngerer Zeit machen sich auch Unternehmen die Potenziale von Web 2.0 in Form von „Enterprise“ zu Nutze, ebenso wie auch die öffentliche Verwaltung im Kontext der Diskussionen um E-Government.

3. Wechselwirkungen und Arbeitshypothesen

Wechselwirkungen zwischen den drei Teilthemen des Forschungsprojektes KMU 2.0 bedeuten, dass in der bilateralen Betrachtung von jeweils zwei Teilthemen sich gegenseitig beeinflussende Beziehungen vorhanden sind. Diese müssen als Wirkungspotenziale verstanden werden und nicht als Determinismen. Zudem ist der situative Einfluss konkreter Akteure nicht zu unterschätzen, der aber für die Herleitung von Arbeitshypothesen nicht betrachtet werden kann, da allgemeingültige Aussagen mit diesen vorläufigen Annahmen angestrebt sind.

3.1 KMU-Vernetzung und offene Innovationen

Neue Anforderungen an kleine und mittlere Unternehmen (KMU) in Deutschland drücken sich immer mehr in der zunehmenden Komplexität und Dynamik von Problemen aus, welche die moderne Arbeitswelt betreffen, wie z. B.:

- die familiengerechte (Stichwort „Work-life Balance“) und Aspekte des „gender mainstreaming“ berücksichtigende Gestaltung von Arbeitsplätzen,
- die Planung und Umsetzung von Maßnahmen des Arbeitsschutzes und der Gesundheitsprävention,
- die bedarfs- und anforderungsgerechte Akquisition sowie Aus- und Weiterbildung von Fachkräften, z. B. unter besonderer Berücksichtigung des demografischen Wandels oder

[15] Ähnlich *Beck* 2007; *Bächtle* 2006.

- die umweltschonende, vor allem z. B. energieeffiziente Herstellung von Produkten oder Dienstleistungen.

Die beispielhaft genannten Problemfelder stellen spezielle Herausforderungen für KMU dar, die sich quer durch alle Wertschöpfungsaktivitäten der Unternehmen ziehen. Daraus resultieren ihre hohe Brisanz und umso mehr die Notwendigkeit, sie innovativen Lösungen zuzuführen. Gleichzeitig sind sie nicht wettbewerbskritisch. Dies wiederum führt dazu, dass Ängste und Bedenken von KMU, sich solchen Herausforderungen gemeinsam zu stellen, im Vergleich z. B. mit Forschungs- und Entwicklungs-Herausforderungen, relativ gering sind. Aus diesem Sachverhalt resultiert die erste Arbeitshypothese:

Arbeitshypothese 1a: Aufgrund des nicht-wettbewerbskritischen Charakters von täglichen Problemen der modernen Arbeitswelt erstrecken sich gemeinsame Innovationsaktivitäten in KMU-Netzwerken primär auf diese Problembereiche.

Für innovative Lösungen in den genannten Problemfeldern einer modernen Arbeitswelt greifen geschlossene Sichtweisen zu kurz. Offensichtlich deshalb, weil deren Dynamik und Komplexität sich nur dann erschließen lassen, wenn sie nicht als vorhersehbar betrachtet werden. Sie sind kontextabhängig und können nicht beherrscht sondern allenfalls handhabbar gemacht werden. Und Einflussnahmen erfolgen über die Gestaltung von Rahmenbedingungen und nicht über die Kenntnis eindeutiger Wirkungen von Einflussmaßnahmen. Benötigt werden „offene“ Innovationsstrategien, die – erkenntnistheoretisch formuliert – die Wirklichkeit der Probleme einer modernen Arbeitswelt im Sinne subjektiver Konstruktionen zulassen, die über Sozialisationsprozesse zwischen KMU im Rahmen deren Vernetzung als relativ stabil erlebt und gelöst werden können. Erst durch diese Offenheit werden Zugänge zu den Wissensbasen der einzelnen Mitarbeitenden und darüber der jeweiligen Unternehmen eröffnet, die im Ergebnis zu innovativen Lösungen führen. Aus dieser Überlegung resultiert die zweite Arbeitshypothese:

Arbeitshypothese 1b: Durch die Offenheit und damit erhöhter Partizipationsmöglichkeit von Mitarbeitenden in KMU-Netzwerken wird die Entstehung neuartiger Ideen nachhaltig gefördert.

Offene Gestaltungsvorschläge stehen immer im Spannungsverhältnis zu geschlossenen Gestaltungsvorschlägen und sind zudem abhängig von spezifischen Situationen und Kontexten.[16] So kann davon ausgegangen werden, dass eine Öffnung von Innovationsprozessen im Rahmen einer intensiven Vernetzung zwischen Mitarbeitenden verschiedener KMU zu einer Vielzahl an kreativen, innovativen Lösungen für Probleme des alltäglichen Arbeitslebens führt. Gleichwohl ist ebenso davon auszugehen, dass es einer tendenziell geschlossenen Kanalisierung dieser Ideen bedarf, wenn sie zur Umsetzung kommen sollen. Hieraus resultiert die dritte Arbeitshypothese wie folgt:

Arbeitshypothese 1c: Um innovative Ideen auch einer Umsetzung zuzuführen, d.h. aus Inventionen tatsächlich Innovationen zu machen, bedarf es in KMU-Netzwerken zentraler Koordinationsinstanzen sowie eines tendenziell geschlossenen Managementprozesses.

3.2 Offene Innovationen und Web 2.0

Im Vordergrund der Betrachtung von Wechselwirkungen zwischen den Themen der offenen Innovation und Web 2.0 stehen im Kontext des KMU 2.0-Projektes selbstorganisatorische Web 2.0-gestützte Innovationspartnerschaften zwischen entsprechend kleinen und mittleren Unternehmen. Wie bereits dargestellt, beschreibt Web 2.0 eine stärker partizipative, sich selbst organisierende und damit endanwendergetriebene Wahrnehmung und Nutzung des Internets. Hauptmerkmale von Web 2.0 sind, dass die Nutzer in zunehmendem Maße Inhalte im Internet selbst erstellen und/oder bearbeiten und sich zudem untereinander selbstgesteuert vernetzen. Aus diesem Sachverhalt resultieren die ersten beiden Arbeitshypothesen dieses Unterkapitels:

---

[16] Siehe *von Kortzfleisch* 2004.

Arbeitshypothese 2a: *Aufgrund seiner technologischen Möglichkeiten unterstützt Web 2.0 offene Innovationsprozesse, als Enabler, angefangen bei dem gemeinsamen Austausch kreativer Ideen bis hin zu ihrer Bewertung.*

Arbeitshypothese 2b: *Wegen seines überwiegend sozialen, basisdemokratischen und partizipationsintensiven sowie transparenten Charakters ist Web 2.0 ein geeignetes Medium zur Unterstützung offener Innovationsprozesse.*

Offene Innovationsprozesse bedingen ein hohes Maß an Kompetenz auf dem Gebiet des offenen Managements. Diese Offenheit steht für Dynamik anstelle von Stabilität, für Veränderungsbereitschaft anstelle von Widerstand gegenüber Veränderungen. Insofern erfordert auch der Einsatz von Web 2.0 zur Unterstützung offener Innovationsprozesse einen offenen kompetenzbasierten Managementansatz. Dies führt zur dritten Arbeitshypothese dieses Unterkapitels:

Arbeitshypothese 2c: *Aufgrund der geforderten Offenheit in entsprechend offenen Innovationsprozessen muss auch das kompetenzbasierte Management des Einsatzes von Web 2.0 einem offenen Ansatz folgen.*

3.3 Web 2.0 und KMU-Vernetzung

Im Kontext des Einsatzes neuer Medien wie Web 2.0 zur Unterstützung überbetrieblicher Unternehmensprozesse der KMU-Vernetzung spielt Vertrauen eine gewichtige Rolle. Vertrauen bezieht sich auf die Bereitschaft, durch Handeln verletzbar zu werden. Gemäß Luhmann reduziert Vertrauen Ungewissheit und ermöglicht dadurch erst Handeln.[17] Vertrauen ist insofern kein Verhalten an sich oder eine Wahlentscheidung, sondern eine darunter liegende psychologische Bedingung.[18] Vertrauen wird beeinflusst von der Bereitschaft der Akteure, vertrauensvoll zu handeln, von den normativen Erwartungen an die Akteure, denen man vertrauen soll sowie von den situativen Rahmenbedingungen, die sich beispielsweise in der (ungleichen) Vertei-

[17] Siehe *Luhmann* 1998.
[18] Siehe etwa *Rousseau et al.* 1998.

lung von Macht ausdrücken können. Die beiden notwendigen Bedingungen für Vertrauen sind Risiko (als die wahrgenommene Wahrscheinlichkeit des Verlusts) und gegenseitige Abhängigkeit voneinander bei der Zielerreichung. Insofern muss der Einsatz von Web 2.0 immer auch die gemeinsame Zielerreichung der KMU-Vernetzung im Auge halten und sie ggf. kritisch reflektieren. Aus diesem Sachverhalt resultiert die erste Arbeitshypothese dieses Unterkapitels:

Arbeitshypothese 3a: *Aufgrund der möglichen strategischen Bedeutung von Web 2.0 für KMU-Netzwerke, führt der Einsatz von Web 2.0 in diesen Netzwerken zu einer grundsätzlichen Reflexion über die Mission solcher zwischenbetrieblichen Kooperationen und ist gleichzeitig ein Enabler für ein - ggf. zunehmendes - vertrauensvolles Miteinander in KMU-Netzwerken.*

Mit dem Einsatz von Web 2.0 werden dem strukturell bedingten Partizipationsdefizit der Mitarbeitenden von KMU in Netzwerkkooperationen offene Partizipationsplattformen entgegengesetzt, auf denen sich kollaborative Innovationsleistungen entwickeln können. Das bedeutet für die KMU-Vernetzung, dass durch die Einführung von Web 2.0 Räume und Anreize für sich selbst organisierende Verknüpfungen von Ideen, mentalen Modellen und Handlungsprogrammen geschaffen werden. Unter Anreizsystem bzw. Incentivierung sind alle in ihrem Zusammenwirken bewusst gestalteten und aufeinander abgestimmten Maßnahmen zu verstehen, die einerseits bestimmte erwünschte Verhaltensweisen der Mitarbeiter auslösen oder verstärken und die andererseits die Wahrscheinlichkeit des Auftretens unerwünschter Verhaltensweisen mindern. Aus dem beschriebenen Zusammenhang resultiert die zweite Arbeitshypothese dieses Unterkapitels:

Arbeitshypothese 3b: *Durch die charakteristischen Eigenschaften von Web 2.0, d. h. vor allem Partizipationsorientierung, Selbstorganisation und Transparenz, ist die Akzeptanz der Nutzung solcher neuartiger Medien sowie die Intensität der gleichberechtigten Teilnahme am Einführungs- und Implementierungsprozess auf Mitarbeiterebene hoch.*

Der Einsatz von Web 2.0 zur Unterstützung der Vernetzung zwischen KMU führt zu einer Virtualisierung der dahinter stehenden Prozesse. Virtualisierung ist dabei auf den gewünschten Effekt hin orientiert. Von der in der Wirklichkeit bestehenden Raum-Zeit-Bindung von Ereignissen werden zu diesem Zweck nur diejenigen Funktionalitäten berücksichtigt und über Medieneinsatz digitalisiert, welche zur Erreichung der gewünschten Wirkungen benötigt werden.[19] Aufgrund dieser flexiblen „Als-ob"-Orientierung virtueller Prozesse ermöglichen sie Effektivitäts- oder Effizienzvorteile. Diese Vorteile sind vor allem durch den Verzicht auf räumliche und gegebenenfalls zeitliche Gleichheit der an der Erbringung von bestimmten Dienstleistungen Beteiligten umsetzbar. Hinzu kommt der Aspekt der sozialen Vernetzung bei Web 2.0, der dazu führt, dass in hierarchiefreien Räumen die Gemeinschaft der Akteure insgesamt – entweder ausdrücklich durch Bewertungen oder indirekt durch entsprechendes Verhalten (etwa Kommentieren oder Nicht-Kommentieren) – zu Qualitätsbewertungen gelangt, dies auf entsprechend selbstregulative Art und Weise. Hieraus resultiert die dritte Arbeitshypothese dieses Unterkapitels:

Arbeitshypothese 3c: Wegen der vielfältigen Möglichkeiten von Web 2.0, offene Kommunikationsprozesse hierarchiefrei und selbstregulierend zu gestalten, erhöht sich nicht nur die Kommunikationsintensität sondern auch deren Qualität.

4. Ein Fazit zu den Arbeitshypothesen

Aus den betrachteten Wechselwirkungen zwischen den für das KMU 2.0-Projekt relevanten Teilthemen wurden neun Arbeitshypothesen herausgearbeitet, die das Forschungsvorhaben wesentlich geleitet haben. Hierauf aufbauend wurde eine Vielzahl von Teilaspekten untersucht, die im Wesentlichen und detailliert in diesem Sammelband zusammengefasst sind. Die Identifikation dieser und weiterer relevanter Teilaspekte sowie deren jeweilige wissenschaftliche Untersuchung wäre allerdings nicht ohne die Erarbeitung der in diesem Beitrag vorgestellten Arbeitshypothesen möglich gewesen, weil auch in offenen Forschungsnetzwerken erst eine gewisse – Arbeits-

[19] Vgl. *Scholz* 1997, S. 320 ff.

hypothesen-geleitete – Stabilisierung auf der Ebene der vernetzten Forschungsprozesse den gewünschten Erfolg ermöglicht.

Literaturverzeichnis

BÄCHTLE, M. (2006):
Social Software. In: Informatik Spektrum, 29. Jg., Nr. 2, S. 121-124.

BECK, A. (2007):
Web 2.0 – Konzepte, Technologien, Anwendungen. In: Beck, A./Mörike, M./Sauerburger, H. (Hrsg.): Web 2.0, HMD Heft 255, Juni, S. 5-16.

CHESBROUGH, H.W. (2003):
Open Innovation: The New Imperative for Creating and Profiting from Technology. Harvard Business School Press, Cambridge, MA.

HERSTATT, C./VERWORN, B. (2007):
Management der frühen Innovationsphasen: Grundlagen – Methoden – Neue Ansätze, 2. Aufl., Gabler, Wiesbaden.

KAHLE, C./SCHAARSCHMIDT, M./VON KORTZFLEISCH, H.F.O. (2009):
Open Innovation – Kundenintegration am Beispiel von IPTV. Arbeitsbericht Nr. 18 aus dem Fachbereich Informatik der Universität Koblenz-Landau, Selbstverlag, Koblenz.

KNOP, R. (2007):
Erfolgsfaktoren strategischer Netzwerke kleiner und mittlerer Unternehmen – Ein IT-gestützter Wegweiser zum Kooperationserfolg. Gabler, Wiesbaden.

KROPFBERGER, D. (1986):
Erfolgsmanagent statt Krisenmanagement. Universitätsverlag R. Trauner, Linz.

LUHMANN, N. (1998):
Vertrauen: Ein Mechanismus der Reduktion sozialer Komplexität. Lucius&Lucius, Stuttgart.

O'REILLY, T. (2005):
What is Web 2.0 – Design Patterns and Business Model for the Next Generation of Software. Internet-Dokument, http://www.oreilly.com/pub/a/oreilly/tim/news/2005/09/30/what-is-web-20.html, letzter Zugriff am 03.05.2011

PICOT, A./REICHWALD, R./WIGAND, R.T. (2003):
Die grenzenlose Unternehmung – Information, Organisation und Management. Gabler, Wiesbaden.

PRAHALAD, C.K./RAMASWAMY, V. (2004a):
The Future of Competition: Co-Creating Unique Value with Customers. Harvard Business School Press, Boston, MA.

PRAHALAD, C.K./RAMASWAMY, V. (2004b):
Co-Creation Experiences - The next Practice in Value Creation. In: Journal of Interactive Marketing, 18 Jg., Nr. 3, S. 5-14.

REICHWALD, R./PILLER, F. (2009):
Interaktive Wertschöpfung – Open Innovation, Individualisierung und neue Formen der Arbeitsteilung. Gabler, Wiesbaden.

ROUSSEAU, D.M. ET AL. (1998):
Not so Different At All: A Cross-Disciplin View of Trust. In: Academy of Management Review, 23. Jg., Nr. 3, S. 393-405.

SCHOLZ, C. (1997):
Strategische Organisation: Prinzipien zur Vitalisierung und Virtualisierung. MMI-Verlag, Landsberg am Lech.

SCHÜTZE, J. (2009):
Modellierung von Kommunikationsprozessen in KMU-Netzwerken: Grundlagen und Ansätze. Gabler, Wiesbaden.

VON HIPPEL, E. (2005):
Democratizing Innovation. MIT Press, Cambridge, MA.

VON KORTZFLEISCH, H.F.O. (2004):
Organisatorische Balancierung von Informations- und Kommunikationstechnologien. Eul-Verlag, Lohmar, Köln.

WALSH, G./HASS, B./KILIAN, T. (2010) (Hrsg.):
Web 2.0 – Neue Perspektiven für Marketing und Medien. Springer, Berlin et al.

Aktionsforschung und Design Science: Ein partizipatives Forschungsdesign zur Initiierung kollaborativer Innovationsprozesse in regionalen KMU-Netzwerken

Nadine Lindermann, Harald F.O. von Kortzfleisch und Sylvia Valcárcel

Inhaltsverzeichnis

1. Einleitung 115
2. Methodische Grundpfeiler eines Forschungsprojektes 116
2.1 Aktionsforschung 117
2.2 Design Science 119
2.3 Aktionsforschung und Design Science als duale Forschungsstrategie 122
3. Die duale Forschungsstrategie im Kontext des KMU 2.0-Projektes 125
3.1 Auswirkungen der dualen Forschungsstrategie auf KMU 2.0 126
3.2 Empfehlung für eine Forschungslandkarte am Beispiel von KMU 2.0 129
4. Resümee aus einer dualen Forschungsstrategie 134

1. Einleitung

Kleine und mittlere Unternehmen (KMU) zeigen sich oftmals zurückhaltend beim unternehmensübergreifenden Austausch von Erfahrungen und Wissen, sind sie doch in der Regel bestrebt, ihr ureigenes Geschäftsmodell und die diesem zu Grunde liegenden Kernkompetenzen zu schützen. Dies ist ferner mit ein Grund dafür, dass die Unternehmen dem Austausch ihrer Mitarbeiter mit Mitarbeitern anderer Unternehmen zu konkreten beruflichen Belangen kritisch gegenüberstehen. Gerade für KMU wäre ein unternehmensübergreifender Wissens- und Erfahrungsaustausch bis hin zur Durchführung gemeinsamer Innovationen, und zwar speziell unter Rückgriff auf das vor Ort vorhandene Wissen ihrer Mitarbeiter, aber vielfach in hohem Maße Nutzen stiftend. Dies ist insbesondere dann der Fall, wenn sich die gemeinsamen Aktivitäten in nicht-kompetitiven Bereichen vollziehen.[1]

Vor diesem Hintergrund war es das Ziel des Forschungsprojektes KMU 2.0 in einem regionalen Netzwerk kleiner und mittlerer Unternehmen, dem WirtschaftsForum Neuwied e.V., auf Ebene der Mitarbeiter einen Prozess der Zusammenarbeit und des aktiven Austausches mit Hilfe des Einsatzes neuer Technologien in Form von Web 2.0 anzustoßen, der im Ergebnis zu innovativen Lösungen für Problemstellungen aus dem Berufsalltag führt. Da es sich bei dem Vorhaben um ein praxisorientiertes Forschungsprojekt handelte, bei dem die Entwicklung eines Web 2.0-Prototypen mit der Zielsetzung der Vermittlung gemeinsamer Innovationsprozesse im Kern stand, bot sich eine duale Forschungsstrategie, bestehend aus der Methodologie der Aktionsforschung, gepaart mit derjenigen der Design Science an.

Der vorliegende Aufsatz zeigt auf, wie im Kontext der dualen Forschungsstrategie im Rahmen eines praxisorientierten Forschungsprojektes methodisch vorgegangen werden kann, um schrittweise einen Prozess des gemeinsamen Innovierens innerhalb eines regionalen Netzwerkes anzustoßen und voranzutreiben. Hierzu werden

[1] Siehe hierzu ausführlich "Anwendungsszenario regionale KMU-Netzwerke: Das Forschungsfeld WirtschaftsForum Neuwied e.V." von *Lindermann/Scherrer/von Kortzfleisch* in diesem Buch.

die beiden Forschungsstränge zunächst einzeln skizziert und anschließend in eine duale Forschungsstrategie überführt. Der auf diese Weise eingeführte Forschungsansatz wird sodann auf seine Besonderheiten im Kontext des KMU 2.0-Projektes untersucht, um darauf aufbauend eine Forschungslandkarte zu entwickeln, die das im Forschungsvorhaben verfolgte Vorgehen konkretisiert. Der Beitrag schließt mit einem Resümee über die im Verlauf des Projektes gewonnenen Erkenntnisse in der „Anwendung" dieses dualen Forschungsansatzes.

2. Methodische Grundpfeiler eines Forschungsprojektes

Gerade in praxisorientierten Forschungsprojekten ist es essentiell eine geeignete Forschungsmethode zu wählen, die sowohl den Interessen der Forscher als auch denen der Praktiker gerecht wird.[2] Vor diesem Hintergrund wird Forschung mit dem Ziel der Erbringung eines sowohl wissenschaftlichen als auch praxisrelevanten Mehrwertes betrieben: wissenschaftlich im Sinne eines Erkenntnisgewinns zu bestehenden Theorien und praxisrelevant hinsichtlich der Lösung praxisnaher Probleme.[3]

Das Forschungsprojekt KMU 2.0 verfolgt aus diesem Grund zwei Methoden, die beide auf die direkte Intervention zu konkreten Problemen aus der Praxis ausgerichtet sind, die Methode der Aktionsforschung und die der Design Science.[4] Die Zielsetzung des Forschungsprojektes, einen Prozess des gemeinschaftlichen Innovierens in einem regionalen Netzwerk anzustoßen und voranzutreiben, ist wesentliches Merkmal des gewählten Ansatzes der Aktionsforschung. Denn hier geht es grundsätzlich darum, basierend auf der Zusammenarbeit zwischen Forschern und Praktikern, einen Wandel in dem beforschten System herbeizuführen und dessen Wirkungen zu untersuchen.[5] Darüber hinaus ist es das Ziel des Forschungsprojektes, einen Web 2.0-basierten Prototypen für ein regionales Netzwerk zu entwickeln und zu implementieren, der die Einbindung und den aktiven Austausch seiner Mitglieder

[2] Vgl. *Romme* 2003, S. 561f und *Cole et al.* 2005, S. 325.
[3] Vgl. *Davis* 1971, S. 311f.
[4] Vgl. *Cole et al.* 2005, S. 325.
[5] Vgl. *Baskerville* 2001, S. 194f.

in Richtung des gemeinsamen Innovierens unterstützen soll. Ein Vorgehen, das auf dem Prinzip der Design Science basiert, d.h. der Entwicklung und Evaluation eines Artefakts für eine spezifische Problemdomäne.[6]

Obwohl diese beiden Ansätze in der Forschung traditionell unterschiedlich verankert sind, weisen sie eine große Parallelität auf.[7] Nachfolgend werden sie daher zunächst einzeln und anschließend als duale Forschungsstrategie vorgestellt, um hierüber das Vorgehen innerhalb des Forschungsprojektes spezifizieren zu können.

2.1 Aktionsforschung

Aktionsforschung wurde erstmals von Kurt Lewin 1946 im Kontext der Sozialwissenschaften als ein methodischer Ansatz eingeführt, der Forschung und Aktion im Sinne der Theoriebildung einerseits, bei gleichzeitigem Wandel eines gegebenen sozialen Kontextes andererseits miteinander verbindet.[8] Hintergrund war die Tatsache, dass bis dato traditionelle Forschungsansätze keinerlei Beiträge zur Lösung sozialkritischer Probleme leisten konnten.[9] Vielmehr wurde ein Ansatz benötigt, der Forscher und Praktiker gleichsam in die Entwicklung konkreter Lösungskonzepte mit einbezog,[10] und zwar unter der Maßgabe der Anleitung von Praktikern in einer konkreten Problemsituation auf der einen sowie des Erlangens theoretischer Erkenntnisse für die Wissenschaft auf der anderen Seite.[11]

Um in diesem Sinne die Definition von Baskerville und Myers aufzugreifen, ist es das Wesen der Aktionsforschung „[...] to solve current practical problems while expanding scientific knowledge“[12]. Hierbei wird die Annahme zugrunde gelegt, dass die Untersuchung komplexer sozialer Rahmenbedingungen nicht auf die Betrachtung

[6] Vgl. *Hevner et al.* 2004, S.77.
[7] Siehe hierzu ausführlich *Järvinen* 2007 und *Cole et al.*2005.
[8] Siehe hierzu *Baskerville/Myers* 2004, S. 330 und *Susman/Evered* 1978, S. 586f.
[9] Dies ist vor allem vor dem Hintergrund der massiven sozialen Probleme nach dem Zweiten Weltkrieg zu sehen.
[10] Siehe hierzu *Lewin* 1946.
[11] Vgl. *Rapoport* 1970, S. 499.
[12] *Baskerville/Myers* 2004, S. 329.

einzelner Variablen und Komponenten heruntergebrochen werden kann. Wissenschaftliche Erkenntnisse darüber lassen sich vielmehr über spezifische „Aktionen" und der anschließenden Analyse und Bewertung ihrer Auswirkungen erzielen.[13] Vor diesem Hintergrund forciert Aktionsforschung ein konkretes Untersuchungsfeld mit einer spezifizierbaren Problemstellung mit dem Ziel, ein umfassendes wissenschaftliches Verständnis über komplexe soziale Prozesse zu erlangen.[14] Hierzu planen Forscher in Kooperation mit Praktikern auf Basis einer gegebenen Problemstellung den gewünschten Zielzustand innerhalb eines Untersuchungsfeldes, um hierüber gezielte Aktionen durchführen und in ihren Wirkungen bewerten zu können.[15] Die Eigenschaften von Aktionsforschung (AF) lassen sich somit wie folgt beschreiben:[16]

1. AF ist problemorientiert und damit kontextbezogen zur Erreichung eines Zielzustands in einem gegebenen Untersuchungsfeld
2. AF ist aktions- und damit zukunftsorientiert mit dem Ziel, Änderungen innerhalb eines Untersuchungsfeldes in Form gezielter Aktionen zu bewirken.
3. AF basiert auf der Zusammenarbeit zwischen Forschern und Praktikern.[17]

Der Aktionsforscher wird damit Bestandteil des Untersuchungsgegenstandes, der nicht nur beobachtet, sondern auch aktiv interveniert.[18] Diese zentrale Eigenschaft von Aktionsforschung lässt den Ansatz allerdings vielfach unter Kritik geraten, besteht hier die Gefahr im Sinne einer Beratung zur Entwicklung praxisbezogener Dienstleistungen instrumentalisiert zu werden.[19] Um jedoch gleichsam der Maßgabe zur Erzielung valider wissenschaftlicher Ergebnisse gerecht werden zu können, formulieren Baskerville und Meyers eine Anforderung an Aktionsforschung wie folgt: „[...] practical action must inform the theory. The theory must be adjusted according to the practical outcome of the action"[20]. Dies setzt jedoch die Entwicklung eines theoretischen Rahmens voraus, auf dessen Basis in dem Forschungsfeld gezielt

[13] Vgl. *Baskerville* 1999, S. 3f.
[14] Vgl. *Baskerville* 1999 S. 11.
[15] Vgl. *Järvinen* 2007, S. 52.
[16] Siehe hierzu *Baskerville* 1999, S. 9 und *Susman/Evered* 1978, S. 589f.
[17] Vgl. *Järvinen* 2007, S. 40.
[18] Vgl. *Baskerville* 1999, S. 4f und *Järvinen* 2007, S. 41.
[19] Siehe hierzu *Baskerville/Wood-Harper* 1996, S. 241.
[20] *Baskerville/Meyers* 2004, S. 333.

interveniert und Wissen für die Wissenschaft und Praxis generiert, reflektiert und modifiziert werden kann.[21] Aus diesen Ausführungen lässt sich eine weitere Eigenschaft von Aktionsforschung wie folgt beschreiben:

4. AF generiert Theorien, die in einem zyklischen Prozess aus Diagnose, Intervention und Bewertung entstehen.[22]

Susman und Evered empfehlen hierzu, Aktionsforschung in einem zyklischen Prozess, bestehend aus 5 Phasen, zu betreiben:[23] (1) Diagnose: Analyse des Problemfeldes, (2) Aktionsplanung: Planung möglicher Interventionen, (3) Aktionsdurchführung: Umsetzung der Interventionen, (4) Evaluation: Analyse der Wirkungen einer Intervention, (5) Lernen: Identifizierung generalisierbarer wissenschaftlicher Erkenntnisse. Der Prozess ist dabei mehrfach zu durchlaufen, bis eine adäquate Lösung für das komplexe Problem gefunden werden kann.

2.2 Design Science

Der Begriff der Design Science wurde im Jahre 1963 von Buckminster Fuller geprägt und lässt sich in seinem Wesen anhand des folgenden Zitats beschreiben: "The function of what I call design science is to solve problems by introducing into the environment new artifacts [...]. For example, when humans have a vital need to cross the roaring rapids of a river, as a design scientist I would design them a bridge [...]."[24]

Ursprünglich in der Architektur und im Ingenieurswesen verankert, zielt die Design Science auf die Entwicklung physischer Artefakte ab, die einen definierten Zweck erfüllen.[25] Der Blick der Design Science richtet sich demnach nicht nur auf das zu erstellende Artefakt. Vielmehr geht es dabei auch um die damit verbundenen Prozesse,[26] die sich nach March und Smith generell in die Kernaktivitäten „Build“ und

[21] Siehe hierzu *Baskerville* 1999, S. 11; *Järvinen* 2007, S. 42 und *Baburoglu/Ravn* 1992 S. 19f.
[22] Vgl. *Baskerville/Meyers* 2004, *S. 330.*
[23] Vgl. *Susman/Evered* 1978. S. 587f.
[24] *Buckminster Fuller Institute* 2010.
[25] Siehe hierzu *March/Smith* 1995, S. 253.
[26] Vgl. *Walls/Widmeyer/Sawy* 1992, S. 42.

„Evaluate" unterteilen lassen:[27] „Build" als Prozess zur Erstellung des Artefaktes und „Evaluate" als Prozess zur Beurteilung seiner Zweckmäßigkeit.

In der Wirtschaftsinformatik repräsentiert die Design Science unter der primären Fragestellung: „what can be automated and how can it be done efficiently and effectively?"[28] nur einen möglichen Forschungsstrang: Aufgrund des mit dem Einsatz von Informationssystemen verbundenen Zusammenspiels von Menschen, Organisationen und Technologien,[29] wird sie neben den Natur-, Verhaltens-, oder Sozialwissenschaften eingeordnet, bei denen es im Kern um die Untersuchung menschlichen oder organisationalen Verhaltens geht.[30] Ziel der Design Science ist die Entwicklung eines Artefaktes zur Lösung eines spezifischen Problems innerhalb eines gegebenen Untersuchungsgegenstandes. Das Artefakt als solches verkörpert dabei sowohl ein technisches Produkt in Form eines Informationssystems oder Werkzeugs als auch ein Konstrukt, Modell oder eine Methode, die den gewünschten Zustand zur Problemlösung beschreiben und auf dessen Basis die eigentliche technische Realisierung erfolgt.[31]

Die mit dem Artefakt verbundenen Prozesse der Erstellung und anschließenden Bewertung erfolgen iterativ in einer so genannten „build-and-evaluate-Schleife":[32] Hierbei sind Forscher und Praktiker gleichsam dazu aufgefordert, das zu lösende Problem zu adressieren und konzeptionalisieren, um das daraus resultierende Artefakt anschließend in seinem Anwendungskontext auf seine Zweckmäßigkeit hin zu überprüfen und anzupassen. Daraus lassen sich die Eigenschaften der Design Sciene (DS) wie folgt beschreiben:[33]

1. DS ist problemorientiert und damit kontextbezogen zur Lösung unternehmensbezogener Probleme.

[27] Vgl. *March/Smith* 1995, S. 254.
[28] *Järvinen* 2005.
[29] Vgl. *Hevner et al.* 2004, S. 77.
[30] Siehe hierzu auch *Hevner et al.* 2004 und *March/Smith* 1995.
[31] Siehe hierzu ausführlich *March/Smith* 1995, S. 256ff.
[32] Vgl. *Hevner et al.* 2004, S. 78.
[33] Siehe hierzu auch *Hevner et al.* 2004, S.82ff.

2. DS ist produktorientiert mit dem Ziel der Erstellung und anschließenden Bewertung eines zweckmäßigen Artefakts.
3. DS basiert auf der Zusammenarbeit zwischen Forschern und Praktikern in einem gegebenen Kontext aus Mensch, Organisation und Technik.

Die Legitimation der Design Science als Forschungsdisziplin ist analog zur Aktionsforschung zunächst über die Einbeziehung wissenschaftlicher Theorien herzustellen:[34] Einerseits zur Vorhersage und Erläuterung der Zweckmäßigkeit eines Artefaktes und seines Einflusses auf den gegebenen Kontext[35] sowie andererseits zur Erzielung wissenschaftlicher Erkenntnisse aus dem „build-and-evaluate“-Prozess. Darüber hinaus ist die Entwicklung des eigentlichen Systems als „proof of concept“ für die zugrundeliegende Forschung anzustreben. Dies impliziert die technische Realisierung entwickelter Konzepte in einem Informationssystem oder Werkzeug, um deren Validität im untersuchten Kontext testen und überprüfen zu können.

Nur auf diese Weise entsteht Wissen in Form von „Design Knowledge“, das sowohl in den Design Prozess als auch in das Artefakt einfließen und in ähnlichen Kontexten wiederverwendet, angepasst oder erweitert werden kann.[36] Demzufolge kann eine weitere Eigenschaft der Design Science wie folgt formuliert werden:[37]

4. DS generiert in einer zyklischen „build-and-evaluate“-Schleife allgemeines Wissen, das sowohl auf den Design Prozess als auch auf das Artefakt, bezogen und in anderen Kontexten angewendet und erweitert werden kann.

In diesem Sinne lässt sich der Prozess der Design Science anhand von 5 Phasen beschreiben: (1) Identifizierung des Problems, (2) Konzeption des Lösungsvorschlags, (3) Entwicklung des Systems, (4) Evaluation des Systems, (5) Rückschlüsse auf die Forschung.[38]

---

[34] Siehe hierzu ausführlich *Nunamaker/Chen/Purdin* 1991, S. 92ff.
[35] Vgl. *Hevner et al.* 2004, S. 77.
[36] Siehe hierzu ausführlich *van Aken* 2004, S.225ff.
[37] Vgl. *Järvinen* 2007, S. 50.
[38] Vgl. *Vaishnavi/Kuechler* 2004.

2.3 Aktionsforschung und Design Science als duale Forschungsstrategie

In der Literatur belegen Aufsätze wie die von Järvinen sowie Cole et al.[39] aber auch Lindgren, Henfridsson und Schultze[40], dass Aktionsforschung und Design Science aufgrund ihrer Gemeinsamkeiten als duale Forschungsstrategie angewendet werden können. Im Folgenden wird, basierend auf den in Abschnitt 2.1 und 2.2 herausgestellten und in Abbildung 1 gegenübergestellten Eigenschaften der Aktionsforschung und Design Science, ein Vergleich der beiden Ansätze skizziert, um sie so in eine duale Forschungsstrategie überführen zu können.

#	Eigenschaften Aktionsforschung (AF)	Eigenschaften Design Science (DS)
1	AF ist problemorientiert und damit kontextbezogen zur Erreichung eines Zielzustands in einem gegebenen Untersuchungsfeld.	DS ist problemorientiert und damit kontextbezogen zur Lösung unternehmensbezogener Probleme
2	AF ist aktions- und damit zukunftsorientiert mit dem Ziel, Änderungen innerhalb eines Untersuchungsfeldes in Form gezielter Aktionen zu bewirken.	DS ist produktorientiert mit dem Ziel der Erstellung und anschließenden Bewertung eines zweckmäßigen Artefakts
3	AF basiert auf der Zusammenarbeit zwischen Forschern und Praktikern	DS basiert auf der Zusammenarbeit zwischen Forschern und Praktikern in einem gegebenen Kontext aus Mensch, Organisation und Technik
4	AF generiert Theorien, die in einem zyklischen Prozess aus Diagnose, Intervention und Bewertung entstehen	DS generiert in einer zyklischen „build-and-evaluate"-Schleife allgemeines Wissen, das sowohl auf den Design Prozess als auch auf das Artefakt, bezogen und in anderen Kontexten angewendet und erweitert werden kann

Abbildung 1: Gegenüberstellung der Eigenschaften von Aktionsforschung und Design Science[41]

Der Kontextbezug ist, wie in Abbildung 1 verdeutlicht, eine Eigenschaft, die sowohl von der Aktionsforschung als auch der Design Science geteilt wird. Gegenstand der Untersuchung ist in beiden Ansätzen ein organisationales Problem aus der Praxis,

---

[39] Siehe *Järvinen* 2007 und *Cole et al.* 2005: Aktionsforschung und Design Science werden hier anhand verschiedener Kriterien beschrieben, die aufeinander Bezug nehmend die Gemeinsamkeiten und Unterschiede der Ansätze erkennen lassen.

[40] Siehe *Lindgren/Henfridsson/Schultze* 2004: Aktionsforschung wird hier als Methode in einem Projekt zur Entwicklung eines Kompetenz-Management-Systems angewendet.

[41] in Anlehnung an *Järvinen* 2007 und *Cole et al.* 2005

das in der Aktionsforschung mit Hilfe gezielter Aktionen in einen gewünschten zukünftigen Zielzustand zu überführen und in der Design Science durch die Erstellung eines konkreten Artefakts zu lösen ist.[42] Anders formuliert lassen sich die mit den beiden Ansätzen verbundenen Prinzipien beschreiben als „Wandel durch kontextbezogene Aktion“[43] im Falle der Aktionsforschung und als „Wandel durch Erstellung eines kontextbezogenen Artefakts“[44] im Falle der Design Science. Beide Ansätze fokussieren dabei auf die Zweckmäßigkeit der jeweiligen Aktion bzw. des zu erstellenden Artefaktes, resultierend in der Notwendigkeit zunächst Ziel und Zweck der Aktion bzw. des Artefaktes zu definieren und anschließend deren Wirkung und Nutzen zu evaluieren.[45] Angesichts dieser Tatsache kann das Vorgehen sowohl der Aktionsforschung als auch der Design Science, wie in Abbildung 2 dargestellt, grundsätzlich in die Phasen der (1) Diagnose, (2) Planung, (3) Umsetzung und (4) Evaluation unterteilt werden.[46] Besonderes Augenmerk wird dabei jeweils auf die Planung und Durchführung einer Aktion bzw. die Konzeption und Entwicklung eines konkreten Artefaktes je nach verfolgtem Forschungsansatz gelegt.

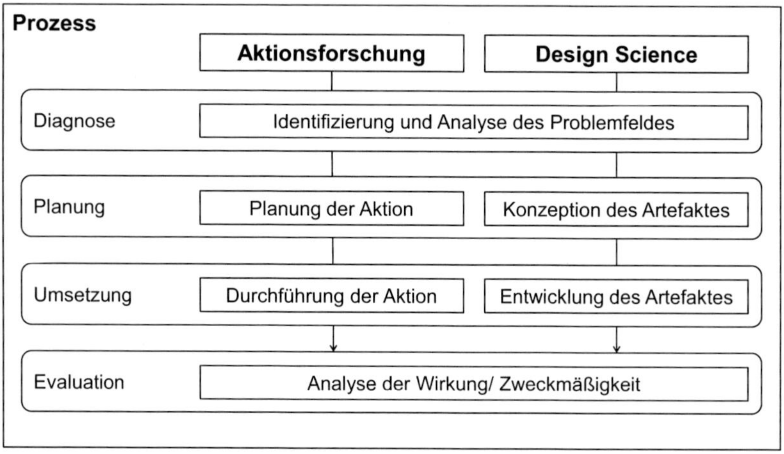

Abbildung 2: Phasen der Aktionsforschung und Design Science

[42] Vgl. *Cole et al.* 2005, S. 14.
[43] Vgl. *Baskerville/Myers 2004,* S. 333.
[44] Vgl. *Cole et al.* 2005, S. 14.
[45] Vgl. *Cole et al.* 2005, S. 15.
[46] Siehe hierzu auch *Cole et al. 2005*, S. 17: Hier werden die Phasen der Diagnose und Planung jedoch in der Phase der „Problem Identification“ zusammengefasst.

Die Verbindung der beiden Ansätze kann nach der Phase der Diagnose in der Weise hergestellt werden, dass die Aktion bzw. Intervention durch die Entwicklung und Einführung eines Artefakts in dem Untersuchungsgegenstand herbeigeführt wird. In diesem Sinne wird der in der Aktionsforschung angestrebte Änderungsprozess unmittelbar mit einem abgrenzbaren Artefakt in Zusammenhang gebracht: die Aktion wird sozusagen sichtbar.[47] Aus dem Blickwinkel der Design Science erlaubt die Verbindung umgekehrt eine umfassende Betrachtung aller erforderlichen Maßnahmen bzw. Aktionen, die mit der Entwicklung und Einführung des Artefaktes in dem gegebenen Kontext erforderlich sind.[48] Hierdurch wird das Augenmerk nicht nur auf die Kriterien gelegt, die unmittelbar mit dem Artefakt in Verbindung stehen (wie z.B. die Erzielung von Effektivität und Effizienz). Vielmehr wird der Fokus auf das Zusammenspiel zwischen Mensch, Organisation und Technik sowie den Einfluss, den das Artefakt auf das gegebene Umfeld nimmt, ausgeweitet. Aktion und Artefakt bedingen sich somit gegenseitig.

Unter der Maßgabe der Lösung praxisnaher Probleme bei gleichzeitigem Erzielen wissenschaftlicher Erkenntnisse, basieren sowohl die Aktionsforschung als auch die Design Science auf der Zusammenarbeit zwischen Forschern und Praktikern. Der Fokus wird dabei zunächst auf die Lösung eines praktischen Problems gelegt mit der Zielsetzung, die Praktiker während des gesamten Lösungsprozesses anzuleiten und sie darüber hinaus für den Einsatz der erarbeiteten Konzepte oder Artefakte in anderen Kontexten zu befähigen.[49] Zugleich ist die Anwendung und ggf. Anpassung bestehender und die Generierung neuer oder weiterführender Theorien essentieller Bestandteil des gesamten Forschungsprozesses, um ihn als solchen legitimieren zu können: Die Aktionsforschung setzt aus diesem Grund einen theoretischen Rahmen voraus, auf dessen Basis agiert, evaluiert und vor allem reflektiert werden kann. Die Reflektions- bzw. Lernphase ist hierbei unmittelbare Voraussetzung, um aus den im Forschungsprozess gesammelten Erfahrungen und erzielten Ergebnissen neue wissenschaftliche Erkenntnisse generieren zu können.[50] In der Design Science sind

[47] Vgl. *Cole et al.* 2005, S. 16.
[48] Vgl. *March/Smith* 1995, S. 254.
[49] Vgl. *Cole et al.* 2005, S. 13.
[50] Vgl. *Susman/Evered* 1978, S. 589f.

diese Überlegungen auf das zu erstellende Artefakt sowie auf den Design Prozess zu beziehen:[51] So beruht das Artefakt sowohl auf kontext- als auch theoriegestützten Anforderungen, die es nicht nur umzusetzen und zu evaluieren, sondern darüber hinaus hinsichtlich der zugrundeliegenden Theorien zu reflektieren gilt. Nur so können konkrete Aussagen darüber getroffen werden, wie und warum das Artefakt in dem gegebenen Kontext eine gewisse Zweckmäßigkeit erfüllt.[52] Die theoretischen Grundlagen des Design Prozesses hingegen beinhalten Vorgehensmodelle und Methoden für die Erstellung und Evaluation des Artefaktes. Auch hier ist die Theorie aufgrund der in der Praxis gesammelten Erfahrung einer Reflektion zu unterziehen, wird hierdurch eine Modifizierung oder Erweiterung der theoretischen Modelle und Methoden erst ermöglicht. Demzufolge ist das in Abbildung 2 vorgeschlagene Vorgehen um die Phase der Reflektion zu erweitern.[53] Auch hier stehen Aktionsforschung und Design Science in einem wechselseitigen Verhältnis zueinander.

3. Die duale Forschungsstrategie im Kontext des KMU 2.0-Projektes

Basierend auf den Überlegungen aus Kapitel 2 bot sich für das Forschungsprojekt KMU 2.0 eine parallele Verfolgung der Methodologie der Aktionsforschung mit derjenigen der Design Science als duale Forschungsstrategie an:

- Die Design Science zur Entwicklung des Web 2.0-basierten Prototypen für das regionale Netzwerk, dem WirtschaftsForum Neuwied e.V., mit dem Ziel der Unterstützung des unternehmensübergreifenden Wissens- und Erfahrungsaustauschs sowie der Generierung gemeinsamer Innovationen.

- Die Aktionsforschung mit dem Ziel der umfassenden Erhebung der Gestaltungsanforderungen des Prototypen sowie der Weiterentwicklung des

[51] Siehe hierzu ausführlich *Walls/Widmeyer/Sawy* 1992, S. 42ff.
[52] Vgl. *March/Smith* 1995, S. 259.
[53] Vgl. *Cole et al.* 2005, S. 17.

regionalen Netzwerkes in Richtung des gemeinsamen Innovierens durch gezielte Aktionen.

Erklärtes Ziel des Forschungsprojektes war es, einen Transfer zwischen Wissenschaft und Praxis zu erreichen, der einerseits die Entwicklung und anschließende Erprobung und Reflektion wissenschaftlicher Konzepte, Modelle und Methoden in dem Praxisnetzwerk erlaubte und andererseits die Praxis bei der Lösung der hier identifizierten Probleme unterstützte. Hierzu waren in einem ersten Schritt anhand des in den Abschnitten 2.1 und 2.2 dargestellten Wesens der Aktionsforschung und Design Science die wesentlichsten Eigenschaften der Forschungsaktivitäten in KMU 2.0 zu identifizieren (Abschnitt 3.1), um darauf aufbauend eine grundlegende Forschungslandkarte aufbauen zu können (Abschnitt 3.2).

3.1 Auswirkungen der dualen Forschungsstrategie auf KMU 2.0

Das Ziel praxisorientierter Forschungsprojekte, die Erbringung eines sowohl wissenschaftlichen als auch praxisrelevanten Mehrwertes, kann ein typisches Spannungsfeld zwischen den Ansprüchen der Forschung und den Realitäten der Praxis aufwerfen. Diesem Umstand gilt es insofern Rechnung zu tragen, dass die Forschung auf der einen Seite vorangetrieben wird, ohne die Praxis auf der anderen Seite zu verlieren.[54] Gleichzeitig sind beide Seiten kontinuierlich aufeinander abzustimmen, um auf diese Weise Akzeptanz der Forschungstätigkeiten seitens der Wissenschaft und Praxis zu erlangen.

Aus diesem Anspruch heraus resultiert die unmittelbare Anforderung, ganz im Sinne der Aktionsforschung und Design Science, eine enge Zusammenarbeit zwischen Forschern und Praktikern anzustreben. Im Rahmen des Forschungsprojektes standen sich hierbei ein interdisziplinäres Team an Forschern und ein Praxisnetzwerk mit einer Mitgliederbasis von rund 115 Unternehmen gegenüber. In einem solchen Falle ist es aus Sicht des Forschungsprojektes empfehlenswert, die Zusammenarbeit mit der Praxis (zunächst) auf einen repräsentativen Mitgliederkreis des regionalen Netz-

[54] Vgl. *Valcárcel/Lindermann/von Kortzfleisch* 2010, S.166f.

werkes, den so genannten Value Partnern, zu reduzieren. Diese fungieren in Richtung der Forschung als wichtige Input- und Feedbackgeber und übernehmen in Richtung der Praxis die Rolle der Multiplikatoren für die Forschungsaktivitäten. In einem zentralistisch geführten Netzwerk, wie dem WirtschaftsForum Neuwied e.V., in dem die Aktivitäten primär zentral angestoßen und koordiniert werden,[55] ist darüber hinaus die Funktion eines Intermediärs aus der Führungsriege des Netzwerkes erforderlich. Primär ist es dabei dessen Aufgabe, den Forschern Zugang zu den Mitgliedsunternehmen des Netzwerkes und damit auch den Value Partnern zu verschaffen und als Bindeglied sowie vermittelnde Instanz zwischen den Forschern und Praktikern zu agieren. In dieser Eigenschaft ist der Intermediär Anwalt, Promotor und Katalysator der Forschungsaktivitäten in das regionale Netzwerk hinein. Zugleich ist er jedoch auch Flaschenhals in Richtung der Forschung, werden durch ihn etwa aufgrund abweichender Schwerpunktsetzungen Forschungsaktivitäten punktuell gebremst.[56]

Neben der Zusammenarbeit von Forschern und Praktikern ist die duale Forschungsstrategie der Aktionsforschung und Design Science durch eine adäquate Methodenwahl zu unterstützen, die nicht nur Wissenschaft und Praxis gleichermaßen bedient, sondern darüber hinaus die Anforderungen beider Forschungsansätze erfüllt. Hevner et al. führen in diesem Zusammenhang den Begriff der „Research Rigor“ heran und fordern eine Sorgfalt in der Auswahl theoretischer Konzepte und Methoden, die den Forschungsaktivitäten zugrunde gelegt werden.[57] Das Postulat der „Research Rigor“ setzt in diesem Sinne die Entwicklung einer Forschungslandkarte voraus (siehe Abschnitt 3.2), die ein zyklisches Vorgehen basierend auf den in Abbildung 2 skizzierten Prozessschritten und den damit verbundenen Methoden beinhaltet. Im Rahmen des Forschungsvorhabens KMU 2.0 sind dabei insbesondere folgende Aspekte zu berücksichtigen:

---

[55] Siehe hierzu ausführlich "Anwendungsszenario regionale KMU-Netzwerke: Das Forschungsfeld WirtschaftsForum Neuwied e.V." von *Lindermann/Scherrer/von Kortzfleisch* in diesem Buch.
[56] Vgl. *Valcárcel/Lindermann/von Kortzfleisch* 2010, S.164.
[57] Vgl. *Hevner et al.* 2004, S. 87f.

- Die Praktiker werden hauptsächlich in den Phasen der Diagnose und Evaluation stark in den Forschungsprozess mit eingebunden. Hierbei wird von den Forschern ein sorgfältiger Umgang mit den zur Verfügung stehenden Ressourcen der Praktiker erwartet. Vor diesem Hintergrund sind die Methoden der Aktionsforschung und Design Science sowohl in der Diagnose- als auch der Evaluationsphase speziell dann zusammenzufassen, wenn die Einbindung der Praktiker erforderlich ist. Anzustreben ist in diesem Fall ein Minimalprinzip ausgewählter Methoden, die gleichermaßen den Anforderungen beider Forschungsstränge entsprechen.

- Die Umsetzung der mit den Methoden verbundenen Maßnahmen erfordert eine enge Abstimmung mit dem Intermediär des Netzwerkes. Wird lediglich die Zielgruppe der Value Partner angesprochen, kann die weitere Zusammenarbeit mit den Praxispartnern jeweils bilateral, ohne zusätzlichen Einbezug des Intermediärs erfolgen. Gilt es jedoch gleichzeitig mehrere Praxispartner des regionalen Netzwerkes zu erreichen, sind die Maßnahmen fortlaufend mit dem Intermediär abzustimmen und über ihn einzuleiten. Dies birgt zwar einerseits die Gefahr, dass die Maßnahmen an die inhaltlichen Schwerpunktsetzungen des regionalen Netzwerkes angepasst werden müssen und sich dadurch verzögern. Jedoch kann über die Promotorenrolle des Intermediärs eine enorme Push-Wirkung in der Motivation und fortlaufenden Beteiligung der Praktiker an den Forschungsaktivitäten erreicht werden.[58]

- Die Interventionen in das Netzwerk hinein sind im Rahmen des Forschungsvorhabens unmittelbar an die Entwicklung und Einführung eines Web 2.0-Prototypen gekoppelt. Der Prototyp übernimmt in diesem Zusammenhang die Funktion eines Boundary Objects, d.h. eines sichtbaren Artefaktes, mit dessen Hilfe sich die an dem Forschungsvorhaben beteiligten Akteure begegnen und verständigen können.[59] Der Entwicklungsprozess des Boundary Objects folgt dabei den Regeln der Design Science. Hierzu ist ein adäquater Engineering-Prozess einzuschlagen, der den Gegebenheiten der Softwareentwicklung in

---

[58] Vgl. *Chisholm* 2004, S. 254.
[59] Vgl. *Bergmann et al.* 2010, S.106.

einem regionalen Netzwerk entspricht.[60] Gleichzeitig sind die damit verbundenen Maßnahmen unter Berücksichtigung der Perspektiven Mensch, Organisation und Technik im Sinne der Aktionsforschung zu planen und umzusetzen. Demzufolge bedingen sich die Prozesse der Aktionsforschung und Design Science gegenseitig und sind in direkter Abhängigkeit zueinander zu sehen.

3.2 Empfehlung für eine Forschungslandkarte am Beispiel von KMU 2.0

Den Anforderungen der dualen Forschungsstrategie folgend ist die Entwicklung einer Forschungslandkarte anzustreben, welche den Zielsetzungen und vorliegenden Gegebenheiten des Vorhabens bestmöglich gerecht wird. Das Forschungsvorhaben als solches ist in einem zyklischen Prozess, basierend auf den in Abbildung 2 identifizierten Phasen durchzuführen. Im Blickfeld stehen demnach die Definition des Problems (Diagnose), die Planung, Umsetzung und Evaluation des Artefaktes und der damit verbundenen Aktionen sowie die anschließende Einbringung des Gelernten in den nächsten Zyklus. Pro Zyklus empfiehlt sich die Erstellung eines Datenblattes (siehe Abbildung 3), das neben der Zielbestimmung, die Intentionen einer jeden Phase innerhalb des Zyklus beschreibt und in Abhängigkeit der zu involvierenden Praxispartner die Methoden im Hinblick auf das Postulat der Research Rigor festlegt.

Zyklus #	**Ziel eines Zyklus**		
Phase	**Ziel der Phase**	**Beteiligte Praxispartner**	**Methode**
Diagnose	Identifizierung Problemfeld		
Planung	Konzeption Artefakt		
	Planung Aktion		
Umsetzung	Entwicklung Artefakt		
	Durchführung Aktion		
Evaluation	Analyse Zweckmäßigkeit		
		Reflektion	

Abbildung 3: Datenblatt für das methodische Vorgehen innerhalb eines Zyklus im Rahmen der dualen Forschungsstrategie

[60] Siehe hierzu "Engineering virtueller Dienstleistungen - Entwicklung von Web 2.0-Applikationen für KMU-Netzwerke unter Berücksichtigung mehrdimensionaler Anforderungen" von *Peris/Blinn/Nüttgens/Wolf* in diesem Buch.

Angesichts dessen ist die im Rahmen von KMU 2.0 verfolgte duale Forschungsstrategie dahingehend auszurichten, dass mit dem Einsatz eines Web 2.0-Prototypen in dem WirtschaftsForum Neuwied e.V. gemeinschaftliche Innovationsprozesse auf Mitarbeiterebene angestoßen und vorangetrieben werden können. Der damit angestrebte Wandel innerhalb des regionalen Netzwerkes erfordert ein Vorgehen, welches das Netzwerk und seine Mitgliedsunternehmen sowohl an die Technologie als auch an die Thematik des gemeinsamen Innovierens systematisch heranführt. Aus diesem Grund entwickelte das Forschungsprojekt KMU 2.0 eine Landkarte, die ein Vorgehen in insgesamt drei Zyklen vorsah (Abbildung 4 bis Abbildung 6):[61]

<table>
<tr><td>Zyklus 1</td><td colspan="3">Ziele:
(1) Identifizierung der Herausforderungen Web 2.0-basierter Kooperationen in regionalen Netzwerken
(2) Entwicklung und Einführung eines ersten Web 2.0-Prototypen</td></tr>
<tr><td>Phase</td><td>Ziel der Phase</td><td>Beteiligte Praxispartner</td><td>Methode</td></tr>
<tr><td rowspan="2">Diagnose</td><td rowspan="2">Analyse des Problemfeldes</td><td>- keine Beteiligung</td><td>- Literaturanalyse</td></tr>
<tr><td>- 6 Value Partner
- Intermediär im Vorgespräch</td><td>- Leitfadengestützte Interviews</td></tr>
<tr><td rowspan="2">Planung</td><td>Erstellung eines Fach – und DV-Konzeptes für den ersten Prototypen</td><td>- keine Beteiligung</td><td rowspan="2">- Extraktion und Gruppierung der Anforderungen</td></tr>
<tr><td>Planung der Einführung des Prototypen</td><td>- Intermediär</td></tr>
<tr><td rowspan="2">Umsetzung</td><td>Entwicklung des Prototypen („Wer-macht-was“)</td><td>- keine Beteiligung</td><td>- Prototyping</td></tr>
<tr><td>Einführung des Prototypen im Rahmen einer Mitgliederveranstaltung des WirtschaftsForums</td><td rowspan="2">- alle Mitglieder des WirtschaftsForums
- Intermediär</td><td rowspan="2">- Workshop
- (schriftliche Befragung – siehe Zyklus 2)</td></tr>
<tr><td>Evaluation</td><td>Analyse der Zweckmäßigkeit des ersten Prototypen</td></tr>
<tr><td colspan="4">Reflektion</td></tr>
</table>

Abbildung 4: Datenblatt für das Vorgehen in Zyklus 1

Zyklus 1 (Abbildung 4) stand unter der Prämisse, eine umfassende Analyse der Struktur des WirtschaftsForums durchzuführen und grundsätzliche Anforderungen und Wirkungszusammenhänge an eine Web 2.0-basierte Kooperation in einem

[61] Hierzu sei angemerkt, dass in diesem Beitrag lediglich ein grober Überblick über das in jedem Zyklus verfolgte Vorgehen gegeben werden kann. Ziel ist eine Skizzierung der Forschungslandkarte des KMU 2.0-Projektes, die auf eine Darstellung von Details verzichtet. Diese können u.a. *Lindermann et al.* 2009 oder *Lindermann/Valcárcel/vonKortzfleisch* 2010 entnommen werden.

regionalen Netzwerk zu erheben – dies als unmittelbare Voraussetzung für die Generierung gemeinschaftlicher Innovationsprozesse. Die Diagnosephase sah demzufolge eine Analyse des Problemfeldes mittels Literaturrecherche und leitfadengestützter Interviews mit sechs Value Partnern des WirtschaftsForums vor (denen Vorgespräche mit dem Intermediär des Netzwerkes vorausgingen). Untersucht wurde das Problemfeld der Kooperation kleiner und mittlerer Unternehmen in regionalen Netzwerken sowie Aspekte hinsichtlich der Nutzung internet-, insbesondere Web 2.0-basierter Anwendungen im Unternehmensalltag. Basierend auf dieser Analyse konnten erste Anforderungen für einen Web 2.0-Prototypen zur Unterstützung der Zusammenarbeit in einem regionalen Netzwerk identifiziert werden, der noch innerhalb von Zyklus 1 entwickelt und im WirtschaftsForum eingeführt wurde. Die mit der Implementierung des ersten Prototypen verbundenen Maßnahmen wurden von den Forschern konzeptionell geplant und mit begleitet, die Umsetzung oblag jedoch der Federführung des Intermediäres des WirtschaftsForums. In diesem Zuge wurde der erste Prototyp im Rahmen einer Mitgliederveranstaltung vorgestellt. In anschließenden Workshops konnten erste Kriterien bezüglich der Zweckmäßigkeit und Anforderungen zur Weiterentwicklung des Prototypen erhoben werden.

Basierend auf den Ergebnissen des vorangegangenen Zyklus, fokussierte *Zyklus 2* (Abbildung 5) die Weiterentwicklung des Web 2.0-Prototypen mit dem Ziel, die technischen Voraussetzungen zur Etablierung gemeinschaftlicher Innovationsprozesse auf Ebene der Mitarbeiter im WirtschaftsForum zu schaffen. Die Analyse des Problemfeldes stützte sich neben der Auswertung der Literatur, auf leitfadengestützte Interviews sowie anschließenden Workshops im ausgewählten Kreis der Value Partner. Im Ergebnis konnten wichtige Erkenntnisse darüber gewonnen werden, welche organisatorischen und technischen Voraussetzungen in einem regionalen Netzwerk für das Entstehen Web 2.0-gestützter, kollaborativer Innovationsprozesse geschaffen sein müssen. Die dabei erzielten Ergebnisse wurden in einer anschließenden schriftlichen Befragung validiert. Aus den Resultaten konnten die Anforderungen sowohl für die Weiterentwicklung des Prototypen in einem erweiterten Fach- und Datenverarbeitungskonzept, als auch für weiterführende Maßnahmen zur Einführung und Abnahme des Prototypen –

wiederum in enger Abstimmung mit dem Intermediär des Netzwerkes – abgeleitet werden. Da die Weiterentwicklung des Prototypen die Ergänzung umfassender Funktionalitäten erforderte, wurde eine Beta-Version zunächst im Kreis der Value Partner in einem Workshop vorgestellt und diskutiert. In einer anschließenden Testphase forderten die Forscher die Value Partner dazu auf, sich mit den Funktionalitäten des Prototypen vertraut zu machen und hierüber Rückmeldung zu geben. Auf diese Weise entstand inkrementell eine Version des Web 2.0-Prototypen, die für alle Mitglieder des WirtschaftsForums freigeschaltet wurde. In einem weiteren Workshop wurden mit den Value Partnern neben der Zweckmäßigkeit des Prototypen, Aspekte bezüglich der Akzeptanz und Verteilung des Prototypen im Netzwerk diskutiert, welche als Anforderungen in den letzten Zyklus des Forschungsvorhaben eingebracht wurden.

Zyklus 2	**Ziele:** (1) Identifizierung organisatorischer und technischer Anforderungen für die Gestaltung Web 2.0-basierter gemeinschaftlicher Innovationsprozesse (2) Weiterentwicklung und Einführung des erweiterten Web 2.0-Prototypen		
Phase	**Ziel der Phase**	**Beteiligte Praxispartner**	**Methode**
Diagnose	Analyse des Problemfeldes	- keine Beteiligung	- Literaturanalyse
		- 9 Value Partner - Intermediär im Vorgespräch	- Leitfadengestützte Interviews - Workshop 1
		- 16 Value Partner - Intermediär	- Workshop 2
		- Alle Mitglieder des WirtschaftsForums - Intermediär	- Schriftliche Befragung
Planung	Erstellung eines zweiten Fach- und DV-Konzeptes zur Weiterentwicklung des Prototypen	- keine Beteiligung	- Extraktion und Gruppierung der Anforderungen
	Planung für Tests und Einführung des zweiten Prototypen	- Intermediär	
Umsetzung	Weiterentwicklung des Prototypen (Meine Seite; Räume)	- keine Beteiligung	- Prototyping
	Einführung und Testen einer Beta-Version des Prototypen	- Value Partner - Intermediär	- Workshop 3 - Test des Prototypen
Evaluation	Analyse Zweckmäßigkeit	- Value Partner - Intermediär	- Workshop 4
		Reflektion	

Abbildung 5: Datenblatt für das Vorgehen in Zyklus 2

Zyklus 3 (Abbildung 6) verfolgte die Zielsetzung, die Akzeptanz und Nutzung des Web 2.0-Prototypen sicherzustellen und konkrete organisatorische Maßnahmen im Netzwerk zur Etablierung der gemeinschaftlichen Innovationsprozesse zu ergreifen. Den Erkenntnissen des vorangegangenen Zyklus folgend, wurde das Augenmerk primär auf die Planung und Umsetzung umfassender Interventionen in Form von Schulungen und Veranstaltungen gelegt, die eine starke Einbindung des Intermediärs als Promotor erforderten. Im Fokus stand nun nicht mehr primär die Entwicklung des Prototypen, vielmehr konnte die bis dato entwickelte, bzw. kontinuierlich optimierte Version nun als Grundlage verwendet werden, um eine Diskussion zur Thematik des kollaborativen Innovierens in dem regionalen Netzwerk voranzutreiben. Den Abschluss von Zyklus 3 bildete eine schriftliche Befragung, die insgesamt die Zweckmäßigkeit des Prototypen evaluieren sollte.

Zyklus 3	**Ziele:** (1) Akzeptanz und Verteilung des Web 2.0-Prototypen im WirtschaftsForum (2) Umsetzung organisatorischer Maßnahmen im WirtschaftsForum bezüglich der Etablierung gemeinschaftlicher Innovationsprozesse (3) Technische Optimierung des Web 2.0-Prototypen		
Phase	**Ziel der Phase**	**Beteiligte Praxispartner**	**Methode**
Diagnose	Analyse des Problemfeldes	Ergebnisse aus Zyklus 3	
Planung	Erstellung eines dritten Fach- und DV -Konzeptes zur Optimierung des Prototypen	- keine Beteiligung	- Extraktion und Gruppierung der Anforderungen
	Planung umfassender Maßnahmen zur Einführung und Verteilung des Prototypen	- Intermediär	
Umsetzung	Optimierung des Prototypen	- keine Beteiligung	- Prototyping
	Einführung und Verteilung des Prototypen im WirtschaftsForum	- Alle Mitglieder des WirtschaftsForums - Intermediär	- Schulungen - Online-Schulung - Workshops -
Evaluation	Analyse Zweckmäßigkeit	- Alle Mitglieder des WirtschaftsForums - Intermediär	- Schriftliche Befragung
Reflektion			

Abbildung 6: Datenblatt für das Vorgehen in Zyklus 3

Die Erkenntnisse aus den einzelnen Zyklen wurden kontinuierlich einer Reflektion unterzogen, aus denen neue wissenschaftliche Erkenntnisse zur Thematik des Web 2.0-basierten gemeinsamen Innovierens in regionalen Netzwerken generiert werden konnten. Die Ergebnisse und Erkenntnisse können den Beiträgen dieses Sammelbandes entnommen werden.

4. Resümee aus einer dualen Forschungsstrategie

Mit der dualen Forschungsstrategie der Aktionsforschung gepaart mit der Design Science verfolgte das Forschungsprojekt KMU 2.0 einen Ansatz, der die Forscher Teil der Praxis und die Praxis Teil der Forschung hat werden lassen. In diesem Zuge galt es die Praxis in der Lösung der hier vorliegenden Problemstellungen anzuleiten und zugleich wissenschaftliche Erkenntnisse im Hinblick auf das Untersuchungsfeld und die Fragestellungen des Forschungsvorhabens zu erlangen.

Prinzipiell kann aus den Erfahrungen des Forschungsprojektes heraus festgehalten werden, dass die Praxispartner – im Falle von KMU 2.0 kleine und mittlere Unternehmen – eine hohe Bereitschaft zur Teilnahme an den Forschungsaktivitäten sowie eine grundlegende Offenheit gegenüber der Wissenschaft aufzeigten. Dies lässt sich insbesondere auf die Tatsache zurückführen, dass aufgrund ihrer begrenzten Ressourcensituation kleine und mittlere Unternehmen zunehmend auf die Thematik der Vernetzung setzen – so auch mit der Wissenschaft, erlaubt diese die Erprobung und Umsetzung von Handlungsempfehlungen und technischen Lösungen, die für die Unternehmen hochgradig Nutzen bringend sein können.

Diese Bereitschaft ist jedoch an die unmittelbare Bedingung geknüpft, dass im Rahmen des Forschungsvorhabens für die Praxis relevante und verwertbare Erkenntnisse gewonnen werden können. Anders formuliert wird von der Forschung eine hohe Praxisrelevanz eingefordert, da nur auf diese Weise die Akzeptanz und Erprobung der in der Forschung erzielten Ergebnisse in der Praxis erreicht werden können. An dieser Stelle besteht die Gefahr für die Forschung, sich dem Vorwurf der Instrumentalisierung im Sinne der Praxis auszusetzen. Demzufolge ist das Postulat der Research Rigor unbedingt zu befolgen, in dem eine Forschungslandkarte entlang des in diesem Beitrags skizzierten Vorgehens aufgestellt und das Untersuchungsfeld zunächst wissenschaftlich erhoben und analysiert wird, bevor konkrete Maßnahmen geplant, umgesetzt und evaluiert werden können.

Angesichts dieses Spannungsfeldes zwischen Forschung und Praxis hat sich in dem Forschungsprojekt KMU 2.0 der Einsatz eines Boundary Objects in Form eines Web 2.0-Prototypen bewährt, das als sichtbares Ergebnis Diskussionen zu Forschungsfragen erst ermöglichte und den Forschungsprozess somit maßgeblich unterstützte und vorantrieb. Eine Herausforderung gestaltete sich in diesem Zusammenhang jedoch in der Weise, dass nach der Analyse des Problemfeldes nach Maßgabe der Praktiker sichtbare Ergebnisse schnellstmöglich zu präsentieren waren. Infolgedessen trat im Forschungsvorhaben folgendes Phänomen auf: Auf der einen Seite gestaltete sich der Prozess zur Erhebung und Analyse des Untersuchungsfeldes als ein langwieriges Unterfangen, bestimmten hier vor allem die zeitlichen Restriktionen der Praktiker sowie die Vorgaben des Intermediärs die Forschungsaktivitäten. Auf der anderen Seite galt es das Forschungsvorhaben nach der Diagnosephase dahingehend zu beschleunigen, dass die zu ergreifenden Maßnahmen möglichst bald zur Umsetzung kamen. Demzufolge bot sich das inkrementelle Vorgehen der Aktionsforschung und Design Sciene geradezu an.

Zentrale Akteure im Rahmen des Forschungsvorhabens waren seitens des Praktiker die Value Partner und der Intermediär des Netzwerkes: Die Value Partner, die repräsentativ für die ca. 115 Mitgliedsunternehmen des regionalen Netzwerkes von Projektbeginn in die Forschungsaktivitäten als Inputgeber und Testnutzer mit eingebunden wurden. Der Intermediär, der den Zugang zu den Mitgliedsunternehmen erst verschaffte und die Teilnahme an den Forschungsaktivitäten kontinuierlich sicherstellte.

Grundsätzlich lässt sich aufgrund der Erfahrungen des Forschungsvorhabens somit folgendes Resümee ziehen: Die mit der Aktionsforschung und Design Science verfolgte duale Forschungsstrategie leistete in dem Forschungsprojekt KMU 2.0 einen wichtigen Beitrag, um in dem Untersuchungsfeld einen systematischen Wandel im Sinne des Forschungsziels anzustoßen. Aufgrund der hier erzielten Ergebnisse konnten wichtige Erkenntnisse in dem aufgeworfenen Forschungsfeld gewonnen werden. Zwar waren daran, wie in diesem Beitrag aufgezeigt werden konnte, unmittelbare Bedingungen geknüpft, jedoch konnte auf diese Weise eine sowohl für Praxis als auch Wissenschaft erfolgreiche Zusammenarbeit erreicht werden.

Literaturverzeichnis

BABUROGLU, O.N./RAVN, I. (1992):
Normative Action Research. In: Organization Studies, Vol. 13, No. 1, S. 19-34.

BASKERVILLE, R. (1999):
Investigating Information Systems With Action Research. In: Communications of the Association for Information Systems, Vol. 2, Article 19.

BASKERVILLE, R. (2001):
Conducting Action Research: High Risk and High Reward in Theory and Practice. In (Trauth, E.M., Hrsg.): Qualitative Research in IS: Issues and Trends. Idea Group Publishing, London, S. 192-217.

BASKERVILLE, R./MYERS, M.D. (2004):
Special Issue on Action Research in Information Systems: Making IS Research Relevant to Practice - Foreword. In: MIS Quarterly (Special Issue on Action Research in Information Systems), Vol. 28, No. 3, S. 329-335.

BASKERVILLE, R./WOOD-HARPER A.T. (1996):
A Critical Perspective on Action Research as a Method for Information Systems Research. In: Journal of Information Technology (11), S. 235-246.

BERGMANN, M./JAHN, T./KNOBLOCH, T./KROHN, W./POHL, C./SCHRAMM, E. (2010):
Methoden transdisziplinärer Forschung: Ein Überblick mit Anwendungsbeispielen, Campus Verlag, Frankfurt.

BUCKMINSTER FULLER INSTITUTE (2010):
Design Science. http://www.bfi.org/design-science, 2010, letzter Zugriff am 14.04.2011.

CHISHOLM, R.F. (2004):
Action Research to Develop an Interorganizational Network. In (Reason, P./Bradbury, H. Hrsg.): Handbook of Action Research, Concise Paperback Edition, Sage Publications, S. 253-261.

COLE, R./PURAO, S./ROSSI, M./SEIN, M.K. (2005):
Being Proactive: Where Action Research Meets Design Research. In: Proceedings of the 26th International Conference on Information Systems, Las Vegas, S. 325-336.

DAVIS, M.S. (1971):
That's Interesting! Towards a Phenomenology of Sociology and a Sociology of Phenomenology. In: Philosophy of Social Science (1), S. 309-344.

HEVNER, A.R./MARCH, S.T./PARK, J./RAM, S. (2004):
Design Science in Information Systems Research. In: MIS Quarterly Vol. 28, No.1, S. 75-105.

JÄRVINEN, P. (2007):
Action Research is Similar to Design Science. In: Quality & Quantity, Vol. 41, Nr. 37, S. 37-54.

JÄRVINEN, P. (2005):
Action Research as an Approach in Design Science. In: European Academy of Management Conference (EURAM), Technical Report TR D-2005-2, Department of Computer Science, University of Tampere, Finnland, S. 8.

LEWIN, K. (1946):
Action Research and Minority Problems. In: Journal of Social Issues, Vol. 2, No.4, S. 34-46.

LINDERMANN, N./VALCÁRCEL, S./ABRAM, I./BLINN, N./FÄCKS, K./JUNG, R.H./VON KORTZFLEISCH, H.F.O./NÜTTGENS, M. (2009):
Netzwerken 2.0 in KMUs - Kleine und mittlere Unternehmen im Zentrum Web 2.0 basierter Kooperation. In: von Kortzfleisch, H.F.O./Jung, R.H./Nüttgens, M./Scherrer, B.U. (Hrsg.): Arbeitsberichte aus dem Projekt KMU 2.0, Arbeitsbericht Nr. 1/2009.

LINDERMANN,N./VALCÁRCEL, S./VON KORTZFLEISCH, H.F.O. (2010):
Ein Stufenmodell für kollaborative offene Innovationsprozesse in Netzwerken kleiner und mittlerer Unternehmen mit Web 2.0, Arbeitsberichte aus dem Fachbereich Informatik, 03/2010, Universität Koblenz-Landau.

LINDGREN, R./ HENFRIDSSON, O./SCHULTZE, U. (2004):
Design Principles for Competence Management Systems: A Synthesis of an Action Research Study. In: MIS Quarterly (Special Issue on Action Research in Information Systems), Vol. 28, No. 3, S. 435-472.

MARCH, S.T./SMITH, G.F. (1995):
Design and Natural Science Research on Information Technology. In: Decision Support Systems, Vol. 15, S. 251-266.

NUNAMAKER, J.F./CHEN, M./PURDIN, T.D.M. (1991):
Systems Development in Informations Systems Research. In: Journal of Management Information Systems, Vol. 7, No. 3, S. 89-106.

RAPOPORT, R.N. (1970):
Three Dilemmas in Action Research: With Special Reference to the Tavistock Experience. In: Human Relations, Vol. 23, No. 6, S. 499-513.

ROMME, A.G. (2003):
Making a Difference: Organization as Design. In: Organization Science, Vol. 14, No. 5, S. 558-573.

SUSMAN, G.I./EVERED, R.D. (1978):
An Assessment of the Scientific Merits of Action Research. In: Administrative Science Quarterly, Vol. 23, No. 4, S. 582-603.

VALCÁRCEL, S./LINDERMANN, N./VON KORTZFLEISCH, H.F.O. (2010):
Aktionsforschung als Methode zur Steuerung von Softwareentwicklungsprozessen - Einführung einer Web 2.0-Plattform in einem regionalen Netzwerk kleiner und mittlerer Unternehmen (KMU). In (Jacobsen, H.; Schallock, B., Hrsg): Innovationsstrategien jenseits traditionellen Managements. Beiträge zur 1. Tagung des Förderschwerpunkts des BMBF, Berlin, vom 8.-9. Oktober 2009; S.162-171.

VAN AKEN, J.E. (2004):
Management Research Based on the Paradigm of the Design Sciences: The Quest for Field-Tested and Grounded Technological Rules. In: Journal of Management Studies, Vol.41, No. 2, S. 219-246.

VAISHNAVI, V./KUECHLER, W. (2004):
Design Research in Information Systems. http://desrist.org/design-research-in-information-systems, letzter Zugriff am 22.03.2011.

WALLS, J.G./WIDMEYER, G.R./SAWY, O.A. (1992):
Building an Information System Design Theory for Vigilant EIS. In: Information Systems Research, Vol. 3, No. 1, S. 36-59.

Engineering virtueller Dienstleistungen –
Entwicklung von Web 2.0-Applikationen für KMU-Netzwerke unter Berücksichtigung mehrdimensionaler Anforderungen

Martina Peris, Nadine Blinn, Markus Nüttgens und Torben Wolf

Inhaltsverzeichnis

1. Einleitung ... 141
2. Anforderungen von KMU-Netzwerken an Web 2.0-Artefakte ... 142
2.1 Anforderungserhebung ... 143
2.2 Wer-macht-Was ... 146
2.3 Design ... 148
2.4 Datensicherheit ... 149
2.5 Erweiterungen ... 150
2.6 Behavioural ... 152
3. Engineering von Web 2.0-Applikationen für KMU-Netzwerke ... 153
3.1 Modelle der Softwareentwicklung ... 153
3.2 Entwicklung eines partizipativen Vorgehensmodells unter Berücksichtigung von Kriterien zur Softwareauswahl ... 156
3.2.1 Projekteinrichtung ... 161
3.2.2 Demonstrationssystem ... 162
3.2.3 Anforderungsanalyse ... 163
3.2.4 Implementierung ... 164
3.2.5 Einführung ... 165
3.2.6 Phasen, Aufgaben und Rollen im Überblick ... 167

1. Einleitung

Aktuelle Studien belegen ein wachsendes Interesse seitens der Unternehmen in Bezug auf den Einsatz von Web 2.0-basierten Technologien und Anwendungen. Dem gegenüber steht jedoch oftmals die fehlende, aber erforderliche technologische Kompetenz. Insbesondere kleinen und mittleren Unternehmen (KMU) mit ihren spezifischen Eigenheiten bleibt ein Zugriff auf diese Ressource verwehrt. Neben diesen technischen Aspekten hängt die Implementierung und Nutzung von Web 2.0 auch von organisatorischen Rahmenbedingungen ab. Dies gilt insbesondere für die Betrachtung von KMU-Netzwerken. Hinzu kommen weitere Aspekte wie Datensicherheit. Aus diesen und weiteren Perspektiven ergeben sich vielfältige Anforderungen an Web 2.0-Artefakte, die im Rahmen dieses Beitrages vorgestellt und klassifiziert werden. Der Berücksichtigung dieser mehrdimensionalen Anforderungen bei der Entwicklung von Web 2.0-Applikationen für KMU-Netzwerke kann lediglich ein spezielles Vorgehen gerecht werden. Daher werden nach der Betrachtung klassischer Modelle der Softwareentwicklung speziell für diesen Kontext geeignete Vorgehensmodelle vorgestellt.

Das Engineering virtueller Dienstleistungen umfasst zwei Aspekte: Die ingenieurmäßige, methodische Vorgehensweise bei der Entwicklung von Dienstleistungen unter Zuhilfenahme von IKT-gestützten Werkzeugen und die Virtualisierung eben dieser Dienstleistungen durch den Einsatz von IKT im Anwendungskontext. Als Basis der Einordnung und Unterscheidung von Sach- und Dienstleistungen dient die Gütersystematik von Corsten.[1] Hieraus resultiert, dass Dienstleistungen nicht als komplementäre Güter zu Sachleistungen zu verstehen sind, sondern dass immaterielle Leistungen auch Arbeitsleistungen sowie Rechte beinhalten. Virtualisierung ist auf den gewünschten Effekt hin orientiert.[2] Von der in der Wirklichkeit bestehenden Raum-Zeit-Bindung von Gegenständen oder Ereignissen werden zu diesem Zweck nur diejenigen Funktionalitäten berücksichtigt und über IKT-Einsatz digitalisiert,

[1] Vgl. *Corsten* 2001, S.19ff.
[2] Vgl. *Sieber* 1998.

welche zur Erreichung der beabsichtigten Wirkungen benötigt werden.[3] Aufgrund dieser flexiblen „Als-ob“-Orientierung virtueller Dienstleistungslösungen ermöglichen sie Effektivitäts- oder Effizienzvorteile. Diese Vorteile sind vor allem durch den Verzicht auf räumliche und gegebenenfalls zeitliche Gleichheit der an der Erbringung von bestimmten Dienstleistungen Beteiligten umsetzbar. Die systematische Entwicklung von Dienstleistungen wird seit Mitte der 90er Jahre im deutschsprachigen Raum unter dem Begriff „Service Engineering“ facettenreich diskutiert.[4] Interdisziplinär ausgerichtet macht sich Service Engineering das aus dem Bereich der klassischen Ingenieurwissenschaften stammende Knowhow der Produktentwicklung für die Entwicklungen von Dienstleistungen nutzbar. Neben Vorgehensmodellen stehen IKT-gestützte Werkzeuge für die Entwicklungen zur Verfügung.[5]

Im Kontext von Web 2.0 oder Collaborative Web 2.0 sind bisher keine Ansätze für ein Engineering virtueller Dienstleistungen zu finden. Denkbare Beispiele für virtuelle Dienstleistungsangebote im Kontext von Web 2.0 sind spezielle Suchfunktionalitäten über die miteinander vernetzten Akteure, Entscheidungshilfen bei der virtuellen Medienwahl (Mail, Diskussionsforen, Blogs etc.) oder Indikatorensysteme für die Beurteilung der Qualität von Beiträgen in Communities mit Blick auf deren Innovationspotenzial. Als Anwendungsszenarien werden insbesondere Fragestellungen fokussiert, welche auf traditionellen Kommunikationswegen und aufgrund räumlicher oder zeitlicher Beschränkung nicht, nur unzureichend bzw. unwirtschaftlich zu bearbeiten sind. Aufgrund der offenen Struktur derartiger Systeme können auch insbesondere ad-hoc und unstrukturierte Anwendungskontexte adressiert werden.

2. Anforderungen von KMU-Netzwerken an Web 2.0-Artefakte

Bevor Applikationen entworfen, entwickelt und implementiert werden, erfolgt zunächst die Phase der Anforderungserhebung.[6] Diese soll sicherstellen, dass die

---

[3] Vgl. *Scholz* 1997, S. 320 ff.
[4] Vgl. *Bullinger* 1995 und *Bullinger/Scheer* 2002.
[5] Vgl. *DIN* 1998.
[6] Vgl. *Schatten* et al. 2010.

Anwendungen die von den Unternehmen benötigten Eigenschaften aufweisen und Funktionen erfüllen. Es existieren verschiedene Methoden, um Anforderungen strukturiert zu erheben.[7]

2.1 Anforderungserhebung

Im Projekt KMU 2.0 hat sich die Durchführung von semi-strukturierten Interviews als adäquate Methode erwiesen. Somit wurde ein qualitatives Forschungsdesign gewählt,[8] um Einblicke in die zu analysierende Thematik zu erlangen.[9] Insgesamt wurden sechs explorative Interviews durchgeführt.[10] Hierzu wurden Vertreter der sechs Unternehmen, die als Lead-User im Projekt mitwirken, durchgeführt. Um ein repräsentatives Bild des WirtschaftsForums (WiFo) sicherzustellen, wurden hierzu Unternehmen aus heterogenen Branchen ausgewählt.[11] Die nachfolgende Abbildung 1 zeigt die Haupteigenschaften der Lead-User:

	KMU 1	KMU 2	KMU 3	KMU 4	KMU 5	KMU 6
Branche	Gesundheit/ Fitness	Weiter-bildung	Sanitär-Heizung- und Klima-installation	Fenster und Türenbau	Industrie-abfälle	Weiter-bildung
Markt	Wachstums-Markt	Wachstums-markt	Schrumpfen-der Markt	Gesättigter Markt	Gesättigter Markt	Dynamischer Markt
Kunden-struktur	Heterogen	Heterogen	Homogen	Homogen	Homogen	Heterogen
Kunden-alter	Gemischt	Gemischt	Alt	Alt	Gemischt	Gemischt
Kunden-typus	Privatkunden	Privat- und Geschäfts-kunden	Privat- und Geschäfts-kunden	Privat- und Geschäfts-kunden	Geschäfts-kunden	Privat- und Geschäfts-kunden

Abbildung 1: Eigenschaften der Lead-User

Die Interviews wurden durchgeführt mit dem Ziel, Anforderungen von KMU im Hinblick auf Web 2.0-basierte Kooperation in KMU-Netzwerken auf einem

[7] Vgl. *Hull/Jackson/Dick* 2010.
[8] Vgl. *Pohl* 2008.
[9] Vgl. *Corbin/Strauss* 2008.
[10] Vgl. *Blinn/Nüttgens/Lindermann* 2010.
[11] Vgl. *Blinn/Nüttgens/Lindermann* 2010.

strategischen Level zu erheben. Es wurden folgende generischen Bereiche abgedeckt:[12]

- Allgemeine Informationen über das betrachtete Unternehmen und die Ziele und Bedarfe, die im Rahmen der Kooperation im WirtschaftsForum Neuwied e.V. bestehen.

- Informationen über die derzeitige Nutzung von Internet-basierten Anwendungen im Unternehmen, ebenso wie die Anforderungen an und Einschätzungen der Risiken und Vorteile von Web 2.0.

Die nachfolgende Abbildung 2 zeigt die Interviewstruktur:

Teil	Thema	Ziel
1	Allgemeine Unternehmensdaten und Kooperationsbedarfe	Allgemeine Informationen über (1) das Unternehmen und (2) über die Kooperation innerhalb des WirtschaftsForum Neuwied e.V., um erste Anforderungen an eine Web 2.0-Anwendung zu erheben
2	Aktuelle Nutzung von Internet-basierten Anwendungen	Erhebung der aktuellen Nutzung von Internet-basierten Anwendungen zur internen und externen Kommunikation im Arbeitsalltag
3	Web 2.0 Erfahrung	Erhebung (1) der Erfahrung im privaten oder beruflichen Umgang mit Web 2.0 Anwendungen (2) der wahrgenommenen Chancen und Risiken in der Anwendung von Web 2.0-Anwendungen
4	Anforderungen an Web 2.0-Anwendungen	Identifikation von Faktoren und Anforderungen, die die Akzeptanz von Web 2.0 verhindern/fördern, speziell in Bezug auf das Wirtschaftsforum Neuwied e.V.,
5	Weiteres	Erhebung von weiteren Aspekten (offener Teil)

Abbildung 2: Interviewstruktur

Im Allgemeinen bestätigen die Interviewergebnisse die derzeitige Nutzung von Web 2.0 in KMU.[13] Darüber hinaus wurde beobachtet, dass Web 2.0 als ein Instrument

[12] Vgl. *Blinn/Nüttgens/Lindermann* 2010.
[13] Vgl. *Blinn/Nüttgens/Lindermann* 2010.

wahrgenommen wird, um die Zusammenarbeit im WirtschaftsForum Neuwied e.V. zu verbessern. Die Erwartungen der Interviewpartner an das Netzwerk sind bis dato noch nicht gänzlich erfüllt. Alle Interviewpartner äußerten die Anforderung nach höherer Verfügbarkeit von allgemeinen Informationen zum Netzwerk. Zudem würden die Interviewten gern über mehr Möglichkeiten verfügen, ihr Unternehmen besser darzustellen und mehr netzwerkinterne Geschäftsaktivitäten zu initiieren.[14]

Die Interviews wurden ausgewertet und insgesamt 83 Anforderungen extrahiert. Bei der inhaltlichen Analyse der Anforderungen konnten 5 Dimensionen identifiziert werden, nach denen die Anforderungen gruppiert werden konnten[15]:

- *Wer-macht-was*: Anforderungen, die auf die Verfügbarkeit genereller Informationen über die Netzwerkmitglieder abzielen
- *Design*: Anforderungen betreffend der Ausgestaltung und der Gebrauchstauglichkeit der Plattform
- *Datensicherheit*: Sicherheitsanforderungen der KMU
- *Erweiterungen*: Optionale Anforderungen zur Plattformerweiterung
- *Verhaltensanforderungen*: Anforderungen, die ethische Prinzipien und Verhaltensmuster an die Teilnehmer des Netzwerkes stellen

Die Anforderungen sind je in drei Ausprägungen geäußert worden[16]:

- *Technisch*: Anforderungen, die vorwiegend auf technische Aspekte abzielen (z.B. einfache Bedienung)
- *Organisatorisch*: Anforderungen, die vorwiegend auf organisatorische Aspekte abzielen (z.B. faires Verhalten, Geld verdienen)
- *Hybrid*: Anforderungen, die sowohl auf technische als auch organisatorische Aspekte abzielen (z.B. technologiegestützte Kontaktinitiierung).

---

[14] Vgl. *Blinn/Nüttgens/Lindermann* 2010.
[15] Vgl. *Blinn/Nüttgens/Lindermann* 2010.
[16] Vgl. *Blinn/Nüttgens/Lindermann* 2010.

Weiterhin können die Anforderungen dahingegen untersucht werden, ob sie auf Individuen, KMU oder beides abzielen.[17] Darüber hinaus wurden die Anforderungen gemäß ihrer Wichtigkeit kategorisiert: A klassifizierte Kriterien sind Anforderungen, die der erste Prototyp erfüllen muss; B klassifizierte Kriterien sind für die Erweiterungen vorgesehen. Anforderungen, die nicht durch technische Implementierung umgesetzt werden können, werden 0 klassifiziert. In den nachfolgenden Unterpunkten sind die Anforderungen nach Dimensionen geordnet dargestellt.[18] Aufgrund der erhobenen Anforderungen hat es sich als zielführend erwiesen, eine iterative Entwicklung der Web 2.0-Plattform umzusetzen. Zunächst wird eine geschlossene Plattform implementiert, die die grundsätzlichen Anforderungen erfüllt. Nachdem diese durch die Netzwerkpartner getestet wurde, können die Anforderungen verfeinert und neue Anforderungen formuliert werden, die in weiteren Schritten implementiert werden.

2.2 Wer-macht-Was

In der nachfolgenden Abbildung 3 sind die Anforderungen aufgeführt, die der Dimension „*Wer-macht-Was*“ zugeordnet werden können.

Wer-macht-Was ?			
Anforderung	**Ausprägung**	**Zielt ab auf**	**Kategorie**
Überblick über die Mitgliederstrukturen des WiFo: Wer ist im WiFo? Wer sind die Ansprechpartner?	hybrid	KMU & Individuen	A
Informationen über das, was die einzelnen Unternehmen? Welche Leistungen bieten sie an?	hybrid	KMU & Individuen	A
Selbstdarstellung der Unternehmen	hybrid	KMU	A
Publikation des Unternehmens/Erhöhung des eigenen Bekanntheitsgrades	hybrid	KMU	A
Strukturierte Darstellung der Unternehmen	hybrid	KMU	A
Plattform zur Bündelung lokaler Leistungen (des WiFo)	hybrid	KMU	A
WiFo-Google zur stichwortartigen Hinterlegung der Geschäftstätigkeiten	hybrid	KMU	A
Suchfunktion auf der Plattform	hybrid	Individuen	A

[17] Vgl. *Blinn/Nüttgens/Lindermann* 2010.
[18] Vgl. *Blinn/Nüttgens/Lindermann* 2010.

Anforderung	Ausprägung	Zielt ab auf	Kategorie
Zielgerichtete Kontaktaufnahme über die jeweiligen Ansprechpartner	hybrid	Individuen	A
Herstellung von Kontakten	hybrid	Individuen	A
Geschäftspartnersuche	hybrid	KMU	A
Adresspool des WiFo	hybrid	KMU & Individuen	A
Web 2.0-Plattform für einen geschlossenen Bereich	hybrid	KMU & Individuen	A
Stärkere Einbindung der Mitarbeiter in die Aktivitäten des WiFo	organisatorisch	KMU	0
Besserer Zugang zu Informationen	hybrid	Individuen	A
Abruf von Unternehmensinformationen über eine Suchfunktion	technisch	KMU	A
Informationsaustausch (relevanter Informationen: Unternehmen finden die Informationen, die sie benötigen; Beantwortung der gestellten Fragen/Probleme über die Plattform)	hybrid	KMU & Individuen	A
Erkennbarer Nutzen der Plattform (Win-Win-Situation für jeden, mittel- bis langfristiger Nutzen)	organisatorisch	KMU & Individuen	0
Erläuterung der Ziele und Nutzen der Plattform	organisatorisch	Individuen	0
Zeitersparnis, verbesserte Erreichbarkeit sowie Kommunikation	hybrid	Individuen	A
Technisierung von Unternehmen, die bislang nicht oder nur wenig mit IT ausgestattet sind	organisatorisch	KMU	0
Informationen über die Konditionen der einzelnen Unternehmen	organisatorisch	KMU & Individuen	A
Mitgliedsunternehmen: Gegenseitige Auftragsvermittlung der WiFo-Unternehmen (beruflicher Nutzen)	hybrid	KMU	0
Kein Mehraufwand für Unternehmen über die Web-basierte Anwendung hinaus	organisatorisch	KMU	0
Keine Anonymität der Informationsgeber und –nehmer	hybrid	Individuen	A
Vorstellung der Firmen nach sinnvollen Gesichtspunkten, bspw. nach Branchen	hybrid	KMU	A
Finden von gleichartigen Kooperationspartnern	hybrid	KMU	0

Abbildung 3: Anforderungen "Wer-macht-Was"

Die Anforderungen in der Dimension *„Wer-macht-Was“* repräsentieren die Basis-Funktionalitäten der Plattform. Hierzu gehört unter anderem die Umsetzung eines geschlossenen Benutzerkreises, damit die Mitgliedsunternehmen netzwerkintern Daten austauschen können, die nicht für die Öffentlichkeit bestimmt sind. Aus diesem Grund soll ein Nutzer erst auf alle Informationen zugreifen können, nachdem er sich gegenüber der Plattform mit Benutzername und Passwort identifiziert hat.

Außerdem sollen alle Mitgliedsunternehmen eine Informationsseite erhalten, auf der sie ihre eigenen Dienstleistungen, Produkte und Tätigkeiten sowie Kontaktpersonen nennen können. Diese Informationen sollen klar strukturiert sein, damit sie schnell und einfach, z.B. mittels einer Suchfunktion, aufgefunden werden können. Die Plattform soll die Nutzer zudem bei der Kommunikation und beim Austauschen von Informationen unterstützen. Weiterhin soll es die Möglichkeit geben, Diskussionen zu aktuellen Themen und Problemen führen zu können.

2.3 Design

In der nachfolgenden Abbildung 4 sind die Anforderungen aufgeführt, die der Dimension „*Design*" zugeordnet werden können.

Design			
Anforderung	**Ausprägung**	**Zielt ab auf**	**Kategorie**
Schaffung von Reglementierungen für die Gestaltung der Web 2.0-Plattform	hybrid	Individuen	A
Klare Definition über die Preisgabe von Informationen: Welche Informationen? Wie viele Informationen?	hybrid	Individuen	A
Einfache Handhabung	hybrid	Individuen	A
Zugriff: Benutzer/unabhängig vom System	technisch	Individuen	A
Registrierung mit wenigen persönlichen Daten (Datensparsamkeit)	technisch	Individuen	A
Erstellung eines Leitfadens/einer Hilfefunktion zur Benutzung der Plattform	hybrid	Individuen	A
Einfaches Einstellen von Inhalten	technisch	Individuen	A
Einfaches Kommentieren und Bearbeiten der Themen	technisch	Individuen	A
Kurze Wege auf der Plattform (Klickpfade)	hybrid	Individuen	A
Schnelligkeit	hybrid	Individuen	A
Bedienungsfreundlichkeit	hybrid	Individuen	A
Einfaches Anmeldeprozedere	hybrid	Individuen	A
Ansprechende Gestaltung	hybrid	Individuen	A
Einfache Darstellung der Funktionalitäten	hybrid	Individuen	A
Geringe Komplexität der Anwendung	hybrid	Individuen	A
Treffen von Vorkehrungen für das Management der Informationsflüsse	hybrid	KMU	A
Keine mehrstufigen Verlinkungen	technisch	Individuen	A
Übersichtliche Aufbereitung der relevanten Themen	hybrid	Individuen	A

Anforderung	Ausprägung	Zielt ab auf	Kategorie
Auffinden der Informationen in wenigen Schritten (durch Verknüpfung verschiedener Themen analog zu Wikipedia)	hybrid	Individuen	A
Integration der Plattform in die bestehenden IT-Standards (des Gesellschafters)	hybrid	KMU & Individuen	A

Abbildung 4: Anforderungen "Design"

Die Anforderungen der Dimension „*Design*" sollen die Benutzbarkeit der Web 2.0-Plattform sicherstellen. Dies ist besonders wichtig, da ein großer Teil der späteren Nutzer wenig Erfahrung im Umgang mit Web 2.0- bzw. Informationstechnologien im Allgemeinen hat. Für den Erfolg der Plattform ist es notwendig, dass ausnahmslos alle Mitarbeiter der Unternehmen, unabhängig von ihren IT-Kenntnissen, mit der Plattform arbeiten können. Die Anforderungen dieser Dimension sind aus diesem Grund ebenso wie die Anforderungen der Dimension „*Wer-macht-Was*" sehr wichtig. Zu den in der Befragung genannten Anforderungen zählen die Möglichkeit zur einfachen Veröffentlichung, Bearbeitung und Kommentierung von Inhalten sowie eine durchgehend einheitliche, optisch ansprechende und einfach zu bedienende Benutzeroberfläche. Hierzu zählt insbesondere die Vermeidung von verschachtelten Linkstrukturen. Alle Inhalte sollen mit möglichst wenigen Klicks abrufbar sein. Zudem sollte der Registrierungsprozess für die Plattform nur die absolut notwendigen persönlichen Informationen abfragen. Um sich als neuer Benutzer schnell zurechtzufinden und bei aufkommenden Problemen eine Hilfestellung zu haben, soll es ein Benutzerhandbuch und eine Hilfefunktion geben. Aus technischer Sicht ist es erforderlich, dass die Plattform mit allen gängigen Browsern genutzt werden kann und so gestaltet werden soll, dass eine möglichst kurze Reaktionszeit sichergestellt wird.

2.4 Datensicherheit

In der nachfolgenden Abbildung 5 sind die Anforderungen aufgeführt, die der Dimension „*Datensicherheit*" zugeordnet werden können.

Datensicherheit			
Anforderung	**Ausprägung**	**Zielt ab auf**	**Kategorie**
Vermeidung der Verbreitung unwahrer sowie falscher Informationen (Belastbarkeit der Informationen)	hybrid	KMU & Individuen	A
Vermeidung einer zu starken Freigabe persönlicher Informationen	hybrid	KMU & Individuen	A
Vermeidung ungewollter Abhängigkeiten bzgl. der Datenhaltung	technisch	KMU & Individuen	A
Sicherstellung des Wahrheitsgehalts der Informationen	hybrid	KMU & Individuen	A
Reduzierung der unberechtigten Manipulationsfähigkeit der Informationen	hybrid	KMU & Individuen	A
Anmeldung unter Berücksichtigung der Datensicherheits- und Datenschutzaspekte	technisch	KMU & Individuen	A
Datenschutz/Datensicherheit	technisch	KMU & Individuen	A
Unterscheidung von sensiblen und unsensiblen Informationen	hybrid	KMU & Individuen	B
Eingriffs- und Einschränkungsmöglichkeiten durch bspw. einen neutralen Administrator als Kontrollinstanz	hybrid	KMU & Individuen	A

Abbildung 5: Anforderungen "Datensicherheit"

Im Bereich „*Datensicherheit*" sind Anforderungen aufgeführt, die mit der Sicherheit der auf der Plattform hinterlegten Information zusammenhängen. Insbesondere den Firmeninhabern ist es wichtig, dass die Verbreitung von falschen Informationen vermieden wird. Zudem soll sichergestellt werden, dass auf der Plattform bereits hinterlegte Informationen nicht von Unbefugten manipuliert werden können und möglichst wenige persönliche Informationen der Nutzer preisgegeben werden. Eine zentrale Kontrollinstanz wie z.B. ein Administrator soll bei Bedarf eingreifen können, um Informationen zu löschen oder Benutzer zu sperren, die sich nicht korrekt verhalten.

2.5 Erweiterungen

In der nachfolgenden Abbildung 6 sind die Anforderungen aufgeführt, die der Dimension „*Erweiterungen*" zugeordnet werden können.

Erweiterungen			
Anforderung	**Ausprägung**	**Zielt ab auf**	**Kategorie**
Informationen über Themenfelder, die von aktuellen Problemstellungen abhängen, z. B. Energieberatung	hybrid	KMU & Individuen	B
Möglichkeit, relevante Informationen über Web 2.0 zur Diskussion zu stellen	hybrid	Individuen	B
Austausch von Informationen und Leistungen über Foren	hybrid	KMU & Individuen	B
Plattform zum Antesten von Ideen in Form einer Marktanalyse	hybrid	KMU	B
Plattform zur Generierung, Sammlung und Mitteilung von Ideen	hybrid	KMU & Individuen	B
Pinnwand	hybrid	Individuen	B
Operatives Bearbeiten der Themen (praxisorientiert)	hybrid	KMU & Individuen	B
Kooperation im Bereich Aus- und Weiterbildung	hybrid	KMU	B
Austausch über allgemeine Fragen des Berufsalltags	hybrid	KMU & Individuen	B
Archivfunktion: Inhalte bereits besprochener Themen	hybrid	KMU & Individuen	B
Austausch von Neuerungen	hybrid	KMU & Individuen	B
Erfahrungsaustausch	hybrid	KMU & Individuen	B
WiFo-interner Absatzmarkt in Form eines WiFo-Google	hybrid	KMU	B
Offene Plattform: Marktplattform für Mitgliedsunternehmen und Kunden	hybrid	KMU & Individuen	B
Kunden:			
• Finden von (Komplett-)Lösungen zu Kundenproblemen (kunden-orientierte Rundumbetreuung)		KMU & Individuen	
• Weiterempfehlung von WiFo-Unternehmen durch zufriedene Kunden		KMU & Individuen	
• Mehrwert des Unternehmens wird unterstrichen		KMU & Individuen	
• Aufnahme von Kundenzufriedenheit, -kritik und -impulsen (z. B. über ein Gästebuch)		KMU & Individuen	
• Informationen rund um ein Thema (z. B. Hausbau)		KMU & Individuen	
• Preisgabe weniger Informationen aufgrund der Konkurrenz		KMU & Individuen	
• Hoher Bekanntheitsgrad der Plattform im Neuwieder Raum		KMU	

Anforderung	Ausprägung	Zielt ab auf	Kategorie
Informationsaustausch allgemeiner Interessen (Hinweis auf Veranstaltungen etc.)	hybrid	KMU & Individuen	B
Weiterempfehlungen über Austausch Kunden/ Mitglieder	hybrid	KMU & Individuen	B
Regionale Ausweitung des WiFo über Neuwied hinaus	organisatorisch	KMU	0
Finden von Themen allgemeiner Art (z. B. Personal/ Einkauf)	hybrid	KMU & Individuen	B
Einsatz von Filtern bei der Informationssuche	hybrid	Individuen	B

Abbildung 6: Anforderungen "Erweiterungen"

Die Anforderungen in der Dimension „*Erweiterungen*“ haben nicht die höchste Priorität und müssen nicht unbedingt bereits im ersten Prototyp umgesetzt werden. Hierzu zählen beispielsweise die Bereitstellung einer virtuellen Pinnwand oder Informationen zu aktuellen Themen wie z.B. Energieberatung. Weiterhin sollen Themen operativ bearbeitet werden können und Kunden in die Plattform mit einbezogen werden, indem sie beispielsweise die Unternehmen bewerten oder einen Eintrag im Gästebuch hinterlassen können. Zudem können die Anforderungen zum Teil auch mit Standard-Funktionalitäten wie einem Forum realisiert werden, die bereits im Zuge der Anforderungen der Dimension „*Wer-macht-Was*“ berücksichtigt werden.

2.6 Behavioural

In der nachfolgenden Abbildung 7 sind die Anforderungen aufgeführt, die der Dimension „*Behavioural*“ zugeordnet werden können.

Behavioural			
Anforderung	**Ausprägung**	**Zielt ab auf**	**Kategorie**
Schaffung von Reglementierungen für die Nutzung der Web 2.0-Plattform	hybrid	KMU & Individuen	0
Erfüllung der Sicherheitsbedürfnisse beim Informationsaustausch	hybrid	KMU & Individuen	0
Keine Unterdrückung negativer Äußerungen	hybrid	KMU & Individuen	0
Offener, fairer und ehrlicher Meinungsaustausch	hybrid	KMU & Individuen	0
Vorsichtige Handhabung der Informationsfreigabe	hybrid	KMU & Individuen	0

Anforderung	Ausprägung	Zielt ab auf	Kategorie
Ergebnisorientierter und konstruktiver Ideenaustausch, der zu effizienten Lösungen führt	hybrid	Individuen	0
Wissenstransfer	hybrid	Individuen	0
Vermeidung ungewollter Abhängigkeiten zwischen Personen	hybrid	Individuen	0

Abbildung 7: Anforderungen "Behavioural"

Die Anforderungen in der Dimension „*Behavioural*" betreffen die Organisationsstrukturen der Unternehmen und das Verhalten der Nutzer, die diese Plattform verantwortungsvoll nutzen sollen. So soll es einen offenen, fairen und ehrlichen Meinungsaustausch geben, negative Äußerungen sollen nicht unterdrückt werden und der Austausch von konstruktiven und ergebnisorientierten Ideen soll zu effizienten Lösungen führen. Reglementierungen der Nutzung werden in einem separaten Dokument festgelegt.

3. Engineering von Web 2.0-Applikationen für KMU-Netzwerke

3.1 Modelle der Softwareentwicklung

Die Entwicklung von Software ist ein Prozess, der aufgrund seiner Komplexität und beteiligten Personen geplant und nach systematischen Kriterien strukturiert werden muss. Dieser Prozess ist in den Softwarelebenszyklus eingebettet und beschreibt den Ablauf zur Erstellung dieser Software. Ein Vorgehensmodell ist allgemein das Muster zur Beschreibung des Entwicklungsprozesses auf Basis eines Entwicklungsschemas, das die Ideen und Modelle zu Vorgehensstrategien, -anweisungen und -beschreibungen zusammenfasst.[19] Es bildet ein Referenzmodell, das auf abstrakte Weise definiert, in welchen Stadien der Entwicklung und Nutzung sich die Software

[19] Vgl. *Wolf/Thränert* 2007.

befindet. Des Weiteren werden die erforderlichen Aktivitäten in ihrer Reihenfolge und die jeweiligen Ergebnisse bestimmt.[20]

Erst die Umsetzung und Anpassung des Vorgehensmodells an den spezifischen Einsatzkontext generiert das Projektmodell, welches tendenziell einmaligen Charakter besitzt. Im Rahmen des vorliegenden Beitrages sollen Vorgehen zum Engineering virtueller Dienstleistungen unter Berücksichtigung von Kriterien für die Softwareauswahl und unter Einbezug der Endanwender beschrieben werden. Das Vorgehen stützt sich auf verschiedene Methoden aus dem Bereich der Softwareentwicklung, die im Folgenden kurz skizziert werden.

Das *Wasserfallmodell*, als klassischer Vertreter der linearen Vorgehensmodelle, wurde mit der Intention konzipiert, den Prozess der Softwareentwicklung nach traditionellen ingenieurwissenschaftlichen Methoden auszurichten. Das Modell ist in die in sich abgeschlossenen Phasen Analyse und Definition, Entwurf, Implementation, Test sowie abschließend Einsatz und Wartung untergliedert und folgt einer linearen Hierarchie. Jede Phase hat einen definierten Start- und Endpunkt mit einem eindeutigen Ergebnis. In Meilensteinsitzungen am Ende jeder Phase werden die sogenannten Ergebnisdokumente verabschiedet. Dieses Vorgehen erlaubt zudem eine fortlaufende analytische Qualitätssicherung. Zu den wichtigsten Ergebnisdokumenten zählen sowohl das Lastenheft, das die Anforderungen des Kunden an die Software spezifiziert, als auch das Pflichtenheft, das nach der Problemanalyse die konkreten Aufgaben definiert. Allgemein dienen die Ergebnisdokumente der Feststellung, ob ein bestimmtes, vorher festgelegtes Güterkriterium in der entsprechenden Phase erreicht wurde. Sollte das Ergebnis negativ sein, so wird die Phase entsprechend fortgeführt, bis die Bewertung des Ergebnisses ein positives Resultat annimmt. Eine Phase muss dementsprechend komplett abgeschlossen sein, bevor mit der nächsten begonnen werden kann.[21] Es ist zu erkennen, dass dieses Vorgehensmodell einem starren Ablauf folgt, der keinen Rückgriff auf bereits abgeschlossene Phasen erlaubt.

---

[20] Vgl. *Fischer/Biskup/Müller-Luschnat* 1998.
[21] Vgl. *Himmelreich* 2006.

Ergeben sich im Verlauf der Entwicklung Änderungen in den anfangs spezifizierten Anforderungen, ist dieses Modell zu unflexibel, um darauf reagieren zu können.

Mit der Entwicklung von evolutionären Vorgehensmodellen ist der Gedanke verbunden, dass Software, einmal eingesetzt, an neue Anforderungen angepasst werden muss und damit einem stetigen Wandel unterliegt. Die starren Beschränkungen der Phasenmodelle sollten flexibleren weichen, um gebrauchsangemessene Software für den Einsatz zu entwickeln. *STEPS* ist ein Vertreter dieser evolutionären Vorgehensmodelle, das in den 80er Jahren an der TU Berlin und der Universität Hamburg entwickelt wurde.[22] Kennzeichnend für STEPS ist die Erkenntnis, dass die Softwareentwicklung und deren Einführung organisatorische Veränderungen und Entwicklungen bewirkt. Im Vordergrund steht zudem nicht mehr nur die Arbeitsunterstützung einzelner, sondern die kooperative Arbeit von integrierten, vernetzten Arbeitsplätzen. Es handelt es sich um ein zyklisches versionsbezogenes (prototypisches) Vorgehensmodell, das in einem Projekt eingebettet ist. Dieses Modell gibt den Rahmen vor und muss durch einen konkreten Projektplan weiter detailliert werden. Die Projektetablierung und der Projektabschluss kennzeichnen den zeitlichen Rahmen, innerhalb dessen die Phasen als logische Stufen zyklisch durchlaufen werden. Abhängig von den verfolgten Zielen in den einzelnen Phasen kommen verschiedene Formen des Prototyping zum Tragen. In der Softwareentwicklung werden unter *Prototyping* bewusst gestaltete Lernprozesse anhand von ausführbaren Vorversionen des geplanten Softwaresystems verstanden. Dazu werden frühzeitig relevante Systemelemente entwickelt, die dann durch die Anwender erprobt und bewertet werden, um Rückkopplungen für die weitere Softwareentwicklung zu erhalten. Dies ermöglicht nicht nur eine zuverlässige Kommunikation für alle am Entwicklungsprozess beteiligten Gruppen, sondern auch eine methodische Unterstützung partizipativer Systementwicklung.[23]

Extreme Programming (XP), als Vertreter der agilen Softwareentwicklung, gehört nicht im eigentlichen Sinn zu den Vorgehensmodellen, da bewusst auf stark vor-

[22] Vgl. *Floyd* et. al. 1997.
[23] Vgl. *Floyd* 1984 und *Floyd/Oberquelle* 2004.

schreibende Methodiken verzichtet wird. Vielmehr soll einer leichtgewichtigen Vorgehensweise Vorzug gegeben werden, die auf Kundenzufriedenheit durch frühe und kontinuierliche Auslieferung von praktikablen Softwarekomponenten ausgerichtet ist. Als das Wesentliche wird bei XP die Generierung des Softwarecodes erachtet. Durch die Fokussierung auf die Belange der Praxis, wird die Dokumentation der Software als weniger wichtig erachtet. Diese verhindere eine flexible Weiterentwicklung der Software und hemme die schnelle Reaktion auf neue Anforderungen der Kunden bzw. Nutzer. Eine Dokumentation sei aufwendig in der Erstellung und fehlerhaft, da sie nicht automatisiert analysier- und testbar ist. Das primäre Ziel ist die effiziente Entwicklung qualitativer Software unter Einhaltung von Zeit- und Kostenrestriktionen.[24] Ein Vorgehensmodell, das die Prinzipien und Methoden des Extreme Programmings bzw. Modellings umsetzt, ist das *Feature Driven Development*. Es ist gekennzeichnet durch einen iterativen und inkrementellen Charakter und definiert ein Prozess- und Rollenmodell in Anlehnung an agile Methoden. Im Mittelpunkt steht die Entwicklung funktionsfähiger Versionen, ähnlich der des Prototyping.[25]

Die obige Darstellung der verschiedenen Vorgehensmodelle verdeutlicht, dass existierende Modelle spezifische Stärken und Schwächen in Bezug auf den vorliegenden Kontext des Engineerings virtueller Dienstleistungen im Umfeld von Web 2.0 besitzen.

3.2 Entwicklung eines partizipativen Vorgehensmodells unter Berücksichtigung von Kriterien zur Softwareauswahl

Im Abschnitt 2 wurden die Anforderungen der Netzwerk-Unternehmen an eine Web 2.0-Plattform für das WirtschaftsForum Neuwied beschrieben. Die genannten Anforderungen lassen sich in der vorliegenden Form jedoch nicht als Kriterien für eine Softwareauswahl heranziehen, da sie zum Großteil unpräzise formuliert sind und keine Aussagen über die technische Realisierung machen, die mit Funktionalitäten bzw. Eigenschaften einer Software abgleichbar ist. Aus diesem Grund ist es notwen-

[24] Vgl. *Rumpe* 2001.
[25] Vgl. *Yakut* 2008.

dig, die Anforderungen in Kriterien für die Softwareauswahl zu transformieren. Hierzu wurden alle Anforderungen, sofern es möglich war, auf gängige Web 2.0-Funktionen und Anwendungen abgebildet, mit deren Hilfe die Anforderungen erfüllt werden können. Diese bilden die Kriterien für die Softwareauswahl, indem überprüft wird, inwieweit die untersuchten Systeme die einzelnen Web 2.0-Funktionalitäten unterstützen. Ergänzt werden die Kriterien um Aspekte der Lizenzierung und Technologie, die sich aus der Implementierung und den Rahmenbedingungen des Projektes ergeben. In Abbildung 8 sind alle Kriterien nach Kategorien gruppiert aufgelistet und beschrieben:

Kategorie	Kriterien	Beschreibung
Lizenzierung	Lizenz, Kosten	Die Art der Software-Lizenzierung ist insbesondere im Hinblick auf die entstehenden Kosten und mögliche Quellcode-Anpassungen interessant.
Technologie	Programmierplattform, Datenbank, Erweiterbarkeit	Die Technologie-Kriterien sind wichtig, um Voraussetzungen der Systeme und Erweiterungsmöglichkeiten abschätzen zu können.
Usability	Übersichtliches Design, einfache Bedienung, optimiert auf Benutzbarkeit, Benutzer-Handbuch, Hilfefunktionen	Die Bedienung der Plattform muss intuitiv und einfach sein und den Nutzer bei Problemen Hilfen anbieten.
Community	Benutzerverwaltung, Nutzer-Profile, Unternehmensprofile, interne Nachrichten, soziale Vernetzung, Kalender, Forum, Chat	Die Community-Funktionalitäten ermöglichen die Kommunikation zu aktuellen Themen sowie die Präsentation und Vernetzung der Nutzer und Unternehmen.
Ressourcen-verwaltung	Texte, Audio, Bilder, Video, Webseiten, Bookmarks, Kommentierung von Inhalten, Bewertung von Inhalten, Tagging, Suchfunktion	Durch die Verwaltung allermöglichen Arten von Medien können Inhalte auf der Plattform hinterlegt, kategorisiert, durchsucht und abgerufen werden.
Publizierung von Inhalten	Blog, Wiki	Mit Blogs können Unternehmen Inhalte publizieren und sich präsentieren, Wikis ermöglichen die kollaborative Arbeit an Dokumenten.
Sicherheit	Moderationsfunktionen, Verschlüsselung, Datensparsamkeit	Die Sicherheitskriterien sollen dafür sorgen, dass unwahre Informationen gelöscht werden und eine Manipulation bzw. unberechtigte Zugriffe auf die Plattform verhindert werden.

Abbildung 8: Kriterien der Softwareauswahl

Zusammenfassend werden im Folgenden die wichtigsten Implikationen des Anwendungskontextes für das Vorgehensmodell aufgezählt:

- Die Mitgliedsunternehmen müssen frühestmöglich partizipativ in den Entwicklungsprozess einbezogen werden, um eine Anwendung zu konstruieren, die den Anforderungen der KMU insbesondere hinsichtlich der Benutzbarkeit entspricht. Bei zu vielen Unternehmen sollte eine Auswahl von Lead-Usern aus allen Bereichen des Netzwerkes die Interessen der übrigen Unternehmen repräsentieren.

- Es sollte angestrebt werden, dass zumindest ein Mitarbeiter pro partizipierendem Unternehmen am Entwicklungsprozess teilnimmt, der nicht aus der Geschäftsführung stammt.

- Vor der Anforderungserhebung sollte ein Prototyp mit gängigen Web 2.0-Funktionen die Mitgliedsunternehmen mit dem Thema Web 2.0 und den damit verbundenen Möglichkeiten vertraut machen.

- Für die prototypische Umsetzung sollte eine bestehende Softwarelösung verwendet werden, die an den Einsatzkontext angepasst wird, um den hohen Aufwand einer Neuentwicklung zu vermeiden und dadurch Zeit und Kosten zu sparen.

- Es sollte versucht werden, alle Anforderungen mit gängigen Web 2.0-Funktionalitäten zu realisieren. Dies ermöglicht zum einen den Einsatz von Standardkomponenten und erleichtert zum anderen die Bedienung, da viele Nutzer diese Anwendungen bereits durch die private Verwendung kennen.

- Es sollte ein Anreizsystem ausgearbeitet werden, um die Nutzung der Web 2.0-Plattform für die Unternehmen attraktiver zu gestalten.

- Der Kontrollwunsch der Unternehmensinhaber muss eingedämmt werden, um die Leitbilder des Web 2.0 nicht zu verletzen. Statt technisch implementierter Kontrollmechanismen sollte das korrekte Verhalten der Nutzer durch soziale Regeln und Transparenz sichergestellt werden.

Für die Entwicklung von Vorgehensmodellen finden sich in der Literatur Metamodelle, die die Konstruktion von Methodiken beschreiben. Ziel dieses als Method Engineering bezeichneten Forschungsgebietes ist es, die wachsende Anzahl an Handlungsanleitungen durch Standardisierung vergleichbar zu machen und eine einheitliche Terminologie zu schaffen.[26] In Braun[27] werden verschiedene Ansätze zur Konstruktion von Methodiken beschrieben und anhand von fundamentalen Elementen der Methodikenbeschreibung miteinander verglichen. Für das nachfolgend zu entwickelnde Vorgehensmodell wurden die Konstruktionshinweise von Becker et al.[28] herangezogen. In ihrer Arbeit beschreiben die Autoren, dass die Regelmenge einer Methodik in die Regeln der innerhalb der Methodik verwendeten Methoden, dem Vorgehensmodell und der Dokumentenstruktur gegliedert wird. Das Vorgehensmodell zerlegt den Prozess der Lösung der Gesamtaufgabe in Teilaufgaben. Die groben Einteilungen des Gesamtprozesses werden auch Phasen genannt, die im Kontext der Informationssystem-Entwicklung mit Hilfe eines Phasenmodells dargestellt werden. Neben der Phaseneinteilung und der Detaillierung der Gesamtaufgabe in Teilaufgaben legt das Vorgehensmodell die logische und zeitliche Ablauffolge der Aufgaben fest. Den Aufgaben des Vorgehensmodells werden geeignete Methoden zugeordnet, die die systematische Lösung des Problems unterstützen. Grundsätzlich können mehrere Methoden für die Lösung einer Teilaufgabe geeignet sein oder es muss eine ganz neue Methode entwickelt werden. Die Aufgabe des Methodiken-Konstrukteurs liegt einerseits in der Strukturierung der Gesamtaufgabe und andererseits in der Auswahl geeigneter Methoden zur Lösung der Teilaufgaben.[29] Das von Becker et al. entwickelte Modell erweitern wir zudem um die am Prozess beteiligten

---

[26] Vgl. *Becker* 2001, S. 3.
[27] Vgl. *Braun* 2005.
[28] Vgl. *Becker* 2001.
[29] Vgl. *Becker* 2001, S10.

Personen, die in Form von Rollen mit dem Vorgehensmodell verknüpft werden. Diese sind im Modell von Becker et al. nicht vorgesehen.

An einem Projekt sind immer verschiedene Personen beteiligt, die unterschiedliche Aufgaben bekleiden – diese nennen wir Rollen. Im Vorgehensmodell wollen wir den einzelnen Phasen jeweils die beteiligten Rollen zuordnen. Aus diesem Grund sollen die vier an dem Vorgehensmodell beteiligten Rollen nun definiert werden:

- ***IT-Dienstleister***: Der IT-Dienstleister ist die (in der Regel externe) Organisation, die für die Projektdurchführung und die Entwicklung der Web 2.0-Plattform verantwortlich ist.

- ***Unternehmen des KMU-Netzwerkes***: Die Unternehmen des KMU-Netzwerkes sind alle Unternehmen, die Mitglied in dem KMU-Netzwerk sind.

- ***Lead-User***: Die Lead-User sind eine Auswahl aus allen Mitgliedsunternehmen und repräsentieren die Gesamtheit des Netzwerkes. Sie erfüllen wichtige Aufgaben bei der Anforderungserhebung und dem Testen der Prototypen und sind partizipativ in den Entwicklungsprozess eingebunden.

- ***Mitarbeiter***: Die Mitarbeiter sind alle Mitarbeiter der Mitgliedsunternehmen des KMU-Netzwerkes und somit die Nutzer des Systems.

Nachdem die Rollen definiert wurden, wird im folgenden Abschnitt detailliert beschrieben, welche Teilaufgaben in den einzelnen Phasen gemäß Abbildung 9 zu bewältigen sind und welche Rollen an den Phasen beteiligt sind.

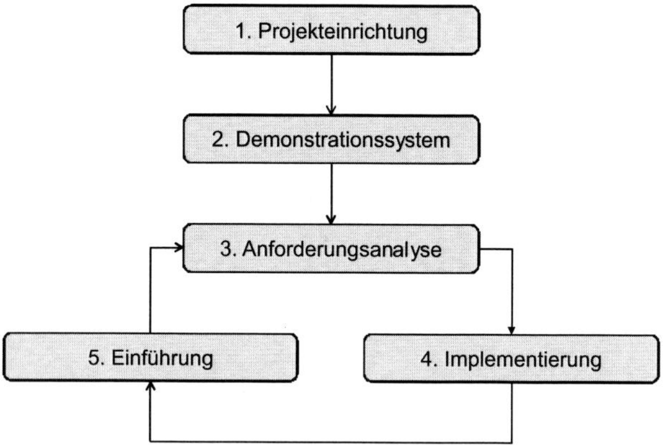

Abbildung 9: Phasen des Vorgehensmodells

3.2.1 Projekteinrichtung

Die Projekteinrichtungs-Phase ist die erste Phase des Vorgehensmodells und somit der Startpunkt eines jeden mit Hilfe des Vorgehensmodells durchgeführten Softwareprojektes. Die erste Aufgabe dieser Phase besteht darin, eine Ist-Analyse durchzuführen, um den aktuellen Zustand des KMU-Netzwerkes festzustellen. Dabei geht es um die Fragen, ob bereits Software-Systeme vorhanden sind, die z.B. die Kommunikation oder Kollaboration im Netzwerk unterstützen, und wie die Zusammenarbeit im Netzwerk organisiert ist. Im Anschluss an die Ist-Analyse sollten die beteiligten Unternehmen für das Thema Web 2.0 sensibilisiert werden, in dem die Anwendungen, Prinzipien und Leitbilder des Web 2.0 vorgestellt und erläutert werden. Hierbei sollte insbesondere auf die Selbstorganisation und die Nutzer-zentrierung eingegangen werden, da in diesen Bereichen das größte Spannungsfeld zu der typischen KMU-Struktur besteht. Durch die frühzeitige Sensibilisierung der Unternehmen kann der notwendige Wandel in den Organisationen behutsam und über einen längeren Zeitraum durchgeführt werden. Die abschließende Aufgabe der Projekteinrichtungs-Phase besteht in der Auswahl der Lead-User. Bei der Auswahl der Lead-User sollte zudem darauf geachtet werden, dass diese alle Bereiche des Netzwerkes repräsentieren. Insgesamt sollten zwischen fünf und zehn Unternehmen ausgewählt werden, damit der Betreuungsaufwand einerseits nicht zu groß wird, andererseits aber auch beim Ausfall oder der Insolvenz eines Unternehmens noch genügend Lead-User zur Verfügung stehen.

An der Projektphase sind alle Unternehmen des KMU-Netzwerkes sowie der IT-Dienstleister beteiligt. Durch die Bestimmung der Lead-User ist nach dieser Projektphase zudem geklärt, welche Unternehmen die Rolle „Lead-User" einnehmen.

3.2.2 Demonstrationssystem

Die erste Aufgabe besteht darin, ein geeignetes System auszuwählen, das die gängigen Web 2.0-Funktionalitäten unterstützt. In dieser Phase sollte in keinem Fall eine Neuentwicklung durchgeführt werden, da das System lediglich der Demonstration von Funktionalitäten dienen soll. Zudem wird das System die sich aus der folgenden Phase ergebenen Anforderungen möglicherweise nicht erfüllen können. Es kann also passieren, dass dieses System im Anschluss an diese Phase nicht weiter genutzt werden kann. Nachdem das System ausgewählt wurde, muss es noch konfiguriert werden und an die Gegebenheiten des jeweiligen Netzwerkes angepasst werden. Hierbei kann auf die Ergebnisse der Ist-Analyse aus der vorangegangenen Phase zurückgegriffen werden. Bei der Anpassung sollte versucht werden, die bestehenden Strukturen des Netzwerkes auf die Software abzubilden, so dass die Unternehmen des Netzwerkes sich leichter darin zurechtfinden. Die abschließende Aufgabe ist die Abhaltung eines Workshops mit den Lead-Usern. In diesem Workshop soll das Demonstrationssystem vorgestellt werden und die Lead-User sollen das System praktisch benutzen, um ein Gefühl für dessen Möglichkeiten zu bekommen. Auf diese Weise erfahren die Lead-User, welche Funktionen besonders sinnvoll oder unnötig sind und wie diese im Kontext des KMU-Netzwerkes genutzt werden können. Die Nutzer sollten die Erfahrungen beim Umgang mit dem System notieren und als Inspiration für die eigenen Anforderungen nutzen.

An dieser Projektphase sind nur der IT-Dienstleister und die Lead-User beteiligt.

3.2.3 Anforderungsanalyse

Ziel der Anforderungsanalyse-Phase ist es, einen Anforderungskatalog mit den priorisierten Anforderungen der Nutzer zu erstellen. In der Literatur wird die Thematik der Anforderungsanalyse unter dem Begriff „*Requirements Engineering*" behandelt.[30]

Die erste Aufgabe besteht darin, die Anforderungen der Lead-User an die Web 2.0-Plattform zu erheben. Da keine universelle Methode zur Ermittlung von Anforderungen existiert, muss zunächst eine passende Ermittlungstechnik ausgewählt werden. Es existieren verschiedene Ansätze, die sich insbesondere im angestrebten Detaillierungsgrad der Anforderungen unterscheiden. So lassen sich abstrakte Anforderungen am besten mit Kreativitätstechniken wie z.B. Brainstorming ermitteln, wohingegen Befragungs- oder Beobachtungstechniken dabei helfen, Anforderungen mittleren Detaillierungsgrades zu erheben.[31] Nachdem die Anforderungen erhoben wurden, müssen diese im nächsten Schritt konsolidiert werden, das heißt ähnliche Anforderungen werden verallgemeinert und zu einer Anforderung zusammengefasst. Besonders wichtig ist außerdem das kritische Hinterfragen der Anforderungen, indem jede Anforderung auf ihre Kompatibilität mit den Leitbildern des Web 2.0 überprüft wird. Sollten Anforderungen aufgedeckt werden, die z.B. mit der Selbstorganisation im Web 2.0 nicht zu vereinbaren sind, so müssen diese Fälle gemeinsam mit den Lead-Usern diskutiert und wenn möglich entsprechend den Web 2.0-Prinzipien angepasst werden. Den Abschluss der Anforderungsanalyse bildet die Priorisierung der zuvor erhobenen Anforderungen. Hierbei werden die Anforderungen in Gruppen unterschiedlicher Wichtigkeit einsortiert und im Anschluss auf die Iterationen der Implementierungsphase verteilt. Auf Basis der Prioritäten wird also festgelegt, welche Anforderungen in welcher Iteration umgesetzt werden. Es sollte darauf geachtet werden, dass die Verteilung gleichmäßig erfolgt und nicht zu viele Anforderungen pro Iteration zur Umsetzung geplant werden. Eine Iteration sollte möglichst kurz sein und auf keinen Fall länger als drei Monate dauern, um eine regelmäßige Überprüfung der Ergebnisse durch die Lead-User zu ermöglichen.

---

[30] Weitere Informationen finden sich z.B. in *Pohl/Rupp* 2009.
[31] Vgl. *Pohl/Rupp* 2009, S. 32ff.

An der Projektphase sind, wie schon in der Phase zuvor, nur der IT-Dienstleister und die Lead-User beteiligt.

3.2.4 Implementierung

Nachdem die Anforderungsanalyse-Phase abgeschlossen wurde, folgt die Implementierungsphase, in der die zuvor erhobenen Anforderungen umgesetzt werden. Die erste Aufgabe ist die Auswahl einer geeigneten Software als Basis für die Realisierung der Web 2.0-Plattform. Diese Aufgabe muss nur bei der ersten Durchführung der Implementierungsphase bearbeitet werden und kann in den weiteren Iterationen übersprungen werden. Grundlage der Softwareauswahl ist der Anforderungskatalog, dessen Anforderungen im ersten Schritt in Kriterien für den Vergleich der Softwaresysteme transformiert werden müssen. Im Anwendungsfall wurden dafür die Anforderungen auf typischen Web 2.0-Funktionalitäten abgebildet und dadurch eine Menge an Funktionalitäten gewonnen, die die Softwaresysteme im Idealfall unterstützen sollen. Diese Funktionalitäten stellen den Kriterienkatalog dar, der um Randbedingungen des Projektes wie z.B. Fragen der Lizenzierung oder der zu verwendenden Technologie ergänzt wird. Im nächsten Schritt der Softwareauswahl wird eine Marktübersicht geeigneter Systeme erstellt und mit Hilfe einer Vorauswahl werden die im Detail zu betrachtenden Anwendungen zunächst reduziert. Anschließend werden die Eigenschaften und Funktionalitäten (ggf. erweitert durch Plugins) der Systeme mit den Kriterien abgeglichen. Nachdem durch die Softwareauswahl ein geeignetes System gefunden wurde, besteht die nächste Aufgabe der Implementierungsphase in der Umsetzung der Anforderungen. Hierzu werden die für die aktuelle Iteration geplanten Anforderungen auf die Funktionen der Software abgebildet. Alle Anforderungen, bei denen dies möglich ist, können ohne großen Aufwand durch Customizing des Systems umgesetzt werden. Für Anforderungen, die sich nicht mit dem bestehenden Funktionsumfang des Systems umsetzen lassen, muss zunächst geprüft werden, ob die Anforderung durch ein oder mehrere am Markt erhältliche Erweiterungen (Plugins) umgesetzt werden kann. Sind entsprechende Plugins erhältlich, so muss in einer Plugin-Auswahl das für den Einsatzzweck am besten geeignete Plugin bestimmt und dessen Einsatz gegenüber einer individuellen Programmierung abgewogen werden. Stellt sich das Plugin als beste Lösungsmöglichkeit heraus, so wird dieses in das System integriert, konfiguriert und ggf. angepasst. Sollte kein Plugin zur Umsetzung der Anforderung geeignet erscheinen oder sich das System nicht durch Plugins erweitern lassen, so muss die dafür notwendige Funktionalität individuell programmiert werden. Zum Abschluss der Implementierungsphase erfolgt ein Test der neu hinzugekommenen Funktionalitäten. Zunächst ist ein Funktionstest durchzuführen, indem festgestellt wird, ob die Funktionalitäten für sich genommen fehlerfrei funktionieren und die Anforderungen vollständig erfüllen. Insbesondere die individuell programmierten Erweiterungen bedürfen eines intensiven Testens, um die korrekte Funktionsweise sicherzustellen. Im nächsten Schritt erfolgt ein Integrationstest, in der die Zusammenarbeit aller Funktionalitäten überprüft wird. Hierbei ist auch darauf zu achten, dass sich die neuen Funktionalitäten nahtlos in das bisherige Bedienkonzept und Layout integrieren, um den Benutzer nicht zu verwirren. Etwaige festgestellte Mängel müssen behoben werden, bevor die Phase abgeschlossen wird und in der folgenden Phase die Einführung der Software erfolgt.

Diese Phase wird vom IT-Dienstleister allein, ohne die Beteiligung eines Unternehmens aus dem KMU-Netzwerk, durchgeführt.

3.2.5 Einführung

Die letzte Phase des Vorgehensmodells ist die Einführungsphase. In dieser Phase wird der aktuelle Prototyp dem KMU-Netzwerk bereitgestellt und zunächst von den Lead-Usern getestet. Die erste Aufgabe besteht darin, den in der Implementierungsphase fertiggestellten Prototyp vom Entwicklungssystem auf ein Testsystem zu übertragen und dort zu installieren. Durch die Trennung von Entwicklungs- und Testsystem kann die Entwicklung der Software bereits weitergeführt werden, ohne dass dadurch das Testsystem z.B. durch auftretende Fehler beeinträchtigt wird. Im Anschluss hieran wird ein Workshop mit den Lead-Usern durchgeführt, in dem ihnen der aktuelle Stand des Prototyps sowie die neu hinzugekommenen Funktionen präsentiert werden. In einer Schulung lernen die Lead-User mit der Software umzugehen, woraufhin sie das System ausgiebig testen. Beim Testen sollte das Hauptaugenmerk der Lead-User darauf gerichtet sein, inwieweit die eigenen Anforderungen umgesetzt wurden und wie sie mit der Benutzung des Systems zurechtkommen. Wie schon in der Demonstrationssystem-Phase sollten die Lead-User ihre Erfahrungen, Anmerkungen und Verbesserungswünsche notieren. Zusätzlich sollten die Lead-User bei der Benutzung des Prototyps beobachtet werden, um daraus Erkenntnisse über das Bedienverhalten der Benutzer zu gewinnen. Es könnten so Veränderungsbedarfe festgestellt werden, die von Lead-Usern selbst nicht erkannt werden. Die Änderungswünsche der Lead-User sowie die Ergebnisse der Beobachtung gehen nach gemeinsamer Diskussion als neue Anforderungen in die Anforderungsanalyse der nächsten Iteration ein. Die abschließende Aufgabe der Einführungsphase besteht darin, die Web 2.0-Plattform für die Allgemeinheit des KMU-Netzwerkes bereitzustellen. Dies ist allerdings nicht in jeder Iteration erforderlich, da sich die Nutzer sonst zu häufig an eine neue Version gewöhnen müssten. In Absprache mit den Lead-Usern und den anderen Unternehmen des KMU-Netzwerkes werden also nur ausgewählte Software-Versionen auf dem Produktiv-System bereitgestellt. Zuvor muss natürlich der Workshop mit den Lead-Usern ergeben haben, dass die aktuelle Version fehlerfrei arbeitet und keine groben Mängel in Bezug auf die implementierten Funktionalitäten und die Benutzbarkeit aufweist. Damit die Mitarbeiter der Unternehmen die Plattform benutzen können, müssen diese ähnlich wie die Lead-User zunächst geschult werden, wobei die Schulung bei der ersten Version der Software intensiver als bei späteren Versionen sein muss. Zudem sollten die Lead-User als zusätzliche Ansprechpartner für alle Unternehmen zur Verfügung stehen. Zusätzlich ist es sinnvoll, eine Kurzeinführung in das System online bereitzustellen, so dass sich jeder Mitarbeiter selbständig damit auseinandersetzen kann.

Neben dem IT-Dienstleister nehmen an dieser Phase die Lead-User und unter bestimmten Umständen auch die Mitarbeiter der Mitgliedsunternehmen teil.

3.2.6 Phasen, Aufgaben und Rollen im Überblick

Um abschließend einen Überblick über das komplette Modell mit allen Phasen, Aufgaben und Rollen und deren Beziehung zueinander zu erhalten, zeigt Abbildung 10 das Vorgehensmodell in seiner Gesamtheit.

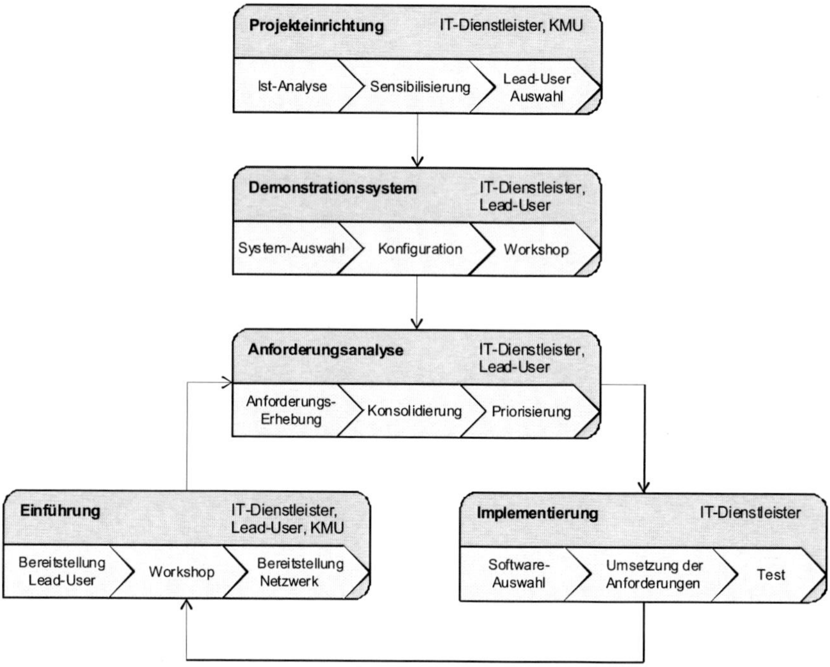

Abbildung 10: Vollständiges Vorgehensmodell

Das entwickelte Vorgehensmodell unterscheidet sich auf den ersten Blick nur wenig von den klassischen Modellen der Softwareentwicklung. Bei der Betrachtung der Phasen wird deutlich, dass diese z.B. den Phasen des Wasserfallmodells recht ähnlich sind, natürlich mit dem Unterschied, dass einige Phasen mehrfach durchgeführt werden.[32] Der Hauptunterschied in der Gliederung der Phasen besteht in der Phase *Demonstrationssystem*, die es in der Form in keinem anderen Vorgehensmodell der

[32] Vgl. *Abts/Mülder* 2009, S. 301ff.

Softwareentwicklung gibt. Die Phase trägt der Tatsache Rechnung, dass die Mitglieder eines KMU-Netzwerkes in der Regel keine Experten auf dem Gebiet Web 2.0 sind und ihnen mit Hilfe des Demonstrationssystems zunächst die Möglichkeiten von Web 2.0 aufgezeigt werden sollen. Weitere Unterschiede zu klassischen Modellen der Softwareentwicklung bestehen in der Detaillierung der Phasen, also in den einzelnen Aufgaben, die in einer Phase zu erledigen sind. Die Unterschiede sind dabei weniger technischer Natur, sondern liegen hauptsächlich im organisatorischen Bereich und im Umgang mit den Mitgliedsunternehmen. Insgesamt ist das Vorgehensmodell durch seinen fest definierten Einsatzbereich im Kontext von KMU-Netzwerken nicht so allgemein gehalten wie die generischen Vorgehensmodelle, die nicht auf einen speziellen Einsatzbereich oder auf die Entwicklung einer speziellen Software abzielen. Stattdessen ist das entwickelte Modell auf die Entwicklung von Web 2.0-Applikationen für KMU-Netzwerke ausgerichtet. Dies zeigt sich z.B. darin, dass die Mitgliedsunternehmen zunächst für das Thema Web 2.0 sensibilisiert werden und bei der Anforderungsanalyse die Anforderungen zunächst darauf überprüft werden, nicht die Leitbilder des Web 2.0 zu verletzen.

Zusammenfassend kann festgehalten werden, dass das Vorgehensmodell sich in technischer Hinsicht nur geringfügig von klassischen Vorgehensmodellen der Softwareentwicklung unterscheidet. Durch die Fokussierung auf die Entwicklung von Web 2.0-Applikationen für KMU-Netzwerke konnten jedoch gezielt Anpassungen im organisatorischen Bereich vorgenommen werden, um den Wandel der KMU zu den selbstorganisatorischen Prinzipien des Web 2.0 zu unterstützen.

Literaturverzeichnis

ABTS, D./MÜLDER, W. (2009):
Grundkurs Wirtschaftsinformatik. Eine kompakte und praxisorientierte Einführung. Vieweg + Teubner, Wiesbaden.

BECKER, J. ET AL. (2001):
Konstruktion von Methodiken: Vorschläge für eine begriffliche Grundlegung und domänenspezifische Anwendungsbeispiele, Münster.

BLINN, N./NÜTTGENS, M./LINDERMANN, N. (2010):
Web 2.0 in SME networks – a design science approach considering multi-perspective requirements. In: Journal of Information Science and Technology, Volume 7, No 1, 2010, S. 3-21.

BRAUN, C. (2005):
et. al.: Method construction - a core approach to organizational engineering: SAC '05: Proceedings of the 2005 ACM symposium on Applied computing. ACM, New York, NY, USA, 2005; S. 1295-1299.

BULLINGER, H.-J. (1995):
Dienstleistung der Zukunft: Märkte, Unternehmen und Infrastrukturen im Wandel. Gabler, Wiesbaden.

BULLINGER, H.-J./SCHEER, A.-W. (2002):
Service Engineering: Entwicklung und Gestaltung Innovativer Dienstleistungen. Springer, Berlin.

CORSTEN, H. (2001):
Dienstleistungsmanagement. 4. Aufl., Oldenbourg Verlag, München, 2001.

CORBIN, J./STRAUSS, A. (2008):
Basics of Qualitative research: Techniques and procedures for Developing Grounded Theory. 3rd edition, Sage publications, Los Angeles.

DIN (1998):
DIN-Fachbericht 75, Service Engineering, Entwicklungsbegleitende Normung für Dienstleistungen. Beuth-Verlag, Berlin et al.

FISCHER, T./BISKUP, H./MÜLLER-LUSCHNAT, G. (1998):
Begriffliche Grundlagen für Vorgehensmodelle. Vorgehensmodelle für die betriebliche Anwendungsentwicklung. In: Kneuper, R./Müller-Luschnat, G. /Oberweis, A.: Vorgehensmodelle für die Betriebliche Anwendungsentwicklung. B.G. Teubner, Reihe Wirtschaftsinformatik, 1998, S. 15-31.

FLOYD, C. (1984):
A systematic look at prototyping. In Budde u.a. (Hrsg.): Approaches to prototyping. Springer, Berlin u.a.

FLOYD, C. (1997):
et. al. Zur Evolution der evolutionären Systementwicklung: Erfahrungen aus einem Krankenhausprojekt. Informatik-Spektrum, Volume 20, No 1, 1997, S. 13-20.

FLOYD, C./OBERQUELLE, H. (2004):
Softwaretechnik und Software-Ergonomie Einführung. Univ., FB Informatik, Hamburg.

HIMMELREICH, J. (2006):
Agile Software Entwicklung nach Winston Royce. http://www.jenshimmelreich.de/texte/AgileSoftwareentwicklungNachWinstonRoyce.pdf, 2006, letzter Zugriff am 30.01.2011.

HULL, E./JACKSON, K./DICK, J. (2010):
Requirements Engineering. 3rd edition. Springer, London et al.

PICOT, A./NEUBURGER, R. (1998):
Der Beitrag virtueller Unternehmen zur Marktorientierung. In: Bruhn, M.; Steffenhagen, H. (Hrsg.) Marktorientierte Unternehmensführung: Reflexione – Denkanstöße – Perspektiven. 2. Auflage. Wiesbaden, Gabler.

POHL, K. (2008):
Requirements Engineering. 2. Edition, dpunkt, Heidelberg.

POHL, K./RUPP, C. (2009):
Basiswissen Requirements Engineering. Aus- und Weiterbildung zum "Certified Professional for Requirements Engineering"; Foundation Level nach IREB-Standard. dpunkt, Heidelberg.

RUMPE, B. (2001):
Extreme Programming - Back to Basics, In: Modellierung 2001, Workshop der Gesellschaft für Informatik e.V.(GI) 28.-30.3.2001, Bad Lippspringe, S. 121-131.

SCHATTEN, A. (2010):
et.al.: Best Practice Software Engineering. Spektrum Akademischer Verlag, Heidelberg.

SCHOLZ, C. (1994):
Die virtuelle Organisation als Strukturkonzept der Zukunft? Universität des Saarlandes, Saarbrücken.

SCHOLZ, C. (1997):
Strategische Organisation: Prinzipien zur Vitalisierung und Virtualisierung. Verl. Moderne Industrie, Landsberg am Lech.

SIEBER, P. (1998):
Virtuelle Unternehmen in der IT-Branche: Die Wechselwirkung zwischen Internet-Nutzung, Strategie und Organisation. Haupt: Bern, Stuttgart, Wien.

WOLF, M./THRÄNERT, M. (2007):
Begriffsbestimmung und Metamodell für Vorgehensmodelle. In: Integration Engineering: Motivation - Begriffe - Methoden - Anwendungsfälle, Leipzig, Germany: Eigenverlag Leipziger Informatik-Verbund LIV (2007), S. 21-34.

YAKUT, Y. (2008):
Agile Softwareentwicklung. http://swt.cs.tu-berlin.de/ lehre/sepr/ss08/referate/AgileDevelopment_Ausarbeitung.pdf, 2008, letzter Zugriff am 30.01.2011.

Von der Kooperation zur Innovation: Anforderungen und Vorgehen in Richtung Web 2.0-gestützter kollaborativer Innovationen in regionalen KMU-Netzwerken

Nadine Lindermann, Sylvia Valcárcel und Harald F.O. von Kortzfleisch

Inhaltsverzeichnis

1. Einleitung ... 173
2. Innovationen in regionalen KMU-Netzwerken: kollaborativ und offen ... 175
  2.1 Kollaborative offene Innovationen: Eine theoretische Betrachtung ... 175
  2.2 Innovation in Kooperation: Sichtweisen aus der KMU-Praxis ... 177
3. Innovationen mit Web 2.0: Anforderungen im WirtschaftsForum Neuwied ... 179
  3.1 Perspektiven Web 2.0-basierter Kooperationen ... 179
  3.2 Stufen einer inkrementellen Herangehensweise ... 181
4. Umsetzung der Anforderungen in einem Web 2.0-Prototyp ... 183
  4.1 Entwicklung des Web 2.0 Prototypen ... 183
  4.2 Phasenweise Einführung des Prototypen ... 185
5. Fazit ... 188

1. Einleitung

In Zeiten des steigenden Modernisierungs- und Innovationsdrucks sind Netzwerke ein alltägliches Phänomen, das in vielfältigen Formen und Ausprägungen sämtliche gesellschaftliche Teilbereiche durchdringt.[1] Unternehmensnetzwerke verkörpern ein System autonomer Organisationen und Verflechtungen,[2] in dem Ressourcen mit dem Ziel der gegenseitigen Nutzengenerierung zusammengelegt werden.[3]

Auf regionaler Ebene erlangen Netzwerke aus diesem Grund nicht zuletzt im Zuge der wirtschafts- und strukturpolitischen Diskussionen zunehmend an Bedeutung.[4] Als Zusammenschluss vorwiegend kleiner und mittlerer Unternehmen (KMU) ist das Wesen dieser Netzwerke durch die regionale Nähe bestimmt.[5] Unter dem Leitsatz der „gemeinsamen Standortsicherung durch den Austausch von Wissen und Erfahrungen", finden sich KMU oftmals in einer Region zusammen, um ein regionales „Wir-Gefühl" zu entwickeln. In diesem Sinne sind die Potentiale regionaler Netzwerke vor allem im nicht wettbewerbskritischen Bereich zu sehen. Eine Tatsache, die eine erfolgreiche Zusammenarbeit erschwert, da die Unternehmen vorwiegend wettbewerbsorientiert agieren und die Vorteile eines regionalen Zusammenschlusses häufig nicht erkennen.[6]

Angesichts dieser Tatsache drängt die Diskussion um die Gestaltung moderner Arbeitswelten immer mehr in den Vordergrund, wird damit eine Anpassung von Unternehmen und Mitarbeitern an die Erfordernisse einer zunehmend dynamischen Welt impliziert.[7] Hierbei wird „das, was wir „Arbeit" nennen, nicht nur verändert, sondern allmählich neu definiert"[8]: Mitarbeiter sind nicht mehr „Ausführungsorgan" operativer Arbeitsprozesse. Vielmehr sind ihr Können und ihre Kreativität in den

[1] Vgl. *Becker et al.* 2007, S. 3.
[2] Vgl. *Corsten* 2001, S. 2.
[3] Vgl. *Picot/Reichwald/Wigand* 2003, S. 304f.
[4] Vgl. *Knyphausen-Aufseß* 1999, S. 594.
[5] Vgl. *Sydow* 2001, S. 302.
[6] Siehe hierzu den Beitrag „Anwendungsszenario regionale KMU-Netzwerke: Das Forschungsfeld WirtschaftsForum Neuwied e.V." von *Lindermann/Scherrer/von Kortzfleisch* in diesem Buch.
[7] Vgl. *Picot/Neuburger* 2008.
[8] *Klotz* 2008, S.11.

Berufsalltag systematisch zu integrieren und dort kontinuierlich weiterzuentwickeln. Im Kontext regionaler KMU-Netzwerke kann auf diese Weise das kreative Potential der Mitarbeiter in die unternehmensübergreifende Zusammenarbeit mit einbezogen werden: Über den aktiven Austausch der Mitarbeiter zu unterschiedlichen Problemstellungen aus dem Berufsalltag können somit innovative Lösungen für das Netzwerk gemeinsam herbeigeführt werden. Gerade KMU öffnet dies Türen für die Entwicklung innovativer Konzepte zur Gestaltung eines modernen und attraktiven Arbeitsumfeldes, das Themen wie Gesundheit am Arbeitsplatz oder Weiterbildung in den Fokus rücken lässt.

Diese für KMU neuartige Art der unternehmensübergreifenden Zusammenarbeit bedarf einer geeigneten technologischen Unterstützung, welche die Einbindung und den aktiven Austausch der Mitarbeiter innerhalb des Netzwerkes unterstützt. Im Rahmen des Forschungsprojektes KMU 2.0 wird dies durch den Einsatz von Web 2.0-Technologien geleistet, die selbst den aktiven Austausch und die Partizipation über das Medium Internet verkörpern. Allerdings stellt nicht nur der Einsatz von Web 2.0 regionale KMU-Netzwerke vor neue Herausforderungen. Auch die Etablierung gemeinsamer Innovationen – im Sinne einer „modernen Arbeitswelt“ – erfordert ein völliges Umdenken in der Gestaltung der Zusammenarbeit. Im Grunde genommen bedarf es eines neuen Verständnisses der Möglichkeiten unternehmensübergreifender Kooperationen, das behutsam und schrittweise herbeizuführen ist.

Angesichts dessen braucht es der Identifizierung von Faktoren in Form von Vorgehen, Herausforderungen und konkreten Anforderungen, die (1) für einen erfolgreichen Einzug von Web 2.0 in einem regionalen KMU-Netzwerk stehen und (2) die gemeinsame Generierung offener Innovationen fördern. Im Rahmen dieses Beitrags werden anhand des Fallbeispiels WirtschaftsForum Neuwied e.V. organisatorische und technische Anforderungen skizziert, die schrittweise sowohl in dem Netzwerk als auch auf einem Web 2.0-Prototypen umzusetzen sind, mit dem Ziel des Aufbaus von Kooperationsbeziehungen in Richtung gemeinsamer innovativer Ideen.

2. Innovationen in regionalen KMU-Netzwerken: kollaborativ und offen

Bevor jedoch auf die genannten Faktoren eingegangen werden kann, sind zunächst grundlegende theoretische Überlegungen zur Bedeutung aber auch zu den Herausforderungen bezüglich der gemeinsamen Generierung von Innovationen in einem KMU-Netzwerk vorzunehmen.

2.1 Kollaborative offene Innovationen: Eine theoretische Betrachtung

Der Terminus der „Innovation" ist ein modern schillernder Begriff, der den Eindruck von etwas völlig Neu- und Andersartigem vermittelt. Tatsächlich wird in der Literatur die „Neuheit" als zentrales Kriterium für Innovation gesehen.[9] Innovationen entstehen durch Ideen, die – transformiert in ein spezifisches Artefakt – innerhalb eines gegebenen Kontextes, wie etwa einem Unternehmen oder Markt, neuartig sind.[10] Die Innovation kann sich dabei sowohl in Produkten und Dienstleistungen als auch in Prozessen und der Organisation des Unternehmens niederschlagen und ist das Ergebnis eines vorangegangenen Prozesses, dem Innovationsprozess.[11] In der Literatur besteht Divergenz in der Fragestellung, ob Innovation den Vorgang, das Ergebnis oder beides bezeichnet.[12] Konsens hingegen herrscht um den wahrgenommenen Nutzen, welcher die entwickelte „Neuheit" erst zu einer (erfolgversprechenden) Innovation werden lässt, und zwar aus Sicht der Nutzer (Nutzen durch Anwendung) sowie aus Sicht der Produzenten (ökonomischer Nutzen).[13]

Der Innovationsprozess als solcher kann geschlossen innerhalb eines Unternehmens oder aber offen über die Unternehmensgrenzen hinweg erfolgen.[14] Geschlossene Innovationen werden – geschützt vor den Mitbewerbern – selbst generiert und

[9] Vgl. *Hauschildt* 2004, S.3.
[10] Vgl. *Trott* 2002, S. 12 und *Hauschildt/Salomo* 2007, S.57.
[11] Vgl. *Hauschildt/Salomo* 2007, S.57.
[12] Vgl. *Macharzina* 1995, S. 591 und *Thom* 1980, S. 23.
[13] Vgl. *Baldwin/von Hippel* 2009, S. 9ff.
[14] Vgl. *Chesbrough* 2003, Introduction.

umgesetzt, um einen Wettbewerbsvorteil zu erzielen. Ideen können hierdurch nur von innen heraus entstehen.[15] Demgegenüber basieren offene Innovationen auf dem Gedanken, dass sich Organisationen nicht nur auf ihre eigene Innovationskraft verlassen und verstärkt auf die Integration und Nutzung externer Informationen und Kompetenzen setzen.[16] Demzufolge wird der Innovationsprozess unternehmensübergreifend ausgerichtet: die Innovationen stützen sich hier nicht nur auf das eigene Innovationspotential und Wissen, sondern beziehen auch externe Quellen wie Kunden, Lieferanten oder Konkurrenten mit ein. Gestaltet sich darüber hinaus der Innovationsprozess arbeitsteilig mit Partnern unterschiedlicher Unternehmen, so sind die Innovationen kollaborativ und offen:[17] Innovationen entstehen hier gemeinschaftlich in einem unternehmensübergreifenden Kontext.

Unabhängig von der Ausprägung des Innovationsprozesses sind die Mitarbeiter – im Sinne der „modernen Arbeitswelten" – als wichtige Innovationstreiber zu betrachten, deren Ideen und Wissen in den inner- und überbetrieblichen Innovationsprozess zu integrieren sind. Beispiele aus der Praxis, wie das der Core Media[18] zeigen auf, wie eine solche Integration erfolgreich und systematisch umgesetzt werden kann. Diese Beispiele können jedoch als „Leuchttürme" betrachtet werden, gestaltet sich die Realität insbesondere in der KMU-Praxis oftmals anders: angefangen beim Verständnis zur Innovation bis hin zu ihrer systematischen Umsetzung. Der nachfolgende Abschnitt skizziert anhand der Ergebnisse des Forschungsprojektes Sichtweisen aus der KMU-Praxis zur Innovationsthematik und stellt darüber hinaus Herausforderungen bezüglich der Generierung kollaborativer offener Innovationen im Kontext regionaler KMU-Netzwerke heraus. Die Ausführungen basieren auf den Ergebnissen leitfadengestützter Interviews, die mit insgesamt 9 Value Partnern des Forschungsprojektes durchgeführt wurden.[19]

---

[15] Vgl. *Chesbrough* 2003, Introduction.
[16] Vgl. *von Hippel* 1978, *Gassmann/Enkel* 2004 und *Reichwald/Piller* 2006.
[17] Vgl. *Baldwin/von Hippel* 2009, S.6ff.
[18] Vgl. *Stamer* 2008, in dem an dem Beispiel des Unternehmens Core Media die erfolgreiche Umstellung des innerbetrieblichen Innovationsmanagements in Richtung Mitarbeiterintegration mit Hilfe von Web 2.0 beschrieben wird.
[19] Siehe zum methodischen Vorgehen „Aktionsforschung und Design Science: Ein partizipatives Forschungsdesign zur Initiierung kollaborativer Innovationsprozesse in regionalen KMU-Netzwerken" von *Lindermann/von Kortzfleisch/Valcárcel* in diesem Buch.

2.2 Innovation in Kooperation: Sichtweisen aus der KMU-Praxis

In der KMU-Praxis verbinden die Unternehmen mit dem Begriff der Innovation grundsätzlich eine radikale technische Neuerung, die gerade für kleine und mittlere Betriebe aufgrund ihrer begrenzten Ressourcen nicht leistbar ist. Der Begriff wird vielmehr kontextbezogen ausgelegt und steht in unmittelbaren Zusammenhang mit dem jeweils gewählten Geschäftsmodell eines Unternehmens und der damit verfolgten Strategie: So bezeichnen Innovationen „neue Wege, etwas zu tun": Sie reichen von Verbesserungen und Weiterentwicklungen innerhalb eines KMU, über die Aufnahme neuer Produkte oder Dienstleistungen in das bestehende Leistungssortiment, bis hin zu einem permanenten Wandel auf allen Unternehmensebenen. Der Innovationsprozess vollzieht sich sowohl ausschließlich innerhalb der eigenen Unternehmensgrenzen mit Unterstützung der Mitarbeiter, als auch unternehmensübergreifend durch Integration von Kunden oder gezieltes Hinzuziehen von Experten. Allerdings mangelt es hierbei in aller Regel an einer systematischen Herangehensweise. Gleichwohl erhalten Innovationen einen hohen Stellenwert, sichern diese die Zukunftsfähigkeit des Unternehmens. Die Innovationsaktivitäten beziehen sich vornehmlich auf die eigentliche Geschäftsaktivität des KMU und gelten ausschließlich dem wettbewerbskritischen Bereich. Vor diesem Hintergrund zählt die Durchführung sowohl geschlossener, als auch offener Innovationen durchaus zum Alltag eines KMU, und zwar unter Einbeziehung der Mitarbeiter, allerdings oftmals ohne jegliche Systematik.

Die Potentiale für die gemeinschaftliche Generierung von Innovationen in einem regionalen KMU-Netzwerk liegen – aufgrund der heterogenen Zusammensetzung seiner Mitglieder – vor allem im nicht-wettbewerbskritischen Bereich. Innovative Aktivitäten sind primär im Kontext des Berufsalltags und der hier auftretenden Problemstellungen zu sehen, wie etwa Personal oder Gesundheit. Der Begriff der kollaborativen offenen Innovationen steht in regionalen KMU-Netzwerken für die gemeinsame Entwicklung innovativer Lösungen zu Problemstellungen aus dem Berufsalltag. Hierbei implizieren die „innovativen Lösungen" neuartige Leistungen im Kontext des betrachteten Netzwerks und umfassen

- Lösungen für ein bekanntes Problem für Mitarbeiter mehrerer Mitgliedsunternehmen. Innovationen entstehen aufgrund eines aktuellen Problems aus dem Tagesgeschäft der Mitarbeiter heraus.

- Ideen mit Relevanz für Mitarbeiter mehrerer Mitgliedsunternehmen. Innovationen entstehen durch den Austausch, ohne Vorliegen einer aktuellen Problemsituation.

Angesichts der Eigenschaften von KMU und regionaler KMU-Netzwerke[20] liegen die damit verbundenen Problemstellungen unmittelbar auf der Hand: Zwar erkennen die Unternehmen die Potentiale in der Generierung gemeinschaftlicher Innovationen, allerdings bleibt es aus ihrer Sicht fraglich, ob ihnen dabei tatsächlich ein unmittelbarer Nutzen entsteht. Daran ist nämlich die Bedingung geknüpft, dass die Unternehmen eine generelle Bereitschaft zur Teilnahme an den Kooperationsaktivitäten des regionalen Netzwerkes aufweisen, um dadurch die Möglichkeiten des Zugriffs auf eine heterogene Ressourcenbasis ausschöpfen zu können.

Eine weitere Herausforderung ist in der Einbindung der Mitarbeiter in die überbetriebliche Zusammenarbeit zu sehen, die nach diesem Begriffsverständnis eine Schlüsselposition einnehmen. Obwohl die Mitarbeiter bereits in den innerbetrieblichen Innovationsprozess als Ideengeber und Wissensträger integriert sind, werden sie – bislang – ganz oder teilweise von den überbetrieblichen Aktivitäten des Netzwerkes ausgeschlossen. Die Entscheidung über deren Einbindung obliegt allein der Geschäftsführung und hängt wiederum von deren Entscheidung zur Mitarbeit am Netzwerk ab.

[20] Siehe hierzu ausführlich „Anwendungsszenario regionale KMU-Netzwerke: Das Forschungsfeld WirtschaftsForum Neuwied e.V." von *Lindermann/Scherrer/von Kortzfleisch* in diesem Buch.

3. Innovationen mit Web 2.0: Anforderungen im WirtschaftsForum Neuwied

Innovationsarbeit in regionalen Netzwerken impliziert eine neuartige Form der unternehmensübergreifenden Zusammenarbeit für KMU, in der Mitarbeiter als gleichberechtigte Partner ihre Kompetenzen in die Netzwerkarbeit mit einbringen sollen. Hierzu ist eine geeignete technologische Unterstützung erforderlich, welche die Einbindung und den aktiven Austausch der Mitarbeiter fördert und zugleich als „Back Office" alle erforderlichen Ressourcen zur Unterstützung der Kooperationsaktivitäten zur Verfügung stellt. Für den Aufbau einer solchen technischen Infrastruktur sind sowohl organisatorische als auch technische Herausforderungen regionaler Netzwerkarbeit zu betrachten. Im Falle des WirtschaftsForum Neuwied stellen sich diese Herausforderungen in den folgend aufgeführten Perspektiven dar (Abschnitt 3.1), die in einem stufenweise Vorgehen (Abschnitt 3.2) anzugehen waren.

3.1 Perspektiven Web 2.0-basierter Kooperationen

Wie die folgenden Forschungsergebnisse aus dem KMU 2.0-Projekt zeigen, ist die Web 2.0-basierte Zusammenarbeit in regionalen KMU-Netzwerken aus dreierlei Perspektiven zu betrachten: (1) der primär technischen Perspektive, (2) der primär organisatorischen Perspektive, (3) der technischen-organisatorischen Perspektive.

Die *technische Perspektive* beinhaltet die grundlegende Fragestellung, ob die angestrebte Infrastruktur generell für den Einsatz im Netzwerk in Betracht gezogen werden kann. Dies ist zum einen abhängig von der Einstellung der Unternehmer gegenüber der Technologie und zum anderen von den bereits gesammelten Erfahrungen mit der Technologie. Im Falle von Web 2.0 ist davon auszugehen, dass die Nutzung im beruflichen Alltag für einen Teil der KMU neu und ungewohnt ist: So kommen hier primär internetbasierte Anwendungen zum Einsatz, die sich tendenziell auf die Kommunikation per Email sowie die Informationsrecherche beschränken. Obwohl die Unternehmen mit Web 2.0 zum Teil ein erhöhtes Unternehmensrisiko assoziieren, angefangen bei Angebotsüberflutung bis hin zu erhöhtem Wettbewerbsdruck[21], werden zugleich große Potentiale im Kontext des regionalen Netzwerkes gesehen: Web 2.0 kann hier einen Beitrag für die Stärkung und effizientere Gestaltung der überbetrieblichen Zusammenarbeit leisten.

Die *organisatorische Perspektive* steht in unmittelbarem Zusammenhang mit der generellen Bereitschaft der Unternehmen, an den Kooperationsaktivitäten des Netzwerkes teilzunehmen. Gerade regionale Netzwerke sind mit der Problemstellung konfrontiert, dass die Unternehmen dem Netzwerk „präventiv" beitreten, um eine regionale Initiative nicht zu verpassen. Im Grunde sind sie zur Erledigung ihres Kerngeschäfts nicht auf eine Mitgliedschaft angewiesen und verhalten sich eher passiv.[22] Gleichwohl können sie in anderen für sie Nutzen bringenden Netzwerken aktiv beteiligt sein. Die Bereitschaft zur Teilnahme an den Netzwerkaktivitäten ist somit eng an das Vorhandensein eines Alleinstellungsmerkmals geknüpft. In Anlehnung an den von Rosser geprägten Begriff der Unique Selling Proposition (USP) ist damit eine Eigenschaft des KMU-Netzwerkes gemeint, das es gegenüber bestehenden und konkurrierenden Netzwerken heraushebt und einzigartig macht.[23] Im Falle eines regionalen Netzwerkes, wie dem WirtschaftsForum Neuwied e.V., kann dies über die regionale Nähe und die lokalen Gegebenheiten der Netzwerkpartner angestrebt werden. Hierbei nehmen der direkte Kontakt und der persönliche Austausch der Mitgliedsunternehmen einen hohen Stellenwert ein. Die Vorteile der Lokalität gilt es etwa dahingehend auszuschöpfen, dass „ein unkompliziertes Zusammenbringen der Menschen" und gegenseitige Hilfestellungen „wenn Not am Mann ist" ermöglicht werden können.

Diese organisatorische Anforderung regionaler Netzwerkarbeit ist technisch abzubilden, um auch hier die Alleinstellung des Netzwerkes zu unterstützen. Demzufolge ist der USP des Netzwerkes auf die technische Infrastruktur des Web 2.0-Prototypen zu übertragen. Darüber hinaus hat die zum Einsatz kommende Web 2.0-Technologie

[21] Grund hierfür ist etwa, dass Kunden durch Web 2.0-basierte Anwendungen nahezu unbegrenzte Möglichkeiten zur Informationsbeschaffung, zum Preisvergleich und zum gleichzeitigen Versenden von Angebotsanfragen an zahlreiche Unternehmen erhalten.

[22] Siehe hierzu ausführlich „Anwendungsszenario regionale KMU-Netzwerke: Das Forschungsfeld WirtschaftsForum Neuwied e.V." von *Lindermann/Scherrer/von Kortzfleisch* in diesem Buch.

[23] Vgl. *Rosser* 1961.

selbst eine Hürde zu nehmen: Sie steht in Konkurrenz zu allen Applikationen, Informationen und Lösungen, die im Internet bereits verfügbar, zugänglich und vor allem erfolgreich im Berufsalltag etabliert sind. Somit ist auch die Alleinstellung der zum Einsatz kommenden Web 2.0-Technologie an sich entscheidend. Ziel dieser *technisch-organisatorischen Perspektive* ist es folglich, den Einsatz des Prototypen im Berufsalltag der Mitgliedsunternehmen sicherzustellen.

3.2 Stufen einer inkrementellen Herangehensweise

In Anlehnung an diese Herausforderungen sind die KMU schrittweise an die für sie neuartige Form der Web 2.0-basierten Zusammenarbeit heranzuführen. Im Rahmen des Forschungsprojektes wurden für das Vorgehen, wie in Abbildung 1 veranschaulicht, drei Stufen identifiziert: (1) das gegenseitige Kennenlernen, (2) der Erfahrungs- und Wissensaustausch, (3) das gemeinsame Generieren und Umsetzen innovativer Lösungen. Innerhalb jeder Stufe wurden Anforderungen an die regionale Netzwerkarbeit in Richtung der gemeinsamen Generierung von Innovationen erhoben, die es anschließend auf dem Prototypen umzusetzen galt. Im Folgenden werden die Stufen und die mit jeder Stufe verbundenen Anforderungen diskutiert.

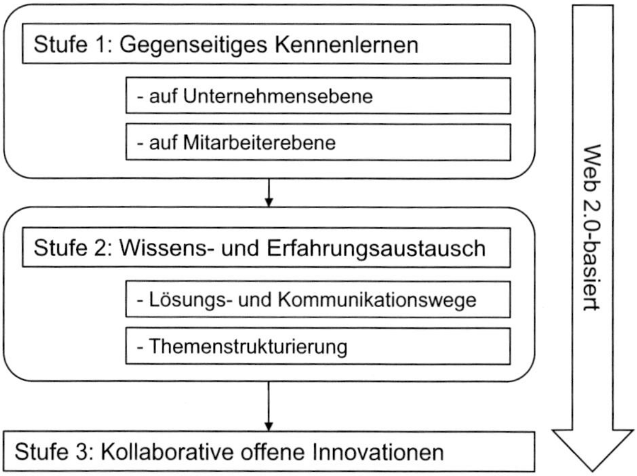

Abbildung 1: Stufen einer inkrementellen Einführung gemeinsamer Innovationen in einem regionalen KMU-Netzwerk

Die erste Stufe des *gegenseitigen Kennenlernens* basiert auf dem unmittelbaren Bedarf der KMU, sich zur gezielten Erschließung möglicher Kooperationsfelder sowie zum direkten Auffinden relevanter Ansprechpartner und Experten, sowohl auf Unternehmensebene als auch persönlicher Ebene kennenzulernen: So werden die Potentiale regionaler KMU-Netzwerke zwar erkannt, Kooperationsfelder jedoch aufgrund fehlender Informationen über die im Netzwerk vertretenen Unternehmen, inklusive möglicher Ansprechpartner nur bedingt wahrgenommen. Aus diesem Grund steht auf Unternehmensebene die Anforderung zur Hinterlegung von Informationen der Mitgliedsunternehmen, deren Branche und der von ihnen angebotenen Dienstleistungen. Dies ermöglicht es den Unternehmen, Informationen über die Mitglieder des Netzwerkes einzuholen und zugleich das eigene Unternehmen im Netzwerk zu präsentieren. In einem weiteren Schritt ist diese Möglichkeit auf die Ebene der Mitarbeiter auszuweiten. Adäquate Mitarbeiterprofile sollen hierbei ein Auffinden von Experten zu konkreten Themen und Fachgebieten erleichtern und den Aufbau persönlicher Netzwerke ermöglichen. Insgesamt zielt diese erste Stufe auf die Abbildung des USP des Netzwerkes ab, der sowohl die Aktivitäten am Netzwerk als auch auf dem Web 2.0-Prototpyen sicherstellen soll.

Das Erreichen von Stufe 1 ist notwendige Bedingung für den *Erfahrungs- und Wissensaustausch* in Stufe 2, in der Möglichkeiten zum aktiven Austausch von Ideen und Wissen innerhalb des Netzwerkes geschaffen werden sollen. Hierbei ist die Darstellung unmittelbarer Lösungs- und Kommunikationswege von enormer Bedeutung. Aufgrund der zahlreichen verfügbaren Informationen und Lösungen ist die Bereitstellung neuer Inhalte nicht gewünscht. In Anlehnung an die Aussage „die Informationen und Lösungen sind schon da, entscheidend ist der schnelle Weg dorthin" ist ein Mehrwert über die problemorientierte Bereitstellung von Informationen und Lösungen zu erzielen. Damit verbunden ist die Identifizierung und Darstellung von Themen mit hoher Relevanz für die breite Mitgliederschaft des Netzwerkes. Hierbei ist auf eine adäquate Themenstrukturierung zu achten, die sich – wie in Abbildung 2 dargestellt – in Fachbereichsthemen, Schwerpunktthemen oder einem chaotischen Podium untergliedern könnte. Gerade an dieser Stelle ist die Umsetzung des USP des Prototypen entscheidend, bietet die problemorientierte Bereitstellung der Informationen mit Hilfe der Technik den Unternehmen einen großen Nutzen in Form von Zeitersparnis und zielorientierter Wissensarbeit im Netzwerk.

Themenbereich	**Gegenstand**
Fachbereichsthemen	Themen mit allgemeiner Relevanz für jedes Mitgliedsunternehmen (z.B. Marketing, Personal, Rechnungswesen)
Schwerpunktthemen	Themen, welche die Interessen der Unternehmer oder das Tagesgeschäft der Mitarbeiter betreffen (z.B. Demografischer Wandel, Energie, Steuerrecht)
Chaotisches Podium	Freier Raum für die Diskussion aktueller Ideen, Problemstellungen

Abbildung 2: Vorschlag für eine Themenstrukturierung in einem regionalen KMU-Netzwerk

Erst die systematische Generierung von Nutzenpotentialen auf den Stufen 1 und 2 schafft die Voraussetzung für *kollaborative offene Innovationsprozesse* in einem Netzwerk von KMU. Dieser Prozess ist durch explizite Bewertung der im Netzwerk geführten Diskussionen und ausgetauschten Ideen anzustoßen, der hauptsächlich über redaktionelle Arbeit erfolgt. Die Entwicklung der Innovation selbst wäre dann im Rahmen eines Expertenteams aus dem Mitgliederkreis des Netzwerkes durchzuführen, um die Umsetzung der Innovation zu gewährleisten.

4. Umsetzung der Anforderungen in einem Web 2.0-Prototyp

Auf Basis der in Abschnitt 3 identifizierten Anforderungen galt es nun die Entwicklung des Web 2.0-Prototypen voranzutreiben, der die technische Infrastruktur des Netzwerkes abbildet. Dieser wurde inkrementell entwickelt und phasenweise auf dem bestehenden Internetauftritt des WirtschaftsForum Neuwied e.V. eingeführt.

4.1 Entwicklung des Web 2.0 Prototypen

Die Entwicklung des Web 2.0-Prototypen basiert prinzipiell auf einem drei Säulen Konzept, bestehend aus den Funktionalitäten (1) Wer-Macht-Was, (2) Meine Seite und (3) Räume.

Die Anforderung des gegenseitigen Kennenlernens, und zwar auf Unternehmensebene, wurde mit der Säule *„Wer-Macht-Was“* auf dem Prototypen umgesetzt. Hierbei handelt es sich um ein webbasiertes Branchenbuch, das ein Hinterlegen von Unternehmensprofilen der Mitglieder des WirtschaftsForums erlaubt und zugleich per Suchfunktion den Zugriff auf die relevanten Unternehmensinformationen unterstützt.

Die Möglichkeit des gegenseitigen Kennenlernens auf Mitarbeiterebene bietet die zweite Säule *„Meine Seite“*. Die Funktionalität gestattet es den Mitarbeitern der Mitgliedsunternehmen ein persönliches Profil anzulegen, das ein Auffinden von Experten zu konkreten Themen und Fachbereichen erleichtern soll. Die persönliche Vernetzung der Mitarbeiter wird über den Aufbau eigener Netzwerke innerhalb des Netzwerks sowie der direkten Kontaktaufnahme per Nachrichtenfunktion realisiert. Voraussetzung für den Zugang ist die Registrierung des Mitarbeiters auf dem Prototyp unter Angabe des Unternehmens. Die Freischaltung erfolgt daraufhin über einen Ansprechpartner, der von jedem Mitgliedsunternehmen explizit zu benennen ist. Dies stellt sicher, dass lediglich Mitarbeiter der Mitgliedsunternehmen Zugang zum Prototypen erhalten und darüber hinaus die Unterstützung des Unternehmens zur Mitarbeit am Netzwerk gewährleistet ist.

Mit Hilfe der Raumfunktion soll der Wissens- und Erfahrungsaustausch der Mitglieder des Netzwerkes unterstützt werden. Ein Raum steht dabei repräsentativ für ein spezifisches Thema aus dem WirtschaftsForum, zu dem sich die Teilnehmer des Raums informieren und austauschen können. Der Raum wird dabei von einem Moderator angelegt, verwaltet und inhaltlich koordiniert. Der Austausch innerhalb des Raums erfolgt über verschiedene Funktionalitäten: Wikis und eine Dateiablage erlauben die Bereitstellung von Informationen, Diskussionsforen ermöglichen die Interaktion und Blogs dienen der Ankündigung von Neuigkeiten. Die jeweils benötigten Funktionalitäten werden dabei individuell vom Moderator festgelegt. [24]

[24] Siehe für eine ausführliche Beschreibung der Funktionalitäten „Werkzeuge zur IT-gestützten kollaborativen offenen Innovation im WirtschaftsForum Neuwied e.V.“ von *Peris/Blinn/Nüttgens/Ludwig* in diesem Buch.

Mit diesen Säulen ist die Basis für das Erreichen von Stufe 3, den kollaborativen offenen Innovationen, geschaffen. Neben den technischen Maßnahmen sind organisatorische Maßnahmen erforderlich, welche die Nutzung des Prototypen in der Breite des Netzwerkes sicherstellen und hier die Generierung von Innovationsprozessen unterstützen. Diese Maßnahmen sind mit der phasenweisen Einführung des Prototypen verbunden, wie im folgenden Abschnitt beschrieben.

4.2 Phasenweise Einführung des Prototypen

Mit der Einführung des Web 2.0-Prototypen wird die breite Akzeptanz bzw. Nutzung der technischen Infrastruktur angestrebt, um hierüber eine Teilnahme an den Aktivitäten des Netzwerkes sicherzustellen, und zwar Top Down über die Geschäftsführung bis hin zur Ebene der Mitarbeiter der Mitgliedsunternehmen. Bei der Entwicklung einer entsprechenden Strategie sind neben den Anforderungen eines inkrementellen Vorgehens (Abschnitt 3.2), grundlegende Faktoren wie der des USP oder die mit der Technologie verbundenen Erfahrungen (Abschnitt 3.1) ausschlaggebend.

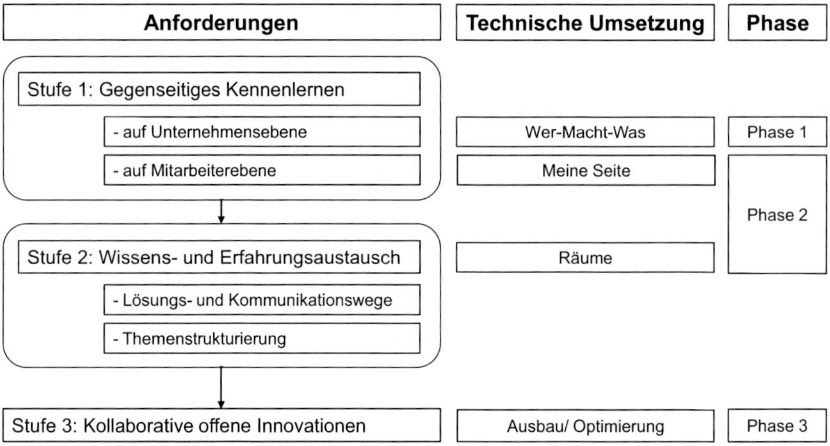

Abbildung 3: phasenweise Umsetzung definierter Anforderungen im Web 2.0-Prototyp

Vor diesem Hintergrund wurde im Rahmen des Forschungsprojektes ein Konzept entwickelt, welches eine Einführung des Prototypen im WirtschaftsForum Neuwied e.V. in drei Phasen vorsah, wie in Abbildung 3 veranschaulicht. Innerhalb einer Phase wurden entsprechende Maßnahmen ergriffen, um schließlich die mit der Einführung verbundenen Zielsetzungen in Richtung der Generierung gemeinsamer Innovationen erreichen zu können.

Phase 1 sah zunächst die Einführung der Funktionalität „Wer-Macht-Was“ vor, um den Unternehmen eine klassische und einfach zu bedienende internetbasierte Anwendung zur Verfügung zu stellen. Hierdurch konnten die Unternehmen behutsam an die neue Technologie, als auch an die Teilnahme am Netzwerk, vorerst lediglich auf Unternehmensebene, herangeführt werden.

In *Phase 2* erfolgte darauf aufbauend die Weiterentwicklung des Prototypen in zwei Richtungen: (1) dem Ausbau des gegenseitigen Kennenlernens auf Mitarbeiterebene („Meine Seite“) sowie (2) der Förderung des Wissens- und Erfahrungsaustauschs mit Hilfe der Raumfunktion. Prämisse hierbei war, den Prototypen zuerst gegenüber den Geschäftsführern zu „vermarkten“. Somit galt es, den Geschäftsführern ein Verständnis über die Funktionsweise und den Nutzen des Prototypen zu vermitteln, um eine sukzessive Integration der Mitarbeiter zu erreichen. Dieses Vorgehen vollzog sich sowohl in einem kleineren Kreis an Geschäftsführern in Form von Workshops als auch in der Breite des WirtschaftsForums, durch die Verteilung von Broschüren und diverse Großveranstaltungen des Netzwerkes. Um darüber hinaus die Motivationen zur kontinuierlichen Nutzung des Prototypen sicherzustellen, waren verschiedene Impulse innerhalb des Netzwerkes zu setzen. Ein Instrument gestaltete sich in der Durchführung eines Ideenwettbewerbs. Dieser fordert grundsätzlich eine Gruppe für die Einreichung von Beiträgen zu einem spezifischen Thema auf, um hierüber Ideen zu sammeln, auszuwerten und in einer Innovation zu verwirklichen.[25] Im WirtschaftsForum wurde der Wettbewerb in Form eines Namens-Kontests aufgegriffen, der die Unternehmen vor dem Hintergrund einer Corporate Identity dazu aufforderte, dem Prototypen einen Namen zu geben. In diesem Zuge erhielt der

[25] Vgl. *Reichwald/Piller* 2006, S. 173.

Prototyp den Namen Wi.Fox. Der Sieger wurde auf einer Großveranstaltung verkündet und gekürt.

Weitere Impulse wurden in *Phase 3* mit Hilfe von Online-Schulungen gesetzt, welche in Form verschiedener Module die Funktionalitäten des Prototypen und den damit verbundenen Nutzen in der Breite des WirtschaftsForums vermittelten, insbesondere auf der Ebene der Mitarbeiter. Phase 3 stand des Weiteren unter der Prämisse, die Generierung gemeinschaftlicher Innovationsprozesse im WirtschaftsForum voranzutreiben. Die damit verbundenen Maßnahmen wurden vor allem in Form von Präsenz- und Online Schulungen durchgeführt und bezogen sich auf (1) die Ausarbeitung eines Raumkonzeptes, (2) die Funktionen des Moderators eines Raums und (3) die Funktionen des Ansprechpartners eines Unternehmens.

Die *Ausarbeitung des Raumkonzeptes* galt der Konkretisierung der Themenstruktur und der Erstellung konkreter Vorgaben für das Anlegen und die Handhabung eines Raums. Die Vorgaben wurden dabei in einem „Musterraum" zusammengestellt, über eine „Spielwiese" konnten sich die Unternehmen mit den grundlegenden Funktionalitäten vertraut machen.

Darüber hinaus war die *Rolle des Moderators* im WirtschaftsForum zu erarbeiten und hier organisatorisch zu verankern. Als Betreuer und Koordinator eines spezifischen Themas übernimmt er die redaktionelle Arbeit innerhalb eines Raums, treibt hier die Diskussionen und den Austausch voran und zieht bei Bedarf weitere Experten gezielt hinzu. Demzufolge liegt es in seiner Verantwortung, in den Räumen ausgetauschte Ideen und Themen aufzugreifen, um sie in Expertenteams in eine innovative Leistung zu überführen.

Erst in einem letzten Schritt konnte die *Rolle des Ansprechpartners*[26] erweitert werden, galt es diese Funktion innerhalb der Mitgliedsunternehmen des Netzwerkes zu etablieren. Neben der Freischaltung der Mitarbeiter zum Prototypen, wurde das

[26] Siehe hierzu „Anforderungen an die Gestaltung einer Web 2.0-gestützten Mitarbeiterpartizipation in KMU-Netzwerken" von *Abram/Jung/Reifferscheid* in diesem Buch

Aufgabenprofil dahingehend erweitert, dass der Ansprechpartner einen Überblick über die aktuell diskutierten Themen auf dem Prototypen hat, um hier über die Relevanz für das eigene Unternehmen entscheiden und gezielt unternehmenseigene Experten in die Diskussion integrieren zu können.

5. Fazit

Die Gestaltung einer modernen Arbeitswelt in einem regionalen KMU-Netzwerk ist mit der Vision verbunden, dass sich die Mitarbeiter als gleichberechtigte Partner einbringen, und zwar losgelöst von den bestehenden hierarchischen Strukturen des eigenen Unternehmens. Über die Ausschöpfung ihres kreativen Potentials können so Innovationen – offen und kollaborativ – entstehen, um die Zukunftsfähigkeit des Standortes, des Netzwerkes und seiner Mitglieder zu sichern. Im Rahmen des Forschungsprojektes sollte diese Vision mit technologischer Unterstützung mit dem Einsatz von Web 2.0 im WirtschaftsForum Neuwied e.V. vorangetrieben werden.

Da diese Art der Zusammenarbeit gerade für KMU eine neue Kultur der Arbeit bedeutet, galt es im Forschungsprojekt die Unternehmen schrittweise an die Vision heranzuführen. Hierzu wurden zunächst die Anforderungen einer Web 2.0-basierten Zusammenarbeit identifiziert, die sowohl eine technische als auch organisatorische Betrachtung erforderten und in drei Stufen anzugehen waren. Diese wurden in einem Web 2.0-Prototypen umgesetzt und in dem WirtschaftsForum implementiert. Jedoch war mit der Entwicklung und Bereitstellung der technischen Infrastruktur nur ein erster Schritt in Richtung der gemeinschaftlichen Generierung von Innovationen getan. Die nächsten Schritte erforderten ein umfassendes Konzept, das sowohl die Akzeptanz und kontinuierliche Nutzung des Prototypen als auch die stete Teilnahme an den Aktivitäten des Netzwerkes sicherstellte. Die Maßnahmen reichten hier von umfassenden Schulungen, bis hin zur organisatorischen Implementierung zweier Rollen: Der Rolle des Moderators, der Diskussionen zu einem spezifischen Thema unter Einbeziehung von Experten innerhalb des Netzwerkes vorantreibt sowie der Rolle des Ansprechpartners, der den Gedanken des Netzwerkens und der aktiven Teilnahme innerhalb der Unternehmen vorantreibt. Für die Zukunft ist es unbedingt erforderlich, dass hierüber eine Eigendynamik entsteht. Nur so kann für alle Beteiligten ein Nutzen entstehen.

Literaturverzeichnis

BALDWIN, C.Y./VON HIPPEL, E. (2009):
Modeling a Paradigm Shift: From Producer Innovation to User and Open Collaborative Innovation. Working Paper 10-038, Harvard Business School.

BECKER, T./DAMMER, I./HOWALDT, J./KILLICH, S./LOOSE, A. (2007):
Netzwerke – praktikabel und zukunftsfähig. In (Becker, T./Dammer, I./Howaldt, J./ Killich, S./Loose, A., Hrsg): Netzwerkmanagement – Mit Kooperation zum Unternehmenserfolg, 2. Auflage, Springer, Heidelberg, Berlin, S. 3-11.

CHESBROUGH, H. (2003):
Open Innovation – The New Imperative for Creating and Profiting from Technology, Harvard Business School Press.

CORSTEN, H. (2001):
Grundlagen der Koordination in Unternehmensnetzwerken. In (Corsten, H., Hrsg): Unternehmensnetzwerke, Oldenburg, München, S. 1-57.

GASSMANN, O./ENKEL, E. (2004):
Towards a Theory of Open Innovation. Three Core Process Archetypes. In: Proceedings of R&D Management Conference, Sessimbra, Portugal, 8.-9. Juli.

HAUSCHILDT, J. (2004):
Innovationsmanagement, Vahlen, München, 3. Auflage.

HAUSCHILDT, J./SALOMO, S. (2007):
Innovationsmanagement, Vahlen, München, 4. Auflage.

KLOTZ, U. (2008):
Mit dem „Unternehmen 2.0“ zur „nächsten Gesellschaft“. In: Computer und Arbeit 8-9/2008, S. 7-12.

KNYPHAUSEN-AUFSESS, D.Z. (1999):
Theoretische Perspektiven der Entwicklung von Regionalnetzwerken. In: Zeitschrift für Betriebswirtschaft, Nr. 69, S. 593-616.

MACHARZINA, K (1995):
Unternehmensführung; Wiesbaden, 2. Auflage.

PICOT, A./ NEUBURGER, R. (2008):
Arbeit 2.0. In: Computer und Arbeit 8-9/2008, S. 24-27.

PICOT, A./REICHWALD, R./WIGAND, R.T. (2003):
Die grenzenlose Unternehmung – Information, Organisation und Management, Gabler, Wiesbaden.

REICHWALD, R./PILLER, F. (2006):
Interaktive Wertschöpfung. Open Innovation, Individualisierung und neue Formen der Arbeitsteilung, Gabler, Wiesbaden.

ROSSER, R. (1961):
Reality in Advertising. Knopf, New York.

STAMER, S. (2008):
Enterprise 2.0 – Learning by Doing. In (Buhse, W./Stamer, S., Hrsg): Die Kunst, loszulassen – Enterprise 2.0, Rhombos-Verlag, Berlin, S. 59-88.

SYDOW, J. (2001):
Management von Netzwerkorganisationen – Zum Stand der Forschung. In (Sydow, J., Hrsg): Management von Netzwerkorganisationen – Beiträge aus der Managementforschung, Gabler, Wiesbaden, S. 293-339.

THOM, N. (1980):
Grundlagen des betrieblichen Innovationsmanagements, Hanstein, Königstein/Ts., 2. Auflage.

TROTT, P. (2002):
Innovation Management and New Product Development, Financial Times Prentice Hall, Edinburgh Gate, Harlow, 2. Auflage.

VON HIPPEL, E. (1978):
A Customer-Active Paradigm for Industrial Product Idea Generation. In: Research Policy, Vol. 7, No. 3, S. 240-266.

Anforderungen an die Gestaltung einer Web 2.0-gestützten Mitarbeiterpartizipation in KMU-Netzwerken

Isabelle Abram, Rüdiger H. Jung und Georg Reifferscheid

Inhaltsverzeichnis

1. Einleitung ... 193
2. Selbstorganisation und Web 2.0 – Ein Weg zu „offenen Innovationen“ in Unternehmensnetzwerken ... 193
2.1 Sozio-technische Vernetzung: Zum Einsatz von Web 2.0-Anwendungen in Unternehmensnetzwerken ... 193
2.2 Bedeutung der Selbstorganisation für Web 2.0-gestützte Mitarbeiterpartizipation ... 195
2.3 Bedingungen gelingender Umsetzung von Web 2.0-Konzepten ... 197
3. Selbstorganisatorische Mitarbeiterpartizipation an unternehmensübergreifender Vernetzung ... 200
3.1 Partizipation im Zentrum einer multiplen Variablenkomplexes ... 200
3.1.1 Motivation zur Partizipation: Erklärung von Mitarbeiterpartizipation mit Hilfe eines allgemeinen Verhaltensmodells ... 200
3.1.2 Einflussfaktoren des Handlungskontextes ... 202
3.1.3 Einflussfaktoren des handelnden Individuums ... 202
3.2 Systematisierung der Einflussvariablen von selbstorganisatorischer Web 2.0-gestützer Mitarbeiterpartizipation ... 203
3.2.1 Die Forschungsbasis für die Herleitung der Einflussfaktoren ... 203
3.2.2 Die Einflussvariablen im Partizipationsmodell ... 203
3.2.3 Die Wirkungszusammenhänge der Einflussvariablen ... 206
4. Ableitung von Gestaltungsanforderungen für die Implementierung und Nutzung einer Web 2.0-Anwendung im Unternehmensnetzwerk ... 207
4.1 Im Praxisfeld eines Netzwerkes kleiner und mittlerer Unternehmen ... 207
4.2 Implementierung einer Web 2.0-Anwendung im Praxisfeld ... 209
4.2.1 Herausforderungen und Maßnahmen der Einführungsphase ... 209
4.2.2 Technische Umsetzung ... 211
4.2.3 Der Einstieg in die Mitarbeiterpartizipation ... 212
5. Fazit ... 213

1. Einleitung

Der Einsatz von Web 2.0-Anwendungen zur Unterstützung selbstorganisatorischer Innovationsprozesse in Netzwerken kleiner und mittlerer Unternehmen (KMU) stellt sowohl das Netzwerkmanagement als auch das Management der beteiligten Unternehmen vor besondere Herausforderungen. Die im Hinblick auf selbstorganisatorische Innovationsprozesse erforderliche Einbeziehung der Mitarbeiter[1] bedingt die Abgabe von Kontrolle und Macht. Dies ist insbesondere dann der Fall, wenn es sich um Web 2.0-gestützte Netzwerkkommunikation handelt, die sowohl den Freiheitsgrad der Kommunikation als auch den Grad der Selbstorganisation der Beteiligten erhöhen kann.

In diesem Beitrag werden Einflussvariablen Web 2.0-gestützter Mitarbeiterpartizipation sowie deren Wirkungszusammenhänge im Kontext selbstorganisatorischer Netzwerkprozesse näher betrachtet. Anhand eines verhaltensorientierten Partizipationsmodells werden die Einflussvariablen systematisiert, um in einem nächsten Schritt Handlungsempfehlungen für die Implementierung von Web 2.0-Anwendungen in KMU-Netzwerken abzuleiten.

2. Selbstorganisation und Web 2.0 – Ein Weg zu „offenen Innovationen“ in Unternehmensnetzwerken

2.1 Sozio-technische Vernetzung: Zum Einsatz von Web 2.0-Anwendungen in Unternehmensnetzwerken

Die Entwicklungen des Internets in Richtung „Web 2.0“, zu der auch Begriffe wie „social network“ und „social media“ zählen, sind dadurch gekennzeichnet, dass der Nutzer nicht mehr reiner Konsument ist, sondern auch als Produzent gestaltend aktiv wird. Das 'Netzwerken‘ zwischen verschiedenen Personen und Gruppen steht im Vordergrund der unterschiedlichen Web 2.0-Anwendungen (z.B. Blogs, Wikis und

[1] Zur Begründung siehe „Führung und Selbstorganisation in KMU-Netzwerken unter dem Aspekt der innovationsorientierten Mitarbeiterpartizipation“ von *Jung/Abram/Reifferscheid* in diesem Buch.

Foren).[2] Beziehungen werden aufgebaut und gepflegt. Akteure mit gleichen und unterschiedlichen Interessen und Themengebieten finden sich und entwickeln einen (neuen) gemeinsamen Kontext, um sich auszutauschen und ggf. eine Zusammenarbeit zu verwirklichen.[3] Diese Entwicklung stellt eine neue Form der Internet-Nutzung dar, die durch die Prinzipien der Offenheit und Selbstorganisation geprägt ist. Die jeweiligen Anwendungen geben dabei lediglich den Rahmen der Kommunikation vor. Die Nutzer sind es, die diesen Rahmen selbstorganisiert ausgestalten, d.h. die Inhalte beisteuern und semantisch miteinander verbinden. Eine weitere Besonderheit webgestützter sozialer Vernetzung liegt im Aufbau und der Festigung sogenannter „weak ties".[4] Diese schwachen Bindungen zu flüchtigen Bekannten anderer Kreise (Cluster), bieten im Gegensatz zu „strong ties" – die auf einer Vielfalt an gemeinsamen Interessen und soziodemographischer Ähnlichkeit beruhen – die Chance, andere Sichtweisen kennenzulernen und einen Zugang zu neuen Ressourcen zu erhalten.

Die beschriebenen Entwicklungen und Potenziale werden verstärkt im betrieblichen Kontext im Rahmen von Innovations- und Wissensmanagementkonzepten eingesetzt.[5] Die Stärkung des sozio-technischen Systems menschlicher Kommunikation soll die Interaktion und Zusammenarbeit zwischen Personen und Gruppen erleichtern, so dass die kollektive Intelligenz zur Unterstützung bestimmter inner- und überbetrieblicher Abläufe genutzt werden kann.[6] Des Weiteren gewinnt die Einbindung externer Stakeholder, wie z.B. Kunden und Experten außerhalb des Unternehmens, zunehmend an Bedeutung.[7] Entsprechendes gilt für Unternehmensnetzwerke, in denen Web 2.0-Anwendungen die soziale Vernetzung der Mitglieder erleichtern soll. Web 2.0-gestützte Vernetzung innerhalb von Unternehmensnetzwerken kann dazu führen, dass sich Kontakte und Beziehungen entwickeln, die sich ohne technologische Unterstützung nicht ergeben hätten. Das daraus entstehende 'soziale Netz' birgt auf Grund unterschiedlicher Branchen, Fachrichtungen und Qualifizierungen der

---

[2] Für einen Überblick über Grundlagen und Anwendungen siehe z.B. *Hass/Walsh/Kilian* 2008.
[3] Vgl. *Koch/Richter* 2009 a, S. 70.
[4] *Koch/Richter* 2009, S. 70 f. unter Verweis auf *Granovetter* 1973.
[5] Siehe Konzepte der „Open Innovation" von *Chesbrough* 2006 und „Enterprise 2.0" von *McAfee* 2009.
[6] Vgl. *Back/Heidecke* 2009 a, S. 4 ff.
[7] Vgl. zur Kundeneinbindung bei der Gestaltung von Produkten und Dienstleistungen *Reichwald/Piller* 2009.

beteiligten Akteure einen hohen Diversitätsgrad. Diese Perspektivenvielfalt weist insbesondere im Hinblick auf die Generierung von Innovationsanstößen eine besondere Qualität auf.[8] Darüber hinaus können Suchkosten für Kooperationspartner und Experten sowie die Kosten für den Aufbau eines gemeinsamen Arbeitskontextes minimiert werden.[9] Mitarbeiterpartizipation bedeutet im Zusammenhang von Unternehmensnetzwerken, die Einbeziehung derjenigen, die alltäglich mit dem Wissen externer Stakeholder (Kunden, Wissensträger anderer Firmen) in Kontakt kommen und aufgrund ihrer Nähe zu den Abläufen des operativen Tagesgeschäftes meist sehr gut über die Entwicklungsbedarfe und Innovationspotenziale des Unternehmens Bescheid wissen.[10]

2.2 Bedeutung der Selbstorganisation für Web 2.0-gestützte Mitarbeiterpartizipation

Sollen Innovationsimpulse aus der Netzwerkgemeinschaft in Mitgliedsunternehmen hineinwirken, bedarf es der Öffnung der Unternehmensgrenzen für Neues. Die Öffnung betrifft den gesamten Innovationsprozess, ausgehend von einer Definition der Suchfelder bis zur konkreten Ideenrealisierung. Reichwald und Piller[11] sprechen in Anlehnung an Chesbrough[12] von „Open Innovation" und definieren diesen Prozess als einen „offenen Such- und Lösungsprozess, der zwischen mehreren Akteuren über Unternehmensgrenzen hinweg abläuft."[13] Die beteiligten Akteure sollten die Bereitschaft zur Kooperation im gemeinsamen Wissensaustausch mitbringen sowie in der Lage sein, einen gewissen Kontrollverlust zuzulassen. Weil sich Innovationsprozesse durch „nicht-standardisierbare und formalisierbare Abläufe, implizites Wissen, Ungewissheiten und damit Nicht-Planbares" sowie „ökonomisch nicht exakt messbare Aufwände" auszeichnen,[14] gewinnt die Förderung von Selbstorganisation in diesem Zusammenhang an Bedeutung. Insbesondere dann, wenn offene Innova-

[8] Zur Effizienzhypothese in Bezug auf Vielfalt (Diversität) siehe *Jung* 2003, S. 99 ff.
[9] Siehe *Koch/Richter* 2009 a, S. 70.
[10] Vgl. die Überlegung zur Selbstorganisation als „Anpassungsvorsorge" bei *Jung* 1985, S. 130 ff.
[11] *Reichwald/Piller* 2009.
[12] *Chesbrouh* 2006.
[13] *Reichwald/Piller* 2009, S. 153.
[14] *Böhle* et al. 2010, S. 379 f.

tionsprozesse mittels Web 2.0-Anwendungen unterstützt werden sollen, bedarf es der Abgabe von Kontrolle und des Zugeständnisses von Freiräumen für das Prinzip der Selbstorganisation. Daran schließt sich die Frage der Machtverteilung bzw. der Autonomie des Mitarbeiters im Sinne der individuellen Entscheidungsfreiheit und Handlungskompetenz an.[15] Eine Beteiligung am und eine Mitgestaltung des Netzwerkgeschehens auf Mitarbeiterebene herzustellen, bedarf zweifelsohne nicht nur der Abgabe von Macht und des Zugeständnisses selbstorganisatorischer Freiräume, sondern auch der Fähigkeit, eigeninitiativ selbstorganisatorische Prozesse anzustoßen. Koch und Richter[16] meinen: „selbstorganisierte Internet-Plattformen nivellieren in Unternehmen Hierarchiestufen und erfordern bei einer offenen Unternehmenskultur andere Organisations- und Führungssysteme".[17]

In Bezug auf Unternehmensnetzwerke müssen zunächst in dem jeweiligen Netzwerk und den daran beteiligten Unternehmen organisatorische und kulturelle Voraussetzungen geschaffen werden. Tapscott und Williams[18] führen, den Erfolg von Web 2.0-gestützter kollaborativer Zusammenarbeit über Unternehmensgrenzen hinweg auf die folgenden vier Säulen zurück:[19]

(1) *Peering* als freiwilliger Zusammenschluss einzelner Unternehmen
(2) *Offenheit und Transparenz* der Zusammenarbeit
(3) *Kultur des Teilens*
(4) *Prinzip des lokalen Denkens und globalen Handelns*[20].

Diese Säulen kollaborativen Erfahrungs- und Wissensaustausches setzen ein Umdenken der Unternehmen voraus und können einen kulturellen Wandel anstoßen. Die Ausweitung der häufig auf Geschäftsführerebene verbleibenden Vernetzung bis auf die Mitarbeiterebene führt zu einer Unternehmenskultur, in der formale Hierar-

[15] Siehe *Bernecker* 2005, S. 80.
[16] *Koch/Richter* 2009, S. 158.
[17] Ebenda.
[18] *Tapscatt/Williams* 2006, S. 276 ff.
[19] Vgl. *Tapscott/Williams* 2006, S. 276 ff., hier zitiert in der deutschsprachigen Wiedergabe bei *Zerfaß/Sandhu* 2008, S. 290.
[20] Global bezieht sich in diesem Zusammenhang nicht nur auf die internationale, sondern auch grundsätzlich unternehmensübergreifende Zusammenarbeit dezentraler Teams mit unterschiedlichen kulturellen und professionellen Hintergründen. Vgl. *Tapscott/Williams* 2006, S. 284.

chien überwunden werden, kontextabhängig zwischen hierarchischer Steuerung (Fremdorganisation) und dem Zulassen von Selbstorganisation gewechselt wird, und das Management verstärkt eine moderierende Funktion einnimmt.[21] Daraus resultiert, dass „bewährte Geschäftsmodelle, Arbeitsweisen, Strukturen und eingefahrene Handlungsweisen (...) dabei in Frage gestellt [werden] und Unternehmen (...) in diesem Zusammenhang lernen [müssen] mit erhöhter Transparenz umzugehen, sowie ein erhöhtes Maß an Selbstorganisation und Vernetzung zuzulassen und zu fördern."[22] Die Einbindung von Mitarbeitern in die beschriebene Web 2.0-gestützte Unternehmensvernetzung, die eine offene Innovationskultur befördern soll, stellt bereits oftmals eine soziale Innovation dar.[23]

Resümierend kann festgehalten werden, dass das Unternehmensnetzwerk vor der Herausforderung steht, seine Mitglieder für eine Vernetzung über Web 2.0-Anwendungen zu gewinnen, und die Mitgliedsunternehmen ihrerseits aufgefordert sind, ihre Mitarbeiter zur Partizipation an der Vernetzung zu motivieren sowie die dafür notwendigen Rahmenbedingungen zu schaffen.[24] Der Einsatz von Web 2.0-Anwendungen in der überbetrieblichen Vernetzung umfasst also mehr als die bloße Entscheidung, bestimmte Software-Anwendungen zu nutzen; er stößt vielmehr einen Prozess des Wandels der Kommunikationskultur auf Unternehmens- wie Netzwerkebene an.

2.3 Bedingungen gelingender Umsetzung von Web 2.0-Konzepten

Die Eröffnung neuer Kommunikationskanäle in einem Unternehmensnetzwerk mittels Web 2.0-Anwendungen, führt zu einem gewissen Kontrollverlust der Kommunikation und erfordert möglicherweise neue Netzwerkkonzepte und von den Beteiligten die

[21] Siehe *Beerheide* et al. 2010, S. 118.
[22] Ebenda.
[23] Vgl. auch *Howaldt/Beerheide* 2010, S. 356.
[24] Zum Verhältnis von Führung und Selbstorganisation in KMU-Netzwerken siehe den gleichnamigen Beitrag von *Jung/Abram/Reifferscheid* in diesem Buch.

Kompetenz, sich in vernetzen Arbeitszusammenhängen 'zurechtzufinden'[25]. Bislang fehlen konzeptionelle Überlegungen, die den komplexen Anwendungsfall – Web 2.0-Anwendungen zur Unterstützung selbstorganisierter und innovationsorientierter Mitarbeiterpartizipation in branchenübergreifenden KMU-Netzwerken – näher betrachten.[26] Nachfolgend werden daher Erkenntnisse zur erfolgreichen Umsetzung von Web 2.0-Konzepten innerhalb von Unternehmen herangezogen.

Berlecon Research führen folgende Erfolgsfaktoren für den Einsatz von Web 2.0 im Unternehmen an: (1) die gezielte Verankerung in Prozessen und im Arbeitsalltag, (2) die Förderung einer offenen, dialogfähigen Unternehmenskultur, (3) die Vorgabe von Richtlinien und Standards, (4) die Wahl geeigneter Informationskanäle für unterschiedliche Arten von Inhalten sowie (5) die Integration verschiedener Web 2.0-Anwendungen miteinander und mit anderen Kommunikationskanälen.[27] Die aufgeführten Erfolgsfaktoren beziehen sich auf die Schaffung von nutzungsfördernden Rahmenbedingungen. Auf dem Weg zu letztlich angestrebten Zielen, wie beispielsweise der Generierung innovativer Ideen, ist die aktive Beteiligung möglichst Vieler eine wichtige Voraussetzung. Die enge Einbindung potenzieller Nutzer in den Entwicklungsprozess sowie die regelmäßige Evaluation und Anpassung der Anwendungen trägt diesem Gedanken Rechnung. Ebenso hilfreich wie notwendig erscheinen die Identifizierung und der Abbau von Nutzungsbarrieren. Bereits in vielen Arbeiten zum Wissensmanagement werden unterschiedliche Hindernisse und Barrieren expliziert und klassifiziert. Die Dreiteilung in individuelle, organisatorische und technische Barrieren ist dabei weit verbreitet.[28] Die Schwierigkeit solcher Zuordnungen liegt oftmals in der Trennschärfe und den bestehenden Wirkungszusammenhängen zwischen diesen Klassen.

---

[25] Zur Fähigkeit, komplexe, dynamische Beziehungsmuster über Organisationsgrenzen hinweg in ihren Chancen und Risiken denken zu können („network visioning capability") siehe *Möller/Halinen* 1999.

[26] Zum Teilaspekt Wissensmanagement in (KMU-)Netzwerken siehe *Ciesinger* et al. 2005 und *Killich/ Kopp* 2010. Zur näheren Betrachtung von Kommunikation als Erfolgsfaktor im Innovationsmanagement siehe *Zerfaß/Möslein* 2009. Zu Organisation und Selbstorganisation von Netzwerken siehe *Sydow* 2005 und *Bernecke*r 2005.

[27] Vgl. *Berlecon Research* 2007, S. 17.

[28] Zur Übersicht vgl. *Eberle* 2003, S. 18 ff.

Back und Heidecke[29] versuchen, die Komplexität von Faktoren gelingender Wissenskooperation in vernetzen Zusammenhängen (innerhalb von Unternehmen) zu erfassen, indem sie die Kontextfaktoren gelingender Web 2.0-gestützer Wissensarbeit ergründen. In einem „Modell zur Erklärung der Einfluss- und Gestaltungsfaktoren" werden als wesentliche drei Kontexte – (1) der *individuelle*, (2) der *Social-Networking*- und (3) der *Unternehmens-Kontext* – herausgearbeitet. Bei der Betrachtung des individuellen Kontextes werden drei Faktoren angeführt, die das Ausmaß des Engagements beeinflussen. Dazu zählen (1) *Arbeitspräferenzen*, (2) *Kompetenzen* im Umgang mit Web 2.0-Anwendungen und (3) die Möglichkeit, sich über die Bearbeitung bestimmter *Aufgaben* einzubringen.[30] Unter Berücksichtigung dieser Faktoren hängt der erfolgreiche Einsatz von Web 2.0-Anwendungen eng damit zusammen, dass eine Anwendung zum Einsatz kommt, die

- auf individueller Ebene die Kompetenz der Mitarbeiter berücksichtigt und deren Einbindung ermöglicht,[31]
- zur Erweiterung und Stärkung individueller Netzwerke eingesetzt wird und
- sowohl die „explizierbaren Rahmenbedingungen" als auch die „weichen Faktoren, wie Kultur, geteilte Werte und die Unternehmensphilosophie" beachtet und entwickelt. Hierzu bedarf es eines „mittel- bis langfristigen Veränderungsmanagements".[32]

Die hier skizzierten Anforderungen können grundsätzlich auch für die Entwicklung von Web 2.0-Anwendungen für KMU-Netzwerke herangezogen werden. Handelt es sich jedoch um ein branchenübergreifendes Unternehmensnetzwerk, so erhöht sich aufgrund der unterschiedlichen individuellen- wie auch unternehmenskulturellen Voraussetzungen die Komplexität des Handlungskontextes insgesamt. Diese zu managen stellt für die Netzwerkleitung eine zusätzliche Herausforderung dar.[33]

---

[29] *Back/Heidecke* 2009, S. 95 ff.
[30] Ebenda.
[31] Mit Einbindung der Mitarbeiter ist die technische Unterstützung von übertragenen und zu lösenden Aufgaben gemeint. Siehe *Back/Heidecke* 2009, S. 101.
[32] *Back/Heidecke* 2009, S. 98.
[33] Siehe dazu den Beitrag „Selbstorganisatorische Partizipation von Mitarbeitern an innovationsorientierter Netzwerkkommunikation: Bezugsrahmen und Handlungsempfehlungen für das Management" von *Abram/Reifferscheid/Jung* in diesem Buch.

In diesem Zusammenhang gewinnt die Unterscheidung zwischen individuellen, d.h. den Kompetenzen einzelner Individuen, und organisationalen Kompetenzen, im Sinne von organisationalen Einheiten wie Unternehmen oder Unternehmensnetzwerken, an Bedeutung. Bezogen auf das Szenario regionaler KMU-Netzwerke ist diese Unterscheidung wie folgt zu konkretisieren: erstens auf individueller Ebene für die Geschäftsführer, geschäftsführernah tätigen Mitarbeitern sowie die übrigen Mitarbeiter und zweitens auf organisationaler Ebene, wobei die Abgrenzung von dem Lernen der Organisation „Unternehmen" (hier Mitgliedsunternehmen des Netzwerkes) und dem Lernen der Organisation „Netzwerk" selbst notwendig wird. Auf der individuellen Ebene können (1) fachliche (z.B. Kenntnisse im Umgang mit der Web 2.0-Anwendung), (2) methodische (z.B. Kenntnisse in der Anwendung von Kreativitätstechniken), (3) soziale (z.B. Kommunikationskompetenz) und (4) personale (z.B. Reflektionskompetenz) Kompetenzen unterschieden werden. Auf der organisationalen Ebene geht es vor allem um die Rahmenbedingungen für das Handeln der Individuen (z.B. Kollaborationsbereitschaft der Machtpromotoren).

Ziel ist es, die für eine inter-organisationale, innovationsorientierte Zusammenarbeit förderlichen Kompetenzen auf der individuellen wie organisationalen Ebene zu bestimmen und daraus später Handlungsempfehlungen im Hinblick auf die Entwicklung der Kompetenzen abzuleiten.

3. Selbstorganisatorische Mitarbeiterpartizipation an unternehmensübergreifender Vernetzung

3.1 Partizipation im Zentrum einer multiplen Variablenkomplexes

3.1.1 Motivation zur Partizipation: Erklärung von Mitarbeiterpartizipation mit Hilfe eines allgemeinen Verhaltensmodells

Partizipation als spezifische Verhaltensform steht in einem relativ komplexen Wirkungsgefüge von Variablen der individuellen Persönlichkeit (endogen) und der Umwelt (exogen). In Anlehnung an das Verhaltensmodell von von Rosenstiel[34] (siehe Abbildung 1) wird in den nachfolgenden Abschnitten der Schwerpunkt auf die der Motivation zur Partizipation zugrundeliegenden Einflussfaktoren (Variablen) gelegt. Diese Einflussfaktoren – zuvor unterschieden in endogen und exogen – werden den vier Bereichen: *Soziales Dürfen und Sollen* (A), *Situative Ermöglichung* (B) sowie *Individuelles Wollen* (a) und *Persönliches Können* (b) zugeordnet.

```
┌─────────────────────┐                    ┌─────────────────────┐
│ (A) Soziales        │                    │ (a) Individuelles   │
│ Dürfen und Sollen   │◄──────────────────►│ Wollen              │
│ Normen und          │                    │ Motive und          │
│ Regelungen          │                    │ Werte               │
└─────────────────────┘                    └─────────────────────┘
           ▲   ╲                              ╱   ▲
           │    ╲                            ╱    │
           │     ▼        ┌──────────────┐  ▼     │
           │              │  Verhalten   │        │
           │              │(hier:        │        │
           │              │ Partizipation)│       │
           │     ▲        └──────────────┘  ▲     │
           │    ╱                            ╲    │
           ▼   ╱                              ╲   ▼
┌─────────────────────┐                    ┌─────────────────────┐
│ (B) Situative       │                    │ (b) Persönliches    │
│ Ermöglichung        │◄──────────────────►│ Können              │
│ Hemmende oder       │                    │ Fähigkeiten und     │
│ begünstigende äußere│                    │ Fertigkeiten        │
│ Umstände            │                    │                     │
└─────────────────────┘                    └─────────────────────┘
```

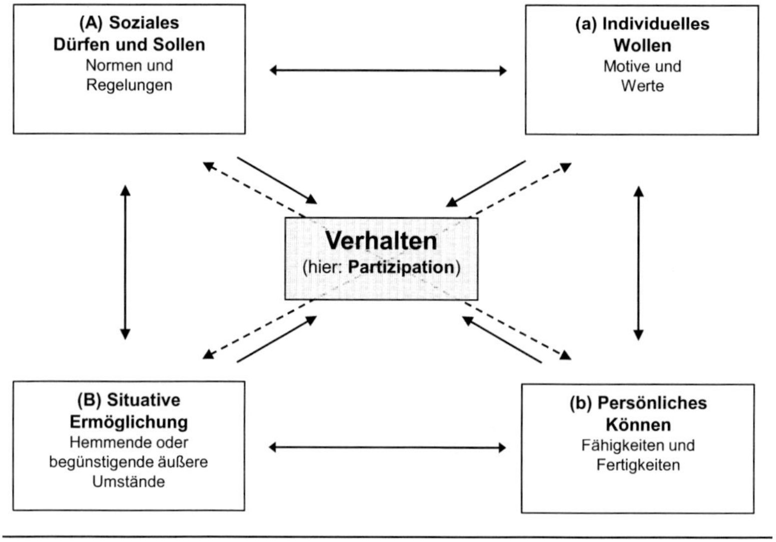

Abbildung 1: Bedingungen des Verhaltens. Quelle: v. Rosenstiel (2007), S. 57; leicht verändert.

Zum besseren Verständnis, auch mit Blick auf die bisherige Unterscheidung von Fremd- und Selbstorganisation, werden die jeweiligen Bereiche zu zwei übergeordneten Bereichen (Einflussfaktoren des Handlungskontextes und Einflussfaktoren des handelnden Individuums) zusammengefasst. Diesem Schritt liegt die folgende Fragestellung zugrunde: Welche Rahmenbedingungen (A; B) – im Sinne einer Incentivierung – muss der Kontext aufweisen, um mitarbeiterseitig die Bedürfnisse und Motive (a) unter Berücksichtigung der individuellen Fähigkeiten und Fertigkeiten (b) zu aktivieren und somit Motivation zur Partizipation zu erreichen.

---

[34] *Von Rosenstiel* 2007.

3.1.2 Einflussfaktoren des Handlungskontextes

Zu den Einflussfaktoren des Handlungskontextes (exogene Faktoren) zählen *Normen und Regelungen,* die in Abbildung 1 als Ausdrucksform des *Sozialen Dürfens und Sollens* (A) angeführt sind. Im betrieblichen Kontext könnte beispielsweise die absolute Achtung der Autorität und Anweisung des Vorgesetzten als soziale Norm gelten. Das Anbringen von Kritik oder das Widersprechen würde, aufgrund dieser sozialen Norm, zu einer (sozialen) Sanktion führen. Die Verankerung sozialer Normen kann sowohl in schriftlicher Form (Leitbild einer Organisation, Arbeitsvertrag, Gesetze) als auch in ungeschriebenen, unbewussten oder teilbewussten Selbstverständlichkeiten (Missbilligung beim Äußern von Kritik) zum Ausdruck kommen. In diesem Zusammenhang wird die Norm als das verstanden, 'was man tun soll bzw. darf', d.h. was erwartet wird.

Hemmende oder begünstigenden äußere Umstände innerhalb eines Unternehmens werden unter *Situative Ermöglichung* (B) erfasst. Hierbei geht es auch um die Gestaltung des *Sozialen Dürfens und Sollens* (A), z.B. in Form einer Einführung regelmäßiger Teamtreffen, in denen Mitarbeiter über aktuelle betriebliche Vorgänge informiert werden und sich untereinander austauschen können. Die Schaffung der Möglichkeit zu solchen Treffen obliegt dem Vorgesetzten. Inwieweit diese auch genutzt werden, hängt wiederum von anderen Faktoren (A; a; b) ab.

3.1.3 Einflussfaktoren des handelnden Individuums

Zum komplexen Gefüge von Einflussvariablen menschlichen Verhaltens zählen neben den beschriebenen exogenen Faktoren auch endogene Faktoren des handelnden Individuums. Im Faktor *Individuelles Wollen* (a) werden die Wünsche, Bedürfnisse und Wertorientierungen – im Prinzip all das, was einem Menschen wichtig erscheint – aufgeführt. Daran schließt sich der Faktor *Persönliches Können* (b). Dieser beschreibt die individuellen Fertig- und Fähigkeiten, die eine Person aufweist.

3.2 Systematisierung der Einflussvariablen von selbstorganisatorischer Web 2.0-gestützer Mitarbeiterpartizipation

3.2.1 Die Forschungsbasis für die Herleitung der Einflussfaktoren

Die Einflussvariablen der Mitarbeiterpartizipation an unternehmensübergreifender (interorganisationaler) Vernetzung konnten vorwiegend aus empirischen Ergebnissen des Forschungsprojektes KMU 2.0 abgeleitet werden. Die empirischen Daten stammen aus teil-standardisierten Interviews mit Geschäftsführern und leitenden Angestellten von insgesamt 15 besonders eng in das Projekt eingebundenen Netzwerkunternehmen (sogenannte Value-Partner) sowie aus einer standardisierten Befragung von insgesamt 59 Mitgliedern, darunter 37 Geschäftsführer und 22 Angestellte. Darüber hinaus wurden weitere empirische Untersuchungsergebnisse zur Stützung unserer Überlegungen hinzugezogen. Das Forschungsfeld des Projekts KMU 2.0 ist ein regionales Netzwerk in Rheinland-Pfalz mit derzeit ca. 115 kleinen und mittlere Mitgliedsunternehmen. Das Netzwerk zeichnet sich insbesondere durch die Heterogenität seiner Mitglieder in Bezug auf Unternehmensgröße, Branchenzugehörigkeit und technischer Affinität gegenüber neuen Informations- und Kommunikationstechnologien (Web 2.0) aus. Es ist in der Rechtsform eines Vereins organisiert.

3.2.2 Die Einflussvariablen im Partizipationsmodell

Ausgangspunkt unseres Modells (siehe Abbildung 2) sind die im Forschungsfeld identifizierten sozialen und situativen Hindernisse und individuellen Hemmnisse der Mitarbeiterpartizipation. Die Faktoren *Soziales Dürfen und Sollen* (A) und *Situative Ermöglichung* (B) beziehen sich auf die Führungsebene der (Mitglieds-)Unternehmen – im Sinne der Schaffung eines Incentivierungsrahmens. Die Faktoren *Individuelles Wollen* (a) und *Persönliches Könne*n (b) beziehen sich auf die Ebene der Mitarbeiter. In Abbildung 2 sind in jedem Bereich jeweils zwei Einflussvariablen aufgeführt. Es handelt sich um die meist genannten Hindernisse und Hemmnisse, die hier in die neutrale Formulierung einer Variablen überführt worden sind.

204 Anforderungen an die Gestaltung Web 2.0-gestützter Mitarbeiterpartizipation

```
┌─────────────────────────────────┐                    ┌─────────────────────────────────┐
│ (A) Soziales                    │                    │ (a) Individuelles               │
│ Dürfen und Sollen               │◄──────────────────►│ Wollen                          │
│ • Offenheit der Kommunikation   │                    │ • Kommunikations- und Austausch-│
│ • Transparenz der Netzwerkmit-  │                    │   bereitschaft                  │
│   gliedschaftsmotive            │                    │ • (Ideen-) Wertschätzungsempfin-│
│                                 │                    │   dung                          │
└─────────────────────────────────┘                    └─────────────────────────────────┘
              ▲                 ▲                    ▲                 ▲
              │                   ╲                ╱                   │
              │                     ╲            ╱                     │
              │              ┌──────────────────────────┐              │
              │              │ Selbstorganisatorische   │              │
              │              │ Mitarbeiterpartizipation │              │
              │              │ an inter-organisationaler│              │
              │              │ Vernetzung über Web 2.0  │              │
              │              └──────────────────────────┘              │
              │                     ╱            ╲                     │
              │                   ╱                ╲                   │
              ▼                 ▼                    ▼                 ▼
┌─────────────────────────────────┐                    ┌─────────────────────────────────┐
│ (B) Situative                   │                    │ (b) Persönliches                │
│ Ermöglichung                    │◄──────────────────►│ Können                          │
│ • Klarheit der Rollendefinition │                    │ • Kommunikations- und Reflexions│
│ • Integration der Netzwerk-     │                    │   kompetenz                     │
│   aktivitäten in Unternehmens-  │                    │ • Web 2.0-Anwendungskompetenz   │
│   alltag                        │                    │                                 │
└─────────────────────────────────┘                    └─────────────────────────────────┘
```

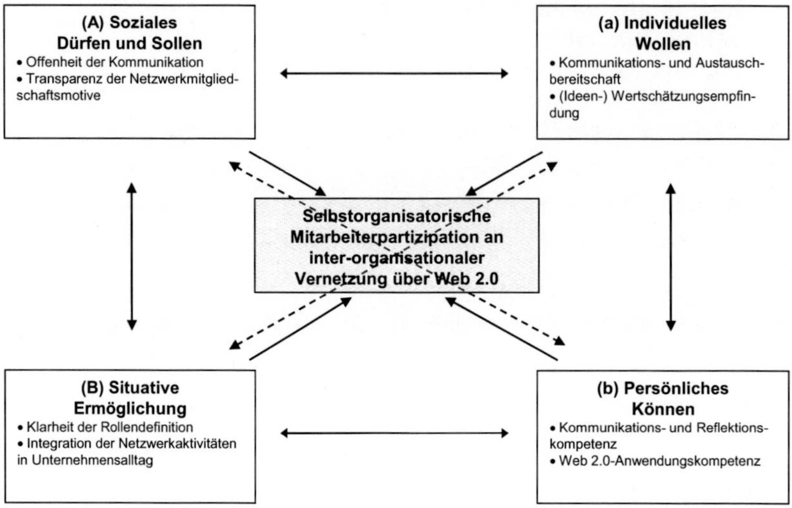

Abbildung 2: Bedingungen der Mitarbeiterpartizipation an inter-organisationaler Vernetzung über Web 2.0-Anwendungen

Zunächst sind die exogenen Einflussvariablen (A; B) der Mitarbeiterpartizipation, die den individuellen Handlungsrahmen abstecken, zu nennen. Eine Variable des *Sozialen Dürfens und Sollens* (A) ist die *Offenheit der Kommunikation* als Aspekt der Kommunikationskultur der jeweiligen Unternehmen. Diesbezüglich relevante Fragen sind: Wie gehen die Beteiligten eines Teams mit neuen Ideen, Verbesserungsvorschlägen und Kritik um? Gibt es eine konstruktive Feedbackkultur oder werden Fehler eher kritisiert und sanktioniert? Ein im Zusammenhang mit dem *Sozialen Dürfen und Sollen* (A) oft beobachtbares Hindernis ist die geschäftsführerzentrierte Kommunikation auf Netzwerkebene. Zu vermuten ist, dass die unternehmensintern gelebte Kommunikationskultur Einfluss darauf hat,

- ob und inwieweit sich das Unternehmen gegenüber anderen Mitgliedern im Netzwerk öffnet
- ob Mitarbeiter in die Vernetzung eingebunden werden,
- ob ein Austausch zwischen den Netzwerkmitgliedern zu Stande kommt oder
- ob die Netzwerkkommunikation geschäftsführerzentriert bleibt.

Ein weiteres identifiziertes Hindernis des *Sozialen Dürfens und Sollens* (A) ist fehlende Transparenz in Bezug auf die Kooperationsstrategie des Unternehmens und ein daraus resultierendes Defizit an Identifikation mit dem Netzwerk. *Transparenz der Netzwerkmitgliedschaftsmotive* kann die Identifikation mit der Kooperationsstrategie und letztlich mit dem Netzwerk fördern. Eine 'automatische' Identifikation der Mitarbeiter mit dem Unternehmensnetzwerk ist als zweifelhaft zu erachten.

Weitere exogene Einflüsse sind unter Situative Ermöglichung (B) aufgeführt. Bei der Betrachtung von Mitarbeiter-Motivation ist der Begriff der Rolle, als Gesamtheit der an eine Person gerichteten Erwartungen, von Bedeutung. Klarheit über die eigene Rolle erleichtert einerseits das Miteinander innerhalb einer Gruppe (eines Unternehmens) und entlastet andererseits die Rollenträger, da diese wissen, welches Verhalten von ihnen erwartet wird und was sie wiederum von Inhabern einer bestimmten Rolle zu erwarten haben. Diese Rollenklarheit verschafft den Mitarbeitern auch Klarheit über den eigenen Handlungs- und Entscheidungsraum. In Bezug auf die Netzwerkbeteiligung werden über die *Rollendefinition* Unsicherheiten der Mitarbeiter in Bezug auf die Partizipation an einer zwischenbetrieblichen Kommunikation abgebaut und der Sorge vor einer Mehrbelastung statt einer Entlastung begegnet. Die gewonnenen Ergebnisse aus unseren empirischen Erhebungen zeigen ebenfalls, dass die Faktoren *Zeit* und *Arbeitsbelastung* entscheidende Hindernisse für die Mitarbeiter darstellen, sich über die Unternehmensaufgaben hinaus an einem Austausch im Netzwerk zu beteiligen. Zur *Situativen Ermöglichung* (B) gehört es daher, den Mitarbeitern, z.B. durch das Einräumen von festen Zeitfenstern, diese Beteiligung zu ermöglichen. Demnach ist es von Vorteil, die *Netzwerkaktivitäten in den Unternehmensalltag* zu *integrieren* und somit auch den Transfer zwischen Unternehmen und Netzwerk zu gewährleisten.

Im Hinblick auf die Variablen des handelnden Individuums (a und b) sollen die beiden Einflussvariablen *Kommunikations- und Austauschbereitschaft* sowie *(Ideen-)Wertschätzungsempfindung* unterschieden werden. Handelt es sich bei ersterer um eine allgemeine, für das aktive Einbringen in die Netzwerkkommunikation grundlegende Einflussvariable – als Pendant zur *Kommunikations- und Reflektionskompetenz* auf der Seite des Persönlichen Könnens –, hebt die *(Ideen-)Wertschätzungsempfindung* auf einen spezielleren Zusammenhang ab: Innovationsorientierte Kommunikation benötigt Ideen. Die Bereitschaft oder auch der Mut, sich mit Ideen in einen Austausch einzubringen, hängt davon ab, wie sehr ein Individuum davon ausgeht, dass seine Ideen eine Wertschätzung bei den Austauschpartnern erfahren werden. Im Bereich des *Persönlichen Könnens* (b) befähigt die *Kommunikations- und Reflektionskompetenz* den Mitarbeiter, sich gewinnbringend mit anderen zu vernetzen und im Interesse des Unternehmens zu agieren, Distanz zu der eigenen Arbeitsweise aufzubauen und die (Lern-)Anstöße aus dem Netzwerk kritisch zu reflektieren.[35] Ein grundsätzliches technisches und funktionales Verständnis von webbasierten Kommunikationsanwendungen ist zudem von Vorteil, um sich schnell mit den neu geschaffenen Partizipationsmöglichkeiten vertraut zu machen. Durch die *Web 2.0-Anwendungsbeherrschung* werden mögliche Berührungsängste ab- und Vertrauen in die Nutzung der Anwendung aufgebaut.

3.2.3 Die Wirkungszusammenhänge der Einflussvariablen

Im vorhergehenden Abschnitt wurden uns bedeutsam erscheinende Einflussvariablen einer selbstorganisatorischen Mitarbeiterpartizipation an Netzwerkprozessen über Web 2.0 beschrieben. Der sukzessiven Vorstellung der einzelnen Variablen lagen die allgemeinen Variablenkategorien *Soziales Dürfen und Sollen*, *Situative Ermöglichung*, *Individuelles Wollen* sowie *Persönliches Können* des Verhaltenserklärungsmodells von von Rosenstiel[36] zugrunde. Bereits dort (siehe Kapitel 3.2.1, insbesondere Abbildung 1) wurde die wechselseitige Beeinflussung der verschiedenen Kategorien skizziert. Das gilt selbstredend auch für unser spezielleres Modell. Die hier als spezielles Verhalten in den Blick genommene Mitarbeiterpartizipation an Netzwerkprozessen über Web 2.0 ist das Ergebnis eines komplexen, wechselseitig bedingten Variablenzusammenhangs. Beispielsweise erfordert eine Integration der Netzwerkaktivitäten in den Unternehmensalltag (B) ein Minimum an Klarheit der Netzwerkmitgliedschaftsmotive (A) wie auch eine ausreichende Kompetenz zur An-

[35] Zum Netzwerk als lernende (Inter-)Organisation siehe das Kapitel 4 im Beitrag „Anforderungen an die Gestaltung einer Web 2.0-gestützten Mitarbeiterpartizipation" von *Jung/Abram/Reifferscheid* in diesem Buch.

[36] *Von Rosenstiel* 2007.

wendung der Web 2.0-Werkzeuge bei den involvierten Mitarbeitern (b). Beispielsweise befördert das reale Tun – die aktive Beteiligung an einem inter-organisationalen Austausch über Web 2.0 – die hierfür relevanten Variablen des *Persönlichen Könnens* (b) und darüber vermutlich auch die Kommunikations- und Austauschbereitschaft als Variable des Wollens (a). Ob letztere zu verstärkter selbstorganisatorischer, auf Eigeninitiative beruhende Partizipation führt, hängt wiederum davon ab, ob *Soziales Dürfen und Sollen* über eine Transparenz der Mitgliedschaftsmotive (A) und Situative Ermöglichung durch klare Rollenerwartungen (B) überzeugend kommuniziert werden.

Diese Exemplifizierung kann die tatsächlich vorhandenen Wirkungszusammenhänge der Einflussfaktoren nur ansatzweise beschreiben. Dennoch sollten die Komplexität und Vernetztheit des Wirkungsgefüges erkennbar werden. Selbstorganisatorische Mitarbeiterpartizipation an inter-organisationaler Vernetzung über Web 2.0 erschließt sich nicht über einen trivialen Erklärungszusammenhang. Entsprechend wohl bedacht sind, wie stets bei vernetzten Zusammenhängen, Ansatzpunkte für eine Incentivierung dieser Mitarbeiterpartizipation zu wählen. Mit Blick auf die Dynamik selbstorganisatorischer Prozesse scheint uns eine „Gestaltungsphilosophie", die ein Vertrauen in die Wirksamkeit dieser Prozesse kombiniert mit nur wenigen unterstützenden kontextuellen Maßnahmen, als zielführend – auch und gerade bezüglich des Ziels „innovationsorientierter Ideenaustausch".

4. Ableitung von Gestaltungsanforderungen für die Implementierung und Nutzung einer Web 2.0-Anwendung im Unternehmensnetzwerk

4.1 Im Praxisfeld eines Netzwerkes kleiner und mittlerer Unternehmen

Ausgehend von dem Ziel, durch den Einsatz von Web 2.0-Anwendungen in einem Netzwerk kleiner und mittlerer Unternehmen (KMU-Netzwerk) selbstorganisatorische Austauschprozesse unter Beteiligung vieler Mitarbeiter zu initiieren, werden nachfolgend Gestaltungsanforderungen für die Implementierung und Nutzung einer Web 2.0-Anwendung aufgeführt. Diese Gestaltungsanforderungen halten wir unter gegebenen Bedingungen für generalisierbar. Sie haben im Rahmen des angesprochenen Projekts KMU 2.0 ein konkretes Bewährungsfeld, weshalb dieses zunächst skizziert werden soll.

Implementierungsfeld ist das im Kapitel 3.2.1 erwähnte KMU-Netzwerk. Der Vereinsvorstand als Netzwerkmanagement besteht aus einer Vorsitzenden, zwei Stellvertretern und vier Beisitzern. Zu den Aufgaben der Vorstandsvorsitzenden zählen Öffentlichkeitsarbeit, Akquise neuer Mitglieder sowie die Koordination des Netzwerkes insgesamt.[37] Die internen Aktivitäten des Netzwerkes reichen von formellen (jährliche netzwerkinterne Veranstaltungen z.B. Frühjahrsoffensive) zu informellen Treffen (z.B. Herbstwanderung).

Im Hinblick auf die in diesem Beitrag interessierende Fragestellung nach dem Zustandekommen selbstorganisatorischer Mitarbeiterpartizipation in KMU-Netzwerken lässt sich das Netzwerk wie folgt charakterisieren: Der Zusammenschluss zu einem regionalen Unternehmensnetzwerk im Jahr 2002 erfolgte aus der Zielsetzung, die Ressourcen kleiner und mittlerer, regionaler Unternehmen zu bündeln und einen gemeinschaftlichen öffentlichen Auftritt zu erreichen. Unter dem Motto „Gemeinsames Handeln macht stärker: Ein Netzwerk aus vielen Kompetenzen“ steht neben dem persönlichen Kennenlernen auch der Austausch von Wissen und Erfahrung an zentraler Stelle. Aus der Sicht des Vorstands scheint es notwendig, die Ressourcen der im Netzwerk aktiven Mitglieder zentral zu koordinieren. Entsprechend verlaufen die Informations- und Kommunikationsprozesse bislang überwiegend asymmetrisch. Bis auf die Beteiligung an den Arbeitskreisen verbleibt die Mitarbeit oftmals geschäftsführerzentriert, so dass eine aktive Einbeziehung bis auf Mitarbeiterebene nicht weit verbreitet ist. Der Grad an selbstorganisierter Mitarbeiterpartizipation ist somit eher schwach ausgeprägt.

[37] Vgl. hierzu den Beitrag „Anwendungsszenario regionale KMU-Netzwerke: Das Forschungsfeld WirtschaftsForum Neuwied e.V.“ von *Lindermann/Scherrer/von Kortzfleisch* in diesem Buch.

In dieser Ausgangslage eine Web 2.0-Anwendung zu implementieren, stellt nicht nur das Forscherteam, sondern alle Beteiligten vor eine große Herausforderung und erfordert z.T. erhebliche Erwartungsanpassungen aller Partner aus Praxis und Wissenschaft. Der Wandel hin zu einem offenen, selbstorganisierten Austausch zwischen den Mitgliedern möglichst aller Hierarchieebenen lässt sich zwar technisch unterstützen, ersetzt jedoch nicht das Umdenken und die Bereitschaft, neue Wege zu unternehmen. Angelehnt an die exogenen Faktoren des *Sozialen Dürfens und Sollens* (A) und der *Situativen Ermöglichung* (B) empfiehlt es sich, begleitet durch Veranstaltungen und Anforderungserhebungen technische und organisatorische Lösungen zu entwickeln. Dem zugrunde liegt die Annahme, dass die erforderliche Abgabe von Kontrolle und Macht über einen gewissen Grad an technischer und organisatorischer Formalisierung erleichtert wird. Nachfolgend wird der Fokus auf das konkrete Vorgehen der Implementierung einer Web 2.0-Anwendung in diesem regionalen Unternehmensnetzwerk gelegt.

4.2 Implementierung einer Web 2.0-Anwendung im Praxisfeld

4.2.1 Herausforderungen und Maßnahmen der Einführungsphase

Entsprechend ihres jeweiligen Know-Hows erhalten die Mitgliedsunternehmen im Netzwerk die Möglichkeit, gemeinsame Lösungen zu aktuellen Herausforderungen ihrer Arbeitswelt zu entwickeln, d.h. gemeinsam zu innovieren. Entscheidend ist, dass das zur Verfügung gestellte Instrument der Vernetzung (hier „Web 2.0-Bereich“ genannt) von den Netzwerkmitgliedern akzeptiert und auch genutzt wird. Des Weiteren sind Redundanzen der bereitgestellten Informationen und ein parallel laufendes Kommunikationssystem zu vermeiden (im Sinne der Integration von Web 2.0 in das betriebliche Informations- und Kommunikationssystem, siehe Kap. 2.3). Die Einbindung des technischen Instrumentes in bereits bestehenden Informations- und Kommunikationssystemen wird daher notwendig. Die Wahl der geeigneten Web 2.0-Anwendungen sollte, unter Berücksichtigung der individuellen Kompetenzen, zunächst auf ein paar wesentliche und einfache Funktionen beschränkt sein. Die weniger technikaffinen Nutzer werden so nicht „verschreckt“, und die Hemmschwelle einer ersten Auseinandersetzung mit den neuen Kommunikationsmöglichkeiten wird heruntergesetzt.

Vor diesem Hintergrund sind verschiedene Maßnahmen zur Akzeptanz der Web 2.0-Anwendung entwickelt worden. Die Einführung in den bereits bestehenden Intranet-Bereich wurde durch Workshops sowie weitere Online-Maßnahmen im Web 2.0-Bereich (Diskussionen, Schulungen) begleitet. Zusätzlich wurden Handreichungen in Form von Flyern und Broschüren entwickelt. Hierbei galt es, neben grundlegenden Informationen zu den Möglichkeiten und Potenzialen der Anwendung auch speziell die Potenziale der Mitarbeiterpartizipation und die damit verbundenen Herausforderungen anzusprechen sowie mögliche Handlungsempfehlungen aufzuzeigen. In diesem Zusammenhang war eine klare, zielführende Kommunikation und Information erforderlich.

Durch die unterschiedlichen Maßnahmen wurden einerseits erste Anreize zur Beteiligung gegeben und andererseits die Integration des Web 2.0-Bereichs in den Unternehmensalltag und in die Aktivitäten des Unternehmensnetzwerks – mit dem Ziel, die Beteiligung auch langfristig zu sichern – unterstützt. Entsprechend richteten sich die Maßnahmen an drei Adressatengruppen: (1) den *Netzwerk-Vorstand*, (2) die *Leitung der Mitgliedsunternehmen* sowie (3) die *Mitarbeiter der Mitgliedsunternehmen*. Nachfolgend werden diese drei Adressaten und deren Bedeutung kurz skizziert.

Bei der Sicherstellung einer erfolgreichen Einführung spielt es eine entscheidende Rolle, ob der *Netzwerk-Vorstand* die geplanten Maßnahmen akzeptiert und unterstützt. Hierfür ist die enge Einbindung der Vorstandsmitglieder in die Konzeption, Planung und Umsetzung der Maßnahmen erforderlich. Grundsätzlich betreffen die konkreten Maßnahmen zur Einführung alle (potentiellen) Nutzer; hierbei wird die Leitung der Mitgliedsunternehmen jedoch gesondert berücksichtigt.

Der aktiven Nutzung der Web 2.0-Anwendung muss eine entsprechende Teilnahmebereitschaft der *Unternehmensleitung* zugrunde liegen. Diese setzt neben einem Verständnis der Nutzenpotenziale auch ein gewisses Maß an technischem Verständnis voraus. Ein 'Vertraut machen' mit dem Medium webbasierter Kommunikation ist daher wichtig für die Akzeptanz durch die Unternehmensleitung. Im Hinblick auf die *Partizipation der Mitarbeiter* stehen die Identifikation möglicher Hindernisse und Hemmnisse sowie deren Abbau im Vordergrund. Mindestens einen Mitarbeiter bereits in die Entwicklung der Web 2.0-Anwendungen und die die Einführung begleitenden Maßnahmen zur Implementierung einzubeziehen, erweist sich als sinnvoll. Auch das Aufzeigen der individuellen Partizipationsmöglichkeiten kann die Motivation zur Partizipation positiv beeinflussen; unterstützt wird dieses durch die Verankerung der Web 2.0-Anwendungen in die Kommunikationsvorgänge des Unternehmensnetzwerkes.

Im nachfolgenden wird die technische Umsetzung, der im Projektzusammenhang entwickelten Web 2.0-Anwendungen, insbesondere mit Blick auf den Aspekt von vertrauensvoller Partizipation möglichst vieler Mitarbeiter vorgestellt.[38]

4.2.2 Technische Umsetzung

Insgesamt wird über die hier skizzierten technischen Lösungen versucht, eine Balance zwischen (Kontroll-)Rahmen und (Handlungs-)Freiraum herzustellen. Somit soll der Weg zu einer erhöhten, auf Selbstorganisation und Vertrauen basierenden Mitarbeiterpartizipation bereitet werden. Die technische Umsetzung gestaltet sich wie folgt: Zugang zum netzwerkinternen Web 2.0-Bereich erfolgt nur nach Freischaltung über den jeweiligen, vorher bestimmten Unternehmensadministrator und bleibt damit unter der Aufsicht der Mitgliedsunternehmen. Die Nutzerprofile sind ausschließlich mit echtem Namen (Vor- und Nachname), der Zuordnung zum Mitgliedsunternehmen und der aktuell besetzten Unternehmensposition zu verwenden (Pflichtfelder). Die Kommunikation zwischen den einzelnen Nutzern kann über das Verfassen persönlicher Nachrichten erfolgen. Für den Austausch und die Diskussion mit mehreren Nutzern gibt es die Möglichkeit, einen eigenen Diskussionsraum zu eröffnen. Der Initiator wird gleichzeitig auch Moderator des Raums und kann zwischen zwei Einstellungen wählen: (1) den Diskussionsraum nur für zuvor angemeldete und von ihm ak-

[38] Siehe hierzu auch die Beiträge „Werkzeuge zur IT-gestützten kollaborativen offenen Innovation im WiFo Neuwied e.V." von *Peris/Blinn/Nüttgens/Ludwig* und „Von der Kooperation zur Innovation" von *Lindermann/ Valcárcel/von Kortzfleisch* in diesem Buch.

zeptierte Nutzer freizugeben (geschlossener Raum) oder (2) den Diskussionsraum prinzipiell allen interessierten Nutzern bereitzustellen (offener Raum). Wer in welchen Räumen aktiv ist und wer welchen Status (Moderator, Mitglied) hat, wird über die Profilseite ersichtlich. Eine Kurzbeschreibung der Räume gibt zusätzlich einen Einblick in das jeweilige (Diskussions-) Thema. Der Netzwerkvorstand wie auch die Unternehmensleitung bekommen so einen schnellen Überblick und Einblick über die Aktivitäten der einzelnen Nutzer, wodurch ein gewisser Anteil von Kontrolle gewährt bleibt.

4.2.3 Der Einstieg in die Mitarbeiterpartizipation

Aus dem technischen Rahmen ergeben sich die Aufgaben, eingestellte Unternehmensinformationen laufend zu aktualisieren sowie die Unternehmenszugehörigkeit und Richtigkeit der Neuregistrierungen zu bestätigen. Die Person, die mit diesen eher administrativen Aufgaben betraut ist, wird zum Ansprechpartner des Mitgliedsunternehmens. Hierüber bietet sich die Möglichkeit, erste Mitarbeiter in die Vernetzung einzubinden. Der vom Unternehmer ausgewählte Mitarbeiter muss sich mit dem neuen Medium vertraut machen und wird so zum 'Experten‘ der Anwendung. In seiner Rolle fungiert er als Schnittstelle zwischen Unternehmen und Unternehmensnetzwerk. Der Geschäftsführer wird entlastet, und dem Mitarbeiter wird neue Verantwortung übertragen. Vor diesem Hintergrund wurde dem Ansprechpartner im Projektkontext KMU 2.0 die besondere Funktion als Promotor zugeschrieben, welcher die selbstorganisierte Innovationsarbeit über eine aktive Vernetzung mit anderen Mitarbeitern des Netzwerkes befördern und den Weg zur Erweiterung der Vernetzung auf der Mitarbeiterebene unterstützten soll.[39] Die Promotoren jedes Mitgliedsunternehmens werden so zu Grenzgängern zwischen ihrem Unternehmen und dem Netzwerk.

Neben den administrativen Aufgaben wie der Aktualisierung von Unternehmensinformationen und der Freischaltung weiterer Nutzer sind die zentralen Aufgaben dieser Promotoren:

[39] Vgl. auch *Böhle et al.* 2010, S. 479 ff.

(1) das Anregen von Diskussionen über Ideen, Fragen und Probleme aus dem Unternehmen im Web 2.0-Bereich,
(2) der Ergebnistransfer dieser im Netzwerk geführten Diskussionen in das eigene Unternehmen sowie
(3) die Motivation weiterer Mitarbeiter zur selbstorganisierten Netzwerkpartizipation.

Organisatorisch sollten die Aufgaben des Promotors in den Unternehmensalltag eingebettet werden. In regelmäßigen unternehmensinternen Treffen kann der Transfer von Ergebnissen und Neuigkeiten aus dem Netzwerk stattfinden und neue Diskussionsthemen gesammelt werden. Der Promotor wird damit zum Ansprechpartner der Web 2.0-Vernetzung, so dass weiteren Mitarbeitern die Partizipation erleichtert wird. Mit diesem Modell können mehrere der zuvor beschriebenen Hindernisse abgebaut werden. So kann zum einen Transparenz hinsichtlich der Netzwerkaktivitäten und Partizipationsmöglichkeiten geschaffen, eine Explizierung der Kooperationsstrategien und der Rolle der Mitarbeiter erreicht werden. Des Weiteren kann die Etablierung von Feedback einer offenen und partizipativen Kommunikationskultur dienen und dazu beitragen, dass Mitarbeiter in ihre neue Aufgabe, sich mit Experten außerhalb des Unternehmens zu vernetzen, hineinwachsen. Im Unternehmen wird es somit zu einer Selbstverständlichkeit, sich Anstöße aus der Netzwerkgemeinschaft zu holen und diese ins Unternehmen zu transferieren.

5. Fazit

Web 2.0-gestütze, selbstorganisatorische Kommunikationsprozesse können im Ergebnis zu innovativen Lösungen für Herausforderungen, vor denen die beteiligten Unternehmen stehen, führen. Technisch unterstützt durch eine offene Partizipationsplattform, kann das Ungleichgewicht zwischen Mitarbeiter-Partizipation und Geschäftsführer-zentrierten Innovationen ausgleichen werden und die Entwicklung offener Innovationsprozesse vorangetrieben werden. Auf Netzwerkebene zeigen sich Potenziale der weiter gefassten Verknüpfung. Es kommt eine neue Systemumwelt hinzu, die weitere Anknüpfungspunkte bietet. Durch eine hohe Partizipation der

Mitarbeiter an der Vernetzung nehmen die verfügbaren Ressourcen des Netzwerkes zu. Diversität und Selbstorganisation sorgen für einen Nährboden innovativer Ideen. Für die Incentivierung einer hohen Mitarbeiterpartizipation kann das in diesem Beitrag vorgestellte Modell eine Hilfe für ein systemisches Vorgehen und eine gezielte Auswahl von Einflussvariablen als Gestaltungsparameter bieten.

Der Aufbau einer Kooperationsbeziehung erfordert eine hohe Akzeptanz aller Ebenen. Lebt die Steuerungslogik des Einzelunternehmens im Kooperationsverbund eines Netzwerks fort, leidet die Dynamik von Selbstorganisationsprozessen und implizierte Kreativ- und Innovativimpulse werden gehemmt. Die Implementierung von Web 2.0-Anwendungen in den Unternehmenskontext bedingt daher einen Wandel der Unternehmen in Richtung selbstorganisatorischer und partizipativer Strukturen. Eine rein technische Betrachtung der Funktionalitäten und Technologien ist dabei nicht ausreichend; vielmehr bedarf es einer Anpassung der Unternehmenskultur. Die in diesem Beitrag aufgezeigten Handlungsempfehlungen gehen explizit auf die im Forschungskontext identifizierten Hemmnisse und Hindernisse ein. Sie zeigen erste Interventionsmöglichkeiten auf, um selbstorganisatorische Freiräume mit ihrer Dynamik für innovative Problemlösungen zu ermöglichen.

Literaturverzeichnis

ABRAM, I./BRÖTZ, S./JUNG, R.H. (2010):
Vernetzung von NPO-Netzwerken. Stakeholder-Bezüge und die daraus wachsenden organisationalen Lernprozesse. In (Theuvsen, L./Schauer, R./Gmür, M., Hrsg.): Stakeholder-Management in Nonprofit-Organisationen – Theoretische Grundlagen, empirische Ergebnisse und praktische Ausgestaltung. Beiträge zum 9. Internationalen NPO-Forschungskolloquium am 18. und 19. März 2010 in Göttingen. Trauner Verlag, Göttingen. S. 353-366.

BACK, A./GRONAU, N./TOCHTERMANN, K. (Hrsg.) (2009):
Web 2.0 in der Unternehmenspraxis: Grundlagen, Fallstudien und Trends zum Einsatz von Social Software, Oldenbourg Wissenschaftsverlag, München.

BACK, A./HEIDECKE, F. (2009) a:
Einleitung. In (Back, A./Gronau, N./Tochtermann, K., Hrsg.): Web 2.0 in der Unternehmenspraxis: Grundlagen, Fallstudien und Trends zum Einsatz von Social Software, 2.Auflage. Oldenbourg Wissenschaftsverlag, München, S. 1- 8.

BACK, A./HEIDECKE, F. (2009):
Produktivität von Wissensarbeitern. In (Back, A./Gronau, N./Tochtermann, K., Hrsg.): Web 2.0 in der Unternehmenspraxis: Grundlagen, Fallstudien und Trends zum Einsatz von Social Software, 2.Auflage. Oldenbourg Wissenschaftsverlag, München, S. 95-108.

BEERHEIDE, E./HOWALD, J./BOROWIAK, Y./HERMANN, T. (2010):
Konturen eines neuen Innovationsparadigmas? Erste integro-Projektergebnisse. In (Jacobs, H./Schallock, B.): Innovationsstrategien jenseits traditionellen Managements. Fraunhofer Verlag, Stuttgart, S. 114-124.

BECKER, T./DAMMER, I./HOWALDT, J./KILLICH, S./LOOSE, A. (2010):
Netzwerkmanagement – Mit Kooperation zum Unternehmenserfolg. 2. Auflage. Springer, Berlin.

BERLECON RESEARCH (2007):
Web 2.0 in Unternehmen – Potenziale von Wikis, Weblogs und Social Software. 04/ 2007, Berlin. http://www.berlecon.de/studien/downloads/Berlecon_Web2.0.pdf, (http://www.berlecon.de) letzter Zugriff am 10.02.2011.

BERNECKER, T. (2005):
Entwicklungsdynamik organisatorischer Netzwerke – Konzeption, Muster und Gestaltung. Deutscher Universitäts-Verlag (duv), Stuttgart.

BÖHLE, F./BOLTE, A./BÜRGERMEISTER, M./HEIDLING, E./NEUMER, J./PORSCHEN, S. (2010):
Mitarbeiter als Manager des Informellen – Neue Perspektiven für das Management von Innovation durch Selbstorganisation. In (Jacobs, H./Schallock, B.): Innovationsstrategien jenseits traditionellen Managements. Fraunhofer Verlag, Stuttgart, S. 378- 388.

CIESINGER, K.G./HOWALDT, J./KLATT, R./KOPP, R. (2005):
Modernes Wissensmanagement in Netzwerken – Perspektiven, Trends und Szenarien. Deutscher Universitäts-Verlag (duv), Wiesbaden.

CHESBROUGH, H.W. (2006):
Open Innovation: the new imperative for creating and profiting from technology. Harvard Business School, Press, Massachusetts.

EBERLE, M.A. (2003):
Barrieren und Anreizsysteme im Wissensmanagement und der Software-Wiederverwendung. Eine Puplikation des Fraunhofer IESE. Kaiserslautern. http://paper.joerg-rech.com/Studenten/Studienarbeit_Eberle.pdf., letzter Zugriff am 08.02.2011.

GRANOVETTER, M. (1983):
The strength of weak ties: A network theory revisited. In: Sociological Theory, Vol. 1. John Wiley & Son: American Sociological Association, pp 201 – 233. http://citeseerx.ist.psu.edu/viewdoc/download?doi=10.1.1.128.7760&rep=rep1&type=pdf, letzter Zugriff am 08.02.2011.

GÖBEL, E (1998):
Theorie und Gestaltung der Selbstorganisation. Duncker & Humblot, Berlin.

HASS, B.H./WALSH, G./KILIAN, T. (Hrsg.) (2008):
Web 2.0. Neue Perspektiven für Marketing und Medien. Springer, Berlin und Heidelberg.

HOWALD, J./BEERHEIDE, E. (2010):
Innovationsmanagement im Enterprise 2.0 – Auf dem Weg zu einem neuen Innovationsparadigma? In (Howaldt, J./Jacobsen, H., Hrsg.): Soziale Innovation – Auf dem Weg zu einem postindustriellen Innovationsparadigma. VS Springen, Wiesbaden, S.355-370.

JACOBS, H./SCHALLOCK, B. (Hrsg.) (2010):
Innovationsstrategien jenseits traditionellen Managements – Beiträge zur Ersten Tagung des Förderschwerpunktes des BMBF, 8.9. Oktober 2009, Berlin. Schäffer-Poeschel, Stuttgart.

JUNG, R.H. (2003):
Diversity Management – Der Umgang mit Vielfalt als Managementaufgabe. In (Jung, R.H./Schäfer, H.M., Hrsg.): Vielfalt gestalten – Managing Diversity. Kulturenvielfalt als Herausforderung für Gesellschaft und Organisationen in Europa. 3., völlig neu bearb. Auflage. IKO Verlag für Interkulturelle Kommunikation, Frankfurt a.M. und London, S. 89-110.

KILLICH, S./KOPP, R. (2010):
Wirksames Wissensmanagement in Netzwerken. In (Becker, T./Dammer, I./Howaldt, J/Killich, S./Loose, A., Hrsg.): Netzwerkmanagement – Mit Kooperation zum Unternehmenserfolg. 2. Aufl., Springer, Berlin, 105-118.

KOCH, M./RICHTER, A. (2009 a):
Social-Networking-Dienste. In (Back, A./Gronau, N./Tochtermann, K., Hrsg.): Web 2.0 in der Unternehmenspraxis: Grundlagen, Fallstudien und Trends zum Einsatz von Social Software, 2.Auflage.Oldenbourg Wissenschaftsverlag, München. Kap. 2.8, S. 69- 74.

KOCH, M./RICHTER, A. (2009):
Enterprise 2.0 – Planung, Einführung und erfolgreicher Einsatz von Social Software in Unternehmen, 2.Auflage. Oldenbourg Wissenschaftsverlag, München.

MCAFEE, A.P. (2009):
Enterprise 2.0: new collaborative tools for your organization´s toughest challenges. Harvard Business Press, Massachusetts.

MÖLLER, K./HALINEN, A. (1999):
Business Relationships and Networks: Managerial Challenge of Network Era. In: Industrial Marketing Management, 28 (1999), S. 413-427.

REICHWALD, R./PILLER, F.(2009):
Interaktive Wertschöpfung: Open Innovation, Individualisierung und neue Formen der Arbeitsteilung, 2. Auflage. GWV, Wiesbaden.

SYDOW, J. (2005):
Strategische Netzwerke – Evolution und Organisation. Gabler, Wiesbaden.

KILLICH, S./KOPP, R. (2010): Wirksames Wissensmanagement in Netzwerken. (In: Becker, T./Dammer, I./Howaldt, J/Killich, S./Loose, A., Hrsg.) Netzwerkmanagement – Mit Kooperation zum Unternehmenserfolg. 2. Auflage. Springen, Berlin, S. 105-118.

TAPSCOTT, D./WILLIAMS, A.D. (2006):
Wikinomics – how mass collaboration change everything. Published by the Penguin Group, New York, S. 8-33.

VON ROSENSTIEL, L. (2007):
Grundlagen der Organisationspsychologie. Basiswissen und Anwendungshinweise, 6. Auflage. Schäffer-Poeschel, Stuttgart.

ZERFAß, A./MÖSLEIN, K.M. (2009):
Kommunikation als Erfolgsfaktor im Innovationsmanagement – Strategien im Zeitalter der Open Innovation. Gabler, Wiesbaden.

ZERFAß, A./SANDHU, S. (2008):
Interaktive Kommunikation, Social Web und Open Innovation: Herausforderungen und Wirkungen im Unternehmenskontext. In (Zerfaß, A./Welker, M./Schmidt, J., Hrsg.): Kommunikation, Partizipation und Wirkungen des Social Web. Band 2 Strategien und Anwendungen: Perspektiven für Wirtschaft, Politik und Publizistik. Herbert von Halem, Köln, S. 283-310.

ZERFAß, A./WELKER, M./SCHMIDT, J. (Hrsg.) (2008):
Kommunikation, Partizipation und Wirkungen des Social Web. Band 2 Strategien und Anwendungen: Perspektiven für Wirtschaft, Politik und Publizistik. Herbert von Halem, Köln.

Werkzeuge zur IT-gestützten kollaborativen offenen Innovation im WirtschaftsForum Neuwied e.V.

Martina Peris, Nadine Blinn, Markus Nüttgens und Kai Ludwig

Inhaltsverzeichnis

1. Einleitung ... 221
1.1 Kollaborative offene Innovation ... 221
1.2 Web 2.0 in der Unternehmenspraxis ... 222
2. Werkzeuge zur IT-gestützten kollaborativen offenen Innovation im WiFo Neuwied e.V. ... 224
2.1 Technische Basis ... 224
2.2 Soziales Netzwerk ... 226
2.3 Räume ... 228
2.4 Ausgewählte Screenshots ... 233

1. Einleitung

Das Forschungsprojekt KMU 2.0 steht für die Unterstützung der Selbstorganisation von KMU-Netzwerken zur innovativen Lösung aktueller Probleme der modernen Arbeitswelt. Mittels des Einsatzes von Web 2.0-Anwendungen sollen Probleme der Arbeitswelt durch Prozesse der Selbstorganisation innovativ im Verbund von den Beschäftigten gelöst werden. Ziel dieses Beitrages ist es anhand einer konkreten Fallstudie die prototypische Umsetzung ausgewählter Web 2.0-Werkzeuge zur IT-gestützten kollaborativen offenen Innovation unter Berücksichtigung technischer Aspekte vorzustellen. Den Anwendungskontext bildet das WirtschaftsForum Neuwied e.V., ein 2002 gegründetes Unternehmensnetzwerk, dem derzeit rund 115 Unternehmen mit 10.000 Mitarbeitern angehören.[1] Die prototypische Entwicklung und Implementierung umfasst sowohl die Möglichkeit der sozialen Vernetzung der Mitglieder, als auch virtuelle Räume zum Austausch von Wissen, Erfahrungen und Ideen.

1.1 Kollaborative offene Innovation

Der Begriff kollaborative offene Innovation setzt sich aus zwei Teilaspekten zusammen: einerseits Kollaboration und andererseits offene Innovation. Offene Innovation oder open innovation wird definiert als "*The use of purposive inflows andoutflows of knowledge to accelerate internal innovation, and expand the markets for external use of innovation, respectively*"[2]. Offene Innovation bedeutet somit, externes Wissen in allen Phasen des Innovationsprozesses in die Entwicklungsarbeit einzubeziehen und ggf. einzukaufen.[3] Dem zugrunde liegt die Erkenntnis, dass das eigene Innovationspotenzial durch die aktive Einbeziehung der Außenwelt vergrößert werden kann[4]. Im Rahmen des Projektes KMU 2.0 werden diese Teilaspekte

[1] Siehe hierzu ausführlich den Beitrag „Anwendungsszenario regionale KMU-Netzwerke: Das Forschungsfeld WirtschaftsForum Neuwied e.V." von *Lindermann/Scherrer/von Kortzfleisch* in diesem Buch.
[2] Vgl. *Chesbrough* 2008.
[3] Vgl. *Greese* 2010.
[4] Vgl. *Faber* 2008.

kombiniert und umfassen nach Lindermann et al.[5] die Öffnung des unternehmenseigenen Innovationsprozesses durch Nutzung des Innovationspotenzials der Außenwelt. Hierbei werden externe Quellen, wie Kunden, Nutzer oder sogar Wettbewerber in die Generierung und Umsetzung von Ideen und Innovation mit einbezogen.[6]

1.2 Web 2.0 in der Unternehmenspraxis

Die Idee Unternehmen zu vernetzen, um das Wertschöpfungspotenzial durch Skaleneffekte zu erhöhen ist kein neues Phänomen[7]. Verschiedene ökonomische Theorien zielen darauf ab, das Phänomen der Kooperation zu erklären (z.B. Transaktionskostentheorie, Ressourcen-basierte Sicht der Unternehmung). Kooperation ermöglicht es Unternehmen, auf eine erweiterte Ressourcenbasis zuzugreifen und auf dieser zu operieren.[8] Diese Art der Vernetzung ist besonders für kleine und mittlere Unternehmen (KMU) relevant. KMU sind Unternehmen, die weniger als 250 Mitarbeiter beschäftigen und einen jährlichen maximalen Umsatz von 50 Millionen Euro erwirtschaften.[9] Da KMU über eingeschränkte Ressourcen verfügen, müssen sie vor allem im Hinblick auf Innovationen kooperieren, um in einem komplexen und dynamischen Markt wettbewerbsfähig bleiben zu können.[10] Da KMU 99% aller europäischen und 90 % aller US amerikanischen Unternehmen darstellen, sind sie von hoher sozialer und ökonomischer Bedeutung.[11]

Aus der technischen Perspektive sind Web 2.0-Anwendungen adäquate Instrumente für KMU, um einerseits die Produktivität und andererseits die Marktnähe zu

[5] Vgl. *Lindermann* et al. 2009.
[6] Vgl. *Lindermann* et al. 2009 und siehe hierzu ausführlich den Beitrag „Von der Kooperation zur Innovation: Anforderungen und Vorgehen in Richtung Web 2.0-gestützter kollaborativer Innovationen in regionalen KMU-Netzwerken" von *Lindermann/Valcárcel/von Kortzfleisch* in diesem Buch.
[7] Vgl. *Jarillo* 1988.
[8] Vgl. *Human, Provan* 1996.
[9] Vgl. *European Commission* 2003.
[10] Vgl. *Street, Cameron* 2007.
[11] Vgl. *European Commission* 2003.

steigern.[12] Web 2.0 kann die Leistungsfähigkeit von KMU auf den folgenden drei Gebieten unterstützen.[13]

- Interne Kommunikation und Information/ Wissen teilen
- Externe Kommunikation mit Kunden, Zulieferern und Partnern
- Marketing (zukünftige Kunden)

Web 2.0 im organisatorischen Kontext wird auch als Enterprise 2.0 bezeichnet. Der Begriff fokussiert auf den Einsatz von Web 2.0-Technologien in oder zwischen Unternehmen, ihren Partnern und Kunden[14]. Ein organisatorischer Grund für den derzeit im Vergleich zu großen Unternehmen geringen Einzug von Enterprise 2.0 in KMU kann darin gesehen werden, dass KMU oftmals vom Firmengründer/-besitzer in einer patriarchischen Art geführt werden. Dementsprechend gehen Initiativen häufig von einer oder zwei Personen aus und werden letztendlich vom Firmenbesitzer entschieden.[15] Auf diese Weise können nicht alle Mitarbeiter an Innovationsprozessen partizipieren.[16] Da es bei KMU in der Regel keine explizite IT-Abteilung gibt, hängt auch die Einführung von Informationstechnologie von dem Firmeninhaber ab. Traditionelle Aufbauorganisationsstrukturen führen somit dazu, dass Innovationspotenziale oftmals unentdeckt bleibt. Daher wird der Einsatz von Web 2.0 bei KMU als nützlich und notwendig erachtet.[17]

[12] Vgl. *De Saulles* 2008a und *Wyllie* 2008 und siehe hierzu ausführlich den Beitrag „Eigenschaften und Anwendungen von Web 2.0 in der Unternehmenspraxis - Stand der Forschung" von Blinn/Peris/Nüttgens/Wolf in diesem Buch.
[13] Vgl. *De Saulles* 2008a und *Hamburg*, *Hall* 2009.
[14] Vgl. *McAfee* 2006 und siehe hierzu ausführlich den Beitrag „Eigenschaften und Anwendungen von Web 2.0 in der Unternehmenspraxis - Stand der Forschung" von Blinn/Peris/Nüttgens/Wolf in diesem Buch.
[15] Vgl. *Scherer* 1997.
[16] Vgl. *Masurel*, *van Montfort*, *Lentink* 2003.
[17] Vgl. *De Saulles* 2008b und *Farrell* 2006.

2. Werkzeuge zur IT-gestützten kollaborativen offenen Innovation im WiFo Neuwied e.V.

Die folgenden Abschnitte beschreiben anhand einer konkreten Fallstudie[18] die prototypische Umsetzung ausgewählter Web 2.0-Werkzeuge zur IT-gestützten kollaborativen offenen Innovation. Den Anwendungskontext bildet das Wirtschaftsforum Neuwied e.V., ein 2002 gegründetes Unternehmensnetzwerk, dem derzeit rund 115 Unternehmen mit 10.000 Mitarbeitern angehören. Die prototypische Entwicklung und Implementierung umfasst in drei Bereichen sowohl die Möglichkeiten der Kennenlernens und der Vernetzung der Mitglieder als auch die vernetzte Arbeit mittels eines Raumkonzeptes und modular integrierbaren Wiki's, Diskussionsforen, Schwarzen Brettern, Dateiablagen und Aufgabenlisten.

2.1 Technische Basis

Grundsätzlich wird mit der Entwicklung einer prototypischen Web 2.0-Anwendung dem WirtschaftsForum eine technische Infrastruktur bereitgestellt, die seinen Mitgliedern und speziell deren Mitarbeitern einen unternehmensübergreifenden Dialog und die Einbindung in die Aktivitäten des Netzwerkes ermöglicht[19]. Die technische Basis im vorliegenden Anwendungsfall bildet das freie, auf PHP und MySQL basierende (Web) CMS Typo3[20]. Web Content Management Systeme (WCMS) erlauben die gemeinschaftliche Erstellung und Bearbeitung von Website-Inhalten ohne Programmierkenntnisse.[21] Mittels des CMS Typo3 wurde bereits vor Beginn des Forschungsvorhabens der Webauftritt des Wirtschaftsforums gepflegt. Die Herausforderung bestand demzufolge in der Integration verschiedener Web 2.0-Anwendungen und -Technologien. Typo3 erlaubt dies im Rahmen von Anpassungen des offenen Quellcodes, der Nutzung der Konfigurationssprache „TypoScript“ oder

[18] Siehe hierzu ausführlich den Beitrag „Anwendungsszenario regionale KMU-Netzwerke: Das Forschungsfeld WirtschaftsForum Neuwied e.V.“ von *Lindermann/Scherrer/von Kortzfleisch* in diesem Buch.

[19] Siehe hierzu ausführlich den Beitrag „Anforderungen an die Gestaltung einer Web 2.0-gestützten Mitarbeiterpartizipation in KMU-Netzwerken“ von *Abram/Jung/Reifferscheid* in diesem Buch.

[20] Vgl. http://typo3.de/.

[21] Vgl. *Spörrer* 2009.

des Einsatzes von Erweiterungen anderer Entwickler, sog. Typo3 Extensions. Insbesondere letztere Option findet in der vorliegenden Implementierung Anwendung. Die Auswahl der Erweiterungen erfolgte entlang der Anforderungen an die zu implementierenden Web 2.0-Werkzeuge.[22] Der Zugriff auf die Web 2.0-Anwendungen ist demzufolge ausschließlich über einen erfolgreichen Login bestehend aus Benutzername und Passwort möglich. Die Inhalte sind in abgeschlossene Teilbereiche, in Form von sogenannten Räumen, untergliedert. Jeder Raum enthält dabei eine Vielzahl unterschiedlicher Funktionen (vgl. Kap 2.3).

Wesentliche Voraussetzung für den Einsatz von Typo3-Extensions war die Möglichkeit des unabhängig voneinander möglichen Mehrfacheinsatzes zur Abbildung unterschiedlicher Anforderungen. Zurückgegriffen wurde auf bereits vorhandene Erweiterungen für Foren zur Kommunikation der Nutzer untereinander wie z.B. Wikis zur gemeinsamen Bearbeitung von Inhalten und Blogs zur Ankündigung von Neuigkeiten.[23] Die Umsetzung der Anforderung einzelne Web 2.0-Anwendungen in getrennten, abgeschlossenen Teilbereichen bereitzustellen, welche vom Benutzer im Front-End flexibel angelegt werden können, erforderte eine Individualentwicklung, da an dieser Stelle auf keine vorhandenen Typo3-Extension aus der Entwickler-Community zurückgegriffen werden konnte. Die Erweiterung greift in den Fällen, in denen die vorhandenen Extensions nicht ausreichend konfigurierbar waren, wie beispielsweise bei der Auflistung aller Räume, Suchfunktionalitäten, persönliche Start- und Profilseite, Vernetzung der Nutzer untereinander sowie dem Anlegen und Verwalten von Räumen. Ebenso wurde die im WCMS integrierte Verwaltung von Rechten, Benutzergruppen und Benutzern von der individual entwickelten Erweiterung mit den verwendeten Standardkomponenten verbunden, um die Anforderung bezüglich des über einen Login geschützten Zugriff auf Räume und deren Funktionen umzusetzen.

---

[22] Vgl. *Blinn/Nüttgens/Lindermann* 2010 und siehe hierzu den Beitrag „Engineering virtueller Dienstleistungen - Entwicklung von Web 2.0-Applikationen für KMU-Netzwerke unter Berücksichtigung mehrdimensionaler Anforderungen" von *Peris/Blinn/Nüttgens/Wolf* in diesem Buch.

[23] Siehe hierzu ausführlich den Beitrag „Eigenschaften und Anwendungen von Web 2.0 in der Unternehmenspraxis - Stand der Forschung" von *Blinn/Peris/Nüttgens/Wolf* in diesem Buch.

2.2 Soziales Netzwerk

Kollaborative offene Innovationen erfordern die Vernetzung von Akteuren[24]. Diesem Aspekt wird mithilfe von drei Werkzeugen Rechnung getragen. Der Bereich „*Wer macht was*" stellt die beteiligten Unternehmen vor. Daten einzelner Mitarbeiter der Netzwerkunternehmen werden ein einem persönlichen „*Profil*" hinterlegt. Die Kommunikation zwischen Mitarbeitern erfolgt über ein integriertes „*Nachrichten-system*". Daneben können Mitarbeiter weitere Mitarbeiter zu ihrem persönlichen Netzwerk hinzufügen.

Wer-macht-was

Der Bereich „*Wer-macht-was*" kann als Branchenbuch aufgefasst werden, in dem die Mitglieder ihre Unternehmensprofile hinterlegen können. Den Einstieg in den Bereich „*Wer-macht-was*" bildet ein Sucheingabefeld. Anhand der vom Benutzer dort eingegebenen Suchbegriffe, die über die beiden Verknüpfungsoperatoren „und" und „oder" miteinander verknüpft werden können, werden die hinterlegten Profile aller WiFo-Mitgliedsunternehmen und deren Mitarbeiter durchsucht. Dabei werden sowohl die Namen der Mitarbeiter als auch weitere hinterlegte Informationen, z.B. Position im Unternehmen, Abteilung oder Schlagwörter, nach Übereinstimmungen mit dem Suchbegriff durchsucht. Die Anzeige der Treffer erfolgt in Form einer Auflistung von Mitgliedsunternehmen. Sofern hinterlegt, werden die den Unternehmen zugehörigen Mitarbeiter ergänzend aufgeführt. Hyperlinks ermöglichen den direkten Zugriff auf die Profile der Unternehmen und Mitarbeiter aus dem Bereich der „*Wer-macht-was*"-Suche. Basis für den Bereich „*Wer-macht-was*" ist eine individual entwickelte Extension für das Web Content Management System, welche die Suchanfrage in Form eines Datenbankrequests verarbeitet.

Profil

Der Bereich „*Meine Seite*" ermöglicht jedem Nutzer über eine persönliche Profilseite den Austausch von Nachrichten und die Vernetzung mit anderen Nutzern aus den

---

[24] Siehe hierzu ausführlich den Beitrag „Von der Kooperation zur Innovation: Anforderungen und Vorgehen in Richtung Web 2.0-gestützter kollaborativer Innovationen in regionalen KMU-Netzwerken" von *Lindermann/Valcarcél/von Kortzfleisch* in diesem Buch.

Mitgliedsunternehmen des Netzwerkes. Die Gestaltung der persönlichen Profilseite eines Nutzers wird von der entwickelten Typo3-Erweiterung verwaltet. Die Bearbeitung des Profils erfolgt über ein Webformular, dessen Eingabefelder auf der Forum-Extension ergänzt um Spezifika für die „*Wer-macht-was*“-Suche basieren. Ein Teil der Profildaten ist innerhalb des geschlossenen Web 2.0-Bereiches öffentlich sichtbar. Der andere Teil ist lediglich für Mitglieder des persönlichen Netzwerkes des Nutzers sichtbar. Das persönliche Profil umfasst neben Kontakt-, Unternehmens- und Branchendaten, die Anzeige des individuellen (virtuellen) Netzwerks, die Statistiken der eigenen Aktivitäten und die Mitgliedschaften in den Räumen, nebst der Angabe über die dortige Rolle als Mitglied oder Moderator. Diese Daten werden aus Datenbankeinträgen der individual entwickelten Extension für das Web Content Management System generiert.

Netzwerk

Das WiFo-Netzwerk stellt für jeden Nutzer eine individuelle Liste von Mitgliedern des Web 2.0-Bereichs dar, mit denen er in engerem Kontakt steht. Diese Kontakte sind über einen eigenständigen Menüpunkt in einer listenartigen Darstellung erreichbar und werden alphabetisch nach Nachnamen sortiert aufgeführt. Von dort aus gelangt der Benutzer direkt auf die Profilseiten seiner Kontakte. Das Hinzufügen von Mitgliedern zu einen Netzwerk erfolgt direkt über Hyperlinks auf den Profilseiten der Mitglieder. Der Nutzer erhält anschließend auf seiner persönlichen Startseite einen Hinweis und kann die Kontaktanfrage bestätigen oder ablehnen. Sobald die Anfrage bestätigt wurde, werden Nutzer und Kontakt gegenseitig zu ihren Listen des Netzwerks hinzugefügt. Verbindungen zwischen Mitgliedern werden gelöscht, indem sie aus den Netzwerken entfernt werden.

Nachrichten

Das integrierte Nachrichtensystem unterstützt das Verfassen, Versenden, Empfangen und Verwalten von elektronischer Post. Dabei kann jeweils eine Nachricht an einen Empfänger versandt werden. Jedes Mitglied hat hierbei seinen persönlichen Nachrichtenein- und -ausgang. Eine Nachricht besteht jeweils aus den drei Elementen Empfänger, Betreff und Nachrichteninhalt. Der Empfänger kann dabei aus allen hinterlegten Mitgliedern des Wirtschaftsforums über eine integrierte Suche ausgewählt werden. Über den Erhalt dieser Nachricht wird der Empfänger per E-Mail sowie auf seiner persönlichen Startseite informiert. Neben dem Versenden von Nachrichten aus dem hierfür vorgesehenen Bereich besteht alternativ die Möglichkeit das Verfassen einer Nachricht direkt über einen Link vom Profil eines Nutzers aus zu starten. Der Nachrichtenempfänger ist in diesem Fall bereits vorausgefüllt und muss nicht separat ausgewählt werden. Erhaltene oder verschickte Nachrichten werden gespeichert und können erneut angesehen und in dafür vorgesehenen Ordnern archiviert werden. Eingehende Nachrichten können an eine vom Benutzer hinterlegte E-Mail-Adresse weitergeleitet werden.

2.3 Räume

Kollaborative offene Innovationen erfordern die Bereitstellung von Kommunikationsplattformen für die Akteure. Diesem Aspekt wird mithilfe verschiedener Web 2.0 Werkzeuge Rechnung getragen. Die Struktur für diese Werkzeuge bilden virtuelle Räume. Der Bereich „*Räume*" erlaubt den netzwerkweiten Wissens- und Erfahrungsaustausch bis hin zur Mitarbeiterebene. Virtuelle Räume stellen thematische Fragestellungen aus dem Unternehmensalltag im WirtschaftsForum dar. Hierzu zählen vordergründig Fachbereichs- und Schwerpunktthemen beispielsweise aus dem Marketing oder zum betrieblichen Gesundheitsmanagement. Zudem sind die Räume strukturschaffend, indem mithilfe verschiedener Web 2.0-Werkzeuge die Bereitstellung der notwendigen Kommunikationsplattform zum Wissens- und Erfahrungsaustausch erfolgt. Wiki, Diskussionsforum, Schwarzes Brett, Dateiablage und Aufgabenlisten ermöglichen und fördern die Entwicklung innovativer Lösungen von aktuellen Problemen der modernen Arbeitswelt durch Selbstorganisation im Verbund von Beschäftigten. Die Werkzeuge können in Abhängigkeit von der zugrundeliegenden Problemstellung und den benötigten Strukturen zu dessen Lösung raumindividuell hinzugefügt und verwaltet werden.

Raumkonzept

Den Einstieg in die Raumverwaltung bildet eine tabellarische Auflistung aller Räume. Ein Sucheingabefeld ermöglicht die Schlagwortsuche nach Raumtitel sowie dessen

Ersteller. Zusätzlich lässt sich die tabellarische Auflistung entlang der einzelnen Spalten auf- und absteigend sortieren. Aus technischer Perspektive handelt es sich um eine individual entwickelte Extension für das Web Content Management System. Ein Raum ist ein abgeschlossener Teilbereich innerhalb des Web 2.0-Bereiches und besteht in erster Linie aus einem Titel und einer Beschreibung. Über die Eigenschaften eines Raumes werden daneben dessen Sichtbarkeit und Zutrittsregelungen gesteuert. Ebenso werden Benutzer zu Moderatoren und Co-Moderatoren bestimmt. Räume können von jedem Benutzer angelegt und bearbeitet werden. Zudem können einzelne Räume wiederum aus Teilräumen bestehen und stellen die in den folgenden Abschnitten beschriebenen Funktionen zur Selbstorganisation innerhalb des Unternehmensnetzwerkes bereit. Der Ersteller des Raumes wählt die zum Einsatz kommenden Funktionen und wird zunächst Moderator des Raumes, kann die Moderatorenschaft im Zeitverlauf jedoch auch an andere Mitglieder weiterreichen. Sofern in einem Raum über einen festgelegten Zeitraum keine Aktivität festgestellt werden kann, wird dessen Moderator benachrichtigt. Dieser hat die Möglichkeit, den Raum zu löschen. Abgeschlossene Fachbereichs- und Schwerpunktthemen können somit auch in der virtuellen Umgebung beendet werden.

Wiki

Das Wiki in seiner Funktion als Hypertextsystem für Webseiten ermöglicht den Benutzern, Inhalte nicht nur zu lesen, sondern die Darstellung und Präsentation von Themen aktiv mitzugestalten. Um die Bedienung – auch für weniger versierte Benutzer – zu erleichtern, wird bei Hinzufügen der Wiki-Funktionalität zu einem Raum jeweils eine Anleitung, welche die wesentlichen Bearbeitungsschritte erläutert, hinzugefügt.

Alle Benutzer können über einen Rich Text Editor in einem Raum-Wiki gemeinsam Texte anlegen und bearbeiten, die wie Internetseiten bedient werden können. Basis für das Wiki innerhalb eines Raumes ist eine Extension für das Web Content Management Systems aus der Entwickler-Community, die minimal in Bezug auf die Ausgabe angepasst wurde.

Diskussionsforum

Das Diskussionsforum dient als Anlaufpunkt zur Besprechung und Diskussion von Fragen zu den innerhalb eines Raumes behandelten Themen. Es können gleichzeitig mehrere Themen eröffnet werden, auf die jedes Mitglied des Raumes in Form eines Beitrages antworten kann. Neben dem Hinzufügen neuer Beiträge zu einem bestehenden Thema können Mitglieder neue Themen eröffnen. Themen können als gelöst, favorisiert oder geschlossen markiert und über eine Suche aufgefunden werden. Die Anforderung der multiplen Instanziierung lässt sich durch das Anlegen einer Kategorie für jeden Raum, in der die Foren für diesen Teilbereich angelegt werden, umsetzen. Die Suche ermöglicht ausschließlich eine Suche nach Wortanfängen. Wildcards sind lediglich am Ende eines Suchbegriffs einsetzbar. Zudem müssen die Inhalte der Beiträge vor Suchvorgängen indiziert werden. Dies geht einher mit dem Nachteil, dass noch nicht indizierte Inhalte nicht gefunden werden. Insbesondere für kürzlich angelegte Beiträge ist das der Fall. Basis für das Diskussionsforum innerhalb eines Raumes ist eine Extension für das Web Content Management Systems aus der Entwickler-Community, welche einerseits im Hinblick auf die Ausgabe marginal angepasst wurde. Andererseits erfolgte eine funktionale Verknüpfung mit einem Rating-Plugin, welches den Benutzern ermöglicht einzelne Beiträge zu bewerten.

Schwarzes Brett

Das schwarze Brett eines Raumes ermöglicht die Ankündigung von Neuigkeiten in Form kurzer Texte. Jeder Artikel wird als Teaser auf der Startseite des schwarzen Brettes gelistet. Eine Hyperlink-Verknüpfung erlaubt das Springen zum Volltext. Benutzer können neue Artikel über ein Webformular anlegen. Überschrift und Text sind dabei Pflichteingabefelder, optional können Schlagwörter zur Beitragskategorisierung oder eine Datei hinzugefügt werden. Handelt es sich dabei um eine Bilddatei, so wird dieses im Artikel angezeigt. Andernfalls erfolgt die Darstellung als Downloadlink. Basis für das schwarze Brett innerhalb eines Raumes ist eine Extension des Web Content Management Systems, welche funktional ein News-Plugin darstellt und in Bezug auf die Ausgabe individual gestaltet wurde.

Dateiablage

In der Dateiablage haben Benutzer die Möglichkeit Dateien und Dokumente zu hinterlegen und diese mit einem Beschreibungstext zu versehen. Die Organisation erfolgt über eine Ordnerstruktur, die von den Benutzern bedarfsgerecht angelegt wird und eine thematische Ablage der Dateien ermöglicht. Die Dateiablage ist eine Variante des Diskussionsforums. Basis für die Dateiablage innerhalb eines Raumes ist eine Extension des Web Content Management Systems, welche im Hinblick auf die Ausgabe marginal angepasst wurde.

Aufgabenliste

Die Aufgabenliste ermöglicht das Anlegen und Besprechen von Aufgaben. Jedes Raummitglied kann die für ihn relevanten Aufgaben in Bezug auf das Thema des Raumes finden. Beim Anlegen einer neuen Aufgabe ist das Eingabetextfeld mit einem Standardtext vorbelegt. Innerhalb dieser Vorlage ersetzt der Aufgabenersteller die aufgabenverantwortliche Person, wählt eine Priorität der Aufgabe und ergänzt das Erledigungsdatum. Daneben wird eine Beschreibung der Aufgabe hinzugefügt. Die Aufgabenverwaltung stellt in erster Linie eine Variante des Diskussionsforums dar. Basis für die Aufgabenliste innerhalb eines Raumes ist eine Extension des Web Content Management Systems, welche im Hinblick auf die Ausgabe marginal angepasst wurde.

Weitere Raumfunktionalitäten

Neben den oben beschriebenen inhaltlichen Funktionen verfügt jeder Raum über weitere Grundfunktionen, die im Folgenden überblicksartig vorgestellt werden.

Nutzer haben auf die oben beschriebenen inhaltlichen Funktionen erst Zugriff, sobald sie „Mitglied" des Raumes sind. Jeder Benutzer kann seinen eigenen *Mitgliedsstatus* in jedem Raum erkennen. Folgende drei Zustände kann der Mitgliedsstatus besitzen: (1) Der Benutzer ist kein Mitglied des Raumes und hat somit auch keinen Zugriff auf inhaltliche Funktionen. (2) Der Benutzer ist Mitglied des Raumes und kann prinzipiell auf alle vorhandenen inhaltlichen Funktionen zugreifen, wobei es den „Moderatoren" in einem Raum vorbehalten ist, dort einzelnen Mitgliedern bestimmte Funktionen zu sperren. (3) Zuletzt kann der Benutzer Moderator eines Raumes sein. In diesem Fall sind ihm neben dem Zugriff auf die inhaltlichen Funktionen administrative Rechte eingeräumt. Mitglieder, die nicht Raumersteller und somit zugleich Moderator eines Raumes sind, erlangen den Moderatorenstatus durch Hinzufügen als Co-Moderator. Diese Aufgabe ist dem Moderator vorbehalten. Jedes Raummitglied hat die Möglichkeit über einen Hyperlink die Mitgliedschaft in dem Raum zu beenden.

Ebenso existieren verschiedene *Raumstatus*. Einerseits können Räume *offen* oder *geschlossen* sein. *Offen* bedeutet, dass jeder Benutzer sofort Mitglied in einem Raum werden kann. *Geschlossen* bedeutet, dass der Benutzer die Mitgliedschaft in dem Raum zunächst beantragt und vom Moderator zugelassen wird. Jeder Raum ist beim Anlegen als *geschlossen* voreingestellt. Über eine Auswahlbox kann der Raumersteller den Raum als *offen* einstellen. Andererseits können Räume *sichtbar* oder *unsichtbar* sein. *Sichtbar* bedeutet, dass jeder Benutzer den Raum sieht und Mitglied werden oder eine Mitgliedschaft beantragen kann. *Unsichtbar* bedeutet, dass der Benutzer vom Moderator des Raumes eingeladen werden muss und der Raum für Nicht-Mitglieder auch nicht sichtbar ist. Jeder Raum ist beim Anlegen als *sichtbar* voreingestellt. Über eine Auswahlbox kann der Raumersteller den Raum als *unsichtbar* einstellen.

Die Funktion „*Beitrag melden*" erlaubt innerhalb einzelner Raumfunktionalitäten das Melden von Beiträgen an den Administrator des Web 2.0-Bereichs sofern ein Benutzer gegen Verhaltensregeln verstoßen und beispielswiese anstößige oder beleidigende Beiträge verfasst hat. Jeder Meldung kann eine individuelle Begründung hinzugefügt werden.

Benutzer können Räume, in denen Sie Mitglied oder Moderator sind als „*Favorit*" kennzeichnen. Alle Favoriten werden dem Benutzer auf seiner persönlichen Startseite angezeigt und sind von dort aus über einen Hyperlink erreichbar.

Über die *Raumsuche* haben Benutzer die Möglichkeit, innerhalb aller Funktionen des Raumes nach einem bestimmten Begriff zu suchen. Die Bereiche in denen gesucht werden soll, können ausgewählt werden. Als Ergebnis erhält der Benutzer eine Liste von Hyperlinks zu einzelnen Beiträgen strukturiert nach den inhaltlichen Raumfunktionen ergänzt um die Anzahl der Treffer.

Da zumeist zu jedem Thema wiederkehrenden Fragen auftreten, können die Moderatoren eines Raums eine Liste dieser Fragen mit den entsprechenden Antworten in einer Rubrik *„Häufige Fragen (FAQ)“* zusammenstellen. Aus Benutzersicht noch fehlende Fragen können an die Moderatoren des Raumes geschickt und von diesen in der Liste ergänzt werden.

Die *Raumverwaltung* ist über einen nur für Moderatoren sichtbaren Hyperlink erreichbar und führt zur Verwaltungsoberfläche eines Raumes. Dort lassen sich die Raumbeschreibung ändern sowie einzelne Funktionen an- und abschalten und Raumstatus anpassen. Daneben können Räume in der Raumverwaltung gelöscht und Mitglieder verwaltet werden. Dabei kann für jedes Mitglied der Mitgliedsstatus sowie die Zugriffsberechtigung auf einzelne inhaltliche Funktionsbereiche gesteuert werden.

Daneben können Benutzer für jeden Raum einen *Newsletter abonnieren* und persönliche *Notizen* zum Raum ergänzen.

2.4 Ausgewählte Screenshots

Im Folgenden sind diesem Beitrag ausgewählte Ausgaben des grafischen Bildschirminhalts aus dem Web 2.0 – Bereich des WirtschaftsForums Neuwied e.V. als Abbildungen hinzugefügt. Namen sind dabei jeweils unkenntlich gemacht.

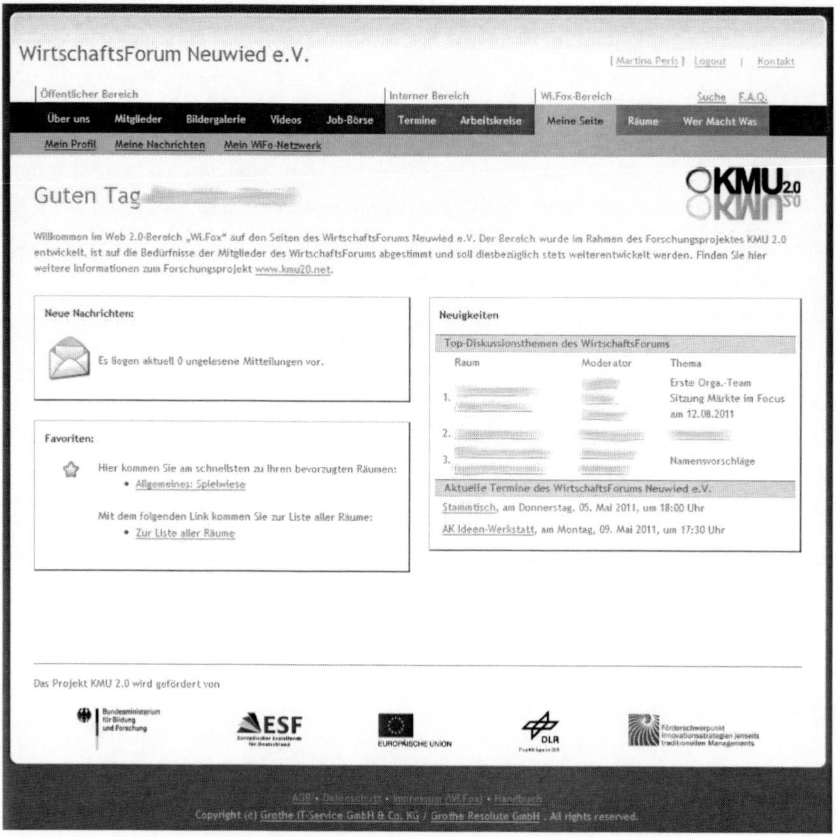

Abbildung 1: Einstiegsseite Web 2.0-Bereich des WirtschaftsForum Neuwied e.V.

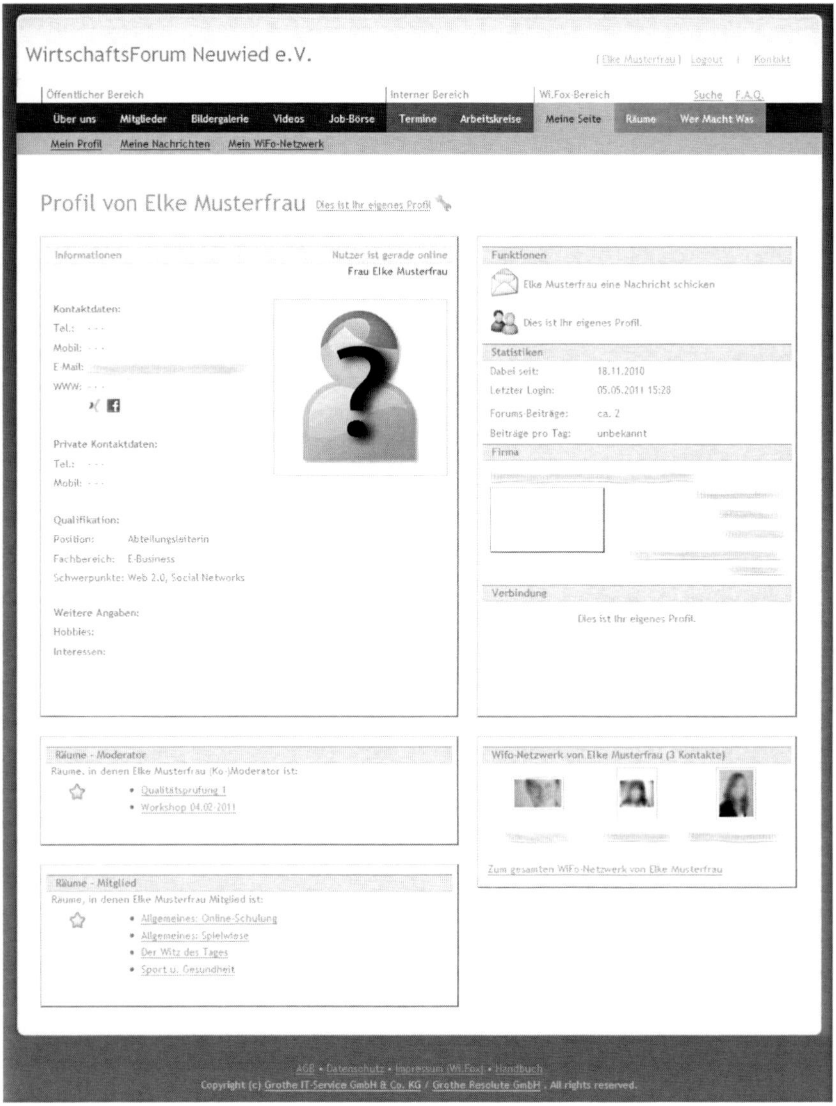

Abbildung 2: Mitarbeiterprofil im Web 2.0-Bereich des WirtschaftsForum Neuwied e.V.

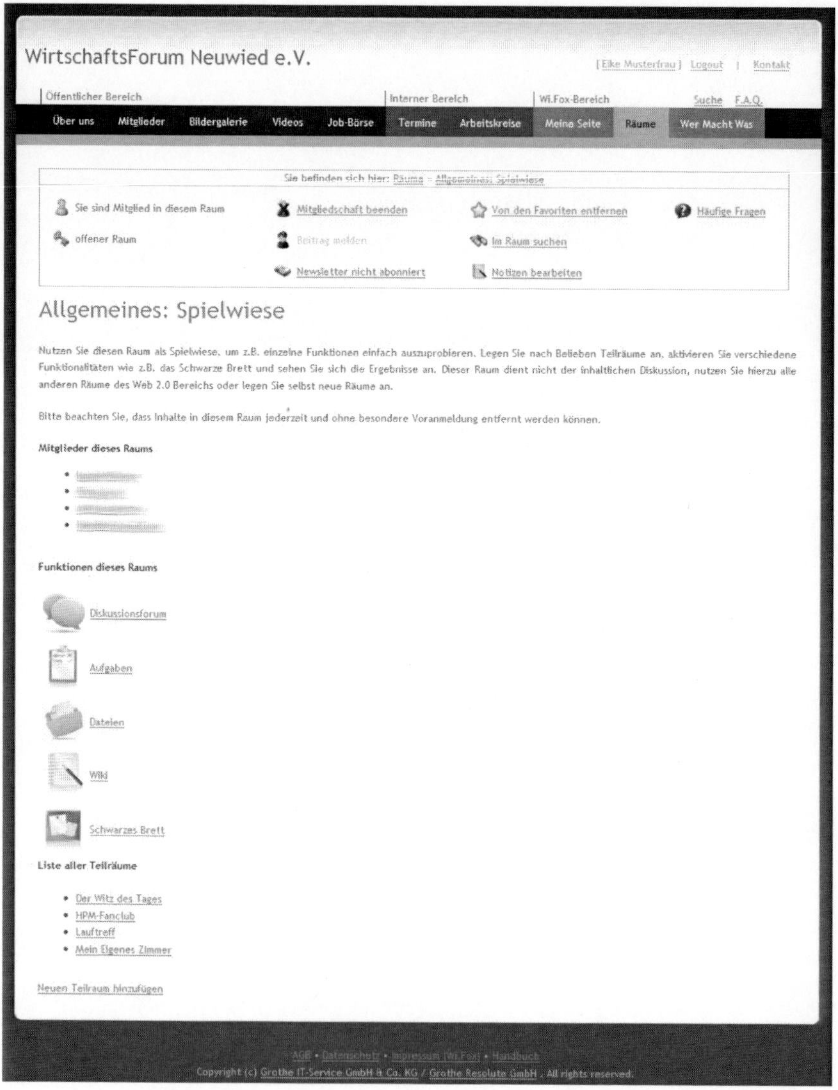

Abbildung 3: Raum im Web 2.0-Bereich des WirtschaftsForum Neuwied e.V.

Literaturverzeichnis

BLINN, N./NÜTTGENS, M./LINDERMANN, N. (2010):
Web 2.0 in SME networks – a design science approach considering multi-perspective requirements. In: Journal of Information Science and Technology, Volume 7, No 1, S. 3-21.

CHESBROUGH, H. (2008):
"Open Innovation: A New Paradigm for Understanding Industrial Innovation", in Open Innovation: Research a New Paradigm, Chesbrough, H./Vanhaverbeke, W. /West, J., (Hrsg.) Oxford University Press, Oxford, UK, S. 1-14.

EUROPEAN COMMISSION (2003):
The new SME Definition - User guide and model declaration. Enterprise and Industry Publication.

FABER, M. (2008):
Open Innovation: Ansätze, Strategien und Geschäftsmodelle. Gabler, Wiesbaden.

FARRELL, J. (2006):
Wikis, Blogs and other community tool in the enterprise - solve enterprise application problems with social collaboration technology, http://www.ibm.com/developerworks/library/wa-wikiapps.html, 2006, letzter Zugriff am 02.01.2010.

GREESE, C. (2010):
Wissensmanagement im Technologietransfer – Einfluss der Wissensmerkmale in F & E Kooperationen, Gabler Wiesbaden.

HAMBURG, I./HALL, T. (2009):
Learning in social networks and Web 2.0 in SMEs' continuing vocational education, International Journal of Web Based Communities, 5, 4, S. 593 - 607.

HUMAN, S.E./PROVAN K.G. (1996):
External Resource Exchange and Perceptions of Competitiveness within Organizational Networks: An Organizational Learning Perspective. Frontiers of Entrepreneurship Research, 2.

JARILLO, J.C. (1988):
On strategic networks, Strategic Management Journal, 9, S. 31-41.

LINDERMANN, N. (2009):
et. al.: Offene Web 2.0 basierte Innovationsprozesse in Netzwerken kleiner und mittlerer Unternehmen: Herausforderungen und Handlungsempfehlungen, in (Richter, A./Koch, M./Jahnke, I./Bullinger, A./Stocker, A., Hrsg): Offene Web 2.0 basierte Innovationsprozesse in Netzwer-ken kleiner und mittlerer Unternehmen: Herausforderungen und Handlungsempfehlungen, S. 7-11.

McAFEE, A.P (2006):
Enterprise 2.0: The Dawn of Emergent Collaboration, in: Sloan Management Review, 47, 3, S. 21-28.

MASUREL, E./VAN MONTFORT, K./LENTINK, R. (2003):
SME: Innovation and the Crucial Role of the Entrepreneur, VU University of Amsterdam, Faculty of Economics, Business Administration and Econometrics.

DE SAULLES, M. (2008a):
SMEs and the Web - Executive Summary, University of Brighton.

DE SAULLES, M. (2008b):
Never too small to join the party. Information World Review, http://www.iwr.co.uk/information-world-review/features/2225252/never-small-join-party, 2008b, letzter Zugriff am 19.02.2010.

SCHERER, E. (1997):
Hilfe zur Selbsthilfe - Reorganisationsstrategien für KMU, in Fischer, D./Scherer, E./Hafen, U. (Hrsg.) Unkonventionelle unternehmerische Konzepte, Reorganisation und Innovation in Klein- und Mittelbetrieben - erfolgreiche Beispiele, Zürich, S. 11-16.

SPÖRRER, S. (2009):
Content Management Systeme: Begriffsstruktur und Praxisbeispiel, Kölner Wissenschaftsverlag, Köln.

STREET, C.T./CAMERON A.F. (2007):
External Relationships and the Small Business: A Review of Small Business Alliance and Network Research, Journal of Small Business Management, 45, 2, S. 239-266.

WYLLIE, D. (2008):
Blogs, Wikis, Social Networks - Warum der Mittelstand Web 2.0 braucht, http://www.computerwoche.de/knowledge_center/mittelstands_it/1866746/, letzter Zugriff am 02.01.2010.

Im Feld entwickelt, implementiert und analysiert: Entwicklung und Nutzung eines Web 2.0-basierten Prototypen in einem regionalen KMU-Netzwerk – eine Evaluation

Nadine Lindermann und Harald F.O. von Kortzfleisch

Inhaltsverzeichnis

1. Einleitung 241
2. Grundlagen zur Evaluation eines Web 2.0-Prototypen in regionalen Netzwerken 243
2.1 Evaluation im Kontext der Design Science 243
2.2 Die abschließende Evaluation im Forschungsprojekt KMU 2.0 – eine Gesamtübersicht 246
3. Die abschließende Evaluation aus Organisationssicht 250
3.1 Grundlegende Überlegungen zur Erstellung des Bezugsrahmens 251
3.2 Erstellung eines Bezugsrahmens als Evaluationsbasis 253
4. Analyse der abschließenden Evaluation aus Organisationssicht 257
5. Fazit und Handlungsempfehlungen 262

1. Einleitung

In der Forschung stellt die Evaluation einen wesentlichen Bestandteil wissenschaftlicher Arbeit dar,[1] ist es ihre Aufgabe einen Forschungsgegenstand vor dem Hintergrund eines spezifischen Sachverhaltes zu bewerten, und zwar auf der Grundlage definierter Kriterien und Verfahren.[2] Evaluation umfasst dabei sowohl den Prozess, als auch das Ergebnis der Bewertung:[3] Den *Evaluationsprozess* als nachprüfbares, um Objektivität „bemühtes" Verfahren[4] des Bewertens im Sinne eines zielorientierten Informationsmanagements, in dem Informationen methodisch erhoben, ausgewertet und verwertet werden.[5] Das *Evaluationsergebnis* als dokumentiertes Resultat des gesamten Prozesses,[6] das Aussagen über den Nutzen bzw. Wert des untersuchten Gegenstandes enthält und somit zur Vorbereitung und Legitimation von Entscheidungen dient.[7]

Angesichts seiner Bedeutung findet der Terminus der Evaluation in verschiedensten Diskussionskontexten wie Politik und Wirtschaft seine Anwendung und basiert auf jeweils unterschiedlichen Konzepten und Vorstellungen.[8] In dem Forschungsprojekt KMU 2.0 nimmt die Evaluation als ein Kernelement der hier verfolgten dualen Forschungsstrategie bestehend aus Aktionsforschung und Design Science einen besonderen Stellenwert ein:[9] Im Blickfeld steht die inkrementelle Entwicklung eines Web 2.0- basierten Prototypen in insgesamt drei Zyklen, mit dessen Hilfe es in einem regionalen Netzwerk gemeinschaftliche Innovationsprozesse anzustoßen und voranzutreiben gilt. Der Prototyp nimmt hierbei die Funktion eines Boundary Objects ein, mit dessen Hilfe sich Forscher und Praktiker verständigen und gezielte Maßnahmen im Sinne der Aktionsforschung ergreifen können. Die Evaluation erfolgt am Ende

[1] Vgl. *Frank* 2000, S. 38.
[2] Vgl. *Heinrich* 2000, S. 9 und *Gollwitzer/Jäger* 2009, S. 6.
[3] Vgl. *Gollwitzer/Jäger* 2009, S. 6 und *Scriven* 1998, S. 85.
[4] Vgl. *Frank* 2000, S. 36.
[5] Vgl. *Kromrey* 2001, S. 106 und *Bohla* 1990, S. 299f.
[6] Vgl. *Kromrey* 2001, S. 106.
[7] Vgl. *Frank* 2000, S. 36.
[8] Vgl. *Kromrey* 2001, S. 106.
[9] Siehe hierzu "Aktionsforschung und Design Science: Ein partizipatives Forschungsdesign zur Initiierung kollaborativer Innovationsprozesse in regionalen KMU-Netzwerken" von *Lindermann/von Kortzfleisch/Valcárcel* in diesem Buch.

eines jeden Zyklus und übernimmt die grundlegende Aufgabe, die Zweckmäßigkeit des entwickelten Prototypen und der damit verbundenen Konzepte und Maßnahmen zu bewerten: Einerseits im Sinne der fortlaufenden Weiterentwicklung des Prototypen und der damit verbundenen Maßnahmen anhand der im Rahmen der Evaluation gewonnenen Erkenntnisse und andererseits im Sinne einer abschließenden Bewertung hinsichtlich der Zweckmäßigkeit des Prototypen und der darin enthaltenen Funktionalitäten vor dem Hintergrund der zugrunde gelegten Problemstellung.

Dieser Beitrag fokussiert auf die abschließende Evaluation des im Rahmen des Forschungsprojektes entwickelten Web 2.0-Prototypen. Eine Evaluation, die auf den gestaltungsorientierten Grundsätzen der Wirtschaftsinformatik basiert, da hier die Konstruktion und anschließende Bewertung eines Artefaktes in einem spezifischen Problemlösungskontext im Vordergrund steht.[10] Dieses Vorgehen spiegelt sich in der Methodologie der Design Science wieder[11] Im Rahmen dieses Beitrags werden zunächst die Anforderungen an die Evaluation im Kontext der Design Science skizziert, um hierüber aus Gesamtprojektsicht einen Überblick über die abschließende Evaluation des Forschungsvorhabens zu erhalten (Kapitel 2). Insgesamt erfolgte die Evaluation aus drei unterschiedlichen Perspektiven, der organisatorischen, technischen und führungsbezogenen Perspektive. In diesem Beitrag wird der Fokus auf die Evaluation der organisatorischen Perspektive gelegt. Hierzu folgt eine Beschreibung des Evaluationsdesigns mit dem Ziel, einen Bezugsrahmen zu entwickeln, anhand dessen die Bewertung des Prototypen aus organisatorischer Sicht erfolgen kann (Kapitel 3). Die Ergebnisse der Evaluation werden in Kapitel 4 dokumentiert. Der Beitrag schließt mit einer Zusammenfassung.

[10] Siehe hierzu ausführlich u.a. *Frank* 2006, S. 5.
[11] Vgl. *Becker et al.* 2009, S. 5f.

2. Grundlagen zur Evaluation eines Web 2.0-Prototypen in regionalen Netzwerken

Der Evaluationsbegriff und damit die Anforderungen, die an das Evaluationsvorhaben gestellt werden, sind hochgradig abhängig vom betrachteten Kontext: So etwa wird der Begriff der Evaluation im alltäglichen Gebrauch lediglich als Synonym für „Bewertung" verwendet, wohingegen sie etwa in der Politik als komplexes Instrument zur Effizienzmessung ökonomischer Zusammenhänge eingesetzt wird.[12] Im Folgenden wird die Evaluationsthematik grundlegend im Kontext der Design Science betrachtet, um daraus die Rahmenbedingungen des im Forschungsprojekt durchgeführten Evaluationsvorhabens ableiten zu können.

2.1 Evaluation im Kontext der Design Science

Die Design Science kann als eine anwendungsorientierte Wissenschaft verstanden werden, in der sich der Untersuchungsgegenstand vorrangig auf betriebliche Informations- und Kommunikationssysteme sowie auf die Rahmenbedingungen für die Entwicklung, Einführung und Nutzung dieser Systeme bezieht.[13] Vor diesem Hintergrund zeichnet sich die Design Science neben der behavioristischen Forschung durch ein gestaltungsorientiertes Profil aus, in der die Konstruktion von Artefakten zur Lösung eines spezifischen Problems innerhalb eines Ausschnitts aus der Realwelt angestrebt wird.[14] Die unmittelbare Orientierung an Problemen aus der Praxis ist dabei als konstituierendes Merkmal dieses Forschungsansatzes zu sehen,[15] verbunden mit der Anforderung einen Kontextbezug und damit eine Nähe zur Praxis aufzuweisen.

Hierdurch kann sich die Forschung einerseits nicht auf ein Abstraktionsniveau zurückziehen, da sie sich ansonsten zu weit von der Praxis entfernt. Andererseits läuft sie hierdurch in Gefahr, den wissenschaftlichen Ansprüchen im Sinne des Erzielens

[12] Vgl. *Kromrey* 2001, S. 106.
[13] Vgl. *Frank* 1997, S. 22.
[14] Siehe hierzu *Hevner et al.* 2004 und *March/Smith* 1995.
[15] Vgl. *Riege/Saat/Bucher* 2009, S. 69 und *Frank* 1997, S. 23.

generischer Aussagen nicht gerecht zu werden, wenn sie sich lediglich auf einen gegebenen Realitätsausschnitt bezieht.[16] Aus wissenschaftstheoretischer Sicht erfordert dieser Umstand das Verfolgen zweierlei Zielsetzungen, dem Erkenntnis- und dem Gestaltungsziel:[17] Das Erkenntnisziel erhebt den Anspruch ein „Verständnis gegebener Sachverhalte“[18], d.h. eine möglichst objektive Interpretation des vorliegenden Realitätsausschnitts zu erlangen.[19] Das Gestaltungsziel beinhaltet, basierend auf diesem Erkenntnisstand, die Konstruktion des Artefaktes,[20] um hierüber die „Gestaltung bzw. Veränderung bestehender und damit die Schaffung neuer Sachverhalte“[21] erzielen zu können.

Hintergrund dieser Überlegungen ist die Tatsache, dass aus betriebswirtschaftlicher Sicht das zu konstruierende Artefakt keinen Selbstzweck erfüllt, sondern eingebettet und im Kontext einer bestimmten Umgebung bzw. eines spezifischen Handlungskomplexes zur Erreichung der definierten Zielsetzungen zu sehen ist.[22] Demnach repräsentiert die Erstellung des Artefaktes allein – auf Basis des Erkenntnisstandes – kein valides Forschungsergebnis. Vielmehr ist konkret aufzuzeigen, welchen tatsächlichen Erfolgsbeitrag das Artefakt in dem spezifischen Anwendungskontext leistet bzw. inwiefern es seine Zweckmäßigkeit angelehnt an die zugrundeliegende Problemstellung erfüllt.[23]

Angesichts dessen nimmt die Evaluation im Kontext der Design Science einen zentralen Stellenwert ein.[24] Evaluationsgegenstand ist das zu konstruierende Artefakt mit dem Ziel, seinen Nutzen in einem gegebenen Kontext anhand definierter Kriterien zu bewerten.[25] Peffers et al. beschreiben in diesem Zusammenhang den Evaluationsprozess als ein Vorgehen, in dem die angestrebten Zielsetzungen des vorliegenden Untersuchungsgegenstandes mit den Ergebnissen der aktuellen

[16] Vgl. *Frank* 2000, S. 39.
[17] Siehe hierzu *Becker et al.* 2003, S. 11ff.
[18] *Becker et al.* 2003, S. 11.
[19] Vgl. *Riege/Saat/Bucher* 2009, S. 70.
[20] Siehe hierzu *March/Smith* 1995, S. 258, die das Gestaltungsziel mit der Aktivität „build“ beschreiben.
[21] *Becker et al.* 2003, S. 12.
[22] Vgl. *Frank 2000*, S. 39 und *Hevner et al.* 2004, S.85.
[23] Vgl. *Riege/Saat/Bucher* 2009, S. 73.
[24] Vgl. *Cleven/Gubler/Hüner* 2009.
[25] Vgl. *Riege/Saat/Bucher* 2009, S. 73 und *Peffers et al.* 2007, S. 56.

Nutzung des Artefaktes verglichen werden.[26] Folglich generiert ein Artefakt nur dann einen Nutzen, wenn es den Anforderungen und Restriktionen der zu lösenden Problemstellung entspricht.[27] Darüber hinaus ist zu entscheiden, wie und warum das Artefakt in dem gegebenen Kontext eine gewisse Zweckmäßigkeit erfüllt,[28] um hierüber letztendlich adäquate Schlussfolgerungen im Sinne eines wissenschaftlichen Erkenntnisfortschrittes erzielen zu können.[29]

Dies wiederum setzt das „Bemühen um Objektivität"[30] voraus, welche eine intersubjektive Nachprüfbarkeit der erzielten Evaluationsergebnisse durch die Anwendung und Offenlegung von Kriterien und Methoden zur Erhebung und Auswertung der Informationen fordert.[31] Die Kriterien werden in Abhängigkeit der zu erfüllenden Anforderungen des Artefaktes definiert und können sowohl quantifizierbare als auch qualifizierbare Attribute wie etwa die Funktionsfähigkeit, Performanz oder Benutzerfreundlichkeit beinhalten.[32] Die „Messung" der Ausprägungen dieser Kriterien verlangt die Anwendung angemessener Evaluationsmethoden. Eine Auswahl von Evaluationsmethoden ist in Aufsätzen wie etwa von Baskerville, Pries-Heje und Venable[33] oder Siau und Rossi[34] ausführlich beschrieben.

Zusammenfassend ist mit Hilfe der Evaluation die Zielerreichung und Wirksamkeit von Forschungsprozessen und -ergebnissen nachzuweisen.[35] Die Evaluation im Sinne der Design Science stellt somit die Relevanz eines Artefaktes in einem gegebenen Kontext sicher und verlangt dabei ein konzeptionelles und methodisches Vorgehen der zugrundeliegenden Forschungsaktivitäten.[36] Hevner et al. führen in diesem Zusammenhang in ihrem Information Systems Research Framework die Begriffe der Relevanz und Rigor heran.[37] Auf diese Weise erfüllt die Evaluation die nach

[26] Vgl. *Peffers et al.* 2007, S.56.
[27] Vgl. *Hevner et al.* 2004, S. 85.
[28] Vgl. *March/Smith* 1995, S. 259.
[29] Vgl. *Frank* 2000, S. 38.
[30] *Frank* 2000, S. 36.
[31] Vgl. *Stockmann* 2006, S. 65.
[32] Vgl. *Frank* 2000, S. 40 und *Hevner et al.* 2004, S. 85.
[33] Vgl. *Baskerville/Pries-Heje/ Venable* 2007.
[34] Vgl. *Siau/ Rossi* 2007.
[35] Vgl. *Stockmann* 2006, S. 82 und *Heinrich* 2000, S. 11.
[36] Vgl. *Hevner et al.* 2004, S. 80 und *March/Smith* 1995, S. 259.
[37] Vgl. *Hevner et al.* 2004, S. 79ff.

Stockmann aufgeführten Leitfunktionen (1) der Gewinnung von Erkenntnissen, (2) der Ausübung von Kontrolle, (3) der Schaffung von Transparenz für das Vorantreiben von Entwicklungen sowie (4) der Legitimation durchgeführter Maßnahmen,[38] die nach Heinrich sowie Frank um die Funktion der Auswahlentscheidung für den Technologie-Einsatz zu ergänzen sind.[39]

2.2 Die abschließende Evaluation im Forschungsprojekt KMU 2.0 – eine Gesamtübersicht

Das Forschungsprojekt KMU 2.0 widmete sich der Fragestellung, wie es einem regionalen Netzwerk gelingen kann, mit Hilfe des Einsatzes neuer Web 2.0-Technologien einen Prozess des gemeinsamen Innovierens entstehen zu lassen. Hierbei stand die Entwicklung eines Web 2.0-basierten Prototypen im Vordergrund, mit dessen Hilfe in einem Praxisnetzwerk, dem WirtschaftsForum Neuwied e.V.[40], die unternehmensübergreifende Zusammenarbeit sowie der aktive Austausch durch Integration und Partizipation der Mitarbeiter und schließlich die Entstehung gemeinsamer Innovationsprozesse gefördert werden sollte.

In diesem Sinne galt es in Zusammenarbeit zwischen Forschern und Praktikern einen Wandel in dem beforschten System mit Hilfe eines Prototypen herbeizuführen, dessen Zweckmäßigkeit anschließend einer Untersuchung zu unterziehen war. Das Forschungsprojekt verfolgte hierbei mit der Aktionsforschung und Design Science eine duale Forschungsstrategie: Die Design Science mit dem Ziel der Entwicklung des Web 2.0-basierten Prototypen. Die Aktionsforschung mit dem Ziel der Durchführung adäquater Interventionen, die in Zusammenhang mit der Entwicklung, Einführung und Verbreitung des Web 2.0-Prototypen in dem regionalen Netzwerk

[38] Vgl. *Stockmann* 2006, S. 66f.
[39] Vgl. *Heinrich* 2000, S. 11 und *Frank* 2000, S. 39.
[40] Das WirtschaftsForum Neuwied e.V. ist ein im nördliches Rheinland-Pfalz angesiedeltes regionales Netzwerk mit rund 115 Mitgliedern, die insgesamt etwa 10.000 Mitarbeiter beschäftigen.

stehen und zur Weiterentwicklung des Netzwerkes in Richtung des gemeinsamen Innovierens beitragen.[41]

Die Evaluation des Prototypen stellte angesichts dieses Designs einen wesentlichen Bestandteil der Forschungsaktivitäten dar, um die Relevanz, d.h. den Nutzen und die Wirkung des entwickelten Prototypen in dem gegebenen Untersuchungsfeld bewerten und letztendlich eine Legitimation der erzielten Forschungsergebnisse erreichen zu können. Die Forderung nach der Einhaltung der Prinzipien der Research Rigor führte in dem Forschungsprojekt zur Entwicklung eines an die Aufsätze von Cleven, Gubler und Hüner[42] sowie Pries-Heje, Baskerville und Venable[43] angelehnten Bezugsrahmens (Abbildung 1). Dieser diente der grundlegenden Konfigurierung des Evaluationsvorhabens mit dem Ziel ein strukturiertes Vorgehen aus den unterschiedlichen Perspektiven der Forscher heraus zu gewährleisten.[44]

Ziel der Evaluation:	Zweckmäßigkeit des Web 2.0-Prototypen bezüglich der Herbeiführung gemeinsamer Innovationsprozesse unter Einbindung der Mitarbeiter
Evaluationsmerkmale	**Merkmale der Evaluation im Forschungsprojekt KMU 2.0**
Evaluationsobjekt	Artefakt (Web 2.0-basierter Prototyp)
Referenzpunkt	WirtschaftsForum Neuwied e.V.
Sichtweise der Evaluation	Organisation, Führung, Technik
Evaluationsfunktion	Kontrolle, Erkenntnisgewinnung
Zeitpunkt	Ex post
Methode	Technische Datenerhebung
	Schriftliche Befragung

Abbildung 1: Bezugsrahmen für die abschließende Evaluation im Forschungsprojekt KMU 2.0

Der Bezugsrahmen setzt dabei zunächst eine *Zieldefinition* des Evaluationsvorhabens voraus.[45] Im Forschungsprojekt war diese mit der prinzipiellen Anforderung verbunden, eine fundierte Aussage dahingehend zu treffen, inwiefern der Einsatz des entwickelten Web 2.0-Prototypen in einem regionalen Netzwerk dazu geeignet ist,

[41] Siehe hierzu "Aktionsforschung und Design Science: Ein partizipatives Forschungsdesign zur Initiierung kollaborativer Innovationsprozesse in regionalen KMU-Netzwerken" von *Lindermann/von Kortzfleisch/Valcárcel* in diesem Buch.

[42] Vgl. *Cleven/Gubler/Hüner* 2009.

[43] Vgl. *Pries-Heje/Baskerville/Venable* 2008.

[44] Für eine ausführliche Beschreibung der möglichen Ausprägungen eines jeweiligen Kriteriums des Bezugsrahmens sei an dieser Stelle auf die genannte Literatur verwiesen.

[45] Vgl. *Frank* 2000, S. 40 und *Riege/Saat/Bucher* 2009, S. 73.

einen Prozess des gemeinsamen Innovierens entstehen zu lassen. Auf Basis dieser Zieldefinition wurden die einzelnen Evaluationsmerkmale im Forschungsvorhaben wie folgt definiert:

Grundsätzlich kann sich der Gegenstand der Evaluation im Kontext der Design Science sowohl auf den Design Prozess als solchen als auch auf das Artefakt, also das Produkt dieses Prozesses beziehen.[46] Gegenstand bzw. *Objekt* der in diesem Beitrag skizzierten Evaluation war das Artefakt in Form des entwickelten Web 2.0-Prototypen. Für die Bewertung des konstruierten Artefaktes galt es dabei ein *Referenzobjekt* in Form eines Bezugspunktes zu bestimmen, anhand dessen die Evaluation erfolgen konnte. Im Falle des Forschungsvorhabens war das Referenzobjekt mit dem WirtschaftsForum Neuwied e.V. als Praxispartner vordefiniert, woraus schließlich eine Untersuchung des Prototypen unter „Realweltbedingungen“ folgte. Riege, Saat und Bucher sprechen in diesem Zusammenhang von einer Evaluation gegenüber einem Ausschnitt aus der Realwelt, in der die konstruierte Problemlösung durch den Einsatz in einem konkreten Untersuchungsfeld unter realen Bedingungen betrachtet wird.[47] Die Untersuchung des Referenzobjektes kann hierbei entlang unterschiedlicher *Sichtweisen* erfolgen, die im Forschungsvorhaben anhand der grundlegenden Sichtweisen Organisation, Führung und Technik bestimmt wurden.[48]

Um die in diesem Beitrag nach Stockmann aufgeführten *Leitfunktionen* der Evaluation nochmals aufzugreifen, nahm die im Kontext des Forschungsvorhabens betriebene Evaluation primär die Aufgabe der Kontrolle der erreichten Zielsetzungen ein: Hierbei galt es zunächst grundlegend zu entscheiden, ob und inwiefern die zur Entwicklung des Prototypen identifizierten Anforderungen – aus den unterschiedlichen Sichtweisen heraus – in ihrer technischen Umsetzung ihren Zweck tatsächlich erfüllten, als unmittelbare Voraussetzung für eine anschließenden Analyse der erzielten Ergebnisse im Sinne der wissenschaftlichen Erkenntnisgewinnung.[49] Der *Zeitpunkt* der Evaluation konnte somit ex post, also nach Beginn der Nutzung des Artefaktes

---

[46] Vgl. *Walls/Widmeyer/Sawy* 1992, S. 42.
[47] Vgl. *Riege/Saat/Bucher* 2009, S. 75.
[48] Zu den Dimensionen siehe "Anwendungsszenario regionale KMU-Netzwerke: Das Forschungsfeld WirtschaftsForum Neuwied e.V." von *Lindermann/Scherrer/von Kortzfleisch* in diesem Buch.
[49] Vgl. *Stockmann* 2006, S. 66ff.

terminiert werden. Im Vergleich dazu beziehen sich ex ante Evaluationen auf solche Bewertungen, die vor der Nutzung des Artefaktes durchgeführt werden.[50]

Bei der Bestimmung der *Evaluationsmethode* sei an dieser Stelle angemerkt, dass die im Forschungsvorhaben verwendete Methode der Aktionsforschung und darüber hinaus das Prototyping als eigene Evaluationsmethoden in der Wirtschaftsinformatik gelten:[51] Die Aktionsforschung, in der Forscher und Praktiker gleichsam an der Lösung eines Problems arbeiten und im Rahmen der Evaluation die Wirksamkeit umgesetzter Maßnahmen überprüfen,[52] und das Prototyping als Methode zur Überprüfung des erstellen Fach- und Datenverarbeitungskonzepts in einem Untersuchungsfeld.[53] Die abschließende Evaluation basierte darüber hinaus auf der Erhebung und anschließenden Analyse quantitativer Daten. Pries-Heje, Baskerville und Venable führen in diesem Zuge eine grundsätzliche Differenzierung zwischen der technischen Datenerhebung über die Aufzeichnung von Nutzungsdaten und der Datenerhebung über „Human Subject" im Sinne von „User opinion studies" heran.[54] Das Forschungsvorhaben erstellte hierzu technische Statistiken zur Nutzung des Prototypen und führte darüber hinaus eine schriftliche Befragung durch. Die Rahmenbedingungen der einzelnen Untersuchungen wurden dabei aus den unterschiedlichen Sichtweisen bzw. Dimensionen der Forschungspartner heraus abgeleitet.[55] Im Folgenden wird das Evaluationsdesign der schriftlichen Befragung aus Sichtweise der Organisation beschrieben.

[50] Vgl. *Heinrich* 2000, S. 15 und *Pries-Heje/Baskerville/Venable* 2008.
[51] Siehe hierzu ausführlich *Siau/Rossi* 2007 oder *Baskerville/Pries-Heje/Venable* 2007.
[52] Vgl. *Susman/Evered* 1978, S. 587ff.
[53] Vgl. *Riege/Saat/Bucher* 2009, S. 79.
[54] Vgl. *Pries-Heje/Baskerville/Venable* 2008.
[55] Siehe hierzu "Evaluation der im WirtschaftsForum Neuwied implementierten prototypischen Web 2.0-Plattform aus Sicht der Technologieakzeptanz" von *Peris/Blinn/Nüttgens* und "Selbstorganisatorische Partizipation von Mitarbeitern an innovationsorientierter Netzwerkkommunikation: Bezugsrahmen und Handlungsempfehlungen für das Management"" von *Abram/Reifferscheid/Jung* in diesem Buch.

3. Die abschließende Evaluation aus Organisationssicht

Im Kontext der Dimension „Organisation“[56] basierte die Entwicklung des Web 2.0-Prototypen in dem Forschungsvorhaben auf Anforderungen, die unter dem Blickwinkel der in einem regionalen Netzwerk erforderlichen organisatorischen und technischen Rahmenbedingungen zur Etablierung gemeinsamer Innovationsprozesse identifiziert und in einem Fach- und Datenverarbeitungskonzept umgesetzt wurden.[57] Die Umsetzung der Anforderungen erfolgte in einem inkrementellen Vorgehen, in dem es den Web 2.0-Prototypen in insgesamt 3 Zyklen zu entwickeln, im Feld zu implementieren und zu evaluieren galt. Die Evaluation vollzog sich am Ende eines jeden Zyklus in Form von Workshops, die sich unter anderem der Methode der Usability Tests zur Beurteilung des entwickelten Systems hinsichtlich der Aspekte „ease of learning“, „ease of use“ sowie „user satisfaction“ bedienten.[58]

Demzufolge sah das Forschungsdesign ein mehrstufiges Evaluationskonzept vor, dessen Ergebnisse zur Anpassung der erarbeiteten Konzepte und Weiterentwicklung des Prototypen führten. Abschließend war im Rahmen der durchgeführten ex post Evaluation die Relevanz des Artefaktes dahingehend zu überprüfen, dass Aussagen über die Zweckmäßigkeit der prototypisch umgesetzten Funktionalitäten sowie deren Nutzung und Akzeptanz getroffen werden konnten. Die theoretischen Überlegungen aus organisatorischer Sicht sind im Folgenden skizziert. Anschließend folgt die Entwicklung eines Bezugsrahmens zur Konzeption des Fragebogens.

---

[56] Zu den Dimensionen siehe “Anwendungsszenario regionale KMU-Netzwerke: Das Forschungsfeld WirtschaftsForum Neuwied e.V.” von *Lindermann/Scherrer/von Kortzfleisch* in diesem Buch.

[57] Zu den Anforderungen siehe “Von der Kooperation zur Innovation: Anforderungen und Vorgehen in Richtung Web 2.0-gestützter kollaborativer Innovationen in regionalen KMU-Netzwerken” von *Lindermann/Valcárcel/von Kortzfleisch* in diesem Buch.

[58] Siehe hierzu etwa *Rosson/Carroll* 2002 oder *Rubin 1994* sowie "Evaluation der im WirtschaftsForum Neuwied implementierten prototypischen Web 2.0-Plattform aus Sicht der Technologieakzeptanz" von *Peris/Blinn/Nüttgens* in diesem Buch.

3.1 Grundlegende Überlegungen zur Erstellung des Bezugsrahmens

Im Kontext der organisatorischen Perspektive übernimmt die Evaluation die Aufgabe die Zweckmäßigkeit des Prototypen zu bewerten, um hierüber auf der einen Seite wissenschaftliche Erkenntnisse hinsichtlich der organisatorischen und technischen Anforderungen an einen Web 2.0-Prototypen zur Generierung gemeinsamer Innovationsprozesse zu erzielen – aus denen sich wiederum Implikationen für die Entwicklung neuer Managementkonzepte ableiten lassen[59] – sowie auf der anderen Seite die Akzeptanz und Nutzung des Prototypen in der Praxis sicherzustellen.

In diesem Sinne ergibt sich die Zweckmäßigkeit des entwickelten Prototypen aus zweierlei Aspekten: zum einen aus der Forderung, dass das System den Anforderungen der Nutzer entspricht und sie in ihrer Arbeit unterstützt und zum anderen aus der Forderung, dass die vom System bereitgestellten Funktionalitäten zugleich von den Nutzern verstanden und von ihnen angewendet werden können.[60] Davis, Bagozzi und Warshaw fassen diese beiden Aspekte in ihrem Technology Acceptance Modell (TAM)[61] als zwei wesentliche Determinanten zur Akzeptanz und Nutzung von Informationssystemen auf:[62]

- Die wahrgenommene Nützlichkeit („Perceived Usefulness“) als subjektive Wahrnehmung einer Person, die darüber entscheidet, inwiefern die Nutzung eines bestimmten Systems die persönliche Arbeitsleistung verbessert.

- Die wahrgenommene Benutzerfreundlichkeit („Perceived Ease of Use“), die hingegen die subjektive Wahrnehmung bezüglich des Aufwandes zum Erlernen und zur Nutzung eines Systems misst.[63]

[59] Siehe hierzu „Neue Anforderungen an das Management von Kreativität und Diffusion - offene Strategiemodelle für regionale KMU-Netzwerke“ von *von Kortzfleisch* in diesem Buch.
[60] Vgl. *Goodwin* 1987, S. 231.
[61] Vgl. *Davis/Bagozzi/Warshaw* 1989.
[62] Vgl. *Davis* 1989.
[63] Vgl. *Davis/Bagozzi/Warshaw* 1989, S. 985.

Letzterer Aspekt war ein zentrales Kriterium der inkrementellen Entwicklung des Prototypen im Forschungsprojekt. In diesem Sinne bestand eine unmittelbare Anforderung seitens der Praxis darin, zunächst ein Verständnis über die Funktionsweise und Anwendung des Prototypen zu erlangen, bevor schließlich über deren Nützlichkeit entschieden werden konnte. Aus diesem Grund wurde aus Sicht der Organisation der Aspekt der wahrgenommenen Benutzerfreundlichkeit fortlaufend, d.h. am Ende eines jeden Zyklus im Rahmen der Usability Tests untersucht, und zwar als unmittelbare Voraussetzung für die wahrgenommene Nützlichkeit. Der Fokus der abschließenden ex post Befragung wurde explizit auf den Aspekt der wahrgenommene Nützlichkeit gelegt, und zwar nach folgenden Überlegungen.

Wie in Abschnitt 2.1 bereits skizziert, erfüllt das zu erstellende Artefakt keinen Selbstzweck. Vielmehr ist es eingebettet und im Kontext einer bestimmten Umgebung zur Erreichung der definierten Ziele zu sehen. Aus diesem Grund sind die Anforderungen an das Artefakt aus dem gegebenen Kontext heraus in einem Fach- und Datenverarbeitungskonzept zu beschreiben, anhand dessen die Entwicklung des Artefaktes erfolgen kann. Zugleich bildet dieses Konzept die Grundlage, um letztendlich die adäquate Umsetzung der Anforderungen in dem Artefakt überprüfen zu können. Demnach setzt eine systematische Evaluation bei der methodischen Erhebung und Definition der Anforderungen an, welche vom Artefakt zu erfüllen sind.[64] Diese Anforderungen können so in einen Bezugsrahmen überführt werden, der die Basis der anschließenden Evaluation bildet.

Im Rahmen des Forschungsvorhabens wurden auf diese Weise Anforderungen aus Sicht der Organisation formuliert, die anhand der drei Stufen (1) gegenseitiges Kennenlernen, (2) Erfahrungs- und Wissensaustausch und (3) kollaborative offene Innovationen beschrieben wurden.[65] Diese Anforderungen bildeten die Basis für die Entwicklung des Prototypen und wurden in einen Bezugsrahmen zur Durchführung der Evaluation überführt.

[64] Vgl. *Frank* 2000, S. 40f und *Heinrich* 2000. S. 17.

[65] Siehe hierzu ausführlich “Von der Kooperation zur Innovation: Anforderungen und Vorgehen in Richtung Web 2.0-gestützter kollaborativer Innovationen in regionalen KMU-Netzwerken” von *Lindermann/Valcárcel/von Kortzfleisch* in diesem Buch.

3.2 Erstellung eines Bezugsrahmens als Evaluationsbasis

Die Evaluation erfolgte in Form eines gemeinsamen standardisierten Fragebogens, der die unterschiedlichen Dimensionen der Forschungspartner umfasste. Die Befragung wurde in einem – in Papierform sowie online verfügbaren – Fragebogen im Zeitraum vom 15.02.2011 bis zum 01.04.2011 unter allen Mitgliedsunternehmen des betrachteten Netzwerkes, dem WirtschaftsForum Neuwied e.V., durchgeführt.

Für die Aufstellung des Fragebogens wurden anhand der in Abschnitt 3.1 skizzierten Überlegungen die einzelnen Punkte des Bezugsrahmens aus den erarbeiteten Fach- und Datenverarbeitungskonzepten heraus abgeleitet, die die systematisch erhobenen Anforderungen an den Web 2.0- Prototypen beinhalten. Die Anforderungen unterteilten sich dabei grundsätzlich in:

- *technische Anforderungen* mit dem Ziel die Bedienbarkeit im Sinne der wahrgenommenen Benutzerfreundlichkeit („Perceived Ease of Use") sicherzustellen

- *organisatorische Anforderungen* mit dem Ziel die Voraussetzungen der unternehmensübergreifenden Zusammenarbeit in Richtung des gemeinsamen Innovierens zu schaffen mit Hinblick auf die wahrgenommene Nützlichkeit („Perceived Usefulness")

- *technisch-organisatorische Anforderungen* mit dem Ziel die Akzeptanz und Nutzung des Prototypen im Berufsalltag zu gewährleisten

Demzufolge wurde das Augenmerk des Bezugsrahmens in der vorliegenden Befragung vornehmlich auf die adäquate Umsetzung der organisatorischen bzw. technisch-organisatorischen Anforderungen gelegt. Diese Anforderungen ließen sich wiederum, wie bereits erwähnt, in insgesamt drei Stufen, (1) dem gegenseitigen Kennenlernen, (2) dem Wissens- und Erfahrungsaustausch sowie (3) den kollaborativen offenen Innovationen unterteilen, die inkrementell auf dem Prototypen umgesetzt wurden.

Im Folgenden werden entlang dieser Stufen die Anforderungen und dessen technische Umsetzung auf dem Prototypen skizziert, um daraus die einzelnen Aspekte des Bezugsrahmens ableiten und die dazugehörigen Fragen formulieren zu können (Abbildung 2 bis Abbildung 4).

Anforderungen		**Fragen (5 stufige Likert-Skala)**
		Der Web 2.0-Bereich unterstützt mich dabei
A1	Überblick über die Mitglieder-struktur	... einen Überblick über die im WirtschaftsForum Neuwied (WiFo) vertretenen Unternehmen zu erlangen.
A2	Schnelle Wege bei der Suche konkreter Mitgliedsunternehmen	... gezielt nach den im WiFo vertretenen Unternehmen und Branchen zu suchen.
A3	Informationen zu Ansprechpartnern der Unternehmen	... schneller konkrete Ansprechpartner der im WiFo vertretenen Unternehmen zu finden
A4	Zeitersparnis bei der Kontaktaufnahme zu anderen Unternehmen	... gezielt Kontakt zu den im WiFo vertretenen Unternehmen aufzunehmen.
A5	Erkennen von Kooperations-partnern	... Kooperationspartner innerhalb der Region zu finden
A6	Erkennen von Kooperationsfeldern	... neue Kooperationsfelder für das eigene Unternehmen in der Region zu erschließen.
A7	Ausschöpfen der Lokalität des Netwerkes	... die Vorteile regionaler Kooperation zu erkennen.

Abbildung 2: Bezugsrahmen für die Funktionalität „Wer-macht-was“ in Stufe 1 (gegenseitiges Kennenlernen)

Die erste Stufe des *„gegenseitigen Kennenlernens“* (Abbildung 2) basiert auf der grundlegenden Problemstellung, dass von den Mitgliedsunternehmen des Netzwerkes Kooperationsfelder aufgrund fehlender Informationen über die im Netzwerk vertretenen Unternehmen (A1) sowie mögliche Ansprechpartner (A3) nur bedingt wahrgenommen werden. Bislang erforderte das Einholen dieser Informationen viel Zeit und war auf direktem Wege nicht möglich (A2, A4). Die technische Umsetzung dieser Anforderungen vollzog sich in dem web-basierten Branchenbuch „Wer-macht-was“, das den Mitgliedern über die Möglichkeit des Hinterlegens von Unternehmensprofilen sowie einer Suchfunktion den Zugriff auf diese Informationen erlaubt. In diesem Kontext überprüfen die Evaluationskriterien A5 bis A7, ob sich aufgrund der Umsetzung der genannten Anforderungen die Wahrnehmung der Befragten hinsichtlich der Attraktivität des Netzwerkes insgesamt geändert hat.

Anforderungen		Fragen (5 stufige Likert-Skala)
		Der Web 2.0-Bereich ermöglicht es mir
A8	Auffinden von Ansprechpartnern zu einem Thema	... gezielt nach Experten zu konkreten Themen innerhalb des WiFo zu suchen.
A9	Schnelle Wege bei der Suche konkreter Personen	... schneller konkrete Experten aus anderen Unternehmen des Netzwerkes zu finden.
A10	Zeitersparnis bei der Kontaktaufnahme zu anderen Personen	... persönlichen Kontakt zu regionalen Ansprechpartnern anderer Unternehmen herzustellen.
A11	Zeitersparnis bei der Kontaktaufnahme zu anderen Personen zu einem Thema	... persönlichen Kontakt zu Mitarbeitern aus anderen Unternehmen für einen zielgerichteten Austausch herzustellen.
A12	Aufbau persönlicher Netzwerke	... mich mit Mitarbeitern aus anderen Unternehmen zu vernetzen.
A13	Austausch zu relevanten Problemstellungen mit mehreren Personen	... mehrere Experten zur Bearbeitung eines spezifischen Themas zu gewinnen.

Abbildung 3: Bezugsrahmen für die Funktionalität "Meine Seite" in Stufe 1 (gegenseitiges Kennenlernen)

Innerhalb von Stufe 1 ist das gegenseitige Kennenlernen auf die persönliche Ebene der Mitarbeiter herunterzubrechen (Abbildung 3), um hier wiederum auf schnellem und direktem Weg (A9, A10) persönliche Kontakte zu Experten aus der Region herstellen (A8, A11, A13) und darüber hinaus ein individuelles, den Arbeitsalltag betreffendes Experten-Netzwerk innerhalb des Netzwerkes aufbauen zu können (A12). Die Funktionalität „Meine Seite" gestattet es den Mitarbeitern, ein persönliches Experten-Profil zu hinterlegen. Über die Benutzersuche wird das Auffinden und Kontaktieren von Ansprechpartnern zu einem konkreten Thema ermöglicht und über „Mein WiFo-Netzwerk" der Aufbau privater Netzwerke erlaubt.

Für den *„Erfahrungs- und Wissensaustausch"* auf Stufe 2 (Abbildung 4) ist eine problemorientierte Bereitstellung von Informationen über kurze Wege von Relevanz, die neben grundsätzlichen Auskünften zum Netzwerk (A14), für die Unternehmen relevante Themen abbildet (A15). Auf dem Prototypen bietet die „Raumfunktion" die Möglichkeit, bedeutsame Themen für den gegenseitigen Austausch darzustellen. Ein Raum steht dabei für ein spezifisches Thema. Für das betrachtete Netzwerk wurden die Themen in Zusammenarbeit mit den Praxispartnern identifiziert und auf dem Prototypen abgebildet. Darüber hinaus ist ein netzwerkweiter Wissens- und Erfahrungsaustausch zu ermöglichen, der über schnelle Kommunikationswege zu erreichen ist (A16, A17), dies als unmittelbare Voraussetzung, um auf Stufe 3 *„den kollaborativen offenen Innovationen"* einen Austausch zu Problemen aus dem Berufsalltag (A18) sowie die gemeinsame Generierung von Ideen zu fördern (A19). Auf dem

Prototypen stehen hierzu unterschiedliche Funktionalitäten zur Verfügung (z.B. Diskussionsforen, Blogs, Wiki).

Anforderungen		**Fragen (5 stufige Likert-Skala)**
A14	Bereitstellung von Informationen über das Netzwerk	Der Web 2.0-Bereich bietet die für mich relevanten Informationen über das WiFo, seine Mitglieder und die hier diskutierten Themen.
A15	Bereitstellung relevanter Themen für das Unternehmen	Der Web 2.0-Bereich bietet mir Themen, die für mich und mein Unternehmen von Relevanz sind.
A16	Netzwerkweiter Erfahrungs- und Wissensaustausch	Der Web 2.0-Bereich bietet mir Möglichkeiten für den Austausch zu unterschiedlichen Themen mit Mitarbeitern anderer Unternehmen.
A17	Zeitersparnis und schnelle Wege für den Austausch	Der Web 2.0-Bereich erleichtert mir den Austausch zu unterschiedlichen Themen mit Mitarbeitern anderer Unternehmen.
A18	Austausch zu operativen Themen aus dem Berufsalltag	Der Web 2.0-Bereich ermöglicht es mir, mich mit Mitarbeitern aus anderen Unternehmen des Netzwerkes zu aktuellen Problemen des Arbeitsalltags auszutauschen.
A19	Gemeinsame Entwicklung von Ideen	Der Web 2.0-Bereich ermöglicht es mir mit anderen Mitarbeitern über neue Ideen zu diskutieren.

Abbildung 4: Bezugsrahmen für die Funktionalität „Räume" in Stufe 2 (Wissens- und Erfahrungsaustausch) und Stufe 3 (kollaborative offene Innovationen)

Um schließlich in Erfahrung zu bringen, welche der genannten Funktionalitäten auf dem Web 2.0-Prototypen tatsächlich genutzt werden, sind diese jeweils einzeln in ihrer Anwendung zu überprüfen (Abbildung 5). Hieraus können Rückschlüsse darüber gezogen werden, inwiefern es sich bei den Antworten zur wahrgenommenen Nützlichkeit um Einschätzungen oder tatsächliche Erfahrungswerte handelt, und an welcher Stelle weiterer Handlungsbedarf im Sinne von Maßnahmen zur Einführung des Prototypen innerhalb des Netzwerkes besteht. Voraussetzung zur Beantwortung dieses Fragenkomplexes ist, dass die Teilnehmer den Web 2.0-Prototypen kennen.

Fragen (Mehrfachnennungen für zutreffende Aussagen)
Auf dem Web 2.0-Bereich
... habe ich mein persönliches Profil bereits erstellt
... habe ich mich bereits über andere Unternehmen informiert
... habe ich mich schon über andere Nutzer informiert
... habe ich mich schon mit anderen Nutzern vernetzt
... habe ich mich über die Inhalte der Räume informiert
... bin ich bereits einem Raum beigetreten
... habe ich mich in einem Raum bereits mit einem Beitrag eingebracht
... habe ich noch nichts gemacht
... habe ich mich umgesehen

Abbildung 5: Fragen zur tatsächlichen Nutzung des Prototypen

Abschließend sei erwähnt, dass im Rahmen der schriftlichen Befragung aus Sicht der Organisation noch weitere Daten etwa bezogen auf das Geschlecht oder die Größe des Unternehmens abgefragt wurden. Da in diesem Beitrag der Fokus allein auf den wahrgenommenen Nutzen der auf dem Prototypen implementierten Funktionalitäten gelegt wird, sei an dieser Stelle auf die Evaluationsergebnisse der anderen Dimensionen des Forschungsvorhabens verwiesen.[66]

4. Analyse der abschließenden Evaluation aus Organisationssicht

Insgesamt kann die ex post durchgeführte Evaluation in Form der schriftlichen Befragung einen Rücklauf von n = 38 verzeichnen, wovon lediglich n = 27 Teilnehmer den Fragebogen vollständig ausgefüllt haben. Aus diesem Grund wird in der nachfolgenden Analyse von einer Rücklaufquote von n = 27 ausgegangen.

Abbildung 6 zeigt die Ergebnisse der Befragung bezogen auf die aktuelle Nutzung des Web 2.0-Prototypen. Die Ergebnisse der einzelnen Fragenkomplexe hinsichtlich der wahrgenommenen Nützlichkeit des Web 2.0-Prototypen sind in Abbildung 7 für die Funktionalität „Wer-macht-was“, in Abbildung 8 für die Funktionalität „Meine Seite“ und in Abbildung 9 für die Funktionalität „Räume“ aufgeführt. Auf die jeweiligen Werte wird in der nun folgenden Analyse konkret eingegangen.

Fragen (Mehrfachnennungen für zutreffende Aussagen) Auf dem Web 2.0-Bereich	
... habe ich mein persönliches Profil bereits erstellt	44,4%
... habe ich mich bereits über andere Unternehmen informiert	40,7%
... habe ich mich schon über andere Nutzer informiert	33,3%
... habe ich mich schon mit anderen Nutzern vernetzt	29,6%
... habe ich mich über die Inhalte der Räume informiert	29,6%
... bin ich bereits einem Raum beigetreten	25,9%
... habe ich mich in einem Raum bereits mit einem Beitrag eingebracht	18,5%
... habe ich noch nichts gemacht	11,1%
... habe ich mich umgesehen	29,6%

Abbildung 6: Aktuelle Nutzung des Web 2.0-Prototypen

[66] Siehe hierzu u.a. “Evaluation der im WirtschaftsForum Neuwied implementierten prototypischen Web 2.0-Plattform aus Sicht der Technologieakzeptanz” von *Peris/Blinn/Nüttgens* in diesem Buch.

Die Ergebnisse der Befragung zeigen, dass insgesamt 40,7 % der Befragten den Web 2.0-Protoytpen nicht kennen. Zudem geben 11,1 % der Befragten an, den Prototypen zwar zu kennen, dort aber noch nichts gemacht zu haben. Diese Zahlen belegen, dass die erzielten Ergebnisse durchaus kritisch betrachtet werden sollten, da die Antworten teilweise auf Einschätzungen basieren. In diesem Fall kann jedoch davon ausgegangen werden, dass die in der Befragung getätigten Aussagen auf Informationen, wie etwa Broschüren, Schulungsunterlagen und Veranstaltungen zur Vorstellung des Prototypen basieren.

Der Web 2.0-Bereich unterstützt mich dabei		**Stimme voll zu**	**Stimme eher zu**	**Weiß nicht**	**Stimme eher nicht zu**	**Stimme nicht zu**
A1	... einen Überblick über die im WiFo vertretenen Unternehmen zu erlangen.	62,96%	33,33%	3,70%	0	0
A2	... gezielt nach den im WiFo vertretenen Unternehmen und Branchen zu suchen.	51,85%	40,74%	7,41%	0	0
A3	... schneller konkrete Ansprechpartner der im WiFo vertretenen Unternehmen zu finden	37,04%	51,85%	11,11%	0	0
A4	... gezielt Kontakt zu den im WiFo vertretenen Unternehmen aufzunehmen.	33,33%	48,15%	14,81%	3,70%	0
A5	... Kooperationspartner innerhalb der Region zu finden	33,33%	51,85%	11,11%	3,70%	0
A6	... neue Kooperationsfelder für das eigene Unternehmen in der Region zu erschließen.	29,63%	44,44%	18,52%	7,41%	0
A7	... die Vorteile regionaler Kooperation zu erkennen.	33,33%	51,85%	7,41%	7,41%	0

Abbildung 7: Wahrgenommener Nutzen der Funktionalität "Wer-macht-was"

Grundsätzlich zeigen die Ergebnisse bezogen auf die wahrgenommene Nützlichkeit der Funktionalität „Wer-macht-was", das der Web 2.0-Prototyp den Benutzern die geforderten Informationen über die Mitgliedsunternehmen und den hier relevanten Ansprechpartnern bietet (siehe Abbildung 7). Besonders hervorzuheben ist hierbei, dass mit den vorhandenen Funktionen ein Überblick über die Mitgliederstruktur des Netzwerkes (A1) gegeben (volle Zustimmung bei 62,96% der Befragten) und eine gezielte Suche nach den im Netzwerk vertretenen Unternehmen (A2) gewährleistet werden kann (volle Zustimmung bei 51,85% der Befragten). So haben sich bereits 40,7% der Befragten auf dem Prototypen über andere Unternehmen informiert (siehe Abbildung 6). Dies lässt darauf deuten, dass die vom System bereitgestellten Möglichkeiten zur Suche und Auflistung der Mitgliedsunternehmen sowie zur Hinterlegung von Unternehmensprofilen ihre Zweckmäßigkeit prinzipiell erfüllen. Etwas anders gestalten sich die Werte jedoch hinsichtlich des Auffindens konkreter Ansprechpartner (A3) sowie hinsichtlich der Kontaktaufnahme zu den im Netzwerk vertretenden Unternehmen (A4). Zwar ist auch hier eine durchaus positive Tendenz in den Ergebnissen zu erkennen, jedoch ist ein Abfall der Werte in dem Bereich „stimme voll zu" mit 37,04% (A3) bzw. 33,33% (A4) zu verzeichnen. Die Ursachen hierfür lassen sich auf die Tatsache zurückführen, dass die Unternehmensprofile sowie die hinterlegten Kontaktdaten von den Mitgliedern und deren Ansprechpartnern teilweise nicht vollständig ausgefüllt waren.

Insgesamt stimmen rund ein Drittel der Befragten voll zu (und ca. die Hälfte der Befragten eher zu), dass mit Hilfe des Web 2.0-Prototypen die Attraktivität des Netzwerkes gesteigert werden kann (A5 bis A7). So findet tendenziell eine positive Wahrnehmung dahingehend statt, dass aufgrund des Prototypen in dem Netzwerk Kooperationspartner gefunden und neue Kooperationsfelder erschlossen werden können, woraus sich Vorteile regionaler Zusammenschlüsse ergeben.

Der Web 2.0-Bereich ermöglicht es mir ...		**Stimme voll zu**	**Stimme eher zu**	**Weiß nicht**	**Stimme eher nicht zu**	**Stimme nicht zu**
A8	... gezielt nach Experten zu konkreten Themen innerhalb des WiFo zu suchen.	33,33%	51,85%	14,81%	0	0
A9	... schneller konkrete Experten aus anderen Unternehmen des Netzwerkes zu finden.	25,93%	44,44%	25,93%	3,70%	0
A10	... persönlichen Kontakt zu regionalen Ansprechpartnern anderer Unternehmen herzustellen.	22,22%	48,15%	22,22%	7,41%	0
A11	... persönlichen Kontakt zu Mitarbeitern aus anderen Unternehmen für einen zielgerichteten Austausch herzustellen.	18,52%	55,56%	22,22%	3,70%	0
A12	... mich mit Mitarbeitern aus anderen Unternehmen zu vernetzen.	22,22%	59,26%	14,81%	3,70%	0
A13	... mehrere Experten zur Bearbeitung eines spezifischen Themas zu gewinnen.	22,22%	51,85%	25,93%	0	0

Abbildung 8: Wahrgenommener Nutzen der Funktionalität "Meine Seite"

Eine gleichsam positive Tendenz ist in Hinblick auf die persönliche Vernetzung der Mitarbeiter zu sehen (siehe Abbildung 8). Hierbei sei grundsätzlich angemerkt, dass im Vergleich zur Funktionalität „Wer-macht-was“ eine zunehmende Anzahl an Befragten in ihrer Antwort indifferent sind.

Die Ergebnisse zeigen (mit 51,85% stimme eher zu und 33,33% stimme voll zu), dass die unter „Meine Seite“ implementierten Funktionen zur Hinterlegung eines persönlichen Profils sowie zur Benutzersuche die grundlegenden Voraussetzungen für die gezielte Suche nach Experten innerhalb des Netzwerkes erfüllen (A8). Außerdem kann hierüber nach Einschätzung der Befragten (mit 55,56% stimme eher zu und 18,52% stimme voll zu) grundsätzlich ein zielgerichteter Austausch durch den Prototypen initiiert werden (A11). Im Vergleich zu den analogen Funktionalitäten der Profile und der Suche unter „Wer-macht-was“ fallen die Werte hier tendenziell schlechter aus. Als Grund dafür kann herangeführt werden, dass die „Wer-macht-was“ Funktion bereits sehr früh, innerhalb des ersten Zyklus des Forschungsvorhabens in dem Netzwerk eingeführt wurde und das WirtschaftsForum die Unternehmen beim Anlegen ihrer Unternehmensprofile aktiv unterstützte. Im Gegensatz dazu ist die Funktionalität „Meine Seite“ eine recht junge Funktionalität, in der zum Teil die persönlichen Profile der einzelnen Nutzer unvollständig sind. So haben 44,4% der Befragten ihr persönliches Profil ausgefüllt. Außerdem haben sich 33,3 % der Befragten auf dem Prototypen über andere Nutzer informiert (siehe Abbildung 6).

Vor dem gleichen Hintergrund lässt sich erklären, warum nahezu 30% der Befragten die Möglichkeit für das Auffinden konkreter Experten aus den anderen Unternehmen (A9) sowie die Potentiale zur Herstellung persönlicher Kontakte (A10) nicht erkennen bzw. diesbezüglich indifferent sind. Gleichwohl lassen die Werte darauf schließen (etwa mit 44,44% stimme zu und 25,93% stimme voll zu, bezogen auf A9), dass die grundsätzliche Zweckmäßigkeit des Prototypen diesbezüglich gesehen wird. Darüber hinaus wird die Möglichkeit der persönlichen Vernetzung (A12) mit Hilfe des Systems überwiegend wahrgenommen (mit 59,26% stimme eher zu und 22,22% stimme voll zu), obwohl sich zum Zeitpunkt der Befragung erst 29,6% der Befragten auf dem Prototypen mit anderen Nutzern vernetzt hatten (siehe Abbildung 6).

		Stimme voll zu	Stimme eher zu	Weiß nicht	Stimme eher nicht zu	Stimme nicht zu
A14	Der Web 2.0-Bereich bietet die für mich relevanten Informationen über das WiFo, seine Mitglieder und die hier diskutierten Themen.	33,33%	37,04%	22,22%	7,41%	0
A15	Der Web 2.0-Bereich bietet mir Themen, die für mich und mein Unternehmen von Relevanz sind.	18,52%	55,56%	14,81%	7,41%	3,70%
A16	Der Web 2.0-Bereich bietet mir Möglichkeiten für den Austausch zu unterschiedlichen Themen mit Mitarbeitern anderer Unternehmen.	22,22%	55,56%	7,41%	14,81%	0
A17	Der Web 2.0-Bereich erleichtert mir den Austausch zu unterschiedlichen Themen mit Mitarbeitern anderer Unternehmen.	14,81%	59,26%	14,81%	11,11%	0
A18	Der Web 2.0-Bereich ermöglicht es mir, mich mit Mitarbeitern aus anderen Unternehmen des Netzwerkes zu aktuellen Problemen des Arbeitsalltags auszutauschen.	11,11%	55,56%	22,22%	11,11%	0
A19	Der Web 2.0-Bereich ermöglicht es mir mit anderen Mitarbeitern über neue Ideen zu diskutieren.	18,52%	48,15%	22,22%	11,11%	0

Abbildung 9: Wahrgenommener Nutzen der Funktionalität "Räume"

Bezogen auf den mit der Funktionalität der „Räume“ angestrebten Wissens- und Erfahrungsaustausch zeigen die Werte der Befragung einen prinzipiellen Optimierungsbedarf bei der problemorientierten Bereitstellung von Informationen : So etwa bewerten 33,33% (stimme voll zu), bzw. 37,04% (stimme eher zu) der Befragten die über das Netzwerk angebotenen Informationen als relevant. 22,22% sind diesbezüglich indifferent, bzw. 7,41% sehen die Relevanz eher nicht (A14). Im Bereich der für die Unternehmen in den Räumen dargestellten Themen fällt die Bewertung mit 18,52% (stimme voll zu) bzw. 55,56% (stimme eher zu) positiver aus (A15). Gleichwohl sehen insgesamt 11,11% der Teilnehmer die Relevanz der Themen eher nicht bis gar nicht. An dieser Stelle sei kritisch angemerkt, dass 29,6% der Befragten sich über die Inhalte der Räume auf dem Prototypen informiert haben (siehe Abbildung 6). Des Weiteren kann die wahrgenommene Relevanz der Themen von den jeweiligen Interessen und Problemstellungen der Unternehmen abhängen.

Neben der Bereitstellung der Informationen erkennen rund drei Viertel der Befragten das mit dem Einsatz des Prototypen verbundene Potential für den netzwerkweiten

Austausch zu unterschiedlichen Themen (A16). Ein ähnliches Bild ergibt sich bezüglich der Fragestellung, ob eine Erleichterung in dem Austausch durch das System erreicht werden kann (A17). Allerdings ist in diesem Zusammenhang darauf hinzuweisen, dass 25,9% der Befragten einem Raum beigetreten sind und sich 18,5% hier mit Beiträgen eingebracht haben (siehe Abbildung 6). Dies lässt zunächst auf eine eher passive und konsumierende Haltung bezüglich des Austausches schließen – ein Merkmal, das für die regionale Netzwerkarbeit charakteristisch ist.[67]

Diese Tendenz setzt sich in Hinblick auf die Generierung gemeinsamer Innovationen fort. Die Werte lassen darauf schließen, dass die Thematik für das betrachtete Netzwerk nach wie vor neuartig ist. In diesem Sinne sind die Befragten – bezogen auf den Web 2.0-basierten Austausch zu aktuellen Problemstellungen aus dem Berufsalltag (A18) sowie zur Entwicklung gemeinsamer Ideen (A19) – zu 22,22% indifferent bzw. 11,11% sehen den Nutzen eher nicht.

5. Fazit und Handlungsempfehlungen

Insgesamt kann mit der im Rahmen des Forschungsvorhabens durchgeführten Evaluation aus organisatorischer Perspektive eine positive Bilanz hinsichtlich der Zweckmäßigkeit Web 2.0-basierter Technologien im Kontext regionaler Netzwerke gezogen werden – und zwar in dreierlei Hinsicht: (1) zur Optimierung der unternehmensübergreifenden Zusammenarbeit, (2) zur Unterstützung des aktiven Austauschs zwischen seinen Mitgliedern sowie (3) zur Förderung gemeinsamer Innovationsprozesse.

Diese Aspekte lassen das regionale Netzwerk in seiner Attraktivität steigern: Mit der neuen Technologie wird nicht nur das Potential des gegenseitigen Kennenlernens sowie des Wissens- und Erfahrungsaustauschs verbunden, vielmehr wird darin auch eine Möglichkeit gesehen, dass Mitarbeiter gezielt als Experten in die aktive Netzwerkarbeit mit eingebunden werden können. Gerade dies öffnet Türen, um das krea-

[67] Siehe hierzu "Anwendungsszenario regionale KMU-Netzwerke: Das Forschungsfeld WirtschaftsForum Neuwied e.V." von *Lindermann/Scherrer/von Kortzfleisch* in diesem Buch.

tive Mitarbeiterpotential auch im unternehmensübergreifenden Kontext ausschöpfen zu können.

Hieran ist allerdings eine unmittelbare Bedingung geknüpft, welche die Akzeptanz und Nutzung der Technologie betrifft: In diesem Sinne ist ein Nutzen der Web 2.0-basierten Anwendung nur dann zu erwarten, wenn diese von vielen Mitgliedern des Netzwerkes auch tatsächlich genutzt wird und sich die Aktivitäten in einem gegenseitigen Geben und Nehmen charakterisieren.

In diesem Kontext ist die grundlegende Problematik zur Nutzung und Verteilung der Web 2.0-Anwendung wiederum durch die Eigenschaft regionaler Netzwerkarbeit geprägt. Eine typische Herausforderung gestaltet sich in der aktiven Teilnahme weniger bis hin zur passiven Teilnahme vieler Mitarbeiter aus den Unternehmen, die über pointierte Maßnahmen zur Mitarbeit zu aktivieren sind.

Im WirtschaftsForum Neuwied e.V. lässt die Rücklaufquote von n = 27 bei insgesamt 115 Mitgliedsunternehmen weiteren Handlungsbedarf erkennen. Angefangen werden kann bei den erzielten Ergebnissen der schriftlichen Befragung, die insgesamt belegen, dass die im Rahmen des Forschungsvorhabens entwickelte technische Infrastruktur den Anforderungen regionaler Netzwerkarbeit entspricht. Kann eine kritische Masse in der Nutzung erreicht werden, so wird die Technologie einen noch größeren Beitrag zur Unterstützung regionaler Netzwerkarbeit leisten können.

Literaturverzeichnis

BASKERVILLE, R.L./PRIES-HEJE, J./VENABLE,J. (2007):
Soft Design Science Research: Extending the Boundaries of Evaluation in Design Science Research. In: Proceedings of the 2nd International Conference on Design Science Research in Information Systems and Technology (DESRIST'07), Pasadenia, California, May 2007.

BECKER, J./HOLTEN, R./KNACKSTETT, R./NIEHAVES, B. (2003):
Forschungsmethodische Positionierung in der Wirtschaftsinformatik – Epistemologische, ontologische und linguistische Leitfragen, Arbeitsbericht Nr. 93, Institut für Wirtschaftsinformatik, Westfälische Wilhelms-Universität Münster.

BECKER, J./NIEHAVES, B./OLBRICH, S./PFEIFFER, D. (2009):
Forschungsmethodik einer Integrationsdisziplin – Eine Fortführung und Ergänzung zu Lutz Heinrichs „Beitrag zur Geschichte der Wirtschaftsinformatik " aus gestaltungsorientierter Perspektive. In (Becker, J./Krcmar, H./Niehaves, B., Hrsg): Wissenschaftstheorie und gestaltungsorientierte Wirtschaftsinformatik, Physica Verlag, Heidelberg, S. 1-22.

BOHLA, H.S. (1990):
Evaluating "Literacy for Development" Projects, Programs and Campaigns: Evaluation Planning, Design and Implementation and Utilization of Evaluation Results. Unesco Institute for Evaluation and German Foundation for International Development, Hamburg.

CLEVEN, A./GUBLER, P./HÜNER, K.M. (2009):
Design Alternatives for the Evaluation of Design Science Research Artifacts. In: Proceedings of the 4th International Conference on Design Science Research in Information Systems and Technology (DESRIST'09), Philadelphia, Pennsylvania, May 07-08, 2009.

DAVIS, F.D. (1989):
Perceived Usefulness, Perceived Ease of Use, and User Acceptance of Information Technology. In: MIS Quarterly, Vol. 13, No. 3, S. 319-340.

DAVIS, F.D./BAGOZZI, R.P./WARSHAW, P.R. (1989):
User Acceptance of Computer Technology: A Comparison of Two Theoretical Models. In: Management Science, Vol. 35, No. 8, S. 982-1003.

FRANK, U. (1997):
Erfahrung, Erkenntnis und Wirklichkeitsgestaltung: Anmerkungen zur Rolle der Empirie in der Wirtschaftsinformatik. In (Grün, O./Heinrich, L., Hrsg): Wirtschaftsinformatik – Ergebnisse empirischer Forschung, Springer, Berlin, Heidelberg, S. 21-35.

FRANK, U. (2000):
Evaluation von Artefakten in der Wirtschaftsinformatik. In (Häntschel, I./Heinrich L.J., Hrsg.): Evaluation und Evaluationsforschung in der Wirtschaftsinformatik, Oldenbourg, München, Wien, S. 35-48.

FRANK, U. (2006):
Towards a Pluralistic Conception of Research Methods in Information Systems Research. ISB Research Report No. 7, Universität Duisburg-Essen.

GOLLWITZER, M./JÄGER, R.S. (2009):
Evaluation kompakt. Beltz Verlag, Wienheim, Basel.

GOODWIN, N.C. (1987):
Functionality and Usability. In: Communications of the ACM, Vol. 30, No. 3, S. 229-233.

HEINRICH, L.J. (2000):
Bedeutung von Evaluation und Evaluationsforschung in der Wirtschaftsinformatik. In (Häntschel, I./Heinrich L.J., Hrsg.): Evaluation und Evaluationsforschung in der Wirtschaftsinformatik, Oldenburg, München, Wien, S. 7-22.

HEVNER, A.R./MARCH, S.T./PARK, J./RAM, S. (2004):
Design Science in Information Systems Research. In: MIS Quarterly Vol. 28, No.1, S. 75-105.

KROMREY, H. (2001):
Evaluation – ein vielschichtiges Konzept. Begriff und Methodik von Evaluierung und Evaluationsforschung. Empfehlungen für die Praxis. In: Sozialwissenschaften und Berufspraxis (SUB), 24, Jahrgang, Heft 2, S. 105-131.

MARCH, S.T./SMITH, G.F. (1995):
Design and Natural Science Research on Information Technology. In: Decision Support Systems, Vol. 15, S. 251-266.

PEFFERS, K./TUUNANEN, T./ROTHENBERGER M.A./ CHATTERJEE, S. (2007):
A Design Science Research Methodology for Information Systems Research: In: Journal of Management Information Systems, Vol. 24, No. 3, S. 45-78.

PRIES-HEJE, J./BASKERVILLE, R./VENABLE, J.R. (2008):
Strategies for Design Science Research Evaluation. In: Proceedings of the 16th European Conference on Information Systems (ECIS 2008), Verona, Italien, June 8-10, 2008.

RIEGE, C./SAAT, J./BUCHER, T. (2009):
Systematisierung von Evaluationsmethoden in der gestaltungsorientierten Wirtschaftsinformatik. In (Becker, J./Krcmar, H./Niehaves, B., Hrsg.): Wissenschaftstheorie und gestaltungsorientierte Wirtschaftsinformatik, Physica-Verlag, Heidelberg, S. 69-86.

ROSSON, M.B./CARROLL, J.M. (2002):
Usability Engineering: Scenario-Based Development of Human-Computer Interaction. Morgan Kaufmann Publishers, San Francisco.

RUBIN, J. (1994):
Handbook of Usability Testing: How to Plan, Design and Conduct Effective Tests. John Wiley & Sons, Inc, New York et al.

SCRIVEN, M. (1998):
The New Science of Evaluation. In: International Journal of Social Welfare, Vol. 7, No. 2, S. 79-86.

SIAU, K./ROSSI, M. (2007):
Evaluation techniques for systems analysis and design modelling methods – a review and comparative analysis. In: Information Systems Journal, Vol. 21, No. 3, S. 249-268.

STOCKMANN, R. (2006):
Evaluation und Qualitätsentwicklung – Eine Grundlage für wirkungsorientiertes Qualitätsmanagement. Waxmann Verlag GmbH, Münster.

SUSMAN, G.I./EVERED, R.D. (1978):
An Assessment of the Scientific Merits of Action Research. In: Administrative Science Quarterly, Vol. 23, No. 4, S. 582-603.

WALLS, J.G./WIDMEYER, G.R./SAWY, O.A. (1992):
Building an Information System Design Theory for Vigilant EIS. In: Information Systems Research, Vol. 3, No. 1, S. 36-59.

Evaluation der im WirtschaftsForum Neuwied implementierten prototypischen Web 2.0-Plattform aus Sicht der Technologieakzeptanz

Martina Peris, Nadine Blinn und Markus Nüttgens

Inhaltsverzeichnis

1. Einleitung 269
2. Grundlagen 270
2.1 Wissenschaftstheoretische Grundlagen zur Evaluation 270
2.2 Unified Theory of Acceptance and Use of Technology (UTAUT) 271
3. Evaluation der Web 2.0-Plattform im WirtschaftsForum Neuwied 273
3.1 Evaluationskonzept 273
3.2 Umsetzung und Durchführung 274
4. Ergebnisse 278
4.1 Deskriptive Datenanalyse 278
4.2 Analyse der Ergebnisse 283
5. Zusammenfassung und Ausblick 284

1. Einleitung

Forschungsvorhaben in der Wirtschaftsinformatik, die dem Paradigma der Design Science Forschung folgen, konstruieren sogenannte Artefakte zur Problemlösung.[1] Artefakte können Methoden, Modelle, Konstrukte oder Instanzen sein.[2] Für die Akzeptanz durch den Nutzer ist von entscheidender Relevanz, ob das Artefakt handhabbar und nutzenstiftend ist. Denn nur, wenn das Artefakt einerseits das initiale Problem löst und anderseits verständlich nutzbar ist, schafft es einen Mehrwert für den Anwender.[3] Evaluation dient hierbei der Validierung, ob das entwickelte Artefakt die Bedürfnisse des Anwenders zur Problemlösung erfüllt. Zudem hilft eine strukturierte Evaluation, das Artefakt zu verbessern und somit den Wert für den Anwender zu steigern.[4]

Der vorliegende Beitrag stellt die Evaluation des im Forschungsprojekt KMU 2.0 entwickelten Web 2.0-Bereiches des WirtschaftsForum Neuwied mit Namen Wi.Fox[5] dar. Zunächst werden die wissenschaftstheoretischen Grundlagen dargestellt. Anschließend folgt eine Darstellung des theoretischen Modells, auf dessen Basis die Evaluation stattfindet. Im Kapitel 3 werden anschließend das Untersuchungsdesign sowie die Umsetzung und Durchführung der Evaluation anhand eines Onlinefragebogens behandelt. Die Ergebnisse und deren Analyse werden in Kapitel 4 ausgeführt. Der Beitrag schließt mit einer Zusammenfassung und einem Ausblick.

---

[1] Vgl. *March/Smith* 1995.
[2] Vgl. *March/Smith* 1995.
[3] Vgl. *Hevner et al.* 2004.
[4] Vgl. *Hevner et al.* 2004.
[5] Siehe hierzu ausführlich den Beitrag „Werkzeuge zur IT-gestützten kollaborativen offenen Innovation im WirtschaftsForum Neuwied e.V.“ von *Peris/Blinn/Nüttgens/Ludwig* in diesem Buch.

2. Grundlagen

2.1 Wissenschaftstheoretische Grundlagen zur Evaluation

Das Paradigma der Design Science ist stark technologieorientiert und anwendungsbezogen ausgerichtet.[6] Ergebnisse Design Science orientierter Forschungsvorhaben sind vier verschiedene Ergebnistypen – oder auch Artefakttypen genannt: Konstrukt, Model, Methode und Instanz.[7] Forschung, die gemäß dem Design Science Paradigma ausgeführt wird, besteht aus den grundlegenden Phasen Entwicklung und Evaluation (vgl. Abbildung 1). Die Evaluation dient hierbei der Validierung, ob das entwickelte Artefakt die Bedürfnisse des Kunden zur Problemlösung erfüllt.[8] Die Evaluation kann entweder qualitativ oder quantitativ durchgeführt werden.[9]

Um eine nachhaltige und substanzielle Evaluation zu gewährleisten, fand die Evaluation im Forschungsprojekt KMU 2.0 entwicklungsbegleitend anhand konkreter Problem- und Fragestellungen aus der Praxis statt. Dazu wurden für ausgewählte Anwendungsszenarien prozessorientierte Beschreibungen erstellt und anschließend praxisnahen Testfällen mit Blick auf virtuelle Dienstleistungen unterzogen. Die Akzeptanzbestimmung erfolgte auf Basis der Unified Theory of Acceptance and Use of Technology (UTAUT). Ziel der Analysen war die Untersuchung der zu etablierenden Technologien und Anwendungen in Hinblick auf deren Akzeptanz und Benutzung sowie darauf, inwieweit sie die vorab identifizierten praktischen Problemstellungen lösen.

---

[6] Vgl. *March/Smith* 1995.
[7] Vgl. *March/Smith* 1995.
[8] Vgl. *Hevner* et al. 2004.
[9] Vgl. *Hevner* et al. 2004.

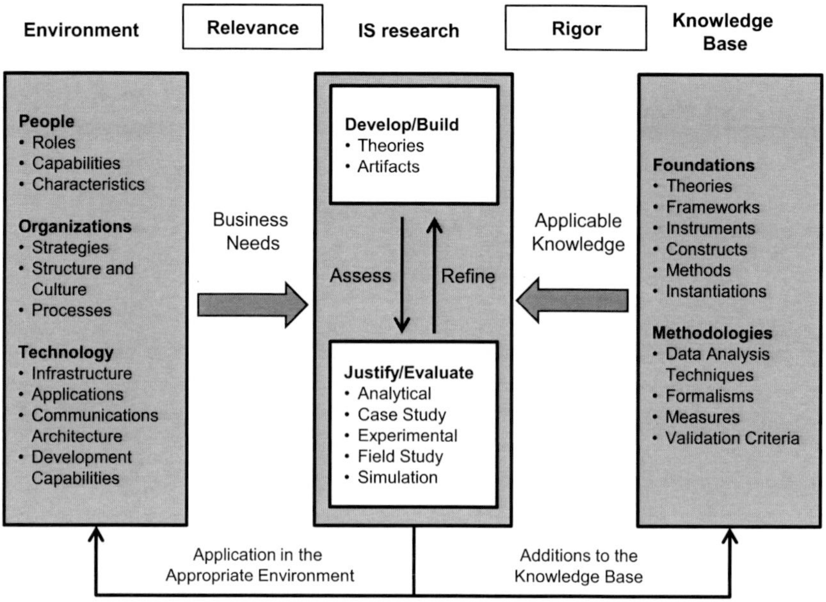

Abbildung 1: Forschungszyklus der Design Science nach *Hevner* et al. 2004

2.2 Unified Theory of Acceptance and Use of Technology (UTAUT)

In der Vergangenheit wurde in der wissenschaftlichen Literatur eine Vielzahl an theoretischen Modellen vorgeschlagen und diskutiert, um ein Verständnis für die Einflussfaktoren der Akzeptanz von Informationstechnologien zu erhalten und somit einen Zugang zum individuellen Nutzungsverhalten zu erlangen.[10] Venkatesh et al. entwickelten 2003 basierend auf einer umfassenden Literaturanalyse zu diesem Thema die Unified Theory of Acceptance and Use of Technology (UTAUT).[11] Sie ist das Ergebnis einer Analyse und eines empirischen Vergleichs von acht theoretischen Modellen für die Erklärung und Vorhersage des individuellen Nutzungsverhaltens. Vier bestimmende Faktoren (Konstrukte) werden dabei für die Verhaltensabsicht und

[10] Vgl. z.B. *Chau* 1996, *Davis* 1989, *Venkatesh* 2000.
[11] Vgl. *Venkatesh et al.* 2003.

das Nutzungsverhalten herausgearbeitet: Performance Expectancy (Leistungserwartung), Effort Expectancy (Aufwandserwartung), Social Influence (Sozialer Einfluss), Facilitating Conditions (Unterstützende Bedingungen). Gender (Soziales Geschlecht), Age (Alter), Experience (Erfahrung) und Voluntariness of Use (Freiwilligkeit der Nutzung) moderieren den Einfluss der vier bestimmenden Faktoren:

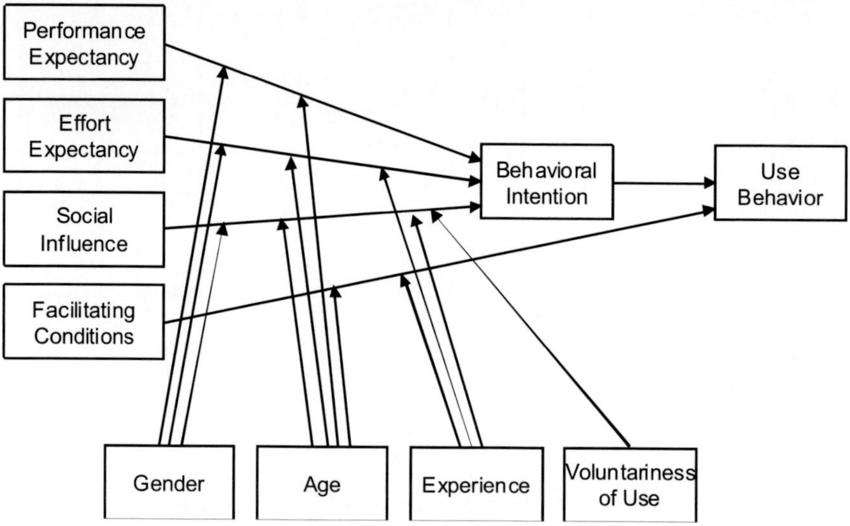

Abbildung 2: UTAUT nach *Venkatesh* et al. 2003

Insgesamt präsentiert das UTAUT-Modell ein stärker komplettiertes Bild der Akzeptanzbestimmung als eines der acht individuellen Modelle in der Lage wäre. Daher wurde es im vorliegenden Forschungsvorhaben im Rahmen der Evaluation als geeignetes Modell erachtet und herangezogen.

3. Evaluation der Web 2.0-Plattform im WirtschaftsForum Neuwied

3.1 Evaluationskonzept

Aus der technischen Perspektive des Forschungsvorhabens[12] erfolgte die Evaluation der entwickelten Artefakte entwicklungsbegleitend entlang des iterativen, partizipativen Vorgehens[13]. Die Implementierung der prototypischen Web 2.0-Plattform kann als Evaluation der erarbeiteten Fach- und Datenverarbeitungskonzepte im Rahmen des mehrstufigen Evaluationskonzeptes betrachtet werden.

Begleitend zur Entwicklung der Web 2.0-Plattform wurde ein Usability-Test[14] durchgeführt. Bei dem Laborversuch lösten künftige Anwender während eines Workshops konkrete Problemstellungen für ausgewählte praxisnahe Anwendungsszenarien an dem entwickelten Prototypen. Um eine möglichst praxisnahe Testumgebung zu schaffen, wurde den Anwendern nicht mitgeteilt, dass es sich um eine Evaluierung handelt. Zu jeder Aufgabe wurde ein Suchresultat definiert, welches die Lösbarkeit der Aufgabe bestimmt. Insbesondere das beobachtete Verhalten der künftigen Anwender zur Lösung der Aufgabenstellung sollte Rückschlüsse auf eventuell vorhandene Schwächen des Fach- und Datenverarbeitungskonzeptes oder dessen prototypischer Implementierung liefern. Die Beobachtungen wurden ergänzt durch ein sich anschließendes Interview (Retrospective Think Aloud)[15]. Dabei gaben die Testpersonen ihre Eindrücke während der Benutzung des Prototypen lautsprachlich wieder. Dieses Vorgehen ergänzt die durch den Beobachter während des Lösens der Aufgabe schriftlich angefertigten Notizen. Die gewonnenen Erkenntnisse flossen als weitere Anforderungen in eine nachfolgende Implementierungs-Iteration ein.

[12] Siehe hierzu den Beitrag „Regionale KMU-Netzwerke, Web 2.0-Anwendungen und kollaborative Innovationen - Arbeitshypothesen eines Forschungsprojektes“ von *von Kortzfleisch/Valcárcel/ Lindermann* in diesem Buch.

[13] Siehe hierzu den Beitrag „Engineering virtueller Dienstleistungen - Entwicklung von Web 2.0-Applikationen für KMU-Netzwerke unter Berücksichtigung mehrdimensionaler Anforderungen“ von *Peris/Blinn/Nüttgens/Wolf* in diesem Buch.

[14] Vgl. *Mariso/Levialdi* 2004, *Nielsen* 1993, *Nielsen* 1994, DIN EN ISO 9241.

[15] Vgl. *Häder* 2006.

Kern des vorliegenden Beitrages ist die nach Abschluss der Implementierung und Einführung des Prototypen[16] durchgeführte Evaluation der Nutzung und Akzeptanz der Web 2.0-Plattform anhand eines standardisierten Fragebogens. Umsetzung, Durchführung und Ergebnisse werden in den folgenden Abschnitten beschrieben.

3.2 Umsetzung und Durchführung

Die Evaluation erfolgte anhand eines gemeinsamen standardisierten Fragebogens für alle drei Forschungsperspektiven.[17] Basis für die modellbasierte Befragung aus der Technologieperspektive bildet eine Adaption der vorgestellten Unified Theory of Acceptance and Use of Technology in den Kontext von Web 2.0-Anwendungen in KMU-Netzwerken.[18] Innerhalb des Fragebogens wurden die relevanten Konstrukte und Moderatorvariablen in Anlehnung an Peris, Nüttgens[19] wie folgt operationalisiert:

Performance Expectancy (PE)		
PE 1	Meiner Meinung nach kann/ könnte der Web 2.0-Bereich „Wi.Fox“ mich dabei unterstützen, ... andere Unternehmen aus dem Netzwerk kennen zu lernen.	Stimme voll zu Stimme eher zu Weiß nicht Stimme eher nicht zu Stimme nicht zu
PE 2	Mir persönlich wird/ würde es über den Web 2.0-Bereich „Wi.Fox“ ermöglicht ... schneller konkrete Experten aus anderen Unternehmen des Netzwerkes zu finden.	Stimme voll zu Stimme eher zu Weiß nicht Stimme eher nicht zu Stimme nicht zu
PE 3	Mir persönlich wird/ würde es über den Web 2.0-Bereich „Wi.Fox“ ermöglicht ... schneller Kontakt zu Mitarbeitern aus anderen Unternehmen aufzunehmen.	Stimme voll zu Stimme eher zu Weiß nicht Stimme eher nicht zu Stimme nicht zu

[16] Siehe hierzu den Beitrag „Von der Kooperation zur Innovation: Anforderungen und Vorgehen in Richtung Web 2.0-gestützter kollaborativer Innovationen in regionalen KMU-Netzwerken“ von *Lindermann/Valcárcel/von Kortzfleisch* in diesem Buch.

[17] Siehe hierzu den Beitrag „Regionale KMU-Netzwerke, Web 2.0-Anwendungen und kollaborative Innovationen - Arbeitshypothesen eines Forschungsprojektes“ von *von Kortzfleisch/Valcárcel/ Lindermann* in diesem Buch.

[18] Vgl. *Peris/Nüttgens* 2011.

[19] Vgl. *Peris/Nüttgens* 2011.

PE 4	Mir persönlich wird/ würde es über den Web 2.0-Bereich „Wi.Fox“ ermöglicht ... mich mit Mitarbeitern aus anderen Unternehmen zu vernetzen.	Stimme voll zu Stimme eher zu Weiß nicht Stimme eher nicht zu Stimme nicht zu
PE 5	Mir persönlich wird/ würde es über den Web 2.0-Bereich „Wi.Fox“ ermöglicht ... mich mit Mitarbeitern aus anderen Unternehmen des Netzwerkes zu aktuellen Problemen des Arbeitsalltags auszutauschen.	Stimme voll zu Stimme eher zu Weiß nicht Stimme eher nicht zu Stimme nicht zu
PE 6	Mir persönlich wird/ würde es über den Web 2.0-Bereich „Wi.Fox“ ermöglicht ... mit anderen Mitarbeitern über neue Ideen zu diskutieren.	Stimme voll zu Stimme eher zu Weiß nicht Stimme eher nicht zu Stimme nicht zu
PE 7	Der Web 2.0-Bereich „Wi.Fox“ ... unterstützt mich insgesamt bei meiner beruflichen Tätigkeit und erhöht somit meine Produktivität.	Stimme voll zu Stimme eher zu Weiß nicht Stimme eher nicht zu Stimme nicht zu
Effort Expectancy (EE)		
EE 1	Die Arbeit mit dem Web 2.0-Bereich „Wi.Fox" ist/wäre für mich klar und verständlich.	Stimme voll zu Stimme eher zu Weiß nicht Stimme eher nicht zu Stimme nicht zu
EE 2	Ich empfinde/empfände die Nutzung des Web 2.0-Bereiches „Wi.Fox" als einfach.	Stimme voll zu Stimme eher zu Weiß nicht Stimme eher nicht zu Stimme nicht zu
EE 3	Es ist/wäre leicht für mich, die Benutzung des Web 2.0-Bereiches „Wi.Fox" zu erlernen.	Stimme voll zu Stimme eher zu Weiß nicht Stimme eher nicht zu Stimme nicht zu
Social Influence (SI)		
SI 1	Kollegen mit Einfluss auf mein Verhalten im Unternehmen sind der Meinung, dass ich den Web 2.0-Bereich „Wi.Fox" nutzen sollte.	Stimme voll zu Stimme eher zu Weiß nicht Stimme eher nicht zu Stimme nicht zu
SI 2	Kollegen, die mir wichtig sind, sind der Meinung, dass ich den Web 2.0-Bereich „Wi.Fox" nutzen sollte.	Stimme voll zu Stimme eher zu Weiß nicht Stimme eher nicht zu Stimme nicht zu

SI 3	Die Geschäftsleitung erlaubt die Nutzung des Web 2.0-Bereiches „Wi.Fox".	Stimme voll zu Stimme eher zu Weiß nicht Stimme eher nicht zu Stimme nicht zu
SI 4	Die Geschäftsleitung unterstützt die Nutzung des Web 2.0-Bereiches „Wi.Fox".	Stimme voll zu Stimme eher zu Weiß nicht Stimme eher nicht zu Stimme nicht zu
Facilitating Conditions (FC)		
FC 1	Ich verfüge über die notwendigen Ressourcen, wie beispielsweise einen Computer mit Internetzugang, um den Web 2.0-Bereich „Wi.Fox" benutzen zu können.	Ja Nein
FC 2	Ich verfüge über das notwendige Wissen, um den Web 2.0-Bereich „Wi.Fox" benutzen zu können.	Stimme voll zu Stimme eher zu Weiß nicht Stimme eher nicht zu Stimme nicht zu
FC 3	Der Web 2.0-Bereich „Wi.Fox" ist vergleichbar mit anderen Programmen, die ich während meiner täglichen Arbeit benutze.	Stimme voll zu Stimme eher zu Weiß nicht Stimme eher nicht zu Stimme nicht zu
FC 4	Eine bestimmte Person oder Gruppe ist bei Problemen mit dem Web 2.0-Bereich „Wi.Fox" erreichbar, z.B. per Telefon, E-Mail oder persönlich.	Stimme voll zu Stimme eher zu Weiß nicht Stimme eher nicht zu Stimme nicht zu
Behavioral Intention (BI)		
BI 1	Ich plane, den Web 2.0-Bereich „Wi.Fox" in den nächsten 2 Monaten zu nutzen.	Stimme voll zu Stimme eher zu Weiß nicht Stimme eher nicht zu Stimme nicht zu
BI 2	Ich bin mir sicher, dass ich den Web 2.0-Bereich „Wi.Fox" in den nächsten 2 Monaten nutzen werde.	Stimme voll zu Stimme eher zu Weiß nicht Stimme eher nicht zu Stimme nicht zu
Use Behavior (UB)		
UB 1	Kennen Sie den Web 2.0-Bereich „Wi.Fox"?	Ja Nein

UB 2	Wie häufig nutzen Sie den Web 2.0-Bereich „Wi.Fox“?	täglich mehrmals pro Woche mehmals pro Monat selten nie

Abbildung 3: Operationalisierung der UTAUT-Konstrukte

Age		
A 1	Zu welcher Altersgruppe gehören Sie?	bis 25 26-35 36-45 45-55 56-65 über 65
Gender		
G 1	Welches Geschlecht haben Sie?	männlich weiblich
Experience		
E 1	Wie häufig nutzen Sie das Internet privat?	täglich mehrmals pro Woche mehrmals pro Monat selten nie
E 2	Wie häufig nutzen Sie das Internet beruflich?	täglich mehrmals pro Woche mehrmals pro Monat selten nie
E 3	Welche der folgenden Anwendungen nutzen Sie privat?	Facebook XING VZ Gruppe Wer-kennt-wen Wikipedia Blogs keine
E 4	Welche der folgenden Anwendungen nutzen Sie beruflich?	Facebook XING VZ Gruppe Wer-kennt-wen Wikipedia Blogs keine

Abbildung 4: Operationalisierung der UTAUT-Moderatoren

Daneben wurde erfragt, welche Position im Unternehmen der Teilnehmer innehat. Antwortmöglichkeiten waren Geschäftsführung, andere leitende Position und Mitarbeiter/-in. Der Fragebogen wurde sowohl online als auch in Papierform an alle Mitgliedsunternehmen des WirtschaftsForums verteilt. Die Befragung erfolgte im Zeitraum von 15.02.2011 bis 01.04.2011. Nachgefasst wurde sowohl schriftlich als auch telefonisch.

4. Ergebnisse

4.1 Deskriptive Datenanalyse

An der Umfrage haben 38 Personen aus den Mitgliedsunternehmen des WirtschaftsForums teilgenommen. Davon haben 27 den Fragebogen komplett abgeschlossen. Nur die 27 abgeschlossenen Fragebögen sind in der nachfolgenden Analyse berücksichtigt. Von den Befragten waren ein Drittel weiblich und zwei Drittel männlich.

Das Alter der Teilnehmer wurde nach Intervallen abgefragt: bis 25 Jahre, 26-35 Jahre, 36-45 Jahre, 46-55 Jahre, 56-65 Jahre und über 65 Jahre. Der Median liegt in der Gruppe der 46-55-jährigen. Die detaillierte Verteilung ist der nachfolgenden Abbildung 5 zu entnehmen:

		Häufigkeiten	Prozent	Kumulierte Prozentwerte
Intervall	bis 25	1	3,7	3,7
	26-35	2	7,4	11,1
	36-45	9	33,3	44,4
	45-55	10	37,0	81,5
	56-65	4	14,8	96,3
	über 65	1	3,7	100,0
	Total	27	100,0	

Abbildung 5: Altersstruktur der Befragten

Mehr als die Hälfte der Teilnehmer (51,9 %) ist als Geschäftsführer tätig. 25,5 % haben eine leitende Position inne und die verbleibenden 22,2 % sind als Mitarbeiter in den Unternehmen des WirtschaftsForum Neuwied tätig.

Um die Routine der Befragten in Bezug auf das Internet und Web 2.0 abzufragen, wurden diverse Anwendungen in Bezug auf private und berufliche Anwendung eruiert. Privat nutzen täglich 79,4 % der Befragten das Internet, 18,5 % davon mehrmals pro Woche und 11,1 % mehrmals pro Monat. Die Antwortmöglichkeiten „selten" und „nie" wurden nicht ausgewählt. Dem gegenüber stehen eine tägliche berufliche Internetnutzung bei 92,6 % der Befragten und eine mehrmalige wöchentliche Nutzung bei 7,4 % der Befragten. Die private Nutzung der Web 2.0-Anwendungen wurde binär abgefragt („ja" oder „nein") und ist wie folgt verteilt („Ja"- Antworten):

- Facebook: 48,1 %
- Xing: 22,2 %
- VZ-Gruppe: 0 %
- Wer-kennt-wen: 44,4 %
- Wikipedia: 81,5 %
- Blogs: 11,1 %
- Keine der genannten Anwendungen werden von 14,8 % der Befragten benutzt.

Beruflich stellt sich die Verteilung wie folgt dar:

- Facebook: 25,9 %
- Xing: 25,9 %
- VZ-Gruppe: 0 %
- Wer-kennt-wen: 7,4 %
- Wikipedia: 66,7 %
- Blogs: 14,8 %
- Keine der genannten Anwendungen werden von 25,9 % der Befragten benutzt.

Der Web 2.0-Bereich Wi.Fox ist etwas mehr als der Hälfte (59,3 %) der Umfrageteilnehmer bekannt. Von den Teilnehmern, die Wi.Fox kennen, nutzen 50% Wi.Fox mehrmals pro Monat, 43,75 % selten und 6,25 % nie. Die Antwortmöglichkeiten „täglich“ und „mehrmals pro Woche“ wurden nicht genutzt. Nahezu allen Umfrageteilnehmern (96,3 %) stehen die notwendigen Ressourcen (Computer mit Internetzugang) zur Verfügung, um Wi.Fox nutzen zu können.

Im weiteren Verlauf wurden die Teilnehmer nach ihrem Grad der Zustimmung zu verschiedenen Absichten befragt. 44, 4 % stimmen voll zu, dass sie in den nächsten 2 Monaten beabsichtigen, Wi.Fox zu nutzen. 22, 2 % stimmen eher zu und 3,7 % stimmen eher nicht zu. Etwa ein Drittel der Befragten (29,6 %) ist unentschlossen.

Auf die Frage, ob sie Wi.Fox mit Sicherheit in den nächsten 2 Monaten nutzen werden, stimmte ein Drittel (33,3 %) der Befragten voll zu, ebenso ein Drittel eher zu. Knapp ein Viertel (25,9 %) ist unentschlossen und 7,4 % gehen davon aus, Wi.Fox im benannten Zeitraum nicht zu nutzen.

Der Einfluss von Kollegen, die auf die Befragten innerhalb des Unternehmens Einfluss nehmen können, ist in Bezug auf die Nutzungsabsicht wie folgt verteilt: 7,4 % stimmen voll und ganz zu, dass einflussreiche Kollegen die Nutzungsabsicht beeinflussen. 18,5 % stimmen eher zu, sind indifferent oder stimmen eher nicht zu. Über ein Drittel (37 %) stimmen überhaupt nicht zu, dass einflussreiche Kollegen die Nutzung des Web 2.0-Bereiches Wi.Fox beeinflussen können.

Ebenfalls 37 % der Befragten stimmen überhaupt nicht zu, dass Kollegen, die ihnen wichtig sind, die Nutzung des Wi.Fox beeinflussen können. 11,1 % stimmen dieser Aussage eher nicht zu, 18,5 % sind indifferent. Etwa ein Viertel (25, 9 %) stimmen dieser Aussage eher zu und 7,4 % stimmen voll und ganz zu.

Mehr als die Hälfte der Befragten (59,3 %) stimmt der Aussage voll zu, dass die Geschäftsleitung die Nutzung des Wi.Fox erlaubt. 18,5 % stimmen dieser Aussage eher zu. 14,8 % sind indifferent und 7,4 % stimmen dem zu. 44,4 % der Befragten stimmen der Aussage voll zu, dass die Geschäftsleitung die Nutzung des Wi.Fox unterstützt. 22,2% stimmen dieser Aussage eher zu. Ebenso 22,2 % sind indifferent und 7,4 % stimmen dem eher nicht zu und 3,7 % stimmen nicht zu.

Der nachfolgende Fragekomplex eruiert die erwarteten Unterstützungsleistungen von Wi.Fox:

	Stimme voll zu	**Stimme eher zu**	**Weiß nicht**	**Stimme eher nicht zu**	**Stimme nicht zu**
Wi.Fox bietet Unterstützung, andere Unternehmen im WirtschaftsForum kennen zu lernen	51,9 %	40,7 %	3,7 %	3,7 %	0
Wi.Fox bietet Unterstützung, Experten im WirtschaftsForum zu finden	25,9 %	44,4 %	25,9 %	3,7 %	0
Wi.Fox unterstützt bei der schnellen Kontaktaufnahme zu Mitarbeitern anderer Unternehmen des WirtschaftsForums	25,9%	48,1 %	22,2 %	3,7 %	0
Wi.Fox unterstützt die Vernetzung zwischen Mitarbeitern aus anderen Unternehmen	22,2 %	59,3 %	14,8 %	3,7 %	0
Wi.Fox unterstützt den Austausch zwischen Mitarbeitern aus anderen Unternehmen	11,1 %	55,6 %	22,2 %	11,1 %	0
Wi.Fox unterstützt die Diskussion von Ideen	18,5 %	48,1 %	22,2 %	11,1 %	0
Wi.Fox steigert meine Produktivität	11,1 %	33,3 %	25,9 %	25,9 %	3,7 %

Abbildung 6: Unterstützung des Web 2.0-Bereiches Wi.Fox

Der nachfolgende Fragekomplex eruiert die Benutzbarkeit von Wi.Fox:

	Stimme voll zu	**Stimme eher zu**	**Weiß nicht**	**Stimme eher nicht zu**	**Stimme nicht zu**
Die Arbeit mit dem Wi.Fox ist klar und verständlich.	22,2 %	48,1 %	29,6 %	0	0
Die Nutzung des Wi.Fox ist einfach.	25,9 %	44,4 %	29,6 %	0	0
Die Bedienung des Wi.Fox ist für mich einfach erlernbar.	40,7 %	48,1 %	11,1 %	0	0
Ich verfüge über das notwendige Wissen, um den Web 2.0-Bereich „Wi.Fox" benutzen zu können.	37,0 %	40,7 %	22,2 %	0	0
Der Web 2.0-Bereich „Wi.Fox" ist vergleichbar mit anderen Programmen, die ich während meiner täglichen Arbeit benutze.	22,2 %	48,1 %	18,5 %	7,4 %	3,7 %
Eine bestimmte Person oder Gruppe ist bei Problemen mit dem Web 2.0-Bereich „Wi.Fox" erreichbar, z.B. per Telefon, E-Mail oder persönlich.	25,9 %	37 %	37 %	0	0

Abbildung 7: Benutzbarkeit des Web 2.0-Bereiches Wi.Fox

Um die Reliabilität der Fragen in Bezug auf die zu messenden UTAUT-Konstrukte zu bewerten, wird Cronbach's α[20] ermittelt (Abbildung 8).

UTAUT-Konstrukt	**Cronbach's α**	**Anzahl Items**
Leistungserwartung	0,888	7 (PE 1 - PE 7)
Aufwandserwartung	0,906	3 (EE 1 - EE 3)
Sozialer Einfluss	0,650	4 (SI 1 - SI 4)
Unterstützende Bedingungen	0,651	4 (FC 1 - FC 4)
Verhaltensabsicht	0,940	2 (BI 1- BI 2)

Abbildung 8: Cronbach's Alpha für die UTAUT-Konstrukte

[20] Vgl. *Eckstein* 2008.

Im Allgemeinen gilt ein α größer 0,6 als verlässlicher Wert, um die Reliabilität zu messen.[21] Für das Wi.Fox-UTAUT-Modell, bedeutet dies, dass die Konstrukte Leistungserwartung, Aufwandserwartung und Verhaltensabsicht verlässlich abgebildet sind.

Um Zusammenhänge zwischen verschiedenen Aussagen treffen zu können, wurde der so genannte Chi-Quadrat-Test[22] durchgeführt. Mit dem ersten Test soll überprüft werden, ob der Bekanntheitsgrad von Wi.Fox davon abhängt, welche Position der Befragte im Unternehmen hat. Das Ergebnis des Chi-Quadrat-Tests besagt: Pearson Chi-Square 9,347, p=0,009. Cramer's V zeigt mit 0,588 eine mittelstarke Korrelation. Somit hängt derzeit die Bekanntheit des Wi.Fox von der Position des Befragten im Unternehmen ab.

In einem zweiten Chi-Quadrat-Test wurde geprüft, ob die Nutzungsabsicht des Wi.Fox davon abhängt, welche Position im Unternehmen der Befragte hat? Der Test hat folgendes Ergebnis hervorgebracht: Pearson Chi-Square 16,152, p=0,013. Cramer's V zeigt mit 0,547 eine mittelstarke Korrelation. Somit hängt derzeit auch die Nutzungsabsicht des Wi.Fox davon ab, welche Position der Befragte im Unternehmen hat.

4.2 Analyse der Ergebnisse

Bei den Umfrageteilnehmern dominieren die männlichen Teilnehmer. Diese haben in doppelt so starkem Umfang teilgenommen wie weibliche Teilnehmer. Mehr als die Hälfte der Teilnehmer ist zwischen 36 und 55 Jahren alt. Der Median der Verteilung liegt im Intervall der 45- bis 55-Jährigen. Mehr als die Hälfte der Teilnehmer ist als Geschäftsführer tätig. Dies ist bei der Interpretation der folgenden Daten zu berücksichtigen.

---

[21] Vgl. *Eckstein* 2008.
[22] Vgl. *Field* 2009.

Die Internetnutzung ist sowohl im privaten (79,4%) als auch im beruflichen (92,6%) Bereich als tägliche Routine anzusehen. Sowohl privat als auch beruflich sind die Befragten mit Web 2.0-Anwendungen betraut. Im privaten Bereich ist Wikipedia das meistgenutzte Instrument (81,5 %), gefolgt von Facebook (48,1 %) und Wer-kennt-wen (44,4 %). Beruflich dominiert ebenfalls Wikipedia (66,7 %), gefolgt von Facebook, Xing und Diskussionsforen (jeweils 25,9 %). Die Ergebnisse (jeweils 0%) der VZ-Gruppe sind womöglich dadurch zu erklären, dass der Begriff VZ-Gruppe den Befragten nicht geläufig war.

Mehr als die Hälfte der Befragten (59,3 %) kennt Wi.Fox, hiervon nutzt ihn die Hälfte mehrmals pro Monat. Sowohl der Bekanntheitsgrad als auch die Nutzungshäufigkeit des Wi.Fox sind ausbaubar, denn die notwendigen Ressourcen stehen nahezu allen Befragten (96,3 %) zur Verfügung. Etwas weniger als die Hälfte (44,4 %) plant die Nutzung des Wi.Fox in den nächsten 2 Monaten, jedoch nur 33 % mit Sicherheit.

Interessant ist die Erkenntnis, dass sich ein großer Teil der Befragten weder durch einen einflussreichen noch durch einen persönlich als wichtig wahrgenommen Kollegen in der Nutzung von Wi.Fox (33,3 % bzw. 37 %) beeinflussen lässt. Die Möglichkeiten in Bezug auf eine Unterstützung beim Herstellen von Kontakten und den Austausch von Ideen werden überwiegend positiv wahrgenommen (je über 40%). In Bezug auf die Benutzbarkeit von Wi.Fox gibt es keine negativen Einschätzungen. Die eigenen Web 2.0-Anwendungskenntnisse werden als hoch eingeschätzt.

5. Zusammenfassung und Ausblick

Ziel des vorliegenden Beitrages war die Darstellung der Evaluation des im Rahmen des Forschungsprojektes KMU 2.0 entwickelten Web 2.0-Bereiches des Wirtschafts-Forum Neuwied (Wi.Fox). Als theoretische Basis diente die Unified Theory of Acceptance and Use of Technology (UTAUT), ein Modell zur Bestimmung der individuellen Technologieakzeptanz. Zusammenfassend lässt sich feststellen, dass eine hohe Leistungserwartung und positive Wahrnehmung der Nutzbarkeit unter den Befragten vorzufinden sind. Die Analyse der Befragungsergebnisse zeigt weiterhin, dass die Bekanntheit von Wi.Fox und die Nutzungsabsicht davon abhängen, welche

Position der Befragte im Unternehmen hat. Weiterer Forschungsbedarf besteht in der Analyse der Langzeitnutzung in Verbindung mit der Untersuchung, inwiefern sich Alter, Geschlecht und Erfahrung auf die individuelle Technologieakzeptanz und tatsächliche Nutzung auswirken.

Literaturverzeichnis

CHAU, P.Y.K. (1996):
An empirical assessment of a modified technology acceptance model. In: Journal of Management Information Systems, 13 (2), S. 185-204.

DAVIS, F.D. (1989):
Perceived usefulness, perceived ease of use, and user acceptance of information technology. In: MIS Quarterly 13 (3), S. 319-340.

DIN EN ISO 9241:
Ergonomie der Mensch-System-Interaktion, Teil 11: Anforderungen an die Gebrauchstauglichkeit – Leitsätze.

ECKSTEIN, P. (2008):
Angewandte Statistik mit SPSS: Praktische Einführung für Wirtschaftswissenschaftler. Wiesbaden, Gabler.

FIELD, A. (2009):
Discovering statistics using SPSS, Third Edition. Thousand Oaks, Sage.

HÄDER, M. (2006):
Empirische Sozialforschung - eine Einführung, Lehrbuch. Wiesbaden: VS Verlag für Sozialforschung.

HEVNER, A.R./MARCH, S.T./PARK, J./RAM, S. (2004):
Design science in information systems research, Management Information Systems Quarterly, 28, 1, S. 75-105.

MARCH, S.T./SMITH, G.F. (1995):
Design and natural science research on information technology, Decision Support Systems, 15, S. 251-266.

MARSICO, M./LEVIALDI, S. (2004):
Evaluating web Webseiten: exploiting user's expectations. In: International Journal of Human-Computer Studies 2004, Volume 60, Issue 3.

NIELSEN, J. (1993):
Usability Engineering. San Diego, Academic Press, Inc.

NIELSEN, J. (1994):
Heuristic evaluation. In Nielsen, J./Mack, R.L. (Eds.), Usability Inspection Methods, John Wiley & Sons, New York.

PERIS, M./NÜTTGENS, M. (2011):
Anwendung der Unified Theory of Acceptance and Use of Technology zur Akzeptanzbestimmung von Web 2.0-Anwendungen in KMU-Netzwerken, in: Maier, R. (Hrsg.): Proceedings of the 6th Conference on Professional Knowledge Management, Workshop Enterprise 2.0 – Mehr Erfolg mit Web 2.0 im Unternehmen, Innsbruck, 21.-23. Februar 2011, LNI Vol. P-182, S. 88-97.

VENKATESH, V./DAVIS, F.D. (2000):
A theoretical extension of the technology acceptance model: four longitudinal field studies. In: Management Science, 2000, 46 (2), S. 186-204.

VENKATESH, V./MORRIS, M.G./DAVIS, G. B./DAVIS, F.D. (2003):
User acceptance of information technology: Toward a unified view, MIS Quarterly, 2003, 27, 3, S. 425-478.

Neue Anforderungen an das Management von Kreativität und Diffusion – offene Strategiemodelle für regionale KMU-Netzwerke

Harald F.O. von Kortzfleisch

Inhaltsverzeichnis

1. Offenheit versus Geschlossenheit: Ein Gegensatz als Merkmal innovationsbezogener Managementstrategien

Kreativität für neuartige Ideen (Inventionen) und deren notwendige Diffusion im Markt (Innovationen) sind zentrale Konzepte im Innovationsmanagement. Die Dynamik der kreativen Prozesse wurde – wie im einleitenden Beitrag bereits herausgestellt – schon sehr früh von Wallas[1] mit den Phasen der „Preparation", „Incubation", „Illumination" und „Verification" beschrieben. Tassoul und Buijs[2] weisen ferner darauf hin, dass innerhalb jeder dieser frühen Phasen im Innovationsprozess zwischen divergenten, d. h. viele Möglichkeiten zulassenden, und konvergenten, sich auf das Wesentliche beschränkenden Verhaltensweisen zu unterscheiden ist. Das **Spannungsverhältnis zwischen Offenheit und Geschlossenheit** ist somit von je her charakteristisch für Innovationsprozesse und deren Management.

Seit einigen Jahren wird nun auch eine systematische Öffnung für externe Quellen wie Kunden, Zulieferer, Universitäten oder teilweise auch Mitbewerber gefordert. Diese Thematik wird innerhalb der betriebswirtschaftlichen Forschung unter dem Begriff **Open Innovation** diskutiert.[3] Das Paradigma eines traditionellen innerbetrieblichen und geschlossenen Forschungs- und Entwicklungsbetriebs wird darin zugunsten eines gemeinsamen, kollaborativen Prozesses zwischen Partnern aufgelöst. Die Vorteile eines offenen Ansatzes liegen sowohl in einer durch externes Wissen angereicherten gemeinsamen Wissensbasis, einer dadurch zunehmenden Flexibilität, als auch in einer Ausweitung des möglichen Ideenreichtums sowie insgesamt in einer Erhöhung der Innovationskraft.

Die Heranführung externer Stakeholder in der beschriebenen offenen Form zeigt sich grundsätzlich auch bei der Etablierung von **regionalen KMU-Netzwerken**. Deren mediatisierte Kommunikation über Web 2.0-basierte Anwendungen (Foren, Blogs, Social Networking Sites, Interaktive Webshops, etc.) bietet nun insbesondere das

---

[1] Siehe *Wallas* 1926.
[2] Siehe *Tassoul/Buijs* 2007.
[3] Siehe *Reichwald/Piller* 2009, *Chesbrough* 2003, *Gassmann/Enkel* 2006.

Potenzial für offene Strategiemodelle mit Blick auf das Innovationsmanagement in solchen Netzwerken.

Offene Strategiemodelle für regionale KMU-Netzwerke sind von geschlossenen grundsätzlich zu unterscheiden. Die grundsätzliche Unterscheidung in offene (dialogisch-dynamische) und geschlossene (monologisch-statische) Modelle für Managementstrategien lässt sich – in Anlehnung an Gebert[4] – grundlegend auf die Unterscheidung von Popper[5] in eine offene und eine geschlossene Gesellschaft zurückführen.[6] Den Autoren folgend stehen die Vor- und Nachteile von freiheitlichen, dialogisch-dynamischen Modellen, die sich – soziologisch betrachtet – in Rede und Gegenrede ausdrücken, den Vor- und Nachteilen geordneter, monologisch-statischer Gestaltungsmodelle gegenüber, die sich in der Rede von (herrschenden) Einzelnen ausdrücken.

Vollkommen **geschlossene Modelle** sind aus organisatorischer Sicht und in den Worten Mintzbergs[7] gleichzustellen mit der „machine bureaucracy" („Maschinenbürokratie"). Die Variablen der „machine bureaucracy" lassen sich in loser Reihenfolge wie folgt auch auf KMU-Netzwerke übertragen: isolierte funktionale Arbeitsteilung mit hoher Spezialisierung zwischen den Partnern; vorwiegende Koordination durch (Routine-)Programme; hoher Grad an Entscheidungszentralisation bei der Netzwerkzentrale; Top-down-Gestaltung; Fremdgesteuertheit; hohe Kontrollintensität; geringe Freiräume; hohe Sachorientierung; intensive Formalisierung; IKT-Einsatz zur Automatisierung/ Elektrifizierung bestehender Abläufe; Konzentration von entcheidungsrelevanten Fachkompetenzen auf den oberen, netzwerkzentralen Ebenen; rein auf operative Umsetzung ausgerichtete hierarchisch unten liegende Netzwerk-Ebenen.

Offene Modelle kehren die Ausprägungen der genannten Variablen geradezu ins Gegenteil: durch Interaktion bestimmte und eingeschränkt funktionale Arbeitsteilung;

[4] Siehe *Gebert* 2000; *Gebert/Boerner* 1995.
[5] Siehe *Popper* 1992a; *Popper* 1992b.
[6] Siehe ausführlich *von Kortzfleisch* 2004; ebenso für die folgenden Ausführungen und überwiegend wörtlich.
[7] Siehe *Mintzberg* 1979.

dezentrale Koordination durch situative Entscheidungen der Netzwerkpartner, hohes Maß an Selbstorganisation et cetera. Mintzberg spricht in diesem Zusammenhang auch von „Adhocracy".

Da beide Gestaltungsmodelle sowohl **Vor- als auch Nachteile** umfassen, die operativ das Spannungsfeld zwischen Stabilität und Flexibilität bestimmen, liegt der Wunsch nach einem Gestaltungsmodell nahe, welches vollkommen offen/flexibel *und zugleich* vollkommen geschlossen/stabil ist. Allerdings würde hier miteinander Unvereinbares beziehungsweise Unverträgliches angestrebt, weil sich das Spannungsverhältnis zwischen besagten Vor- und Nachteilen nicht auflösen lässt.

Insofern ging es im Forschungsvorhaben KMU 2.0 auch nicht um die (dialektische) Auflösung der Gegensätzlichkeiten, sondern um das Finden von Übereinkünften durch gegenseitige Zugeständnisse, um „balancierende Kompromisse" bei der Herleitung von offenen im Spannungsverhältnis zu geschlossenen Managementstrategien. Hierzu die wissenschaftlichen Grundlagen zu legen und verschiedene Formen der strategischen Balancierung für regionale KMU-Netzwerke vorzustellen, ist das Ziel des vorliegenden Beitrags.

2. Notwendigkeit und Wesen der Balancierung zwischen offenen und geschlossenen Strategiemodellen

2.1 Notwendigkeit einer kompromissorientierten Balancierung

Das kompromissorientierte Oszillieren zwischen offenem und geschlossenem Strategiemodell lässt sich als eine Art **Pendelschlag** verstehen, der ins Gleichgewicht gebracht werden soll.[8] Gebert und Boerner[9] betonen, dass der Begriff „Pendelschlag" nicht als deterministisch wirkende Naturgesetzmäßigkeit verstanden werden darf. Zudem sei nochmals betont, dass es bei den Bemühungen um

[8] Vergleiche in einem anderen Zusammenhang ähnlich *Betancourt* 2001, S. 6.
[9] Vgl. *Gebert/Boerner* 1995, S. 110.

Balancierung nicht darum geht, das Pendel auf einer irgendwo höheren, integrierenden oder sonstwie auflösenden Ebene zum Stillstand kommen zu lassen. Vielmehr ist das Pendel – zumindest unmerklich – fortwährend in Bewegung oder auf dem Weg dorthin.

Der Grund hierfür liegt darin, dass mit jedem der beiden sich gegenüberstehenden Gestaltungsmodelle, sowohl mit dem offenen als auch mit dem geschlossenen, Vor- *und* Nachteile verbunden sind. Aus Sicht der jeweiligen Nachteile sind die Vorteile des Gegenmodells immer besonders anziehend und bewirken eine entsprechende Nachfrage nach eben diesem Gegenmodell. Innerhalb dieser „logic of attraction“[10] kann Balancierung im übertragenen Sinne als „active circulation of energy, rather than a static state of balance“[11] aufgefasst werden.

Genauso wenig bietet es sich an, auf Dauer nur eines der beiden Gestaltungsmodelle zu verfolgen und dort auf die jeweiligen Vorteile zu setzen. Denn es handelt sich nicht nur um zwei sich tendenziell ausschließende, sondern um in polarer Wechselbeziehung zueinander stehende Gegensätze, was in den jeweiligen (!) Vor- und Nachteilen beim geschlossenen und beim offenen Modell zum Ausdruck kommt.

2.2 Wesen einer kompromissorientierten Balancierung

Zur Bestimmung des generellen Wesens der Balancierung zwischen offenem und geschlossenem Gestaltungsmodell bietet sich die „**Trialektik**“ an,[12] wie sie konzeptuell von Ichazo[13] entwickelt und von Horn[14] sowie Ford und Backoff[15] und eben Ford und Ford[16] erweitert wurde. Unterschieden wird die Trialektik“ von der Formalen Logik und der Dialektik.

[10] *Ford/Ford* 1994, S. 764 ff.
[11] *Ford/Ford* 1994, S. 766.
[12] Vgl. zum Folgenden überwiegend *Ford/Ford* 1994, S. 759 ff.
[13] Siehe *Ichazo* 1982; 1976.
[14] Siehe *Horn* 1983
[15] Siehe *Ford/Backoff* 1988.
[16] Siehe *Ford/Ford* 1994.

Unter „Logik“ versteht Horn „the underlying assumptions, deeply held, often unexamined, which form a framework within which reasoning takes place“.[17] Dieser Rahmen bietet einen inhaltsbezogenen Zusammenhang für das nach allgemeinen Regeln verfahrende Denken, Fühlen, Argumentieren und Handeln.

Formale Logik stellt sich als „logic of identity“ dar. Die Identität, das unverwechselbare „Selbst“ von etwas (A), entspringt der Unterscheidung durch einen Beobachter zwischen diesem Etwas und Etwas-Anderem (Nicht-A). Identität ist „entweder/oder“. Beispielsweise zeigt sich für den Beobachter die Verschiedenheit zwischen einem organisatorischen Netzwerk und seiner Umwelt als erkennbare Grenze: Umwelt ist Nicht-Netzwerk und umgekehrt. Das bedeutet gleichzeitig, dass das Vorhandensein von Etwas ausschließlich dieses Etwas betrifft, es kann nicht Etwas-Anderes sein oder werden. Identität aus Sicht der formalen Logik bringt gleichzeitig Dauerhaftigkeit und Stabilität mit. „This does not mean that there is absolutely no change, but that the ‘essence’ or ‘deep structure’ of the entity remains unchanged. Continuity, then refers to the unchanging essence, which is the relatively fixed or permanent quality of an entity”.[18]

Wandel ist aus Sicht der formalen Logik demnach ein Widerspruch in sich. Er kann nur stattfinden, wenn Etwas (A) *durch* Etwas-Anderes (Nicht-A, sondern B) *ersetzt* wird. Dieses Andere (B) befindet sich dabei tendenziell auf dem gegenüberstehenden Ende der möglichen Bandbreite des Ersetzens.

Dialektik zeigt sich – in einer Art kleinster gemeinsamer Nenner über die verschiedenen Auffassungen zur Dialektik[19] – als „logic of contradiction“. Wandel entsteht aus dem Konflikt zwischen zwei sich gegenüberstehenden Kräften, zwischen These und Antithese. Die Quelle für Wandel entspringt dem internen Spannungsverhältnis zwischen Behauptung und Gegenbehauptung, das heißt der Unruhe zwischen gleichzeitig aufeinandertreffenden Gegenteilen. Ab einem gewissen Zeitpunkt ist es nicht mehr möglich, die Spannungen im Gleichgewicht zu halten, so dass sie durch

[17] *Horn* 1983, S. 1.
[18] Ford/Ford 1994, S. 760.
[19] Siehe ausführlich *Rychlak* 1976.

sich selber in einen neuen Zustand, die Synthese (als „beides/und“ von A und Nicht-A), übergehen. Die Vereinigung von Gegensätzen im Wandel zu einem höheren Ganzen führt dazu, dass weder die These noch die Antithese weiter Bestand haben. Sie gehen beide in der Synthese auf. Einflüsse von außen können zur Synthese beitragen, sie sind aber für sie nicht vorrangig ausschlaggebend. Hierdurch lässt sich erklären, warum einige Unternehmungen auf die Veränderungen in der Umwelt reagieren und andere nicht. Zudem lässt sich erklären, warum die Reaktionen unterschiedlich ausfallen können.

Trialektik folgt der „**logic of attraction**“. Mit ihr wird nicht das Ziel verbunden, Formale Logik oder Dialektik zu ersetzen, sondern beide vielmehr zu ergänzen und zu vervollkommnen. Zu diesem Zweck wird die folgende Begrifflichkeit entworfen, um „trialektischen Wandel“ zu verdeutlichen:

- „material manifestation point“,
- „equilibrium“,
- „mutation“,
- „active“ und
- „attractive“.

Die Trialektik kennt keine anderen „Dinge“ auf dieser Welt als Wandel oder Veränderung. In der Welt feststellbare und dem Anschein nach in Bezug auf ihre Umwelt verhältnismäßig fest und dauerhaft wirkende Modell sind nichts weiteres als Aufnahmen des Augenblicks einer sich fortwährend in Bewegung befindlichen Welt. Diese Zustände „bewegter Ruhe“ („static dynamics“) werden als *„material manifestation points*“ („erkennbare materielle Zustände“) bezeichnet. Sie beruhen auf der Idee, dass Materie und Energie (als der „Gehalt“ des Kosmos') ineinander umwandelbar sind. Das materielle, zustandsgebunden-punktuelle Zutagetreten von Energie umfasst beobachtbare Erscheinungsformen, welche gemeinhin als „Sache“ oder „Ereignis“ bezeichnet werden. Diese Ruhepunkte verkörpern ein energetisches Gleichgewicht innerhalb eines allumfassenden Energieflusses. Sie können von physikalischer, geistiger, emotionaler oder verhaltensorientierter Natur sein. Zu ihnen gehören jeweils desgleichen alle Wechselbeziehungen mit dem Rest der Welt. Mit Blick auf Organisationen lassen sich die beobachtbaren Erscheinungsformen als voneinander abhängige und gegenseitig über Information und Kommunikation in Wechselbeziehung miteinander stehende Netzwerke materiell erkennbarer Zustände verstehen, etwa in Form von Individuen, Gruppen, Strukturen, Prozessen, Abteilungen, Aufgaben, Kulturen, Partnerschaften, Versammlungen und so weiter.

„*Equilibrium*" („Gleichgewicht") wird üblicherweise als Balance zwischen zwei Gewichten, Tendenzen, Richtungen und so weiter verstanden. Vom Standpunkt der Trialektik aus gesehen ist „equilibrium" gemäß D'Andrade und Johnson[20] das Gleichgewichthalten eines im übertragenen Sinne aktiven und sich in Bewegung befindlichen, fließenden Energiekreislaufs. Dieser Kreislauf ist für die anscheinende Stabilität materieller Zustände verantwortlich. Wird er durch die Interaktion mit verschiedenen materiell erkennbaren Zuständen aufgrund reinkommender oder rausgehender Energie unterbrochen, dann „springt" dieser Zustand in einen anderen (gewandelten) Zustand über. Wandel entsteht weder durch Ersatz (wie in der Formalen Logik) noch durch interne Auseinandersetzungen (wie in der Dialektik), sondern durch sich verlagernde Energieflüsse. Nicht die dialektische Sichtweise, dass sich alles andauernd wandelt, steht im Vordergrund, sondern die trialektische Auffassung, dass alles Wandel *ist*, wobei der Energiefluss es vermag, als Zustand sichtbar zu werden, welche Ausprägung er auch immer annimmt.

Der Sprung von einem Zustand in einen anderen wird als „*mutation*" bezeichnet. „(E)ven though the process may appear continous, it is in fact discontinous. There are precise moments of change which are not the result of quantity becoming quality, as would be asserted by dialectical theoreticians [...]".[21] Wandel aus trialektischer Sicht ist zusammenhangslos, diskontinuierlich.[22]

Kennzeichnend für einen solchen Wandel sind bestimmte Anziehungs- und Tätigkeits- beziehungsweise Bereitschaftspotenziale, „*attractives*" und „*actives*" genannt.

---

[20] Siehe *D'Andrade/Johnson* 1983.
[21] *Ichazo* 1982, S. 27.
[22] Zum Management von Diskontinuitäten siehe auch *Ansoff* 1976.

„*Attractives* are like magnets in that they attract, draw or pull things toward them. We have all had the experience of being drawn or attracted to something or someone (e.g., food, people, a vision). They were attractive. But attractives are only attractive to things that are '*active'* (i.e., things that are looking for, listening for, or open to what is being offered, made available, or given off by the attractive). […] Things are attractive to people because they are 'active' with respect to these things; there is no attractive without an active".[23]

Die Beziehungen zwischen den beobachtbaren, das heißt für Beobachter erkennbaren Zuständen bestehen aus (energetischen) Anziehungs- und Bereitschaftspotenzialen. Identität speist sich insofern nicht aus Gegensätzlichkeiten, sondern Wesensgleichheit, beziehungsweise das Selbst lässt sich als zeitweiliges Gleichgewicht eines Netzwerks von gegenseitig über kreisende Energieflüsse verbundenen Abhängigkeiten, das heißt von **spannungsgeladenen wechselseitigen Beziehungen**, verstehen. „For this reason, trialecticians use the term *apparent opposites* to clarify that entities only *appear* to be oppositional from the perspective of an observer, when in fact they are a part of a larger whole that relates them".[24]

Trialektik bietet verschiedene Ansatzpunkte für die Verbindung des offenen mit dem geschlossenen Gestaltungsmodell :

- Das offene Modell oder das geschlossenen Modell jeweils für sich betrachtet zeigen sowohl Vor- als auch Nachteile, die nicht als Gegensätze zu verstehen sind, sondern spannungsgeladene Gleichgewichte für das jeweilige Modell zulassen.

- Innerhalb der jeweiligen Modelle und ebenso zwischen ihnen können ganz unterschiedliche Gleichgewichtszustände angenommen werden, je nachdem, welche Bereitschaften für bestimmte Vor- oder Nachteile in die eine Richtung vorhanden sind und welche Anziehungskräfte bestimmte Vor- oder Nachteile von der anderen Richtung her ausüben.

[23] *Ford/Ford* 1994, S. 768; Kursivhervorhebungen durch den Verfasser.
[24] *Ford/Ford* 1994, S. 770.

- Erfolgt ein Sprung von einem Gleichgewichtszustand in einen anderen, dann befindet sich der neue Zustand wiederum in einem spannungsgeladenen Gleichgewicht zwischen neuen Vor- und Nachteilen: „Attraction [...] can be to positive and negative states, and jumps [...] can have both negative and positive consequences".[25]

Hinzu kommt, dass es im Rahmen der Trialektik möglich ist, aktiv in die Bereitschafts- und Anziehungspotenziale einzugreifen: "In trialectics, we as observers or change agents, are free to create and alter the result, what is active and attractive, and what function will relate them to each other, thereby making a variety of changes possible".[26] Insofern ist hier konzeptuell eine Balancierungsstrategie gefestigt, die dem offenen Gestaltungsmodell grundsätzlich Vorrang vor dem geschlossenen Gestaltungsmodell einräumt, letztgenanntes aber zwecks Dauerhaftigkeit des offenen Modells zulässt.

3. Formen der Balancierung zwischen offenen und geschlossenen Strategiemodellen

In ihrem Beitrag „Organizing for Innovation" entwickelt ebenso Dougherty[27] die Behauptung, dass es zur Förderung innovativen Verhaltens auf die Verbindung von ausgedehntem selbstbestimmten Handlungsspielraum und klarer Orientierung ankommt. Mit Bezug auf den Forschungs- und Entwicklungsbereich fordert die Autorin damit ein Gleichgewicht (Balance) im Zielkonflikt zwischen Innovationseffizienz auf der einen Seite und Ressourcen- sowie Zeiteffizienz auf der anderen Seite. Würde sich nur auf eine Seite der miteinander unvereinbaren Ziele gestellt, dann bestünde die Gefahr, dass neben den eigens mit diesem bevorzugten Ziel verbundenen Vorteilen gleichermaßen die dazugehörenden Nachteile als ungeplante (untergeordnete) Wirkungen erscheinen.

[25] *Ford/Ford* 1994, S. 773.
[26] *Ford/Ford* 1994, S. 776.
[27] Vgl. *Dougherty* 1996, S. 430.

In Anlehnung an Gebert[28] lassen sich zumindest vier **Formen der Balancierung** folgerichtig herleiten:

1) Abwechslung zwischen offenem und geschlossenem Modell im *zeitlichen Nacheinander*
2) *Zeitgleiche Berücksichtigung* des offenen und des geschlossenen Modells auf Organisationsebene, *getrennt nach zum Beispiel unterschiedlichen (Aufgaben-)Bereichen*
3) *Zeitgleiche Berücksichtigung* des offenen und des geschlossenen Modells *auf Bereichs- (oder etwa auf Abteilungs-) Ebene*
4) *Verbindung ausgewählter Grundannahmen des offenen Gestaltungsmodells mit ausgewählten Grundannahmen des geschlossenen Gestaltungsmodells im zeitlichen Nebeneinander*

Zu 1) Die Abwechslung zwischen offenem und geschlossenem Gestaltungsmodell im **zeitlichen Hintereinander** wird zum Beispiel oft im Zusammenhang mit Entwicklungsverläufen von Unternehmungen erörtert. Greiner[29] unterscheidet fünf Phasen des Wachstums von Organisationen, die aufgrund von jeweils ausschlaggebenden Krisen abwechselnd von offenen und geschlossenen Gestaltungsmaßnahmen gekennzeichnet sind: 1) Auf eine kreativ-individuelle Gründungsphase („individualistic and entrepreneurial"; offenes Modell) folgt 2) eine Phase straffer und zentraler Führung („directive"; geschlossenes Modell), die 3) von einer Phase der Enthierarchisierung („delegative"; offenes Modell) abgelöst wird, woran sich 4) eine Phase des Ausbaus von Regelungen und Überprüfungen anschließt („watchdog"; geschlossenes Modell), welche schließlich 5) in einer Phase möglichst beteiligungsorientierter Entscheidungsfindung mündet („participative"; offenes Modell).

Mintzberg und Westley[30] sprechen hier von „Cycles of Organizational Change" und erkennen ebenfalls unterschiedliche Ausprägungen von Organisationen kennzeichnenden Größen im Zeitverlauf von Unternehmungsentwicklungen, welche sich

[28] Vgl. *Gebert* 2000, S. 12 ff.
[29] Siehe *Greiner* 1998.
[30] Siehe *Mintzberg/Westley* 1992.

abwechselnd dem offenen beziehungsweise dem geschlossenen Pol zuordnen lassen. Die beschriebenen Verläufe lassen sich nun prinzipiell auch auf die Entwicklung von regionalen KMU-Netzwerken übertragen.

Die Balancierung im zeitlichen Nacheinander birgt den großen Nachteil, dass je phasenbezogenem Zeitabschnitt äußerste Grenzpositionen nachgefragt werden. An diesen jeweiligen Polen von geschlossenem und offenem Gestaltungsmodell zeigen sich nicht nur die Vorteile des einen beziehungsweise des anderen Modells besonders stark, sondern auch die entsprechenden Nachteile. Dadurch werden die Vorteile der sich gegenüberstehenden Position äußerst begehrenswert und anziehend, dies umso mehr, je reiner, puristischer, an genau einem Pol festgehalten wird.

Die Attraktivität der jeweils gegenüberstehenden Position wird bei den in Reinform ausgeübten Modellen jedoch notwendigerweise unterdrückt. Die aus dieser Unterdrückung heraus sich entwickelnden Bemühungen und Anstrengungen, sich davon zu befreien, können zu der Schwierigkeit führen, dass das Pendel möglicherweise umso nachhaltiger in die Richtung des Gegenmodells ausschlägt, und sich die Schwingung des Pendels demnach tendenziell verstärkt. Ein zu stark schwingendes Pendel führt aus Sicht regionaler KMU-Netzwerke zu ökonomischer Nachteilhaftigkeit insofern, als ein Spannungspotenzial aufgebaut wird, welches netzwerkintern nicht mehr gezielt gelenkt werden kann.

Zu 2) Die **zeitgleiche Berücksichtigung des offenen und geschlossenen Modells auf Organisationsebene**, in der Regel getrennt nach unterschiedlichen umfassenden Aufgabenbereichen (funktionale Segmentierung), kann mit dem Beispiel des Innovationsbedarfs im Forschungs- und Entwicklungsbereichs und der Notwendigkeit, aus diesem Grunde dort ein offenes Gestaltungsmodell vorzuhalten, angedeutet werden. Dem gegenüber stehen Bereiche, deren Arbeitsabläufe gegebenenfalls einem höheren Maß an Strukturierung und Programmierung zugänglich sind, wie beispielsweise das Rechnungswesen oder der Fertigungs- und Montagebereich. Übertragen auf regionale KMU-Netzwerke ist es beispielsweise vorstellbar, dass bestimmte gemeinsame Aktivitäten wie die Teilnahme an einer Messe einen deutlich höheren Organisationsgrad aufweisen müssen, als zum Beispiel gemeinsame Workshops.

Das Gleichgewichthalten zwischen offenem und geschlossenem Gestaltungsmodell im zeitlichen Nebeneinander von offenen Aufgabenbereichen einerseits und geschlossenen Aufgabenbereichen andererseits verlagert das Problem des extremen Pendelschlags von der Organisations- auf die Bereichsebene. Zudem kann nicht davon ausgegangen werden, dass sich die mit den jeweiligen Extrempositionen verbundenen Nachteile per Saldo auf Organisationsebene mit den Vorteilen ausgleichen oder beherrschbar gemacht werden können. Schließlich ist zu vermuten, dass die Abstimmung zwischen den Bereichen erschwert wird, da die jeweiligen Art und Weisen der Aufgabenbewältigungen sich grundsätzlich gegenüberstehen und entsprechende Auswirkungen auf die Koordination haben werden.

Zu 3) Die Strategie des **zeitgleichen Balancierens** kann des Weiteren auch ***innerhalb*** **eines Bereichs**, wie zum Beispiel Forschung und Entwicklung, ausgeübt werden. Unternehmungen wie regionale KMU-Netzwerke müssen sich in diesem Fall entscheiden, welche Aktivitäten genau sie eher dem offenen oder dem geschlossenen Gestaltungsmodell zuordnen möchten. Zudem reizen sie die erreichbaren positiven Werte je Grundannahme nicht vollkommen aus, sondern schränken sie ein, um die Balance sowohl innerhalb des Bereichs als auch vor allem zwischen den Bereichen nicht zu gefährden.

Mit Gebert[31] vermuten wir, dass diese Strategie in Zukunft für Unternehmungen wie auch regionale KMU-Netzwerke an Bedeutung gewinnen könnte, weil Unternehmungen und Netzwerke zunehmend in allen Funktionsbereichen innovativer sein müssen, um den wachsenden Anforderungen ihrer wettbewerbsintensiven Umwelten gerecht werden zu können. Allerdings wird eine solche Strategie auch hier dazu führen, dass weder die Vorteile der Öffnung noch die Vorteile der Schließung richtig genutzt werden können, allerdings wirken sich auch die jeweiligen Nachteile nicht so einschneidend aus.

---

[31] Vgl. *Gebert* 2000, S. 13.

Zu 4) Die **Verbindung ausgewählter Grundannahmen des offenen Gestaltungsmodells mit ausgewählten Grundannahmen des geschlossenen Gestaltungsmodells** ist als Weiterentwicklung der dritten Balancierungsstrategie zu betrachten. Das Gleichgewicht im Rahmen dieser Balancierungsstrategie wird nicht mehr innerhalb eines Bereichs durch Einschränkung gesucht, sondern *zwischen* den jeweils extremen Ausprägungen der im Folgenden eingeführten einzelnen Grundannahmen. So wäre es denkbar, dass eine *deutliche Öffnung* hin zu soziologisch orientierten Werten wie Freiheit, Weiterentwicklung und Selbstständigkeit sowie hin zu wissenstransfertheoretisch-orientierten Werten wie Individualität, Unterstützung für die Gruppe und Kooperationsinteresse nachhaltig das Ziel der Innovationsführerschaft unterstützt. Demgegenüber würde eine *deutliche Schließung* hin zu wissenschaftstheoretisch-orientierten Werten wie Dauerhaftigkeit, Eindeutigkeit und Konzentration dazu beitragen, dem schöpferischen Entwicklungsprozess für neue Ideen eine gewisse Orientierung und Beständigkeit sowie Festigkeit zu verleihen.

Offensichtlich können jedoch die jeweiligen extremen Nachteile, welche sich aufgrund der eingenommenen radikalen Positionen ergeben, auch hier nicht verhindert werden. Im Ergebnis führt die Parallelität einer äußerst hohen Öffnung und zugleich einer äußerst hohen Schließung zu dem Spannungspotenzial, wie es sich auch schon bei der ersten Strategie gezeigt hat (siehe oben). Zudem ist es fraglich, ob und inwieweit beispielsweise Nachteile aufgrund soziologischer Öffnungsprozesse von ihrer Verursachung her betrachtet durch Vorteile aufgrund wissenschaftstheoretischer Schließungsprozesse ausgeglichen werden können. Hinzu kommen Ergebnisse, die empirisch nachweisen, dass nicht beliebig zwischen den Polen des offenen und geschlossenen Gestaltungsmodells über die Grundannahmen hinweg hin- und hergesprungen werden kann. Vielmehr stehen die Grundannahmen signifikant positiv miteinander in Wechselbeziehung.[32]

Aus den vorstehenden Ausführungen sollen als Resümee mit Blick auf offene Strategiemodell für regionale KMU-Netzwerke die folgenden Gedankengänge festgehalten werden:

[32] Vgl. *Gebert/Boerner/Matiaske* 1998, S. 20.

- Das Dilemma zwischen offenem und geschlossenem Modell lässt sich aus gestaltungsorientierter Sicht nicht auflösen, sondern nur „entschärfen" im Sinne von Übereinkünften durch gegenseitige Zugeständnisse (Kompromisslösungen).

- Diese Kompromisse bedeuten keinen Stillstand, sondern befinden sich im andauernden Fluss von „Anpassungen an die Anpassungen"[33], welche aufgrund der mit jedem Kompromiss einhergehenden Nachteile des bestimmenden Modells und der damit verbundenen Anziehungskraft der Vorteile des gegenüberstehenden Gestaltungsmodells entstehen.

- Der erkennbare und wünschenswerte Trend nach Offenheit soll nicht verdecken, dass zumindest teilweise Geschlossenheit notwendig ist, um zur Stabilisierung des offenen Modells balancierend beizutragen.

- Die erste Balancierungsstrategie des zeitlichen Nacheinanders, das heißt die abwechselnd stattfindende konsequente Ablösung des geschlossenen Modells durch das offene und umgekehrt, ist aufgrund der damit verbundenen Gefahr des nicht mehr umkehrbaren „Anheizens der Pendelschwingung" eher abzulehnen.

- Aus dem letztgenannten Grund ist auch von der zweiten Strategie, dem zeitlichen Nebeneinander von geschlossenem und offenem Gestaltungsmodells in je verschiedenen Bereichen abzusehen, weil sie die zuvor genannte Schwierigkeit letztlich nur auf einzelne Bereiche verlagert.

- Das Problem der dritten Strategie liegt offensichtlich darin, dass die bewussten Einschränkungen hinsichtlich der zeitgleichen Gestaltung offener und geschlossener Modelle innerhalb von einzelnen Bereichen weder die Vorteile noch die Nachteile des jeweiligen Modells richtig zum Tragen kommen lassen.

[33] *Gebert* 2000 S. 16.

- Die vierte Strategie, welche sich ganz auf die Verbindung von Grundannahmen des offenen und des geschlossenen Gestaltungsmodells ausrichtet, scheint die erfolgversprechendste Gleichgewichtsstrategie zu sein. Allerdings birgt auch sie immer noch ein großes Spannungspotenzial aufgrund der latenten Einnahme von Extrempositionen zwischen den jeweiligen Grundannahmenebenen.

Zusätzlich gilt es nochmals herauszustellen, dass hier mit Blick auf regionale KMU-Netzwerke davon ausgegangen wird, dass es sich bei den Kompromisslösungen zwischen offenem und geschlossenem Gestaltungsmodell um einen „parteiischen Kompromiss" zu überwiegenden Gunsten des offenen Gestaltungsmodells handeln muss. Eine solche Parteinahme ergibt sich aus dem grundsätzlichen Bekenntnis zu einer „Konzeption des Guten", dies in Anerkennung der Notwendigkeit und langfristigen Vorteilhaftigkeit einer überwiegend offenen Gesellschaft, hier im Sozialsystem „regionales KMU-Netzwerk".

Literaturverzeichnis

ANSOFF, H.I. (1976):
Managing Surprise and Discontinuity: Strategic Response to Weak Signals. In: Zeitschrift für betriebswirtschaftliche Forschung (ZfbF), 28. Jahrgang, Nummer 1, S. 129-152.

BETANCOURT, P.H. (2001):
Balancing a Pendulum That Seems to Swing in Both Directions. In: Business Journal Serving Fresno and the Central San Joaquin Valley, Ausgabe vom 9. Juli 2001, Nummer 322796, S. 6.

CHESBROUGH, H. (2003):
The Logic of Open innovation: Managing Intellectual Property. *California Management Review*, Vol. 45, No. 3, pp. 33-58.

D'ANDRADE, P./JOHNSON, D.K. (1983):
Dialectics and Trialectics: A Comparison of Two Analyses of Change. In: Horn, Robert E. (Herausgeber): Trialectics: Toward a Practical Logic of Unity. Information Resources Incorporation: Lexington/Massachusetts, S. 79-119.

DOUGHERTY, D. (1996):
Organizing for Innovation. In: Clegg, S.R./Hardy, C./Nord, W.R. (Hrsg.): Handbook of Organization Studies. Sage Publications: London et alii, ISBN: 0761951326, S. 425-439.

FORD, J.D./BACKOFF, R. (1988):
Organizational Change In and Out of Dualities and Paradox. In: Quinn, R.E./Cameron, K.S. (Hrsg.): Paradox and Transformation: Towards a Theory of Change in Organization and Management. Ballinger Publications: Cambridge/Massachusetts, ISBN: 0887301568, S. 81-121.

FORD, J.D./FORD, L.W. (1994):
Logics of Identity, Contradiction, and Attraction in Change. In: Academy of Management Review, 19. Jahrgang, Nummer 4, S. 756-785.

GASSMANN, O./ENKEL, E. (2006):
Open Innovation: Externe Hebeleffekte in der Innovation erzielen. In: Zeitschrift Führung + Organisation, Nr. 3, S. 132-138.

GEBERT, D. (2000):
Zwischen Freiheit und Reglementierung: Widersprüchlichkeiten als Motor inkrementalen und transformationalen Wandles in Organisationen – eine Kritik des punctuated equilibrium-Modells. In: Schreyögg, G./Conrad, P. (Hrsg.): Managementforschung 10: Organisatorischer Wandel und Transformation. Wiesbaden, S. 1-32.

GEBERT, D./BOERNER, S. (1996):
Organisationsgestaltung: Vom Mythos der Problemlösung zum Realismus der Dilemma-Entschärfung. Internet-Dokument (http//www.hofgrefe.de/buch/online/kongress_ 40/91.htm), letzter Zugriff am 21.03.2011

GEBERT, D./BOERNER, S. (1995):
Manager im Dilemma: Abschied von der offenen Gesellschaft? Frankfurt am Main, New York.

GEBERT, D./BOERNER, S./MATIASKE, W. (1998):
Offenheit und Geschlossenheit in Organisationen: Zur Validierung eines Meß-instruments. In: Zeitschrift für Arbeits- und Organisationspsychologie, ohne Jahrgangsangabe, Nummer 1, S. 15-26.

GREINER, L.E. (1998):
Evolution and Revolution as Organizations Grow. In: Harvard Business Review (HBR Classic), 76. Jahrgang, Nummer 3, S. 55-63 (zuerst veröffentlicht 1972, in Harvard Business Review, 50. Jahrgang, Nummer 4, S. 37-46).

HORN, R.E. (1984):
Traps of Traditional Logic and Dialectics. Lexington Institute Monograph, Nummer 84-102, Lexington Institute: Lexington/Massachusetts, hier als Internet-Dokument zitiert (http://www. stanford. edu/~rhorn/artclTrapsOfFormalLogic.html), letzter Zugriff am 21.03.2011

ICHAZO, O. (1982):
Between Metaphysics and Protoanalysis: A Theory for Analyzing the Human Psyche. Arica Institute Press: New York/New York Mintzberg, H. (1979): The Structuring of Organizations. Englewood Cliffs, NJ.

MINTZBERG, H./WESTLEY, F. (1992):
Cycles of Organizational Chance. In: Strategic Management Journal, 13. Jahrgang, spezielle Winterausgabe, S. 39-49.

POPPER, K.R. (1992a):
Die offene Gesellschaft und ihre Feinde I: Der Zauber Platons. Tübingen.

POPPER, K.R. (1992b):
Die offene Gesellschaft und ihre Feinde II: Falsche Propheten. Hegel, Marx und die Folgen. Tübingen.

REICHWALD, R./PILLER, F. (2009):
Interaktive Wertschöpfung – Open Innovation, Individualisierung und neue Formen der Arbeitsteilung. Gabler, Wiesbaden, 2. Auflage.

RYCHLAK, J.F. (1976):
The Multiple Meanings of Dialectic. In: Rychlak, Joseph F. (Hrsg.): Dialectic: Humanistic Rationale for Behavior and Development (Contributions to Human Development Series), Band 2. Praeger: New York/New York, S. 1-17.

VON KORTZFLEISCH, H.F.O. (2004):
Organisatorische Balancierung von Informations- und Kommunikationstechnologien. Lohmar, Köln.

WALLAS, G. (1926):
The Art of Thought. Harcourt Brace, New York.

Selbstorganisatorische Partizipation von Mitarbeitern an innovationsorientierter Netzwerkkommunikation: Bezugsrahmen und Handlungsempfehlungen für das Management

Isabelle Abram, Georg Reifferscheid und Rüdiger H. Jung

Inhaltsverzeichnis

1. Einleitung

Aus systemtheoretischer Sicht dienen Unternehmensnetzwerke den beteiligten Unternehmen zur Komplexitätsreduktion[1]. Zugleich steigt bei der Vernetzung verschiedener organisationaler Systeme, insbesondere hinsichtlich der Erwartungs-, Handlungs- und Sinnvielfalt, die Komplexität der Netzwerkorganisation an.[2] Das Netzwerkmanagement bzw. die Netzwerkführung erhält dabei die Aufgabe, einerseits mittels Planung, Entscheidung, Durchsetzung und Kontrolle[3] Komplexität zu reduzieren und andererseits über das Zulassen von „chaotischem Treiben" Freiräume für Selbstorganisation, Innovation und Lernen zu schaffen und dadurch die Komplexität zu erhöhen. So muss im 'realen' Managementprozess immer wieder neu die Balance im Spannungsfeld zwischen „Aktion und Reaktion, Ordnung und Unordnung, Kalkül und Spontanität, Sicherheit und Autonomie" gefunden werden.[4] Für dieses Spannungsverhältnis wird im vorliegenden Beitrag auf der Grundlage einer systemtheoretischen Prozesssicht (Kapitel 2) und unter besonderer Berücksichtigung organisationaler und individueller Kompetenzfelder (Kapitel 3) sowie projektgestützter empirischer Daten (Kapitel 4) ein offenes Managementmodell verfolgt. Hierfür werden ein Bezugsrahmen und erste Handlungsempfehlungen entwickelt (Kapitel 5).

2. Grundgedanken zu einem systemischen Verständnis von Netzwerken

2.1 Systemtheoretische Prozesssicht auf die Vernetzung von Unternehmen

Unternehmensnetzwerke können als soziale Systeme beschrieben werden, die sich aus spontaner Ordnung polyzentrisch und selbstorganisiert entwickeln. Im Gegensatz zur geplant gestalteten Ordnung haben sie eine höhere Komplexitätsreduktions-

[1] Vgl. *Sydow* 2005, S. 248. sowie *Schreyögg* 1999, S. 394 f.
[2] Vgl. *Abram/Brötz/Jung* 2010.
[3] Im Sinne eines idealtypischen Managementprozesses vgl. dazu *Jung/Bruck/Quarg* 2010, S. 94.
[4] Vgl. *Schreyögg* 2004, S. 1528.

verarbeitungskapazität, wodurch sie jeden Grad an Komplexität erreichen können.[5] Um den Status eines von der Umwelt abzugrenzenden sozialen Systems zu erlangen, müssen die am Netzwerk beteiligten Unternehmen allerdings zunächst einen eigenen Referenzrahmen schaffen und daraufhin systemspezifische Erwartungsstrukturen ausbilden. Ein soziales System wird dann als organisiert bezeichnet, wenn die Mitgliedschaft an bestimmte Bedingungen geknüpft und der Ein- und Austritt formell geregelt sind. Der Eintritt in ein Unternehmen ist insoweit bereits entscheidungsbasiert und rollenbezogen (Kooperationsvertrag, Arbeitsvertrag). An zukünftiges Handeln sind dann bestimmte Erwartungen geknüpft. Wodurch das Handeln der Mitglieder mit Hilfe dieser Erwartungen beobachtet und als Entscheidung behandelt wird. Die Handlung wird im Nachhinein mit Blick auf Entsprechung oder Verstoß einer Erwartung interpretiert.[6] In Programmen, Aufforderungen, Zielen und Werten manifestieren sich die Erwartungsstrukturen; sie dienen der Handlungsregulierung im Kontext der Unternehmung, d.h. die Erwartungen werden formalisiert. Ein Unternehmensnetzwerk erlangt vor diesem Hintergrund ebenso erst dann organisationalen Status, wenn netzwerkspezifische Erwartungen an die Handlungen gerichtet werden und diese entsprechend 'lenken', d.h. eine „organisatorische Infrastruktur"[7] aufgebaut wird. Denn erst Erwartungen schaffen die Bedingungen für eine Anschlussfähigkeit von Handlungen im systemspezifischen Sinnsystem. Zum einen implizieren die Erwartungen den gegenwärtigen Handlungssinn, so dass zum anderen die Folgehandlungen an der Passung zum Handlungssinn orientiert sind.[8] Damit ist ein Prozess der Systembildung beschrieben, der über Tausch- und Flussbeziehungen hinausgeht und die Entwicklung eines gemeinsamen Beziehungshintergrundes als konstituierendes Prinzip fokussiert.[9] Sydow beschreibt diesen Prozess als Evolution der Netzwerkbeziehungen, auch wenn er damit die Relationen zwischen Netzwerkpartnern (Kanten) meint und nicht das darunterliegende „Gewebe", wie Bruns-Vietor es bezeichnet.[10] Zuständig für diesen Prozess sind die das Netzwerk bildenden Mitglieder. Das Netzwerkmanagement hat dabei die Funktion der Kontextgestaltung.

[5] Vgl. *Sydow* 2005, S. 248.
[6] Vgl. *Luhmann* 1987, S. 401 f.
[7] *North/ Friedrich/Lantz* 2005, S. 613.
[8] Vgl. *Bruns-Vietor* 2004, S. 223 f.
[9] Siehe dazu *Bruns-Vietor* 2004, S. 264.
[10] Vgl. *Sydow* 2005, S. 248 und *Bruns-Vietor* 2004, S. 266.

Ziel ist es, über die Ausbildung von Erwartungsstrukturen, in Form von Programmen und Regeln, für lose Koppelungen zwischen den Akteuren zu sorgen um darüber eine gewisse Stabilität der Handlungen zu schaffen und systemspezifische Entscheidungsstrukturen aufzubauen. Gelingt es nicht, diese – System konstituierenden – Erwartungs- und Entscheidungsstrukturen aufzubauen, ist anzunehmen, dass die Handlungen im Kontext des Unternehmensnetzwerkes unverbindlich bleiben und die Partizipation der Netzwerkmitglieder entsprechend gering ist.

2.2 Management als reifegradabhängige Kontextgestaltung

Die im vorhergehenden Abschnitt angesprochene Kontextgestaltung bezieht sich auf die Schaffung eines gemeinsamen Kommunikations- und Handlungsrahmens, der für Verbindlichkeit im Unternehmensnetzwerk sorgen soll. Aus dieser Sicht übernimmt das Netzwerkmanagement die Aufgabe das Selbstentwicklungs- und Selbstorganisationspotenzial des Netzwerkes zu nutzen und zu stärken. Daraus ergibt sich die Konsequenz, dass die Netzwerkführung lediglich im Sinne eines Meta-Managements Einfluss auf die Prozesse nehmen kann, d.h. sich aus der Detailsteuerung zurückzieht und die Anregung zur Selbststeuerung fokussiert.[11] Der Prozess der Strukturierung selbst unterliegt der Dynamik des Spannungsfeldes zwischen (gesellschaftlichen) Regeln und Ressourcen sowie individuellen Handlungen im Sinne von Können und Wissen.[12] „Die Aktualisierung von Regeln und Ressourcen [hier des Handlungskontextes] mündet in ein Können, das Handlungen anschlussfähig und potenziell erfolgsträchtig macht."[13] Im Zusammenhang der Netzwerkstrukturbildung ist es notwendig, die Voraussetzungen des Handelns – also die Einflussfaktoren und Erfolgsparameter des Handlungskontextes: Unternehmensnetzwerk und Einzelunternehmen – zu reflektieren und sie in Form von Wissen nutzbar zu machen. Das Vorhaben, Web 2.0 zur Unterstützung innovationsorientierter Netzwerkarbeit zu etablieren, erfordert eine Modifizierung der bestehenden Regeln und Ressourcen

[11] Vgl. *Sydow* 2005 S. 248.
[12] Vgl. *Zerfaß* 2009, S. 38 f.
[13] Vgl. *Zerfaß* 2009, S. 39.

sowie der Neujustierung aller nachfolgenden Handlungszusammenhänge.[14] Damit gehen die Erhöhung der Selbstorganisation sowie die Abgabe von Macht einher.

Angelehnt an den Ansatz von Hersey und Blanchard[15], Mitarbeiter so zu führen, wie es der jeweilige Entwicklungszustand zulässt, ist davon auszugehen, dass das Management den Reifegrad des Unternehmensnetzwerkes berücksichtigen und dementsprechend das Verhältnis von Fremd- und Selbstorganisation anpassen sollte. Impliziert wird dabei die Annahme, dass Unternehmensnetzwerke, die bislang keine (stabilen) Erwartungsstrukturen ausgebildet haben oder im Begriff sind, etablierte Strukturen zu modifizieren, bspw. über die Einführung von Web 2.0-Anwendungen für die interne Netzwerkkommunikation, mehr Führung bedürfen als solche, die bereits auf eine Interaktionshistorie zurückgreifen können. Dazu zählt u.a. die Vernetzung der Akteure zu unterstützen, neue Blickwinkel zu eröffnen, Informationen bereitzustellen, über die das Netzwerk noch nicht verfügt, und das auf einzelne Köpfe verteilte Wissen zusammenzuführen, um es so für das Netzwerk als Ganzes nutzbar zu machen.[16] Insgesamt ist damit ein Verständnis von Führung beschrieben, bei dem von der Annahme, alle organisationalen Prozesse – hier innerhalb des Unternehmensnetzwerks – planen und steuern zu können, Abstand genommen wird. Gleichzeitig gewinnt die Generierung und Weiterentwicklung mikroorganisatorischer Strukturen als Ergebnis dezentralisierter Organisationskompetenz an Bedeutung.[17] Im nachfolgenden Kapitel wird dieser Aspekt der (Selbst-)Organisationskompetenz mit Bezug auf relevante Kompetenzkonzepte näher betrachtet.

3. Kompetenzen zur Selbstorganisation

3.1 Kompetenzverständnis im Forschungsprojekt

Die Bedeutung des Kompetenzbegriffes im Kontext des Projektes KMU 2.0 und die mit ihm verbundenen Perspektiven lassen sich nicht getrennt voneinander denken.

[14] Vgl. *Zerfaß* 2009, S. 39 f.
[15] *Hersey/Blanchard* 1988.
[16] Vgl. *Pinnow* 2009, S. 164.
[17] Vgl. *Jung* 1985, S. 46.

Eine mögliche und hier verwendete Perspektive findet sich in der Unterscheidung zwischen **individuellen** und **organisationalen** Kompetenzen[18], d.h. es wird zwischen den Kompetenzen einzelner Individuen und solchen organisationaler Einheiten wie etwa Unternehmen oder Unternehmensnetzwerken unterschieden. Eine weitere, im Rahmen des Projektes herangezogene, zentrale Perspektive ist die der **dynamischen** Kompetenzen. Diese zeichnet sich im Gegensatz zu einem **statischen** Kompetenzkonzept dadurch aus, dass sie das Konzept des Lernens als integralen Bestandteil aufweist.

Die Kombination der beiden oben skizzierten Perspektiven führt zu Überlegungen des Lernens auf individueller wie auch auf organisationaler Ebene mit jeweils unterschiedlichen Adressaten:

- Auf **individueller Ebene** kann unterschieden werden zwischen der Geschäftsführung einschließlich geschäftsführungsnah tätigen Mitarbeitern einerseits und den weiteren Mitarbeitern andererseits.

- Auf **organisationaler Ebene** ist eine Unterscheidung zu treffen zwischen dem Lernen der Organisation „Unternehmen" (hier Mitgliedsunternehmen des WirtschaftsForum Neuwied e.V.) und dem Lernen der Organisation „Netzwerk" (hier: WirtschaftsForum Neuwied e.V.) selbst.

Mit Bezug auf die so differenzierten Kompetenzträger und Lernsubjekte wird im weiteren Verlauf dieses Beitrages ein Fokus auf die Aspekte der **Incentivierung** (der Individuen, insbesondere Mitarbeiter) mit der Zielrichtung einer **vertrauensvollen Partizipation** (der Individuen, insbesondere Mitarbeiter in ihren organisationalen Kontexten) gelegt. Im Rahmen des Projektes bezieht sich die Incentivierung auf die Aktivierung der Motive, die Handeln in Richtung vertrauensvolle Partizipation an selbstorganisierter und innovationsorientierter Vernetzung lenken.[19] Beeinflusst wird

---

[18] Vgl. *Schreyögg/Kliesch* 2005, S. 5.

[19] Siehe hierzu das Verhaltensmodell im Beitrag „Anforderungen an die Gestaltung einer Web 2.0-basierter Mitarbeiterpartizipation in KMU-Netzwerken" von *Abram/Jung/Reifferscheid* in diesem Buch.

die Bereitschaft zu einer vertrauensvollen Partizipation sowohl von den normativen Erwartungen an die potenziellen Partizipanten als auch von den situativen Rahmenbedingungen, die sich beispielsweise in der (ungleichen) Verteilung von Macht ausdrücken können.

3.2 Differenzierung des Kompetenzbegriffes

Kompetenzen als Leistungspotenziale weisen im Gegensatz zu Wissen oder Informationen einen Handlungsbezug auf und sind ihrer Eigenschaft nach an Erfahrungen und laufende Lernprozesse gekoppelt.[20] Das heißt Kompetenz und Handeln verweisen aufeinander.[21]

Wie in Abbildung 1 skizziert, basiert Handeln einerseits auf vorhandenen Handlungskompetenzen und beeinflusst andererseits – über Reflexion des eigenen Handelns – die Entwicklung von Kompetenzen.[22]

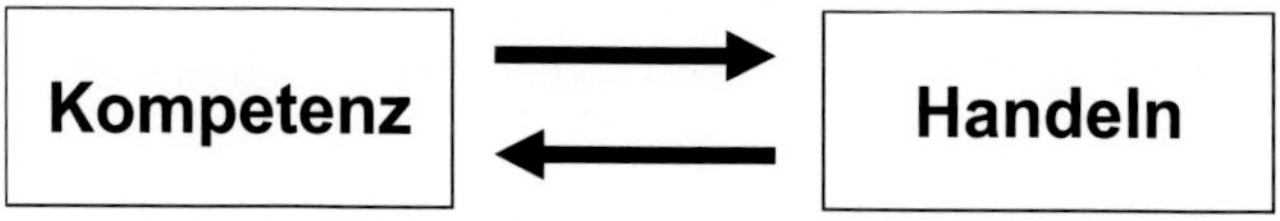

Abbildung 1: Reziproke Beziehung von Kompetenz und Handeln

Im Forschungskontext von KMU 2.0 steht die Kompetenz, selbstorganisiert zu Handeln, im Mittelpunkt der Betrachtung. In Anlehnung an Erpenbeck und von Rosenstiel[23] kann die Kompetenz zu selbstorganisiertem Handeln in verschiedene Kompetenzbereiche untergliedert werden:

[20] Vgl. *Wagner/Debo/Bültel* 2005, S. 63.
[21] Vgl. *Sembill* 1992, S. 110.
[22] Vgl. *Appelmann* 2009, S. 73 f.
[23] Vgl. *Erpenbeck/von Rosenstiel* 2003.

(1) **Personale Kompetenzen**: Disposition einer Person, reflexiv selbstorganisiert zu handeln, d.h. sich selbst einzuschätzen, produktive Weltbilder, Motive, Begabungen usw. (weiter) zu entwickeln.

(2) **Fachlich-methodische Kompetenzen**: Disposition einer Person, bei der Lösung von sachlich-gegenständlichen Problemen geistig und physisch selbstorganisiert zu handeln, d.h. mit fachlichen und instrumentellen Kenntnissen, Fertigkeiten und Fähigkeiten kreativ Probleme zu lösen, Wissen sinnorientiert einzuordnen und zu bewerten, sowie Tätigkeiten, Aufgaben methodisch selbstorganisiert zu gestalten und Methoden selbst kreativ weiterzuentwickeln.

(3) **Sozial-kommunikative Kompetenzen**: Disposition, kommunikativ und kooperativ selbstorganisiert zu handeln, d.h. sich mit anderen kreativ auseinander- und zusammenzusetzten, gruppen- und beziehungsorientiert zu agieren und neue Pläne, Aufgaben und Ziele zu entwickeln.

Beziehen sich diese drei Kompetenzen auf individuelle Denk- und Handlungsdispositionen, so beschreibt die nachfolgende und vierte Kompetenz, wie Handlungen willensmäßig aktiviert werden.

(4) **Aktivitätsbezogene Kompetenz**: Disposition einer Person, aktiv und gesamtheitlich selbstorganisiert zu handeln und dieses Handeln auf die Umsetzung von Absichten, Vorhaben, Pläne zu richten.

Die hier skizzierten Ausführungen von Erpenbeck und von Rosenstiel[24] geben einen ersten Aufschluss darüber, welche Kompetenzbereiche für selbstorganisatorisches Handeln von Bedeutung sind. Mit Blick auf unser Interesse an jenem selbstorganisatorischen Handeln, das eine Innovationsorientierung aufweist, bietet das Konzept von Schwering[25] eine interessante Ergänzung. Es beschäftigt sich insbesondere mit

---

[24] *Ebenda.*
[25] *Schwering* 2004, S. 1 ff.

der Entwicklung von Kompetenzen zur Innovation. Ausgangspunkt ist die Annahme, dass traditionelle Weiterbildungsansätze an ihre Grenzen stoßen und Kompetenz weit mehr umfasst als die – durch traditionelle Lehrarrangements vermittelbaren – Qualifikationen. Demnach ergeben sich Kompetenzen aus dem Zusammenspiel von individueller Handlungsfähigkeit und –bereitschaft sowie der organisatorischen Einbindung von Mitarbeitern in den Unternehmenskontext (siehe Abbildung 2). Letztere wirkt gewissermaßen als regulativ und beeinflusst erheblich, inwieweit die Kompetenz zur Handlung in arbeitsteiligen Organisationen zur Entfaltung kommt.[26]

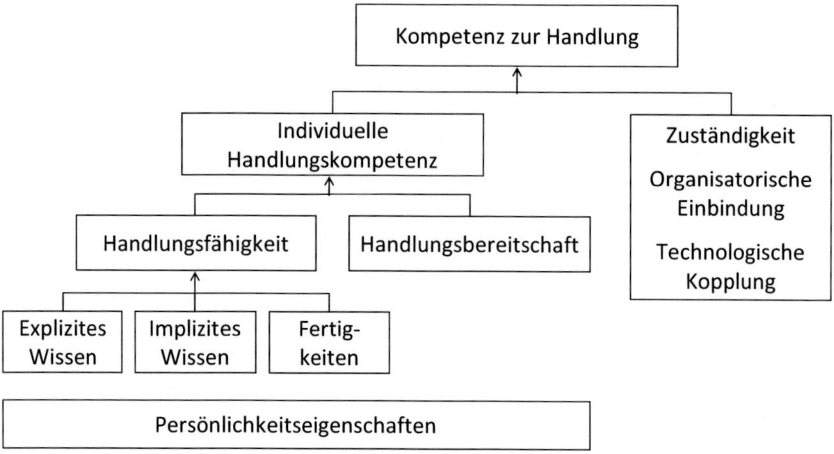

Abbildung 2: Elemente der Kompetenz zur Handlung (Quelle: Schwering 2004, leicht verändert)

Auch die Kompetenzbereiche nach Erpenpeck und von Rosenstiel[27] lassen sich den Bausteinen nach Schwering[28] zuordnen. Die (3) Sozial-kommunikativen und die (4) Aktivitätsbezogenen Kompetenzen lassen sich z.B. am ehesten der Handlungsbereitschaft zuordnen, wohingegen (1) Personale und (2) Fachlich-methodische Kompetenzen eher unter der Handlungsfähigkeit subsumiert werden können.

[26] *Ebenda.*
[27] *Erpenbeck/von Rosenstiel* 2003.
[28] *Schwering* 2004.

Insgesamt spiegeln die hier aufgeführten Überlegungen die im vorangegangenen Abschnitt erwähnte Notwendigkeit der Unterscheidung zwischen individuellen und organisationalen Einflussfaktoren[29] wieder. Dem Ziel, ein offenes Managementmodell zu entwickeln, ist die Erkenntnis dienlich, dass die Förderung individueller Kompetenzen zur Selbstorganisation mit strukturellen Aspekten im Sinne der organisatorischen Einbindung der jeweiligen Kompetenzen verknüpft werden muss. Individuelle Motive, wie beispielsweise Ehrgeiz, werden dann über die Schaffung von Möglichkeiten des sozialen Anschlusses, der Leistungsdemonstration oder Machtübernahme in Richtung Handeln aktiviert.[30] Aufgrund der reziproken Beziehung zwischen Kompetenzen und Handeln werden darüber sowohl Kompetenzen gefordert wie auch über Reflexion gefördert. Des Weiteren verdeutlicht insbesondere das Schaubild von Schwering (Abbildung 2), dass die Kompetenzentwicklung nicht rein über die Vermittlung expliziten Wissens erfolgen kann.

3.3 Kompetenzentwicklung

Bezogen auf den Bereich der Handlungsfähigkeit belegen empirische Studien, dass informelle Lernformen und die Arbeitsorganisation selbst wichtige Impulse für die Kompetenzentwicklung liefern. So schätzen etwa 95% der im Rahmen einer Querschnittsuntersuchung[31] befragten kaufmännischen Fach- und Führungskräfte die eigene Berufsbiografie und das Erfahrungslernen als wichtige Kompetenzquelle ein. Erst der Kontextbezug, die Handlungsorientierung und der Spielraum für Trial-and-error-Prozesse lassen eine wirksame Kompetenzentwicklung zu. Die empirischen Befunde zu Kompetenzquellen können zu drei Bausteinen des Kompetenzentwicklungsmanagements systematisiert werden:[32]

- Alle Formen von Schulungsprogrammen, Fortbildungen und Seminaren werden als **traditionelle, formelle Weiterbildung beschrieben. Kennzeichnend**

[29] Siehe hierzu auch den Beitrag „Anforderungen an die Gestaltung einer Web 2.0-gestützen Mitarbeiterpartizipation in KMU-Netzwerken“ von *Abram/Jung/Reifferscheid* in diesem Buch.
[30] Vgl. *von Rosenstiel* 1993, S. 157.
[31] Vgl. *Staudt/Kley* 2000, S. 5.
[32] Vgl. *Schwering* 2004, S. 3.

für die Art der Kompetenzentwicklung ist der Umstand, dass sie auf die Initiative des Unternehmens zurückgehen, meist in Form standardisierter Curricula strukturiert sind und einen hohen Lehranteil aufweisen.

- Neben diesen formellen Weiterbildungsangeboten rücken zunehmend **informelle Formen der Kompetenzentwicklung** in den Blickpunkt. Diese weisen eine stärkere Selbststeuerung der Mitarbeiter wie auch eine höhere Integration von Lernen und Arbeiten auf. Das heißt diese Maßnahmen fokussieren die betriebliche Aufgabenerfüllung und weisen entsprechend einen hohen Kontextbezug auf.

- Eine dritte Möglichkeit der Kompetenzentwicklung bietet die Schaffung **(arbeits-) organisatorischer Rahmenbedingungen zur Nutzung aktueller und zum Aufbau neuer Kompetenzen.**

Zur Entwicklung der Selbstorganisationskompetenz scheinen insbesondere die informellen Formen sowie die dritte Möglichkeit der Kompetenzentwicklung über die Schaffung von organisationalen Rahmenbedingungen bedeutsam. Dabei geht es darum, Mitarbeiter und Mitarbeitergruppen "die Freiheit [zu] lassen, Entscheidungen und Handlungen im Rahmen ihres eigenen und gemeinsamen impliziten und expliziten Wissens zu treffen".[33] Über die Schaffung und Erneuerung von Kontexten, die die Wahlmöglichkeiten und Freiheitsgrade erhöhen, wird dann nicht nur das Potenzial für die Selbstorganisation und Innovation erhöht, sondern Selbstorganisation erlebbar und damit reflektierbar.[34] Die oben angesprochene Reziprozität von Handeln und Kompetenz gilt demnach auch für die Entwicklung von Selbstorganisationskompetenz.

Die hier aufgeführte Unterscheidung zwischen individueller und organisationaler Ebene sowie die Differenzierung der Selbstorganisationskompetenz spielt eine besondere Bedeutung bei der Beantwortung folgender Frage: Vor welchen Anforderungen steht das Management des Netzwerkes und des Einzelunternehmens bei

[33] *North/Friedrich/Lantz* 2005, S. 612.
[34] Vgl. *ebenda.*

dem Ziel, eine möglichst breite, vertrauensvolle Partizipation an selbstorganisatorischer und innovationsorientierter Vernetzung über Web 2.0-basierte Anwendungen zu incentivieren?[35] Im nächsten Kapitel wird es darum gehen, über die im Projektkontext erworbenen empirischen Erkenntnisse, zur Beantwortung dieser Frage beizutragen.

4. Ergebnisse einer empirischen Exploration zur selbstorganisatorischen Partizipation an innovationsorientierter, Web 2.0-gestützter Vernetzung im Projekt KMU 2.0

4.1 Forschungsergebnisse im Projekt KMU 2.0

In den Jahren 2008 und 2009 sind mittels leitfadengestützter Interviews mit den Geschäftsführern der sogenannten Value-Partner (insgesamt 15 Mitgliedsunternehmen) erste Anforderungen an die Entwicklung und Nutzung, im Sinne der vertrauensvollen Partizipation, einer Web 2.0-basierten netzwerkinternen Kommunikationsplattform erhoben worden. In einer darauffolgenden teilstandardisierten Befragung 2009/2010 ging es darum, diese Anforderungen zu spezifizieren und erste vertrauensrelevante Parameter zu bestimmen.[36] Die abschließende Evaluation 2011 zielte in erster Linie auf die Erfahrungen mit der Nutzung des entwickelten Prototypen ab.[37] Abbildung 3 zeigt die Gesamtstruktur der empirischen Erhebungen im Überblick.

---

[35] Siehe hierzu den Beitrag „Anforderungen an die Gestaltung einer Web 2.0-gestützen Mitarbeiterpartizpation in KMU-Netzwerken" von *Abram/Jung/Reifferscheid* in diesem Buch.

[36] *Ebenda.*

[37] Siehe hierzu auch die Beiträge „Im Feld entwickelt, implementiert und analysiert: Entwicklung und Nutzung eines Web 2.0-basierten Prototypen in einem regionalen KMU-Netzwerk – eine Evaluation" von *Lindermann/von Kortzfleisch* sowie „Evaluation der im WirtschaftsForum Neuwied implementierten prototypischen Web 2.0-Plattform aus Sicht der Technologieakzeptanz" von *Peris/Blinn/Nüttgens* in diesem Buch.

Merkmale/ Runde	1 (2008)	2 (2009)	3 (2009/ 2010)	4 (2011)
Zeitraum	13.10. - 16.12.	09.07. - 23.07.	23.11. – 17.02.	15.02. - 01.04.
Methode	Leitfadengestützte Interviews	Leitfadengestützte Interviews	Teilstandardisierter Fragebogen	Teilstandardisierter Fragebogen
n (Gesamt)	6	9	59	27

Abbildung 3: Empirische Erhebungen im Projekt KMU 2.0

Die Befragungen der Runden 1 bis 3 zeigen, dass die Einstellung der befragten Geschäftsführer und leitenden Angestellten hinsichtlich Web 2.0-Anwendungen für einen Einsatz im WirtschaftsForum Neuwied recht positiv ist. So verbinden die Befragten mit dem Projektvorhaben, eine Web 2.0-basierte Kommunikationsplattform zur Unterstützung informeller Vernetzung und Generierung innovativer Lösungen im WirtschaftsForum Neuwied zu etablieren, viele Potenziale wie z.B. ihre Ideen zu testen, Lösungen zu generieren, Neukunden zu werben, besser mit anderen Mitgliedern des Netzwerks in Kontakt treten zu können und über die neuen Möglichkeiten mehr Mitgliederaktivität zu erreichen. In der breiter angelegten Befragungsrunde 3 zeigt sich allerdings auf der Seite der Mitarbeiter (ohne leitende Position), dass vermehrt die Sorge über eine mögliche Mehrbelastung statt einer Entlastung ihres Arbeitsalltages mit der Einführung Web 2.0-gestützter Vernetzung verbunden wird.

Mit Blick auf die individuellen Fähigkeiten (Kompetenzen) kann festgehalten werden, dass sich die Erfahrung mit Web 2.0-Anwendungen überwiegend auf den privaten Bereich beschränken. Zur Unterstützung von Arbeitsprozessen im betrieblichen Kontext bezieht sich die Nutzung von Web 2.0-Anwendungen, wenn überhaupt, auf die Informations- und Wissensbeschaffung (z.B. über die Enzyklopädie Wikipedia).

Darüber hinaus ist festzuhalten, dass die Mitgliedsunternehmen kein systematisches Innovationsmanagement betreiben und entsprechend wenig strategisch ausgerichtete Kooperationsbemühungen innerhalb des Netzwerkes realisieren. Die Beteiligung am Netzwerk wird daher nicht z.B. zur Öffnung des eigenen Innovationsprozesses genutzt. Die situative Ermöglichung einer aktiven Netzwerkbeteiligung ist vorwiegend einzelnen Mitgliedern aus den Unternehmen, meist den Inhabern und Geschäftsführern oder geschäftsführernahen Angestellten vorbehalten, so dass viele Mitarbeiter gar nicht um die Aktivitäten im Netzwerk wissen. Im Netzwerk selbst gibt es regelmäßige Treffen und Arbeitskreise zu verschiedenen Themen, in denen die Möglichkeit zur Partizipation gegeben wird.[38] Der Anteil selbstorganisatorischer Bemühungen verbleibt meist im vom Netzwerkmanagement kontrollierten Rahmen.[39]

4.2 Hindernisse und Motive selbstorganisatorischer Partizipation

Etwas ausführlicher wollen wir auf die Erhebungsergebnisse der Runde 4, d.h. zum Ende des Projektes, eingehen. Die Abbildung 4 (für Geschäftsführer) und Abbildung 5 (für Mitarbeiter) zeigen, inwieweit unsere Thesen zu den Hemmnissen einer erhöhten Mitarbeiterpartizipation Zustimmung oder Ablehnung erfahren haben.

Was hindert Ihre Mitarbeiter möglicherweise, sich an der Vernetzung über den Web 2.0-Bereich (noch stärker) zu beteiligen? (n=21)		**Stimme voll zu**	**Stimme eher zu**	**Weiß nicht**	**Stimme eher nicht zu**	**Stimme nicht zu**
G-A1	Die Unsicherheit in der Bedienung und Nutzung des Web 2.0-Bereichs.	0%	29%	36%	21%	14%
G-A2	Der fehlende Zugang zum Web 2.0-Bereich	7%	43%	29%	14%	7%
G-A3	Das fehlende Vertrauen in eine Internet-basierte Kommunikation und soziale Vernetzung.	0%	29%	21%	43%	7%
G-A4	Die fehlende Transparenz über unsere unternehmensinternen Kooperationsziele.	7%	36%	21%	29%	7%
G-A5	Die hohe Arbeitsauslastung und die daraus resultierende knappe Zeit.	21%	50%	7%	21%	0%
G-A6	Das fehlende Interesse an einer Beteiligung an unternehmensübergreifender Kooperation.	7%	50%	14%	21%	7%
G-A7	Die fehlende Möglichkeit zur Beteiligung im Web 2.0-Bereich, weil das „Chefsache" ist.	7%	14%	29%	29%	21%

Abbildung 4: Hindernisse der Nutzung [40]

[38] Vgl. Beitrag „Anforderungen an die Gestaltung einer Web 2.0-gestützter Mitarbeiterpartizipation in KMU-Netzwerken" von *Abram/Jung/Reifferscheid* in diesem Buch.

[39] Vgl. Beitrag „Anwendungsszenario regionale KMU-Netzwerke: Das Forschungsfeld Wirtschafts-Forum Neuwied e.V. " von *Lindermann/Scherrer/von Kortzfleisch* in diesem Buch.

[40] Die Prozentangaben geben die Summe der gewählten Antworten an. Nicht mit aufgeführt werden Enthaltungen, wodurch die Quersumme weniger als 100%.betragen kann.

Die Geschäftsführer sehen vor allem knappe zeitliche Ressourcen, mangelndes Interesse der Mitarbeiter und einen fehlenden Zugang als mögliche Hindernisse (vgl. G-A6, G-A5 und G-A2). Fehlendes Vertrauen in das Medium oder die Dominanz des Vorgesetzten hinsichtlich der Netzwerkaktivitäten werden weniger als Hemmnis gesehen (vgl. G-A3 und G-A7). Die Mitarbeiter betrachten eher die hohe Arbeitsbelastung und daraus resultierender Zeitknappheit als größtes Hindernis für ihre Partizipation (vgl. M-A6) gefolgt von der eigenen Unsicherheit in der Bedienung des Mediums (vgl. M-A1). Mangelndes Interesse an einer Beteiligung sowie fehlendes Vertrauen und Dominanz des Vorgesetzten in Bezug auf Netzwerkaktivitäten werden eher nicht als Hindernis gesehen (vgl. M-A5, M-A3 und M-A7).

Was hindert Sie, sich (noch stärker) im Web 2.0-Bereich zu beteiligen? (n=6)		**Stimme voll zu**	**Stimme eher zu**	**Weiß nicht**	**Stimme eher nicht zu**	**Stimme nicht zu**
M-A1	Meine Unsicherheit in der Bedingung und Nutzung des Web 2.0-Bereichs.	8%	31%	8%	31%	15%
M-A2	Der fehlende Zugang zum Web 2.0-Bereich.	8%	15%	15%	38%	15%
M-A3	Mein fehlendes Vertrauen in Internet-basierte Kommunikation und soziale Netzwerke.	8%	8%	15%	46%	15%
M-A4	Mein fehlendes Wissen darüber, welche Ziele mein Unternehmen mit der Kooperation im Netzwerkverfolgt.	0%	8%	31%	31%	24%
M-A5	Mein fehlendes Interesse an einer Beteiligung an unternehmensübergreifender Kooperation.	0%	8%	15%	38%	30%
M-A6	Meine hohe Arbeitsauslastung und die daraus resultierende knappe Zeit.	62%	15%	8%	8%	0%
M-A7	Die fehlende Möglichkeit zur Beteiligung im Web 2.0-Bereich, weil das „Chefsache" ist..	0%	8%	15%	46%	23%

Abbildung 5: Hindernisse der Nutzung, Fragen an Personen in leitenden Positionen und Mitarbeiter

Die Abbildung 6 und Abbildung 7 geben für Geschäftsführer bzw. Mitarbeiter Aufschluss über motivationsrelevante Faktoren. Die Geschäftsführer bekunden hinsichtlich des persönlichen Kontaktes, eines guten Kooperationsklimas, des eigenen Vertrauens in das Medium sowie guter Einblicke in die Funktionen die höchste Bedeutung für eine aktive Beteiligung (vgl. G-A2, G-A1, G-A3). Die Möglichkeit einer stärkeren Einbeziehung der eigenen Mitarbeiter ist für eine Hälfte der befragten Geschäftsführer ein Teilnahmemotiv, für die andere Hälfte eher keines (vgl. G-A5). Die Mitarbeiter selbst betrachten das eigene Interesse an einem Austausch mit Experten aus anderen Unternehmen, ausreichend Einblick in die Funktionen und die eigene Freude am Knüpfen von (beruflichen) Kontakten als ausschlaggebender für ihre Motivation als die Unterstützung oder Erwartungen des Vorgesetzten (M-A1, M-A3, M-A6, M-A2 und M-A5). Bei dem Faktor „zeitliche Entlastung an anderer Stelle" zeigt sich ein sehr uneinheitliches Bild (vgl. M-A8).

Meine Motivation, der aktiven Beteiligung wird beeinflusst durch.... (n=21)		**Stimme voll zu**	**Stimme eher zu**	**Weiß nicht**	**Stimme eher nicht zu**	**Stimme nicht zu**
G-A1	... ein gutes kooperatives Klima zwischen den Mitgliedern.	50%	43%	7%	0%	0%
G-A2	... den persönlichen Kontakt zwischen den Mitgliedern.	57%	36%	7%	0%	0%
G-A3	... ausreichenden Einblicke in die Funktionen und Möglichkeiten des neuen Web 2.0-Bereichs.	7%	64%	29%	0%	0%
G-A4	... mein Interesse an einer Kooperation mit anderen Unternehmen	29%	50%	14%	7%	0%
G-A5	... die Möglichkeit meine Mitarbeiter an der Vernetzung zu beteiligen.	7%	43%	0%	50%	0%
G-A6	... meine Fähigkeit, mich schnell mit Internetbasierten Kommunikationsmedien vertraut zu machen.	14%	43%	14%	28%	0%
G-A7	... mein Vertrauen in dieses Kommunikationsmedium.	0%	79%	7%	14%	0%

Abbildung 6: Motivation zur Nutzung, Fragen an die Geschäftsführer

Zusammenfassend kann festgehalten werden, dass die Mitarbeiter mehr die eigene Unsicherheit und hohe Arbeitsbelastung bzw. daraus resultierende Zeitknappheit als Hindernis für ihre vertrauensvolle Partizipation sehen und weniger die mangelnde Handlungsbereitschaft oder fehlende Möglichkeiten. Das eigene Interesse, Kontaktfreudigkeit und Maßnahmen zur Kompetenzförderungen werden als wichtig erachtet für eine aktive Beteiligung. Die vertrauensvolle Partizipation der Geschäftsführer und leitenden Mitarbeitern scheint hingegen an die Bedingungen innerhalb des Unternehmensnetzwerkes, wie z.B. ein gutes kooperatives Klima und persönlicher Kontakt zwischen den Mitgliedern, geknüpft zu sein.

Meine Motivation, der aktiven Beteiligung wird beeinflusst durch.... (n=6)		**Stimme voll zu**	**Stimme eher zu**	**Weiß nicht**	**Stimme eher nicht zu**	**Stimme nicht zu**
M-A1	... mein Interesse an einem Austausch mit Experten aus anderen Unternehmen.	30%	38%	8%	15%	0%
M-A2	... die Unterstützung durch meinen Vorgesetzten.	15%	8%	0%	15%	54%
M-A3	... die ausreichenden Einblicke in die Funktionen und Möglichkeiten des neuen Web 2.0-Bereichs .	15%	54%	15%	8%	0%
M-A4	... mein Vertrauen in dieses Kommunikationsmedium.	15%	31%	31%	8%	8%
M-A5	... die Erwartungen meines Vorgesetzten.	8%	23%	0%	15%	46%
M-A6	... meine Freude am knüpfen von (beruflichen) Kontakten.	15%	46%	24%	0%	8%
M-A7	... meine Fähigkeit mich schnell mit Internet-basierten Kommunikationsmedien vertraut zu machen	15%	31%	8%	31%	8%
M-A8	... eine (zeitliche) Entlastung an anderer Stelle.	31%	23%	0%	23%	15%

Abbildung 7: Motivation zur Nutzung, Fragen an Personen in leitenden Positionen und Mitarbeiter

Die hier auszugsweise vorgestellten Befragungsergebnisse zeigen, dass es bei der Incentivierung zur vertrauensvoller Partizipation an Web 2.0-gestützter Vernetzung darum geht, (1) Erfahrungen mit dem Medium zu sammeln, um Unsicherheiten abzubauen und einen individuellen Mehrwert zu erleben, d.h. Interesse und Freude zu entwickeln und vorhandene zu unterstützen, sowie (2) Strategien zur Implementierung des Instrumentes in den Alltag zu entwickeln, um eine Entlastung und Hilfe statt eine Mehrbelastung zu bewirken. Damit sind beide Ebenen, die individuelle wie auch die organisationale, angesprochen. Die Kompetenz selbstorganisiert die neuen Möglichkeiten von Web 2.0 in Richtung innovationsorientierte Partizipation zu nutzen, kann ebenso mit Bezug auf beide Ebenen betrachtet werden. Beim Aufbau von Vertrauen und der Gestaltung von Anreizen zur vertrauensvollen Partizipation, der Mitarbeiter an Web 2.0-gestützter Vernetzung, scheint es daher aus unserer Sicht notwendig, zunächst den Rahmen für vertrauensvolle Partizipation zu schaffen um darüber einerseits ein Set an individuellen Motiven anzusprechen und andererseits unterschiedliche Kompetenzaspekte der Selbstorganisation (siehe Kap. 3.2) zu fördern. Die Erhöhung der Selbstorganisation des Unternehmensnetzwerkes insgesamt bezieht sich dabei nicht auf die Entwicklung selbstorganisatorischer Kompetenzen einzelner Akteure, sondern bedeutet vielmehr das „Ersetzen des Expertentums durch ein 'System von Kompetenzen'."[41]

5. Handlungsfelder für das Management

5.1 Bezugsrahmen im Sinne eines offenen Managementmodells

In diesem Kapitel sollen die bisherigen gedanklich-analytischen wie empirischen Projektergebnisse in einen Bezugsrahmen überführt werden. Ziel ist es, den komplexen Zusammenhang relevanter Einflussvariablen, die für eine Förderung und Entwicklung selbstorganisatorischer innovationsorientierter Netzwerkkommunikation besonders relevant sind, zu skizzieren. Wir verfolgen dabei eine gestaltungsorientierte Darstellung[42], die im nachfolgenden Kapitel 5.2 zur Ableitung von Handlungsempfehlungen genutzt wird.

Ausgehend von der Annahme, dass selbstorganisatorische Handlungskompetenz über die Schaffung und Erneuerung von Handlungskontexten weiterentwickelt werden kann, fokussiert der beschriebene Bezugsrahmen (siehe Abbildung 8) Aktionsparameter im organisationalen Kontext. Sie zielen unmittelbar auf Kompetenzentwicklung und eine Erhöhung des Reifegrads eines organisationalen Systems (hier: Unternehmensnetzwerk) ab. Letztlich (mittelbar) ist das Ziel eine Incentivierung und Stärkung der Selbstorganisation zum Zwecke innovationsorientierter Netzwerkkommunikation.

[41] *North/Friedrich/Lantz* 2005, S. 638.
[42] Zu Bedeutung und Beschreibung gestaltungsorientierter Bezugsrahmen siehe etwa *Grochla* 1982, S. 14 ff.

Der bestehende organisationale Rahmen – des Mitgliedsunternehmens und des Unternehmensnetzwerkes selbst – sowie die individuellen Kompetenzen der handelnden Akteure bedingen die Handlungskompetenz, die aber zugleich auch als Bedingungsvariable der Managementhandlungen (Aktionsparameter) zu betrachten ist. Der Bezugsrahmen verweist auf eine weitere Dynamik insofern, als er einen Entwicklungsprozess unterstellt, bei dem mit steigender Selbstorganisation die Anteile die Fremdsteuerung durch die Netzwerk- und Unternehmensführung abnehmen.

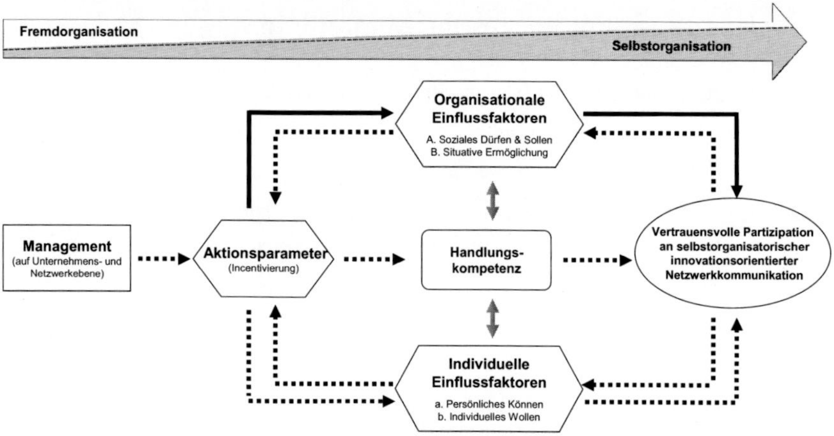

Abbildung 8: Bezugsrahmen: selbstorganisatorische Partizipation an innovationsorientierter Netzwerkkommunikation

Mit seiner zentralen Kompetenzorientierung, der gestalterischen Einwirkung auf den Handlungskontext und der Berücksichtigung von Entwicklungsdynamiken verfolgt der skizzierte Bezugsrahmen eine „offene Managementstrategie“.[43] Die Ansatzpunkte für Gestaltungsmaßnahmen bilden speziell die organisationalen Rahmenbedingungen, das soziale Dürfen und Sollen sowie die situative Ermöglichung. In diesem Zusammenhang spielt auch die organisatorisch-technologische Komponente (hier im Sinne der aktiven Einbindung von Web 2.0-Anwendungen) eine wichtige Rolle. Neben formellen Regelungen zur Etablierung der Anwendung in den Unternehmens-

[43] Siehe *von Kortzfleisch* 2010, S. 231 und die dort genannte Literatur.

alltag sind explizite Schulungen zu den eingesetzten Web 2.0-Anwendungen von Bedeutung und empfehlenswert.

5.2 Ableitung von Handlungsempfehlungen

Die im vorgestellten Bezugsrahmen (Abbildung 8) zunächst mit dem Begriff „Aktionsparameter“ gesamthaft erfassten Gestaltungsmöglichkeiten sollen nun als Handlungsempfehlungen konkretisiert werden. Die Konkretisierung stützt sich vor allem auf die Erkenntnisse der im Projekt KMU 2.0 im Feld durchgeführten Beobachtungen und Befragungen. Außerdem nutzen wir Ergebnisse eines Vorgängerprojekts mit KMU-Netzwerken.[44] Die Handlungsempfehlungen sind adressiert an das Management der (Einzel-)Organisationen (Unternehmen) wie auch an das Netzwerkmanagement. Eine spezifische Zuordnung von Handlungsempfehlungen (Maßnahmen) auf jeweils einen der beiden Adressatenkreise halten wir angesichts der unterschiedlichen Entwicklungsgrade und Ausgestaltungsformen von Unternehmensnetzwerken für problematisch.

Die Abbildung zeigt verschiedene Ansatzpunkte, die den jeweiligen Managementebenen im Rahmen der Incentivierung zur Verfügung stehen. Durch die beschriebenen Maßnahmen sollte ein grundlegendes Vertrauen in die Partizipation zur selbstorganisierten innovationsorientierten Netzwerkkommunikation auf Mitarbeiterebene aufgebaut und gefördert werden. Wie die aufgeführten Maßnahmen umgesetzt werden können, wird nachfolgend erläutert. Die Maßnahmen sind dabei nicht als erschöpfende Anforderungsliste zu verstehen, die es vollständig abzuarbeiten und zu erfüllen gilt. Vielmehr dienen sie dem Aufzeigen möglicher Ansatzpunkte, deren Auswahl netzwerkspezifisch unterschiedlich ausfallen wird. Wichtig ist es, möglichst einen Mix aus Maßnahmen auf unterschiedlichen Ebenen (personale und organisationale Ebene, Ebene der Einzelorganisation und Ebene des Netzwerkes) und mit verschiedenartigen Kompetenzbezügen (siehe nachfolgende Abbildung 10) zu realisieren.

---

[44] Vgl. *Hass/Jung/Simon* 2010, S. 211 ff.

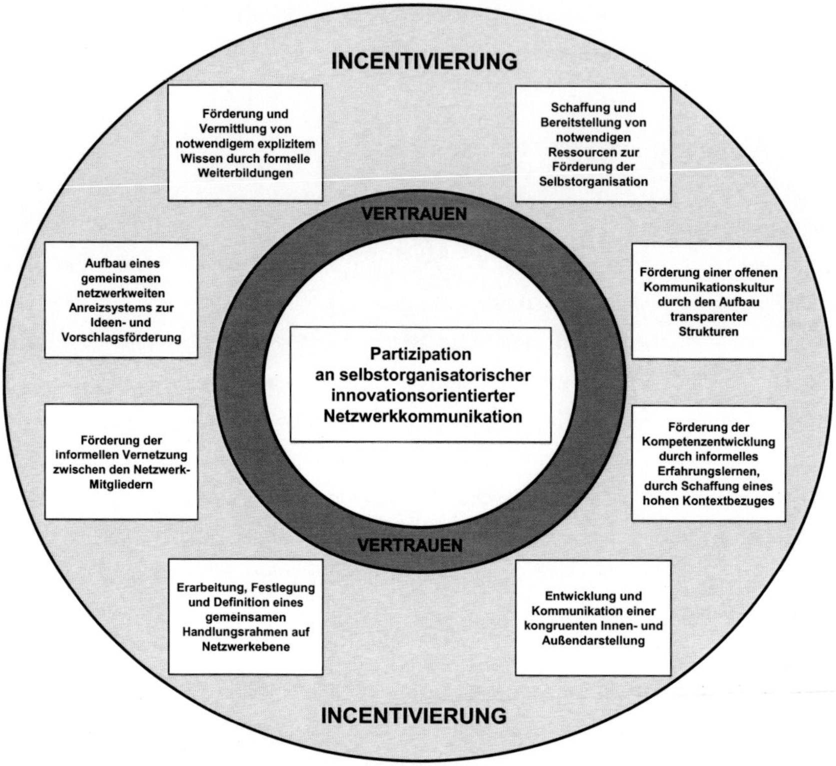
INCENTIVIERUNG
Förderung und Vermittlung von notwendigem explizitem Wissen durch formelle Weiterbildungen
Schaffung und Bereitstellung von notwendigen Ressourcen zur Förderung der Selbstorganisation
VERTRAUEN
Aufbau eines gemeinsamen netzwerkweiten Anreizsystems zur Ideen- und Vorschlagsförderung
Förderung einer offenen Kommunikationskultur durch den Aufbau transparenter Strukturen
Partizipation an selbstorganisatorischer innovationsorientierter Netzwerkkommunikation
Förderung der informellen Vernetzung zwischen den Netzwerk-Mitgliedern
Förderung der Kompetenzentwicklung durch informelles Erfahrungslernen, durch Schaffung eines hohen Kontextbezuges
VERTRAUEN
Erarbeitung, Festlegung und Definition eines gemeinsamen Handlungsrahmen auf Netzwerkebene
Entwicklung und Kommunikation einer kongruenten Innen- und Außendarstellung
INCENTIVIERUNG

Abbildung 9: Handlungsempfehlungen zur Incentivierung selbstorganisatorischer Partizipation an innovationsorientierter Netzwerkkommunikation

Da die Entwicklung der Kompetenz(en) zur Selbstorganisation für unsere Überlegungen zentral ist, wird auch bei der Ableitung der Handlungsempfehlungen versucht, die in Kapitel 3.3 vorgestellten Kompetenzbereiche nach Erpenbeck/ von Rosenstiel[45] ebenso einfließen zu lassen, wie die in Kapitel 3.4 vorgestellten Bausteine der Kompetenzentwicklung nach Schwering[46]. Nachfolgend werden den jeweiligen Handlungsempfehlungen (Maßnahmen) konkrete Umsetzungsbeispiele sowie die damit jeweils speziell geförderten Kompetenzbereiche zugeordnet (siehe

[45] *Erpenbeck/von Rosenstiel* 2003.
[46] *Schwering* 2004.

Abbildung 10). Ziel ist es, vor allem die aktivitätsbezogene Kompetenz durch einen hohen Aktivitäts- und Kontextbezug zu gewährleisten.

Maßnahme	**Umsetzungsbeispiel**	**Kompetenzbereich** (nach Erpenbeck/ von Rosenstiel)
Förderung und Vermittlung von notwendigem explizitem Wissen durch formelle Weiterbildungen	Schulungen zu den spezifischen Web 2.0-Anwendung sowie zum Einsatz des Mediums über Anwendungsszenarien (Best Practice)	Fachlich-Methodisch
Erarbeitung, Festlegung und Definition eines gemeinsamen Handlungsrahmens auf Netzwerkebene: Leitbild, Ziele, Ressourcenverteilung, formelle Struktur	Intensiver gemeinsamer Austausch in Workshops	Sozial-Kommunikativ Aktivitätsbezogen Personale
Schaffung und Bereitstellung von notwendigen Ressourcen zur Förderung der Selbstorganisation	Einräumen fester Zeitfenster für selbstorganisatorische Arbeiten und Bereitstellen von PC- und Internetzugang	Aktivitätsbezogen
Förderung einer offenen Kommunikationskultur durch den Aufbau transparenter Strukturen	Etablierung der (Web 2.0-) Anwendung in den Unternehmensalltag; Schnittstellenmanagement zwischen Netzwerk und Unternehmen[47]	Sozial-Kommunikativ Personale
Förderung der Kompetenzentwicklung durch informelles Erfahrungslernen und Schaffung eines hohen Kontextbezuges	Web-2.0- Workshops mit konkreter Fallbearbeitung	Sozial-Kommunikativ Personale Aktivitätsbezogen Fachlich-Methodisch
Förderung der informellen Vernetzung zwischen den Netzwerk-Mitgliedern	Gemeinsame, regelmäßige Treffen und Veranstaltungen sowie anschließende Veröffentlichung von erlebten und erarbeiteten Aspekten	Sozial-Kommunikativ Personale Aktivitätsbezogen
Entwicklung und Kommunikation einer kongruenten Innen- und Außendarstellung	Gemeinsame Marketing-kampagnen auf Basis einer einheitlichen Netzwerk-CI	Sozial-Kommunikativ Personale Aktivitätsbezogen Fachlich-Methodisch

[47] Siehe hierzu den Beitrag „Anforderungen an die Gestaltung einer Web 2.0-gestützten Mitarbeiterpartizipation in KMU-Netzwerken" von *Abram/Jung/Reifferscheid* in diesem Buch.

Maßnahme	Umsetzungsbeispiel	Kompetenzbereich (nach Erpenbeck/ von Rosenstiel)
Aufbau eines gemeinsamen netzwerkweiten Anreizsystems zur Ideen- und Vorschlagsförderung	Veröffentlichung und Auszeichnung der besten Ideen; monetäre Beteiligung an wirtschaftlichen Verbesserungen durch umgesetzte Mitarbeiterideen	Sozial-Kommunikativ Personale Aktivitätsbezogen Fachlich-Methodisch

Abbildung 10: Handlungsempfehlungen und angesprochene Kompetenzbereiche

Diese hier skizzierten Maßnahmen (Aktionsparameter) können zusammengefasst werden zu drei zentralen Ansatzpunkten für eine Förderung der Selbstorganisationskompetenz des Unternehmensnetzwerkes (Entwicklung des Reifegrades): (1) Ermöglichung von Erfahrungslernen (Förderung der individuellen Kompetenz), (2) Verselbständigung der Nutzung des Mediums Web 2.0 mittels Verbindlichkeitserklärung bestimmter Abläufe und Übertragung von Kommunikationsvorgängen des Netzwerkes auf das neue Medium sowie (3) Abbildung der verstärkten organisationalen Mitarbeitereinbindung durch einen transparenten Transfer von Netzwerk- und Unternehmensarbeit mit Hilfe definierter Ansprechpartner und Zuständigkeiten.[48]

6. Statt eines Fazits: Plädoyer für Delegation und Vertrauen

Über die Einführung von Web 2.0-Anwendungen zum Zwecke der innovationsorientierten Mitarbeiterpartizipation verändern sich die Kommunikationsstrukturen und damit auch die das Netzwerk konstituierenden Strukturen. Für dieses Vorhaben maßgeblich ist die Annahme, dass durch ein Mehr an Delegation, im Sinne einer frühzeitigen und stärkeren Einbeziehung der Mitarbeiter, auch die Handlungsfähigkeit der am Netzwerk beteiligten Akteure gesteigert werden kann.[49] Dieser Zusammenhang zwischen Delegation und Partizipation setzt einerseits ein gewisses Maß an Kompetenz voraus und fördert andererseits die Entwicklung derselben (vgl. Kap.

[48] Siehe zu diesem Aspekt auch den Beitrag „Anforderungen an die Gestaltung einer Web 2.0-gestützten Mitarbeiterpartizipation in KMU-Netzwerken" von *Abram/Jung/Reifferscheid* in diesem Buch.

[49] Vgl. *Sydow* 2010, S. 410 f.

3.2).[50] So kann die Effektivität des Kooperationshandelns verbessert werden, was wiederum die Bereitschaft des Managements, Befugnisse (weiter) zu delegieren, bestärkt.[51] Hiervon sind das Netzwerk- wie das Unternehmensmanagement betroffen. Bei dem hier berichteten Forschungsprojekt stand im Vordergrund des Netzwerkmanagements die Etablierung neuer Web 2.0-gestützter Kommunikation in der Netzwerkorganisation mit dem Ziel, die selbstorganisatorische Vernetzung der Mitglieder untereinander zu fordern und auch zu fördern. Auf der Ebene des Unternehmensmanagements gilt es dann, die technisch unterstützte Kommunikation auf Mitarbeiterebene möglichst breit zu etablieren. Bei der Frage nach den Bedingungen vertrauensvoller Partizipation im Rahmen Web 2.0-gestützter Vernetzung sind ebenfalls beide Managementebenen angesprochen. Zunächst geht es darum, Vertrauen der Netzwerkmitglieder, meist (zunächst) vertreten durch die Unternehmensleitung, in die neuen Kommunikationsstrukturen des Netzwerkes aufzubauen und die Nutzung zu verselbständigen. Erst wenn das gelingt, kann in einem zweiten Schritt die Einbindung der Mitarbeiter erfolgen. Das Management der Mitgliedsunternehmen steht dann vor der Aufgabe, die eigenen Bedingungen vertrauensvoller Partizipation zu ergründen, d.h. Hemmnisse zu identifizieren, diese über entsprechende Maßnahmen abzubauen[52] sowie individuelle Motive über eine Incentivierung mit der Zielrichtung „vertrauensvolle Partizipation" zu aktivieren.[53] Das Verhältnis von Fremdsteuerung und Selbstorganisation und die Frage, welche Managementebene in welchem Umfang gefordert ist, kann dabei nicht unabhängig vom Reifegrad des Unternehmensnetzwerks betrachtet werden.

---

[50] Vgl. *Sydow* 2010, S. 411.
[51] Vgl. *Ebenda*.
[52] Vgl. hierzu das Partizipationsmodell im Beitrag „Anforderungen an die Gestaltung einer Web 2.0-gestützten Mitarbeiterpartizipation in KMU-Netzwerken" von *Abram/Jung/Reifferscheid* in diesem Buch.
[53] Vgl. *von Rosenstiel* 1975, S. 359 f. siehe hierzu auch den Beitrag zur Vertrauenskommunikation und Innovationsbarrieren von *Schewe/Nienaber* 2009, S. 232.

Literaturverzeichnis

ABRAM, I./BRÖTZ, S./JUNG, R.H. (2010):
Vernetzung von NPO-Netzwerken. Stakeholder-Bezüge und die daraus wachsenden organisationalen Lernprozesse. In: (Theuvsen, L./Schauer, R./Gemür, M., Hrsg.): Stakeholder-Management in Nonprofit-Organisationen. Theoretische Grundlagen, empirische Ergebnisse und praktische Ausgestaltung. Beiträge zum 9. Internationalen NPO-Forschungskolloquium am 18. und 19. März 2010 in Göttingen. Trauner, Göttingen, S. 353-366.

BRUNS-VIETOR, S. (2004):
Logistik, Organisation und Netzwerke. Eine radikal konstruktivistische Diskussion des Fließsystemansatzes. Peter Lang, Frankfurt.

COLEMAN, J. S. (1990):
Foundations of Social Theory. Harvard University Press, Cambridge, Massachusetts.

COMELLI, G./VON ROSENSTIEL, L. (2001):
Führung durch Motivation. Mitarbeiter für Organisationsziele gewinnen. 2., überarb. Auflage. Vahlen, München.

DISTERER, G. (2000):
Individuelle und soziale Barrieren beim Aufbau von Wissenssammlungen. In: Wirtschaftsinformatik, Nr. 6, Jg. 42, S. 539-546. Gabler, Wiesbaden.

ERPENBECK, J. (2006):
Metakompetenzen und Selbstorganisation. In: (Erpenbeck, J. et. al., Hrsg.): Metakompetenzen und Kompetenzentwicklung. QUEM-report Heft 95, Teil 1. ESM, Berlin, S.5-14.

ERPENBECK, J./ VON ROSENSTIEL, L. (2003):
Handbuch Kompetenzmessung. Erkennen, verstehen und bewerten von Kompetenzen in der betrieblichen, pädagogischen und psychologischen Praxis. Schäffer-Poeschel, Stuttgart.

GROCHLA, E. (1982):
Grundlagen der organisatorischen Gestaltung. C.E. Poeschel, Stuttgart.

HERSEY, P./BLANCHARD, K. H. (1988):
Management of Organizational Behavior. Utilizing Human Resources. 5th Edition, Englewood Cliffs, New Jersey.

JUNG, R.H. (1985):
Mikroorganisation. Eine Untersuchung der Selbstorganisationsleistungen in betrieblichen Führungssegmenten. Paul Haupt, Bern und Stuttgart.

JUNG, R.H. (2010):
Self-organization. In: (Anheier, H./Toepler, S./List, R., Hrsg.): International Encyclopedia of Civil Society. Springer Science, New York, S. 1364-1370.

JUNG, R.H./Bruck, J./Quarg, S. (2010):
Allgemeine Managementlehre. Lehrbuch für die angewandte Unternehmens und Personalführung. 4., neu bearb. Auflage. ESV, Berlin.

LUHMANN, N. (1987):
Soziale Systeme. Grundriß einer allgemeinen Theorie. Suhrkamp, Frankfurt a. M.

MAYER, R.C./DAVIS, J.H./SCHOORMAN, D. (1995):
An Integrated Model of Organizational Trust. In: The Academy of Management Review, 20. Jg., Nr. 3. Academy of Management, New York, S. 709-734.

NORTH, K./FRIEDRICH, P./LANTZ, A. (2005):
Kompetenzentwicklung zur Selbstorganisation. In: (Arbeitsgemeinschaft Betriebliche Weiterbildungsforschung e.V., Hrsg.) Kompetenzmessung im Unternehmen. Lernkultur- und Kompetenzanalysen im betrieblichen Umfeld. edition QUEM, Band 18, Münster, S. 601-672.

PFEIFFER, W. (1971):
Allgemeine Theorie der technischen Entwicklung als Grundlage einer Planung und Prognose des technischen Fortschritts. Vandenhoeck und Ruprecht, Göttingen.

PINNOW, D. F. (2011):
Führen. Worauf es wirklich ankommt. 5. Aufl., Gabler, Wiesbaden.

ROUSSEAU, D.M. ET AL. (1998):
Not so Different At All: A Cross-Disciplin View of Trust. In: The Academy of Management Review, 23. Jg., Nr. 3. Academy of Management, New York, S. 393-405.

SCHATTKE, K./KEHR, H.M. (2009):
Motivation zur Open Innovation. In (Zerfaß, A./Möslein, M., Hrsg.): Kommunikation als Erfolgsfaktor im Innovationsmanagement – Strategien im Zeitalter der Open Innovation. Gabler, Wiesbaden, S. 121-140.

SCHEWE, G./NIENABER, A.-M. (2009):
Vertrauenskommunikation und Innovationsbarrieren. Theoretische Grundlage. In (Zerfaß, A./Möslein, M., Hrsg.): Kommunikation als Erfolgsfaktor im Innovationsmanagemet – Strategien im Zeitalter der Open Innovation. Gabler, Wiesbaden, S. 227-241.

SCHREYÖGG, G. (1999):
Organisation. Grundlagen moderner Organisationsgestaltung. 3. Auflage. Gabler, Wiesbaden.

SCHREYÖGG, G./CONRAD, P. (2004):
Gerechtigkeit und Management. Gabler, Wiesbaden.

SCHREYÖGG, G./KLIESCH, M. (2005):
Organisationale Kompetenzen und die Möglichkeiten ihrer Dynamisierung. Eine strategische Perspektive. In: (Arbeitsgemeinschaft Betriebliche Weiterbildungsforschung e.V., Hrsg.) Individuelle und organisationale Kompetenzen im Rahmen des strategischen Managements. QUEM-report, Heft 94. ESM, Berlin, S. 3-49.

SCHRÖDER, H.-H. (2007):
Technologie- und Innovationsmanagement. Vorlesungsunterlagen, Aachen.

SCHWERING, M. G. (2004):
Kompetenzentwicklung in Veränderungsprozessen. Eine empirische Untersuchung in innovativen und wachstumsstarken Unternehmungen. IAI, Bochum.

SHEPPARD, B.H./SHERMAN, D.M. (1998):
The Grammers of Trust: A Model and General Implications. In: Academy of Management Review, 23. Jg., Nr. 3. Academy of Management, New York, S. 422-437.

STAUDT, E./KLEY, T. (2000):
Formelles Lernen. Informelles Lernen. Erfahrungslernen. In: (Arbeitsgemeinschaft Betriebliche Weiterbildungsforschung e,V., Hrsg.). QUEM-report, Heft 69. EMS, Berlin, S.227-275.

SYDOW, J. (2005):
Strategische Netzwerke. Evolution und Organisation. 5. Auflage. Gabler, Wiesbaden.

SYDOW, J. (2010):
Management von Netzwerkorganisationen. Zum Stand der Forschung. In: (Sydow, J., Hrsg.): Management von Netzwerkorganisationen. Beiträge aus der "Managementforschung“. 5. Auflage. Gabler, Wiesbaden, S. 373-470.

SYDOW, J./DUSCHEK, S./MÖLLERING, G./ROMETSCH, M. (2003):
Kompetenzentwicklung in Netzwerken. Eine typologische Studie. Westdeutscher Verlag, Wiesbaden.

VON ROSENSTIEL, L. (1975):
Die motivationalen Grundlagen des Verhaltens in Organisationen. Leistungen und Zufriedenheit. Duncker & Humblot, Berlin.

VON ROSENSTIEL, L. (1993):
Motivation von Mitarbeitern. In: (von Rosenstiel, L./Regnet, E./Domsch, M.): Führung von Mitarbeitern. Handbuch für erfolgreiches Personalmanagement. 2., überarb. und erw. Auflage. Schäffer-Poeschel, Stuttgart, S. 153-172.

WAGNER, D./DEBO, S./BÜLTEL, N. (2005):
Individuelle und organisationale Kompetenzen: Schritte zu einem integrierten Modell. In: (Arbeitsgemeinschaft Betriebliche Weiterbildungsforschung e.V., Hrsg.) Individuelle und organisationale Kompetenzen im Rahmen des strategischen Managements, QUEM-report Heft 94. EMS, Berlin, S. 50-148.

WALLAS, G. (1926):
The Art of Thought. Harcourt Brace, New York.

ZERFAß, A. (2009):
Kommunikation als konstitutives Element im Innovationsmanagement. Soziologische und kommunikationswissenschaftliche Grundlage der Open Innovation. In: (Zerfaß, A./Möslein, M., Hrsg.): Kommunikation als Erfolgsfaktor im Innovationsmanagement. Strategien im Zeitalter der Open Innovation. Gabler, Wiesbaden, S. 23-56.

ZERFAß, A./MÖSLEIN, M. (Hrsg.) (2009):
Kommunikation als Erfolgsfaktor im Innovationsmanagement. Strategien im Zeitalter der Open Innovation. Gabler, Wiesbaden.